글로컬 한국불교 총서 4

동아시아 한국불교사료
일본문헌 편

이 역서는 2011년 정부(교육과학기술부)의 재원으로 한국연구재단의 지원을 받아 수행된 연구임(NRF-2011-361-A00008)

글로컬 한국불교 총서 4

동아시아 한국불교사료

일본문헌 편 | 김영태 엮음

김영진 · 박인석 · 이자랑
정영식 · 박광연 · 이종수 | 옮김
김기종

동국대학교출판부

간행사

이 책은 1981년 7월에 동국대학교 불교문화연구소(현 불교문화연구원)에서 발행한 『한국불교사료韓國佛敎史料-해외문헌초집海外文獻抄集』의 일본 문헌 편을 한글로 번역한 것이다. 『한국불교사료-해외문헌초집』은 당시 불교문화연구소 소장이셨던 동국대학교 불교학과의 김영태 교수님이 해외 불교문헌에 나오는 한국불교 및 고승 관련 기록을 조사하여 한문 원문을 수록, 편집하고 각주를 붙여서 출간한 것이다.

이 책은 승전류僧傳類, 사전류寺傳類, 사전류史傳類, 목록류目錄類의 네 부분으로 구성되어 있다. 『원형석서』를 비롯하여 화엄조사, 삼론조사, 혈맥도 등 모두 9종의 전기(승전류), 적산 신라원, 고산사, 약사사, 선광사 등 13종의 사찰 연기(사寺전류), 『일본서기』를 비롯한 역사서(사史전류)에 나오는 한국불교 관련 기록을 뽑고, 『동역전등목록』 등 총 18종의 사료(목록류)에 실린 한국 승려들의 저술 목록을 정리하였다.

1980년대 초반만 해도 한국불교 역대의 문헌들을 집성하여 수록한 『한국불교전서』가 갓 발간되기 시작한 때라서 자료를 구해 보기 어려운 시절이었다. 더욱이 해외 문헌에 수록된 한국불교 관련 기록을 찾아보기는 더더욱 쉽지 않은 상황이었다. 따라서 한국불교 연구자나 학생들에게 이 책은 매우 귀중한 자료집이었고, 인터넷에서 문헌자료를 쉽게 찾아볼 수 있는 현재에도 그 가치는 여전히 유효하다.

그런데 그간 30여 년의 세월이 지나면서 이 책의 존재는 학계에서도 잊혀져 갔고 한문 및 고대 일본어로 되어 있는 원문을 그대로 전재한 것이어서 이를 읽을 수 있는 식자층도 매우 제한적일 수밖에 없었다. 이에 동국대학교 불교문화연구원 HK연구단에서 전문을 번역하고 역자의 주석을 새로 덧붙여서 '글로컬 한국불교 총서'의 하나로 내게 되었다. 2014년에 먼저 〔중국문헌 편〕을 출간한 데 이어 2015년에는 〔일본문헌 편〕을 간행하게 된 것이다. 이 책의 번역은 HK 연구인력들이 전공에 맞게 분담하여 맡았고, 몇 차례의 교정과 교감을 통해 원문 번역상의 오류를 최소화하려고 노력하였다.

이 책은 '글로컬리티의 관점에서 본 한국불교의 특성'을 아젠다로 하는 본 HK연구단 연구의 기초 사료로서 활용될 뿐 아니라, 한국불교를 전공하는 모든 연구자들에게도 매우 소중한 자료가 될 것이다. 나아가 한문 및 고대 일본어를 읽기 어려운 일반 독자들도 이 책을 통해 한국불교의 오랜 역사와 고유한 전통에 쉽게 접근할 수 있을 것이다. 이 모든 것이 한국불교의 세계화를 지향하는 본 연구단의 아젠다를 구현하기 위한 소중한 밑거름이 되리라고 희망해 본다. 이러한 작업을 아무도 엄두조차 내지 못하였을 때 이 책을 구상하여 한문본으로 편집해 주신 김영태 교수님께 다시 한 번 깊은 감사의 인사를 드린다. 또한 어려운 한문 및 고대 일본어를 가능한 한 쉽고 정확하게 번역하기 위해 노력한 HK 연구인력에게도 고마움의 뜻을 전한다.

2015년 6월
동국대학교 불교문화연구원장·HK연구단장 김종욱

머리글

　1981년 7월에 가제본으로 엮어 간행한 변변찮은 자료집『한국불교사료韓國佛敎史料-해외문헌초집海外文獻抄集』을 쉽게 우리글로 옮겨 의젓한 두 권의 책으로 빛을 보게 되었다니, 원편자로서 더구나 병든 늙은이라 감회 또한 한두 가지가 아니다.
　이 자료집의 거론에 즈음하여 먼저 연관되는 일 한 가지가 떠오른다. 이는 곧 현재 14책의 일대 총서로 집성되어 있는『한국불교전서韓國佛敎全書』간행의 기초 작업이며, 또한 한국불교 전적 정비典籍整備 및 찬술문헌 연구의 기준적 기본서라 할 수 있는『한국불교찬술문헌총록韓國佛敎撰述文獻總錄』의 편성 출간에 관한 일이다. 이때의 자세한 이야기들(나중에 동국대학교출판부 소관으로 '한국불교전서편찬위원회'가 설립되어 고익진高翊晉 교수가 간사 또는 편찬실장으로 헌신적 노고와 열의로 전서 간행을 성공시켰는데, 그 이전에 불교문화연구소에서 처음 계획했을 때는『한국불교총서韓國佛敎總書』라고 했었다. 그『총서』간행계획서와, 그에 앞서 기초적 작업으로 편성 출간되었던『한국불교찬술문헌총록』의 기안과, 그 책 제목까지도 당시 불교문화연구소 간사였던 내가 담당 실무자였던 사연 등)은 생략하기로 한다. 다만 그 책머리에 있던, 당시 연구소 소장(그때는 '연구원'이 아니고 '연구소'였다.) 홍정식洪庭植 선생님 명의의 서문 가운데 한 부분을 옮겨서 회고의 일단으로 삼고자 한다.

지난 1,600여 년의 한국불교가 우리에게 남겨 준 문화유산은 과거에의 회고보다는 미래에의 비약을 위해 새로운 정신적 자량資糧이 됨은 물론이다. 그중에서도 특히 저술은 민족의 심성心性을 깨우쳐 진로進路를 제시했던 직접적인 언어라는 점에서 그 가치는 아무리 높이 평가해도 부족할 것이다. 더구나 그 속에는 한국의 지성을 세계적으로 알린 불후不朽의 작품들이 빛나고 있다.

그러나 오늘날 그 많은 양의 저술들이 겨우 이름 정도를 남기거나 또는 그러지도 못한 채 아득히 산일散逸해 버렸다는 것은 우리들의 가슴을 아프게 한다. 지금이라도 남은 저술을 일지일편一紙一片이라도 찾아 모아 일대 총서一大叢書의 형태로 길이 후대에 전지傳持해야 함은 우리들의 사명임이 자명自明하다. 한국불교의 중흥을 위해 이보다도 더 시급한 불사佛事는 다시 없을 것이다.

이번에 간행하게 된 '한국불교찬술문헌총록'은 이러한 대업大業을 수행하기 위한 기초 작업으로서, 우선 한국에서 찬술된 불교관계 문헌을 광범위한 자료에서 추구하여 그 전적·존실存失·내용·소장처 등을 일일이 밝힌 것이다. 그러나 단순히 그런 목적만을 띤 것은 아니다. 서지학이 모든 학문의 기초임을 감안할 때 본서本書의 발간은 한국불교 연구의 기본서의 하나가 될 것을 예상하여 원고 작성 또한 그런 방향에서 진행시켰던 것이다.

한국불서韓國佛書에 관한 저술이나 목록은 본서 이전에도 출간된 것이 없는 게 아니다. 그러나 대부분이 어느 한 분야에 국한되거나 내용에 있어서도 잘못된 곳이 자주 산견散見된다. 본서는 그러한 결함을 보완하고 새로 발견한 문헌을 추가하여 한국 불교문헌을 전체적으로 집대성한 일대 총목록이다. 물론, 본서에도 수정과 보완을 가해야 할 점이 한두 곳이 아니라고 생각한다. 그러나 한국 불교문헌의 조사와 연구를 위한 기준을 마련해 놓았다는 점만은 솔직히 자인自認하고 싶다.

이『총록』은 1976년 12월에 간행되었는데, 이 해의 11월에 간행된『불교학보』제13집에 자료부록으로「해외문헌 중의 한국불교사료」를 실었다. 그 다음은「중국문헌 중의 한국불교사료」라는 제목으로『불교학보』제14집(1977년 8월)에 붙여 실었다.「일본사서日本史書에 보이는 한국불교사료」는 1979년 7월에 간행된『한국불교학』제4집에 부록했으며,「일본제록日本諸錄에 보이는 한국불교찬술서명」을 같은 해 12월에 간행한『불교학보』제16집에 실었다.

이들 자료가 부록될 때마다 당시『불교학보』와『한국불교학』의 인쇄를 맡았던 인쇄소에 부탁해서 이 부분의 지형紙型을 뜨게 하여 보관했다. 그때는 지금처럼 발달된 첨단 인쇄문화 시대가 아니고, 그 이전의 식자植字 활판인쇄 시대였으므로 가난한 연구자가 자료집을 단행본으로 간행하기는 매우 어려운 일이었다. 그래서 지형에 의존한 인쇄였으므로 우선 1981년 7월에 가제본이나마 한 책으로 묶어 간행했다.

한 권의 자료집으로 나온 이 책을 보니, 비록 애초에 계획한 대로 유집類輯의 체제는 지녔다고 해도 초라하기가 그지없었으며, 그보다도 누락된 자료가 많아서 부끄러울 만큼 마음에 들지 않았다. 언젠가는 누락된 자료들을 빠짐없이 보완해서 손색없는 자료집을 완성시켜야겠다고 다짐했었다. 그로부터 적지 않은 자료들을 찾아 모았으나 30여 년이 지나도록 새로운 모습의 자료집을 만들어 내지 못했다. 이제는 건강도 자신이 없는 처지라 마음만 더 안타까울 뿐이었다.

그러한 까닭으로 몇 년 전인가부터 이 자료집에 관한 일을 한동안 잊고 있었다. 그러다가 근자에 와서 내 모교 동국대학교 불교문화연구원의 인문한국(HK)연구단에서 이 자료집의 번역을 마치고, 이미 상재上梓의 날에 이르렀다고 들었다. 참으로 만감이 교차함을 금할 수가 없다.

한마디로 끊어서 말하자면 불교문화연구원은 내 학문 연구의 실질적인 고향이다. 이 기회에 학문의 고향집 불교문화연구원의 무궁한 발전을 빈다. 지금의 원장 김종욱 교수와 HK연구단의 젊은 학자들에게 거듭 감사함을 표하고, 학구정진 성취의 불은佛恩이 충만하기를 기원한다.

2014년 4월 8일

大千佛子 金煐泰

차례

간행사 | 김종욱
머리글 | 김영태

승전류僧傳類

1. 『삼국불법전통연기三國佛法傳通緣記』 17 …… 번역 : 김영진
2. 『원형석서元亨釋書』 29
3. 『본조고승전本朝高僧傳』 90 ………………… 번역 : 박인석
4. 『삼론조사전집三論祖師傳集』 권하卷下 140
5. 『삼론조사전三論祖師傳』 158
6. 『불법전래차제佛法傳來次第』 160
7. 『승강보임초출僧綱補任抄出』 상上 166
8. 『화엄조사회전華嚴祖師繪傳』 171 …………… 번역 : 이자랑
9. 『태금혈맥도胎金血脈圖』 202

사전류寺傳類

1. 『적산신라(법화)원赤山新羅(法花)院』 207 …… 번역 : 정영식
   － 입당구법순례행기入唐求法巡禮行記 －
2. 『반고고사편람斑鳩古事便覽』 255
3. 『고산사연기高山寺緣起』 266

4.『산성주 갈야군 풍야대언향 광륭사 내유기山城州葛野郡楓野大堰
   鄕廣隆寺來由起』268
5.『경태진 광륭사 대략연기京太秦廣隆寺大略緣起』272
6.『연성사기㻴城寺記』273
7.『흥복사연기興福寺緣起』275
8.『대화국 나라원 흥복사 가람기大和國奈良原興福寺伽藍記』276
9.『약사사연기藥師寺緣起』278
10.『대화국 첨하군 우경 약사사연기大和國添下郡右京藥師寺緣起』
    281
11.『약사사 고기록 발췌藥師寺古記錄拔萃』286
12.『약사사지藥師寺志』287
13.『선광사연기집주善光寺緣起集註』290 ········ 번역 : 박광연

사전류史傳類

1.『일본서기日本書紀』437 ·························· 번역 : 이종수
2.『부상약기扶桑略記』470
3.『제왕편년기帝王編年記』500
부록附: 안으로 불법을 증득하고 서로 계승한 혈맥의 계보內證佛法相承血
    脈譜 509
보補 511

목록류目錄類

1. 『동역전등목록東域傳燈目錄』 527 ·············· 정리 : 김기종
2. 『화엄종장소병인명록華嚴宗章疏幷因明錄』 540
3. 『삼론종장소三論宗章疏』 542
4. 『법상종장소法相宗章疏』 543
5. 『주진법상종장소注進法相宗章疏』 546
6. 『율종장소律宗章疏』 550
7. 『증보제종장소增補諸宗章疏』 551
8. 『불전소초목록佛典疏鈔目錄』 558
9. 『화엄경론장소목록華嚴經論章疏目錄』 571
10. 『정토의빙경론장소목록淨土依憑經論章疏目錄』 574
11. 『연문유취경적록蓮門類聚經籍錄』 576
12. 『부상장외현존목록扶桑藏外現存目錄』 579
13. 『고산사성교목록高山寺聖教目錄』 581
14. 『제사제작목록諸師製作目錄』 583
15. 『석교제사제작목록釋教諸師製作目錄』 584
16. 『밀종서적목록密宗書籍目錄』 586
17. 『밀교부류총록密教部類總錄』 기타其他 587
18. 『나라조奈良朝 현재일체경소목록現在一切經疏目錄』 589

참고문헌 604

찾아보기 605

발음 범례

1. 일본 인명과 지명에 한해서 일본의 발음대로 표기하였으며, 사찰명은 한문 발음대로 표기하였다. 단, 두 가지 이상의 발음이 존재할 경우『일본서기』(小學館, 1999) 및『일본영이기』(講談社, 1979) 등 일본에서 출판된 주석서를 준용하였으며, 각 서에 나오지 않을 경우 두 가지 발음 가운데 오음을 준용했다.
2. 중국 및 한반도 승려 가운데 문헌에서 1세로 회자되는 인물에 대해서는 한문 발음을 따랐다. 도래계에 대해서는 일본 발음을 따랐다.
3. 나라명(예 : 국), 지역단위명(예 : 군), 직위명(예 : 대신)은 한문 발음대로 표기하였으며, 그 앞의 일본식 읽기에 사용되는 '노'는 반영하지 않았다(예 : 무사시노쿠니武藏國 - 무사시국). 단, 츠시마 등 통상 사용하는 섬의 명칭은 일본 발음으로 하였다.
4. 일본어의 한글 표기법은 장음 생략을 기본으로 하였으며, 자음 중 'か, た'행이 앞에 나왔을 때는 '가, 다' 등 평음으로 하고, 그 이후는 '카, 타' 등 격음으로 하였다. 다만, 'つ'에 대해서는 격음 '츠'로 통일하였다.

각주 범례

본서는 김영태 편『한국불교사료 - 해외문헌초집 - 일본문헌 편』의 번역으로 원저에 있는 주는 ㉰으로 표시하고, 역자주는 별도의 표시를 하지 않았다.

승전류 僧傳類

◎
이자랑
박인석
김영진

1. 『삼국불법전통연기三國佛法傳通緣記』[1]

1) 일본 불법佛法 초전初傳

대일본국大日本國 인왕人王 제30대 아메쿠니오시하라키히로니와天國排開廣庭【긴메이欽明】 천황 즉위 13년인 임신년(552) 10월 백제국百濟國에서 처음으로 불법佛法이 전해졌다. 저 백제국 군주 성명왕聖明王이 직접 발원문을 짓고 일본 조정에 바쳤다. 금동석가불상, 번개幡蓋 등과 경론 몇 권이다. 다음 제31대 성주聖主 누나쿠라노후토타마시키淳中倉太珠敷【비다츠】 천황 즉위 6년 정유년 11월에 다시 백제국에서 국왕이 경론 몇 권과 율사, 선사, 비구니, 주금사呪禁師, 불공佛工, 사원 기술자 여섯 명을 보냈다. 이에 그들을 나니와難波의 대별왕사大別王寺에 머물게 했다. 당시 쇼토쿠聖德 태자는 여섯 살이었다.…(중략)…불법이 처음 중국(漢) 땅에 전래된 지 300여 년 만에 중국에서 백제로 전래되었다. 그 후 100여 년이 지난 임신년에 불법이 백제에서 일본으로 전해졌다

日本佛法初傳
夫大日本國人王第三十代天國排開廣庭【欽明】天皇御宇十三年壬申
十月從百濟國創傳佛法。彼國主聖明王自作願文送獻日本聖朝。乃

---

[1] ㉮『三國佛法傳通緣記』: 상·중·하 3권으로 되어 있다. 일본 화엄종 사문 凝然이 應長 원년 辛亥(1311, 고려 충선왕 3년) 72세 시 7월에 東大寺 戒壇院에서 찬술한 것이다. 本抄는『大日本佛敎全書』제101책에 수록된 것에 의하였다.

金銅釋迦佛像幷幡蓋等及經論若干卷是也。次第三十一代聖主渟中倉太珠敷【敏達】天皇御宇六年丁酉十一月。復從百濟國彼國之王獻經論若干卷。幷律師禪師比丘尼呪禁師佛工造寺工六人。遂安置於難波大別王寺。聖德太子六歲時也。……佛法初傳漢地之後三百餘年。佛法從漢傳百濟國厥後百濟一百餘年壬申之年法傳日本。是故日域佛法濫觴從百濟來。[2]

— 『三國佛法傳通緣記』 卷中, 「大日本國諸宗傳通」

2) 고구려 혜관慧灌

백제에서 불법이 일본에 전해진 후 스이코推古 천황 즉위 33년 을유년에 이르러 74년이 되었다. 대당大唐 고조高祖 무덕武德 8년 을유년(625)에 해당하는데, 이 해 고구려 국왕이 승려 혜관慧灌을 일본으로 보내 왔다. 혜관은 삼론학자三論學者이다. 그는 당나라 가상嘉祥 대사(길장) 아래서 삼론학을 배우고 나서 일본에 왔다. 혜관은 일본에서 삼론학의 시조가 되었지만 삼론을 강의하지는 않았다. 마치 옥을 품고 아직 열지 않은 격이었다. 그 전년(624)에 관륵觀勒 법사가 백제에서 일본으로 왔다. 그도 삼론종의 종장이었으나 역시 삼론종의 교리(法敎)를 강론하지는 않았다. 제37대 성주 고토쿠孝德 천황이 즉위하자 이에 원흥사元興寺에 주석하고 있던 혜관 법사에게 청하여 삼론을 강론하게 했다. 그 강론이 끝나는 날에 그를 승정僧正으로 임명했다. 이는 일본의 두 번째 승정이었다.【제1 승정은 같은 절 관륵이었다.】 하지만 『승강보임僧綱補任』에는 "혜관慧灌【혹은 관觀 자로 되

---

2 ㉔『大日本佛敎全書』 제101책, pp.109하~110상.

어 있다.} 법사는 제34대 스이코 천황 즉위 33년에 승정에 임명됐다."라고 쓰고 있다. 이에 대해 이설異說이 있는데, 만약 이설을 회통하자면 본래 원흥사에 아홉 명의 승정이 있었다. 혜관, 관륵, 에시慧師, 에린慧輪 등인데 전후로 승정에 임명됐다. 이들 승려는 모두 청중을 위한 경론 강의를 마치는 날에 권상勸賞을 부여받았고, 대부분 승정에 임명됐다. 혜관 승정은 삼론종을 복량福亮 승정에게 전수했고,…(중략)…삼론종 일종은 당나라에서 삼대에 걸쳐 전래됐다. 첫째는 혜관 승정이 전했다.…(중략)…여래께서 입멸하신 지 1574년이 지난 을유년(625)에 혜관이 일본에 도래했다. 도래한 지 21년이 지나도 강연을 행하지 않다가 다이카大化 2년 병오년에 처음 삼론 강석을 열었다. 이는 불법이 일본에 전해진 지 95년이 지난 뒤 최초로 삼론을 강의한 것이다.

高句麗 慧灌

百濟佛法傳日域後。至推古天皇御宇三十三年乙酉經七十四年。當大唐高祖武德八年乙酉。此年高麗國王貢僧慧灌來朝。此乃三論學者隨大唐嘉祥大師受學三論而來日本。是日域界三論始祖。而未講三論。裏玉而未開。從此前年觀勒法師自百濟國來。此亦三論宗之法匠。亦未講通法敎。至第三十七代聖主孝德天皇御宇。乃請元興寺僧高麗慧灌法師令講三論。其講竟日任以僧正。此乃日本僧正第二【第一僧正同寺觀勒】然僧綱補任。記云。慧灌【或作觀字】法師。第三十四代推古天皇御宇三十三年任僧正焉。有此異說。若會異說。本元興寺有九僧正。謂慧觀觀勒。慧師。慧輪等。前後補任。此等僧徒皆爲聽衆。講論竟日摠預勸賞。多人任僧正矣。慧灌僧正以三論宗授福亮僧正。……三論一宗從唐土傳有三代傳。一云。慧觀僧正傳。……如來滅後經一千五百七十四年乙酉之歲慧觀來朝。來朝之後二十一年未廣講敷。大化二年丙午初開三論講場。此卽佛法日本後經九十五年始講三論。[3]

— 『三國佛法傳通緣記』卷中, 「三論宗」

3) 신라 지봉智鳳・지란智鸞・지웅智雄

옛날 긴메이 천황 재위의 임신년(552)에 백제에서 불법이 처음 일본에 전해졌다.…(중략)…제38대 여제 사이메이齊明 천황 재위[皇極重祚] 4년 무오년에 이르러 지츠智通와 지다츠智達 두 스님은 신라의 배를 타고 당나라에 들어갔다.…(중략)…제42대 몬무文武 천황의 즉위 기간 다이호大寶 3년 계묘년에 신라 지봉智鳳・지란智鸞・지웅智雄 세 스님이 함께 칙명을 받들어 바다를 건너 당나라로 들어갔다. 복양撲揚 대사를 알현하고 법상종法相宗을 배웠다.[혹은 현장 삼장과 자은 대사를 만나 법상종의 종지를 배웠다고 한다. 하지만 두 사람이 입멸하고 여러 해를 지난 때였다.] 이어서 일본으로 와서 법상종의 종지와 교의를 크게 홍포했다. 지봉은 게이운慶雲 3년 병오년(706)에 『유마경』 강사가 되었다.…(중략)…지봉의 문도들은 세상을 이끄는 데 대단히 뛰어났다. 겐보玄昉 스님이 전한 것도 지봉 스님과 같았다. 구체적 사실에서 다른 것이 없었고, 대중들을 거느리고 (자신의 종지를) 크게 펼쳤다. 도쇼道昭 화상은 자신의 불법을 교키行基 보살에게 전했다. 지봉 스님과 지란 스님은 각각 기엔義淵 승정에게 자신의 불법을 전했다. 기엔 승정은 일곱 명의 상수 제자가 있었다. 겐보 승정, 교키 보살,…(중략)…그리

---

3 ㉘ 『大日本佛敎全書』 제101책, pp.110상~111상.

하여 지금에 이르러 흥복사興福寺에서 공부하는 승려들은 선학을 계승하여 더욱 활발히 논쟁을 한다. 이들은 모두 지봉과 겐보의 후예일 뿐이다. 하지만 법상종은 비록 흥복사가 근본 도량이지만 다른 사찰에서도 많이 익혔기에 법상종을 홍포하거나 강의하지 않는 곳이 없을 정도였다.

新羅 智鳳·智鸞·智雄
昔欽明天皇御宇壬申之歲。百濟佛法創傳此國。……至第三十八代女帝齊明天皇御宇【皇極重祚】四年戊午。智通智達兩般法師。乘新羅船往大唐國。……至第四十二主文武天皇御宇大寶三年癸卯。新羅智鳳智鸞智雄三師俱奉勅命渡海入唐。謁撲揚大師學法相宗【或遇玄奘慈恩學習宗旨者。然二師入滅經年序。】遂歸本朝大弘宗敎。智鳳慶雲三年丙午維摩講師。……而智鳳門葉經世甚昌。玄昉所傳與鳳一合。事無異途惣通弘演。道昭和尙授法於行基菩薩也。智鳳智鸞。各授法於義淵僧正。義淵有七人上足。謂玄昉僧正。行基菩薩……乃至當代興福一寺學侶。繼踵論難彌昌。並是智鳳玄昉後裔門葉而已。然法相宗雖興福寺根本所學而諸寺多學。無不弘敷。[4]

—『三國佛法傳通緣記』卷中,「法相宗」

4) 신라 심상審祥

화엄종華嚴宗이 일본에 전래된 것은 오래전 일이다. 하지만 화엄종 고덕古德이 일본에 불교가 처음 전래된 연대를 기술한 것에는 두 가지 설이

---

4 원『大日本佛敎全書』제101책, pp.112하~113하.

있다.

첫째, 옛날 신라 학생 대안사大安寺 심상審祥 대덕의 기록인데, "회우로입야궁檜隅蘆入野宮에서 센카宣化 천황이 즉위한 지 3년째 무오년 12월 12일에 백제국으로부터 불법이 전래됐다."라고 적고 있다. 센카 천황은 제29대 제왕帝王이다.

두 번째, 동대사東大寺 엔초圓超 승도가 엔기延喜 14년 갑술년에 천황의 명을 받아서 화엄종 및 인명因明의 장소 목록을 찬술했는데 그 서문에서 "긴메이 천황 13년에 불법이 처음으로 전래됐다."라고 적고 있다. 비록 두 가지 설이 있지만 여러 가지 정황에 의거해 볼 때 엔초가 말한 것이 정확한 기록이라고 여겨진다. 이런 이유 때문에 화엄 학자는 엔초의 기록으로써 불법의 초전을 확정한다.…(중략)…

화엄종의 교설이 비록 전해지기는 했지만 아직 크게 홍포되지 않았다. 당시 덕이 높은 스님 한 분이 계셨는데, 법휘가 로벤良辨이었다. 마음은 진리의 근원을 깊이 체득하고 세간에서 교화를 펼쳤다. 자비심과 지혜를 드러나지 않게 사용하니 그것을 헤아릴 길이 없었다. 그는 화엄종을 홍포하고자 가슴 깊은 곳에서 서원을 했다. 결심은 철저하고 매우 견고하여 드디어 신령한 꿈을 꾸었다. 붉은 옷과 푸른 치마를 입은 스님 한 분이 동쪽 허공에서 내려와 그에게 일러 주었다.

"그대가 만약 이 일승교를 홍포하여 펼치고자 한다면 곤치嚴智 스님에게 부탁하여 좌주座主로 모셔야 하오. 불공견삭不空羂索 관음상 앞에서 강설을 펼치도록 해야 할 것이오."

로벤 스님은 꿈에서 깨자 뛸 듯이 기뻤다. 그 기쁨은 끝이 없을 정도였다. 그때 곤치 선사는 원흥사에 계셨다. 로벤 스님은 곧 그 절로 달려가 대덕(곤치 선사)께 강의를 청했다.

곤치 선사는 이렇게 대답했다.

"내 이름은 분명 곤치(화엄의 지혜)이나 내 마음은 결코 곤치가 아니라오. 신라 학생 대안사 심상 대덕이야말로 진정한 곤치요. 마땅히 심상 스님께 청하여 『화엄경』을 강설하도록 해야 할 것이오."

승정 로벤 스님은 곧 대안사로 달려가 몸을 굽혀 심상 스님께 청하였다. 하지만 심상 대덕은 『화엄경』 강설을 사양했다. 두 번 세 번 은근히 청하였지만 한사코 사양하고 나아가지 않았다. 승정 로벤 화상은 이에 천황에게 아뢰어 칙명으로 『화엄경』 강설을 청하게 했다. 이때 비로소 나아갔다. 드디어 덴표天平 12년 경신년 10월 8일에 금종도량金鐘道場【곧 동대사 견삭당羂索堂이다. 법화당法華堂이라고 이름한다.】에서 수도의 명승 대덕을 크게 모아 두고 심상 스님을 사종師宗으로 삼고, 이 『대화엄경』을 강설하게 했다. 처음 강의할 때, 상공에 자줏빛 구름이 나타나 춘산春山에 걸쳤다. 천황께서 그것을 보시고 너무도 기이하여 한없이 찬탄하였다. 이내 비단 1천 필을 시주하셨다. 천황과 황후 그리고 여러 신하들이 옷가지 등을 보시하니 셀 수 없을 정도로 많았다.…(중략)…

강의로써 『화엄경』을 널리 전파한 사람은 바로 병자년 이후 5년이 지난 덴표 12년 경진년의 심상 선사이다.…(중략)…

신라 학생 대안사 심상 대화상은 강의를 통해서 화엄종을 홍포하도록 임용된 유類에 속하며 처음 화엄 교학을 강연했다. 심상 스님은 당나라에 가서 향상香象(현수 법장) 대사에게 화엄종을 배웠다. 그는 직접 화엄종의 고조高祖를 이은 명철名哲이었다. 천황은 칙령으로 심상 스님을 화엄종의 강사로 삼고 나서 이때 지쿤慈訓 소승도小僧都【흥복사 최초 별당別當이다.】, 교닌鏡忍 승도, 엔쇼圓證 대덕을 복사複師로 삼았다. 16대덕을 그 청중으로 해서 3년에 걸쳐 『화엄경』 60권을 강의했다. 1년에 20권씩 3년에 60권을 마쳤다.『화엄탐현기』를 근거로 해서『화엄경』60권을 강의했다. 심상 선사는 3년 만에『화엄경』60권을 끝냈다. 덴표 14년 임오년 돌연 입적했다.…(중략)…그 절(대안사)에서 본래 심상 선사가 일찍이『화엄경』을 강의했다. 나중에 다시 화엄학을 일으켰다.…(중략)…일본 화엄종은 로벤이 처음으로 본원을 일으킨 이가 되고, 심상은 처음으로 강의한 조사이다.…(중략)…대일본국의 화엄종은 심상과 로벤에서 시작한 이래로 지금의 주지(貫首)에 이르기까지 21대에 걸쳐 등불이 서로 이어지고, 학업은 번창하였다. 또한 가르침은 펼쳐져서 끊이지 않고 융성했다.

新羅 審祥

華嚴圓宗傳來是久。然華嚴宗古德記述日本佛法初傳年代。總有二說。一昔新羅學生大安寺審祥大德記云。檜隅廬入野宮御宇宣化天皇卽位三年歲次戊午年十二月十二日。從百濟國佛法傳來。宣化天皇卽第二十九代帝王也。二東大寺圓超僧都。延喜十四年甲戌奉詔撰華嚴宗幷因明章疏目錄。彼序中云。磯城嶋金指宮御宇欽明天皇十三年。佛法始傳矣。雖有二說。若依多分圓超所說以爲正錄。由此義故。華嚴學者應以超錄定法初傳……宗敎雖傳而未講弘。當時有一高德沙門。諱曰良辨。凝神眞原垂化俗林悲智潛用難可思焉。欲弘此宗深發誓願。決徹彌固。遂感靈夢。有一紫衣靑裙僧。從東方虛空下來告云。汝欲弘演此一乘敎。請嚴智師以爲座主。方於不空羂索之前可令開講云云。夢覺喜躍感悅無極然嚴智師在元興寺。良辨和上卽往彼寺請彼大德。其師答云。吾名是嚴智而心非嚴智。然新羅學生大安寺審祥大德是眞嚴智。應請彼師講敷華嚴。僧正良辨乃往彼寺屈請彼師。大德辭之。再三懇請。固辭不向。僧正和上于是奏聞。仍以勅請。此時方向。遂以天平十二年庚辰十月八日於金鐘道場【卽東大寺羂索堂也。名法華堂。】大集京城名僧大德。以審祥師爲其師宗。方講宣。此大華嚴經。初講之時。上現紫雲亘覆春山。聖朝叡覽奇歎無量。乃施綵帛一千餘疋。天皇皇后及諸卿等施入衣等不可勝計。……講弘傳者。丙子之後經五箇年天平十二年庚辰。審祥禪師乃厥匠也……新羅學生大安寺審祥大和尙屬講弘之選初演此宗。審祥卽往大唐隨香象大師學華嚴宗。卽是親承高祖之名哲也。旣以勅詔爲宗講師。于時請慈訓小僧都【興福寺。最初別當。】鏡忍僧都。圓證大德以爲複師。請十六德爲其聽衆。首尾三年講六十經。一年二十卷。三年之中終六十卷。以探玄記講六十經。審祥禪師三年終經天平十四年壬午奄焉卒矣。[5]……彼寺本有審祥禪師曾講華嚴後更興之。……日本華嚴。良辨爲初興本願。審祥是初講祖師。[6]……大日本國華嚴宗緖審祥良辨已來。乃至當代貫首二十一代。燈燈相傳學業繁昌。法法流演紹隆連綿。[7]

— 『三國佛法傳通緣記』卷中, 「華嚴宗」

5) 신라 지평智平

대일본국에서 『구사론俱舍論』은 과거 여러 사찰에서 모두 익혔고, 각 사찰마다 이에 대한 자신들의 이론을 수립했다. 법상종에 덧붙여 이 『구사론』을 연구했는데, 원흥사 고묘護命와 묘젠明全 등이 바로 그런 사람이

---

5 원 『大日本佛敎全書』 제101책, pp.114하~116하.
6 원 『大日本佛敎全書』 제101책, p.117하.
7 원 『大日本佛敎全書』 제101책, p.119상.

다. 고묘 승정은 신라 지평智平 스님의 이론을 계승해서 유위법有爲法의 법체法體는 생멸하지 않음을 주장했다. 나머지 선덕先德은 대부분 유위법의 법체가 생멸한다고 주장했다.

新羅 智平
大日本國習學俱舍。昔通諸寺各立義門。附法相宗硏竅此論。元興寺護命明全等乃其人也。護命僧正傳新羅智平法師義。建立有爲法體不生滅義。餘先德等多是有爲法體生滅義也。[8]
—『三國佛法傳通緣記』卷中,「俱舍宗」

6) 혜자慧慈 · 혜관慧觀 · 혜총慧聰 · 관륵觀勒 · 도장道藏

고구려 출신인 혜자慧慈 스님과 혜관慧觀 스님, 그리고 백제 출신인 혜총慧聰 스님과 관륵觀勒 스님은 모두 삼론종의 법륜을 펼칠 만한 학장學匠이다. 이들이 삼론종의 최초 출발이 되고, 나중에 점차 가르침을 전했다. 이들 여러 스님들은 모두 『성실론成實論』에도 통하였다. 쇼토쿠 태자는 혜자 스님과 혜총 스님을 스승 삼아 불법을 익혔는데, 바로 삼론종과 성실종의 뜻이었다. 이전에 백제의 도장 법사가 『성실론소成實論疏』 16권을 지었다. 예부터 이제까지 전해 내려와 지금도 현존한다.

慧慈 · 慧觀 · 慧聰 · 觀勒 · 道藏
高麗慧慈。慧觀。百濟慧聰。觀勒。並三論宗法輪之匠。此爲初起。後

---

8 원『大日本佛敎全書』 제101책, p.119상.

漸傳敎。此等諸師。皆通成實。太子以慧慈。慧聰。觀勒爲師。習學佛法。卽是三論成實宗義而已。昔百濟道藏法師造成論疏有十六卷。上古傳來于今有之。[9]

— 『三國佛法傳通緣記』卷中, 「成實宗」

7) 백제 전계傳戒 승정僧正 관륵觀勒·혜관慧觀

긴메이 천황 재위 기간인 임신년에 불법이 처음 전래됐고, 그 후 계속해서 불법이 점진적으로 전래됐다. 임신년 이후 37년이 경과한 제33대 스슌崇峻 천황 재위 원년인 무신년에 백제국이 불사리와 승려와 화공을 보냈다. 이때 우마코노 스쿠네馬子宿禰(신하에 대한 존칭)가 백제 승려에게 수계 의식에 대해 질문하자 그 백제 승은 이렇게 답변했다.

"승려(비구)가 계를 받을 때는 열 명이나 다섯 명으로 그것을 행하고, 니중尼衆(비구니)이 자신의 비구니 사찰에서 계를 받을 때는 먼저 본법을 행하고 나중에 비구 사찰에 가서 비구로부터 계를 받습니다. 니중도 이중二衆이 구족한 곳에서 계를 받습니다. 일본의 니중은 그 행법이 없습니다. 이중을 갖추지 못하면 수계를 할 수 없습니다."

젠조禪藏 등 세 비구니는 이에 백제에 가서 10계와 6법 그리고 구족계 세 가지를 모두 성취했다. 3년이 경과해서 비구니 사찰의 의식을 일본에 옮겨 왔다.…(중략)…스이코 천황 32년 갑신년 4월 무오戊午에 조칙을 내렸다.

"지금부터 승정과 승도를 임명할 때 반드시 비구나 비구니의 자질에

---

9 ㉐『大日本佛敎全書』제101책, p.120상.

대해 검증할 것이다.”

9월 병자일에 사찰과 승니에 대해 조사했다. 이때 사찰 46개소, 비구 816인, 비구니 569인이었다. 곧 백제 승려 관륵에게 처음으로 승정의 업무를 맡게 했다. 다음해 을유년에는 고구려 국왕이 승려 혜관을 보내니 덧붙여 그를 승정에 임명했다.

百濟傳戒僧正 觀勒·慧觀

欽明天皇御宇壬申佛法初傳。厥後連續佛法漸傳。壬申已後經三十七年。第三十三代崇峻天皇御宇元年戊申。從百濟國獻於佛舍利及僧畫工。于時馬子宿禰請百濟僧問受戒儀式。彼僧答云。僧衆受戒以十人五人行之。尼衆受戒於彼尼寺先行本法。後往僧寺隨僧受之。尼衆亦往二衆具足於中受之。此國尼衆無其行法。二衆不具不能受戒。禪藏等三尼遂往百濟十戒六法具戒三重皆已成就。經三年歸。尼寺儀式移此而來。……推古天皇御宇三十二年甲申四月戊午詔曰。自今以後任僧正僧都應檢校僧尼。卽九月丙子校寺及僧尼。當于是時。寺四十六所。僧八百十六人尼五百六十九人[云云]。卽以百濟僧觀勒初爲僧正法務。明年乙酉以高麗王貢僧慧觀補任僧正。[10]

—『三國佛法傳通緣記』卷下,「律宗」

10 [원]『大日本佛敎全書』 제101책, p.121상~하.

2. 『원형석서元亨釋書』[11]

1) 고구려 혜관慧灌

혜관慧灌 스님은 고구려 사람이다. 수나라에 들어가 가상 대사 길장이 이룩한 삼론학의 종지를 배웠다. 스이코推古 33년(625) 을유년 봄 정월, 본국(고구려) 정부가 보내서 일본에 왔다. 칙명으로 원흥사元興寺에 주석했다. 그해 여름 전국에 큰 가뭄이 들자 천황은 혜관 스님에게 기우제를 지내도록 명했다. 혜관 스님은 푸른 옷을 입고 삼론을 강설했는데, 곧바로 큰비가 내렸다. 천황은 크게 기뻐하고 혜관 스님을 승정에 임명했다. 나중에 나이슈内州(현재의 오사카 동부)에 정상사井上寺를 창건하여 삼론종을 널리 알렸다.

高麗 慧灌

釋慧灌。高麗國人。入隋受嘉祥吉藏三論之旨。推古三十有三年乙酉春正月。本國貢來。勅住元興寺。其夏天下大旱。詔灌祈雨。灌著青衣講三論。大雨便下。上大悅擢爲僧正。後於內州創井上寺。弘三論宗。[12]

— 『元亨釋書』卷第1, 「傳智」1-1

---

11 ㉮ 『元亨釋書』: 전 30권으로 되어 있다. 濟北 사문 師鍊이 元亨 2년(1322, 고려 충숙왕 9년)에 찬한 것으로, 日本 僧傳의 權與라고 한다. 이 역시 앞의 『三國佛法傳通緣記』와 함께 『大日本佛敎全書』 제101책에 수록되어 있다.
12 ㉮ 『大日本佛敎全書』 제101책, pp.142하~143상.

2) 찬贊한다

우리 긴메이 천황께서 바다 저쪽 번국藩國을 다스릴 적에 조공이 끊이지 않았다. 담혜曇慧와 도심道深[13]이 함께 계획하여 일본으로 왔다. 이때는 불법이 겨우 전해진 때였기에 불교를 가르치고 불교로 인도하는 일이 미약했다. 혜관 스님은 삼한 고구려에서 도래한 사람으로서 무외無畏와 제바提婆의 가르침을 일으켰고, 여름날 가뭄에 전국에 큰비를 내리게 했다. 때마침 이카미井上 지역에 갈증을 해소하는 감로수를 내렸다.

贊曰
我欽明之聖統海藩不替於貢。曇慧。道深。偕計來儀。此時佛法草昧誘導惟微。灌公因三韓勾麗之賓起無畏提婆之唱。夏旱降大雨於天下時渴灑甘露於井上。[14]

―『元亨釋書』卷第1,「傳智」1-1

3) 심상審祥 법사

① 지쿤慈訓 스님은 속성이 후네씨船氏이고, 나이슈內州 사람이다. 처음에는 흥복사 료민良敏과 겐보玄昉 두 스님에게서 법상종을 배웠다. 나중에는 심상 법사와 함께 바다를 건너 당나라로 가서 현수賢首 국사 법장法藏 스님을 친견하고는 화엄종의 심오한 종지를 받았다. 귀국해서는 로

---

13 역 曇慧와 道深 : 백제 승이다.
14 역 『大日本佛教全書』제101책, p.143. 이 부분은 '釋慧灌傳' 다음의 '釋智藏傳'에 이은 '贊曰' 중에 들어 있는 글이다.

벤良辨과 함께 현수종賢首宗(화엄종)을 일으켰다.

審祥法師
釋慈訓。世姓船氏。內州人。初事興福寺。良敏玄昉二師學相宗。後偕審祥法師踰海入唐。謁賢首國師法藏禀華嚴深旨。歸來付良辨建賢首宗。[15]

— 『元亨釋書』 卷第1, 「興福寺慈訓傳」

② 로벤 스님은 성이 구다라씨百濟氏이다.…(중략)…지쿤 스님에게 화엄종의 심오한 가르침을 배웠다. 지쿤 스님은 심상 스님과 함께 현수 법장 스님께 직접 배운 인물이기 때문에 로벤 스님은 현수 스님의 적손이 되는 셈이다.

釋良辨姓百濟氏……又從慈訓法師受華嚴奧旨。訓共審祥親禀於賢首故辨爲賢首的孫也。[16]

— 『元亨釋書』 卷第2, 「東大寺良辨傳」

4) 신라 의림義林

순효順曉 아사리阿闍梨는 사이쵸最澄에게 법을 전하는 글을 써 주었다.
"옛날 당나라 개원開元 연간(713~741)에 바라문국 왕자 출신인 선무외善無畏 대삼장大三藏께서 불국佛國(인도) 나란타那爛陀 사원에서 출발해 대

---

15 ㉠ 『大日本佛敎全書』 제101책, p.145하.
16 ㉠ 『大日本佛敎全書』 제101책, p.161상~하.

법륜을 굴리어 당나라에 도래해서는 제자 의림義林에게 법을 전하여 부촉했다. 그가 바로 대아사리大阿闍梨이며, 연세가 103세이며 지금 신라국에서 대법륜을 굴리고 계신다. 그는 당나라인 제자 순효에게 법을 부촉했다. 역시 진국도량鎭國道場 대덕아사리가 되어 다시 일본국 공봉 대덕供奉大德 사이쵸에게 부촉하여 대법륜을 굴리도록 했다. 사이쵸 그대는 네 번째 부촉을 받는 사람이다. 당나라 정원貞元 21년(805) 4월 19일에 쓰노니, 불법이 영원히 끊어지지 않게 할지어다. 아사리 사문 순효가 써서 사이쵸에게 부촉한다."

新羅 義林
曉闍梨付法書曰。昔開元朝大三藏婆羅門國王子善無畏。從佛國大那爛陀寺傳大法輪。至大唐國轉付傳法弟子義林。是國師大阿闍梨年一百三歲。見今在新羅國轉大法輪。又付大唐弟子順曉。亦是鎭國道場大德阿闍梨。復付日本國供奉大德弟子最澄轉大法輪。最澄是第四付屬。唐貞元二十一年四月十九日書令佛法永永不絶。阿闍梨沙門順曉錄付最澄。[17]

— 『元亨釋書』卷第1, 「延曆寺最澄傳」

5) 신라 명신明神

① 비로소 엔친圓珍이 가져온 경서를 상서성尙書省에 둘 수 있었다. 신라 명신明神이 말하였다.

---

17 원 『大日本佛敎全書』 제101책, pp.147하~148상.

"이 일본 땅에 신령한 곳이 있어서 내가 미리 차지하였다."

그 뒤 신라신新羅神과 산왕신山王神 두 신이 엔친과 함께 미이三井에 도착하니 불교도인 오토모씨大友氏가 절을 맡겼다. 이때 상서성의 부절符節을 내렸다. 이 일은 「사상지寺像志」에 실려 있다.

新羅 明神
始珍以將來經書置尙書省。新羅明神曰。此日域有靈場我已預占。後新羅山王二神與珍同到三井。檀越大友氏付寺。至此賜省符。事在寺像志。[18]

—『元亨釋書』卷第3,「延曆寺圓珍傳」

② 에이쇼永承 7년(1052) 9월 처음 신라신에게 제사 지냈다. 신은 화카和歌에 의탁해서 기쁘게 받아들였다.

永承七年九月。始行新羅祭祀。神託和歌驩納。[19]

—『元亨釋書』卷第4,「釋明尊傳」

③ "저는 신라 명신의 권속인 숙왕보살宿王菩薩입니다. 반드시 온죠園城의 문으로 들어가야 합니다. 명신께서 제가 옆에서 지키게 하셨습니다. 앞서 이미 약속을 했는데 지금 어찌 거역하겠습니까?"

我是新羅明神之屬宿王菩薩也。當入園城之門者。明神令我擁護。先

18　㉘『大日本佛敎全書』제101책, pp.179하~180상.
19　㉘『大日本佛敎全書』제101책, p.192하.

契已定。今何反乎。[20]

— 『元亨釋書』卷第4, 「釋經耀傳」

6) 백제국 의각義覺

의각義覺 스님은 백제 사람이다. 우리나라(일본)가 저 나라를 정벌했을 때 군대를 따라서 도래했다. 신장은 7척이었고, 불교를 폭넓게 연구했다. 나니와難波의 백제사에 머물렀다. 하루는 저녁에 『반야심경』을 독송하고 있었는데 같은 절 에기慧義 스님이 한밤중에 의각 스님 방이 환하게 밝은 것을 보고 기이하게 여겨 창틈으로 안을 살펴보았다. 의각 스님이 경전을 독송하는데 입에서 빛이 나왔다. 다음날 아침 에기 스님이 대중에게 그 사실을 고하자 대중은 크게 놀라워했다. 의각 스님은 대중에게 말하였다.

"내가 눈을 감고 『반야심경』을 백여 번 반복해서 독송하고, 눈을 뜨고 방 안을 보면 사방의 벽이 사라지고 바깥뜰이 모두 보인다오. 일어나서 만져 보면 방문은 어김없이 닫혀 있었소. 자리에 돌아와 독경을 하면 먼저처럼 사방의 벽은 사라집니다. 이는 『반야심경』의 불가사의한 힘일 것입니다."

이 일은 사이메이齊明 천황 때의 일이다.

百濟國 義覺
釋義覺。百濟國人也。本朝征彼國時伴軍士來。身長七尺。博究佛乘居難波百濟寺。一夕誦摩訶般若心經。同寺慧義夜半見覺室光曜赫

---

20 剳 『大日本佛敎全書』 제101책, p.193상.

如義恀自窓隙窺之。覺誦經光從口出。明朝義告衆。衆大驚嘆。覺語
徒曰我閉目誦經百許遍。開目視室四壁空洞庭外皆見。起而觸之。室
戶盡關。歸座誦經。通洞如先。是般若不思議之力也。此事齊明帝之
時也。²¹

— 『元亨釋書』卷第9, 「感進」4-1

7) 백제 도녕道寧

도녕道寧 스님은 백제 사람이다. 하쿠호白鳳 12년 가을 8월, 전국에 큰 가뭄이 들었다. 도녕에게 칙령을 내려 불법으로 비가 내리게 했다. 효과가 있어서 큰비가 쏟아져 내렸다. 천황이 후하게 상을 내렸다.

百濟 道寧
釋道寧。百濟人。白鳳十二年秋八月天下大旱。勅寧法雩効雨大注。
帝加優賞。²²

— 『元亨釋書』卷第9, 「感進」4-1

8) 백제 도장道藏

도장道藏 스님은 백제 사람이다. 지토持統 2년(687) 7월, 가뭄이 들자 도장에게 조칙을 내려 비가 내리게 했다. 아침이 끝나기도 전에 전국에 단비가 내렸다. 요로養老 5년(721)에 임금은 조칙을 내려 말하였다.

---

21 ㉘『大日本佛教全書』제101책, p.238상.
22 ㉘『大日本佛教全書』제101책, p.238상.

"사문 도장은 법문의 영수領袖이고 불교계의 동량이다(운운)."

그리고는 그에 대한 존숭과 예우가 극진했다. 도장은 나이 여든이 넘어서 입적하였다.

찬한다.

"의각, 도녕, 도장 세 스님은 모두 변방 백제인이다. 불법이 이곳 일본에 동점하기 시작할 때, 이역의 빼어난 이들이 와서 교화했다. 전법과 불교 이해에 뛰어난 분들이었을 것이다. 대체로 엔랴쿠延曆(782~805) 이전 스님들은 활동 시기가 대단히 멀어서 지금 흔적이 남아 있지 않다. 겨우 감응만 남겨 좀먹은 책이나 조각으로 남은 글만 보일 뿐이다. 이 지경에 이른 게 너무도 애석하구나."

百濟 道藏

釋道藏。百濟人。持統二年七月旱。詔藏祈雨。不崇朝普澍天下。養老五年詔曰。沙門道藏。法門領袖。釋家棟樑云云。崇禮甚盛。年逾八十取滅。贊曰。覺寧藏三師者皆落濟人也。此方東漸之始異域英行遊化。恐傳法慧解之才也。大率延曆前諸師時遠而跡沒。纔留感應而見蠹簡殘篇也。惜乎止于此焉。[23]

—『元亨釋書』卷第9,「感進」4-1

9) 고구려 혜자慧慈, 백제 일라日羅

스이코 3년(595) 여름 5월, 고구려 사문 혜자慧慈가 오니, (사람들이) 박

---

23 ㉯『大日本佛敎全書』제101책, p.238상.

물博物이라 하였다. (스이코 천황이) 혜자를 태자의 스승으로 임명했다. 태자는 혜자 스님에게 물었다.

"『법화경』 어느 구절에 한 자가 빠져 있습니다. 스님께서는 그것을 알고 계신지요?"

혜자 스님이 말하였다.

"우리 고구려 『법화경』에도 이 글자가 없습니다."

태자는 말하였다.

"옛날 제가 지닌 『법화경』에는 이 글자가 있었습니다."

혜자 스님이 물었다.

"경은 어디에 있습니까?"

태자는 미소 지으며 말했다.

"수나라 형산사에 있습니다."…(중략)…

가을 9월 태자가 몽전夢殿에 들어 문을 걸어 잠그고 17일을 나오지 않았다. 궁중의 사람들이 매우 걱정했다. 혜자 스님은 말하였다.

"태자께서는 삼매에 드셨습니다."

8일 아침에 옥 책상 위에 경전 한 권이 있었다. 태자는 혜자 스님에게 일러 주었다.

"이것이 내 전생에 간직하던 본입니다. 한 부를 1권으로 겹쳐 놓았습니다. 오노노 이모코小野妹子가 가져온 것은 제 제자의 경입니다. 제가 선정 중에 가져왔습니다."

이렇게 말하고 글자가 빠진 곳을 혜자 스님에게 보여 주었다. 혜자 스님은 그것을 대단히 기이하게 여겼다.…(중략)…앞서 비다츠敏達 12년 백제의 일라日羅가 도래했다. 몸에서 빛이 났고 그 신이함은 헤아릴 수 없을 정도였다. 태자께서 일반 사람들의 복장을 하고 여러 동자들을 따라서 건물에 들어설 때, 일라 스님은 태자를 가리키며 "신인神人이다."라고 말했다. 태자가 달려가서 옷을 갈아입고 나타나자 일라 스님은 두 번 절을 하고 무릎을 꿇고 말했다.

"세상을 구할 관세음보살께 예경합니다. 법등이 동방의 작은 나라에 전해졌습니다."

태자는 가만히 그것을 사양했다. 일라 스님이 빛을 내자 태자도 미간에서 빛이 나왔다. 그리고 좌우 사람에게 말하였다.

"내가 진陳나라에 있을 때 그가 나의 제자였다. 항상 하늘의 해에 예경을 하였기에 빛과 밝음이 있다.…(중략)…"

7년(스이코) 여름 4월, 백제 왕자 아좌가 게송을 설해서 태자를 예경했다. 그 이야기는 「자치표」에 있다.…(중략)…

혜자는 고구려에 있으면서 태자가 사망했다는 이야기를 듣고 통곡하면서 말하였다.

"태자는 큰 성인이시다. 내 비록 이역에 있지만 마음은 금란金蘭에 있다. 철인이 돌아가셨는데 나 혼자 어떻게 남아 있겠는가. 내년 2월 태자와 같은 날에 숨을 거두리라."

그때가 되었을 때 과연 그러했다.

高麗 慧慈·百濟 日羅

推古三年夏五月。高麗沙門慧慈來。號爲博物。勅慈爲太子師。太子語曰。法華某句闕一字。公知之乎。慈曰。我本國經亦無此字。太子曰。昔吾所持經有此字。慈曰。經在何處。太子微笑曰。隋國衡山寺……秋九月太子入夢殿。閉戶不出一七日。宮中大悕。慧慈曰。太子入三昧矣。八日之晨玉几上有一經卷。太子告慈曰。是我先身所持之本耳。

一部複一卷也。妹子取來之者我弟子之經也。吾定中取來也。乃以落
字之所示慈。慈大奇之。……²⁴
初敏達十二年。百濟日羅來。身放光神異不測。太子微服從諸童子入
舘見之。羅指太子曰。是神人也。太子走去易衣而出。羅再拜跪地曰。
敬禮救世觀世音。傳燈東方粟散國。太子從容而謝之。羅放光。太子
亦眉間出光謂左右曰。我在陳彼爲弟子。常禮日天故有光燿……七年
(推古)夏四月。百濟王子阿佐說偈禮太子。語在資治表。……²⁵
慧慈在高麗。聽太子訃慟哭曰。太子大聖人也。我雖異域心在金蘭。
哲人亡矣。我獨何存。來歲二月取滅必與太子同時日。至期果然。²⁶
　　　　　―『元亨釋書』卷第15,「方應」8, '聖德太子傳'

10) 신라신新羅神 · 산왕신山王神 두 신

덴안天安 2년(858), 엔친圓珍 법사는 신라신新羅神과 산왕신山王神 2신과 함께 훌륭한 땅을 찾다가 원성사園城寺에 도착했다.…(중략)…미오신三尾神이 연회를 준비하여 신라신이 오길 기다려 그들을 치하했다. 그런 후에 모습을 숨겨 보이지 않았다. 엔친 법사가 신라신에게 왜 늙으신 교타이(老待)가 사라져 보이지 않느냐고 묻자 신은 "미륵보살의 응화입니다."라고 말했다.

新羅山王二神

24　㉎『大日本佛敎全書』제101책, pp.308하~309상.
25　㉎『大日本佛敎全書』제101책, p.309하.
26　㉎『大日本佛敎全書』제101책, p.310상.

天安二年。圓珍法師與新羅山王二神。相勝區到園城寺。……及三尾神饍饗新羅神待來賀之。然後形隱不見。珍問新羅神老待沒而不見何。神曰彌勒菩薩之應化也。[27]

—『元亨釋書』卷第15,「方應」8, '園城寺教待傳'

11) 백제국 담혜曇慧 · 도심道深

담혜曇慧 스님은 백제 사람이다. 긴메이 15년 2월에 도심道深과 함께 본국(일본)에 조공하러 왔다.

百濟國 曇慧·道深

釋曇慧。百濟國人。欽明十五年二月。共道深本國貢來。[28]

—『元亨釋書』卷第16,「力遊」9

12) 고구려국 혜변慧便

혜변慧便 스님은 고구려 사람이다. 비다츠敏達 13년(584)에 소가노 우마코蘇我馬子(?~626)가 상소해서 백제에서 보낸 미륵 석상을 취득했다. 이시카와石川의 저택 옆에 전각을 지어 불상을 안치했다. 그때 예불을 행할 자가 아무도 없어서 양나라 출신인 사마달등司馬達等으로 하여금 사방으로 사문을 찾게 했다. 반슈播州에서 비구인 듯한 사람을 찾고서 그에게 물었다. 그러자 그는 말했다.

---

27 [원]『大日本佛敎全書』 제101책, p.319하.

28 [원]『大日本佛敎全書』 제101책, p.321상.

"이 나라는 사문을 예경하지 않아서 나는 속인과 섞여 있을 뿐입니다."
이가 곧 혜변이었다. 우마코는 그를 스승으로 귀하게 섬겼다.

高麗國 慧便

釋慧便高麗國人。敏達十三年。蘇馬子奏取百濟彌勒石像。於石川宅側創殿安置。時無奉香火者。使梁人司馬達等四方尋求沙門。放播州得似比丘者問之。對曰。此方不敬沙門故我混俗耳。乃便也。馬子貴爲師。[29]

—『元亨釋書』卷第16,「力遊」9

13) 백제 혜총慧聰

혜총慧聰 스님은 백제 사람이다. 스슌崇峻 원년(588) 3월에 조공하러 왔다. 혜총은 계학에 뛰어났다. 소가노 우마코는 그에게 계법戒法에 대해 묻고 배웠다.

百濟 慧聰

釋慧聰。百濟人。崇峻元年三月貢來。聰有戒學。蘇馬子受問戒法。[30]

—『元亨釋書』卷第16,「力遊」9

29 [원]『大日本佛教全書』제101책, p.321상.

30 [원]『大日本佛教全書』제101책, p.321상.

14) 고구려 혜자慧慈

혜자 스님은 고구려 사람이다. 스이코 3년(595) 5월에 조공하러 왔다. 황태자 도요토豊聰(쇼토쿠 태자)가 그를 스승으로 섬겼다. 혜자는 백제 출신 혜총과 함께 불교를 널리 전파시켰다.

스이코 4년 겨울 법흥사가 건립되자 칙명으로 혜자와 혜총을 함께 그곳에 머물게 했다. 스이코 23년 본국으로 귀국했다.

高麗 慧慈
釋慧慈。高麗人。推古三年五月貢來。皇太子豊聰師之。與百濟慧聰同弘佛敎。四年冬法興寺成。勅慈及聰同居。二十三年歸本邦。[31]

— 『元亨釋書』 卷第16, 「力遊」 9

15) 백제 관륵觀勒

관륵觀勒 스님은 백제 사람이다. 스이코 10년(602) 10월에 조공하러 왔다. 학술에 뛰어났고 역본曆本과 천문서, 지리서, 방술서를 바쳤다. 태자 미미토耳聰(쇼토쿠 태자)가 말했다.

"내가 형산에 있을 때, 관륵 그대가 나의 제자였다. 별자리를 보고, 운수를 점치고, 산하대지의 이해를 살피는 일을 좋아해서 내가 기예와 술수에 빠져 참된 가르침을 혼탁하게 한다고 나무랐다. 숙세의 인연이 다하지 않아 나를 좇아 이곳까지 와서는 여전히 별자리와 역법을 말하

---

31 ㉘『大日本佛敎全書』 제101책, p.321상~하.

는구나."

　스이코 32년(624) 4월, 사문이 조부를 해치는 사건이 발생했다. 조정은 처음으로 승정제도를 설치하여 승려와 비구니를 점검하게 했다. 관륵이 선발되어 승정이 되었다.

百濟 觀勒
釋觀勒。百濟人。推古十年十月貢來。有學術獻曆本及天文地理方術之書。太子耳聰曰。吾在衡山勒爲弟子。好星宿度數山河利害事。我呵其涉藝術雜眞乘。凤因不竭追我而來。猶言星曆。三十二年四月有沙門殺祖父者。朝廷初置僧正撿校僧尼。勒當遴選爲僧正。[32]

―『元亨釋書』卷第16,「力遊」9

16) 고구려 승륭僧隆·운총雲聰

　승륭僧隆 스님은 고구려 사람이다. 스이코 10년(602) 10월, 사문 운총雲聰과 함께 왔다.

高麗 僧隆·雲聰
釋僧隆高麗人。推古十年十月。共沙門雲聰來。[33]

―『元亨釋書』卷第16,「力遊」9

32　㉘『大日本佛敎全書』제101책, p.321하.
33　㉘『大日本佛敎全書』제101책, p.321하.

17) 백제 혜미慧彌 · 도흔道欣

혜미慧彌 스님은 스이코 17년(609) 4월에 백제국 사람으로서 오吳나라로 가다가 배가 표류해서 히고슈肥後州에 닿았다. 히고슈 관리가 태재부太宰府에 보고했다. 태재부는 보고를 받고서 조서를 내려 그 배에 탄 사람을 본국으로 돌려 보내게 했다. 그때 혜미 사문과 도흔道欣 사문 등은 이 나라의 교화를 흠모하여 머물게 해 달라고 천황에게 표를 올렸다. 이에 천황은 조서를 내려 원흥사元興寺에 주석하게 했다.

百濟 慧彌 · 道欣
釋慧彌。推古十七年四月。百濟人。赴吳國。其舡漂流至肥後州。州吏告太宰府。府以聞。勅令其舟人送本邦。時彌沙門道欣等。慕國化上表請留。詔居元興寺。[34]

— 『元亨釋書』卷第16, 「力遊」9

18) 고구려 담징曇微[35] · 법정法定

① 담징曇微 스님이 스이코 18년(610)에 고구려에서 조공하러 왔는데 사문 법정法定이 그와 함께했다. 담징은 외학外學을 섭렵하여 오경五經에 뛰어났다. 또한 기예에도 뛰어나 맷돌을 직접 만들고 색을 넣은 그림을 잘 그렸다.
찬한다.

---

34 ㉘『大日本佛敎全書』제101책, p.321하.
35 微 : 『일본서기』에는 徵. 음은 '징'을 따른다.

옛날에 신코神功 황후는 신비한 무공을 해외까지 떨쳐 삼한 모두 먼 곳에 있는 번국이 되어 끊이지 않고 공물을 바쳤다. 여덟 스님 가운데 어떤 이는 관리와 함께 왔고, 어떤 이는 이 나라의 풍광을 보려고 왔다. 생각해 보면 그들은 모두 불법을 전할 만한 인재였다. 시대가 점점 오래되면서 그들이 교화한 흔적은 자세하지 않게 됐다. 그래서 내가 여기에 나란히 실었다. 하지만 혜자는 우에노미야上宮(쇼토쿠 태자)의 옷을 여미게 하였고(스승이 되었고), 관륵은 승략36의 임무를 시작해서 이룬 바가 없지 않았다. 오호라! 담징과 혜자는 불도가 깊은 사람이니 이 나라의 가섭마등이고 축법란이다. 애석하구나! 옛 기록이 남아 있지 않구나.

高麗 曇微·法定
釋曇微。推古十八年三月。高麗國貢來沙門法定共之。徵涉外學善五經。又有伎藝。造碾磑工彩畫。37
贊曰。昔者神功聖后神武震海外。三韓共爲遠藩。而貢獻相續。八師或偕計吏或觀國光。想咸傳法之才也。年祀寖遠化迹不詳。故予於是併繫綴焉。然慧慈摳上宮之衣。觀勒始僧㽞之任。不爲無得矣。嗚乎曇慧道深者此方之騰蘭也。惜哉古記闕焉。38

—『元亨釋書』卷第16,「力遊」9

② 찬한다.
불법의 물이 부상국扶桑國(일본)에 흘러들었다. 백제는 그 시작이고, 당

---

36 姚秦 때 사람으로 승록의 시작이 되었다.
37 원『大日本佛敎全書』제101책, p.321하.
38 원『大日本佛敎全書』제101책, pp.321하~322상.

나라는 거대한 바다였다.

贊曰。法水之注扶桑也。濫觴於百濟。沃日於大唐。[39]
　　―『元亨釋書』卷第16,「力遊」9, 釋福亮 神睿等 吳唐僧 條下

19) 신라 사신을 따라 귀국한 경우

① 에사이慧濟 스님은 사문 에센慧先과 함께 입당 유학했다. 스이코 31년(623) 7월에 신라 대사大使 지세이智洗爾를 따라 돌아왔다.…(하략)

從新羅使來歸
釋慧濟。共沙門慧先入唐留學。推古三十一年七月。從新羅大使智洗爾來歸。……[40]
　　―『元亨釋書』卷第16,「力遊」9, '慧濟法師傳'

② 에온慧隱 스님은 입당 유학했다. 조메이 11년(639) 9월에 신라 사신을 따라 돌아왔다.…(하략)

釋慧隱。入唐留學。舒明十一年九月。從新羅使來歸。……[41]
　　―『元亨釋書』卷第16,「力遊」9, '慧隱法師傳'

39　㉾『大日本佛敎全書』제101책, p.322하.
40　㉾『大日本佛敎全書』제101책, p.322하.
41　㉾『大日本佛敎全書』제101책, p.322하.

20) 지봉智鳳 법사

지봉智鳳 스님은 다이호大寶 3년(703) 입당하여 유식학을 배웠고, 승정 기엔義淵의 문도門徒이다.

智鳳法師
釋智鳳。大寶三年入唐。學唯識。僧正義淵鳳之徒也。[42]
―『元亨釋書』卷第16,「力遊」9, '智鳳法師傳'

21) 신라에 가서 불법을 구한 경우

조다츠淨達 스님은 신라에 가서 불법을 구했다. 게이운慶雲 4년(707) 5월에 귀국했다.
와도和銅 2년(709) 10월에 우복야右僕射 후히토不比等(659~720)는 식규도량植槻道場에 가서 조다츠 스님을 맞이하여 유마회를 열게 했다.

入新羅求法
釋淨達。入新羅求法。慶雲四年五月來歸。和銅二年十月。右僕射不比等。就植槻道場延達修維摩會。[43]
―『元亨釋書』卷第16,「力遊」9

---

42 �『大日本佛敎全書』제101책, p.323상. 여기서는 신라승임을 밝히고 있지 않아서 일본승인 것처럼 보이고 있으나 앞서 기록한『三國佛法傳通緣記』에는 지봉이 신라승임을 밝히고 있다.

43 �『大日本佛敎全書』제101책, p.323상.

22) 고구려에 가서 불법을 구한 경우

교젠行善 스님은 고구려에 가서 불법을 구했다. 요로養老 2년(718)에 귀국했다. 교젠 스님이 고구려에 체류할 때였다. 여행 중에 홍수를 만났는데 다리도 끊어지고 배도 없었다. 끊어진 다리 위에 서서 전심으로 관음보살의 명호를 염송했다. 곧 늙은이가 배를 저어서 다가와 교젠 스님을 태우고 움직였다. 기슭에 도착하자 늙은이는 문득 사라졌고 배도 보이지 않았다. 교젠 스님은 그가 관자재보살의 응현應現임을 알았다. 그리고 서원을 세우고 보살상을 조각하고는 아침저녁으로 예경했다. 고구려 사람들은 교젠 스님을 하변보살河邊菩薩이라고 칭송했다. 귀국할 때 보살상을 품고 돌아왔다. 흥복사興福寺에 안치했는데 어느 날 그 보살상이 갑자기 사라졌고 그것의 소재를 알 수 없었다.

入高麗求法

釋行善。入高麗求法。養老二年來歸。善在高麗行逢洚水橋絶無舟。立斷橋上潛念觀音。須臾老翁棹舟而來載善行。著岸之後老翁俄隱。舟又不見。善知觀自在應現。發誓刻像日夜敬禮。彼國稱善爲河邊菩薩。歸朝時懷像而返。安興福寺。一日其像俄失。不知所在。[44]

—『元亨釋書』卷第16,「力遊」9

---

44 원『大日本佛教全書』제101책, p.323상.

23) 백제사주百濟寺主

에묘慧妙 스님은 다이카大化 원년(645) 고토쿠孝德 천황의 칙령으로 백제사의 주지가 되었다.

하쿠호白鳳 8년(680)에 에묘 스님이 병들자 천황은 구사카베草壁 황자를 보내 문병하게 했다. 이튿날 입적했다. 천황은 셋째 황자가 그를 조문하게 했다.

百濟寺主
釋慧妙。大化元年孝德帝救爲百濟寺主。白鳳八年病。帝遣草壁皇子訊疾。明日寂。詔三皇子弔之。[45]

— 『元亨釋書』卷第16,「願雜」10之1, '古德' 1

24) 신라 미타彌陀 금상金像

도신道信 스님은 에미시인蝦夷人이다. 지토持統 3년(688)에 천황에게 표를 올려 출가를 청하여 지토쿠自得와 함께 천황의 칙령을 받들어 득도했다. 이 해에 신라에서 아미타불 금불상을 바쳤다. 조정에서는 예를 지키지 않았다고 질책하여 공물과 바친 물건을 돌려보내려 하니 신라는 두려워했다. 지토쿠가 천황에게 그 불상을 구하고 싶다고 아뢰자 천황이 허락하여 그에게 그것을 하사했다.

新羅彌陀金像

---

45 원 『大日本佛敎全書』 제101책, p.327하.

釋道信。蝦夷人。持統三年奏求出家。與自得奉勅得度。此歲新羅獻彌陀金像。朝廷責失禮還貢獻物。新羅恐。得奏求其像許而賜之。[46]

—『元亨釋書』卷第16,「願雜」10之1, '古德' 1

25) 백제 석가 금상

소가노 이나메蘇我稻目(505~570)는 긴메이 천황의 재상이었다. 긴메이 13년(552) 10월에 백제에서 석가 금상을 바쳤는데 여러 신하가 그것을 거부했다. 소가노 이나메가 천황에게 상주하여 아뢰었다.

"서쪽 여러 번국도 모두 (불교를) 믿고 받듭니다. 만약 불상이 상서롭지 않다면 저들이 어찌 공물로 보내겠으며, 이미 속국이 되었는데 어찌 속임수를 부리겠습니까?"

그러자 천황은 불상을 소가노 이나메에게 하사했다. 소가노 이나메는 곧 무카이하라向原의 저택을 시주해서 절로 만들고 불상을 안치하여 예경했다.

百濟釋迦金像

蘇稻目者。欽明帝之宰臣也。十三年十月。百濟國貢獻釋迦金像。群臣沮之。稻目奏曰。西藩諸國皆悉信嚮。若佛不祥彼豈備貢。已爲附庸何懷欺罔。帝以像賜之稻目。乃捨向原宅爲寺。安佛像加崇敬。[47]

—『元亨釋書』卷第17,「願雜」10之2, '王臣' 2

---

46 [원]『大日本佛教全書』 제101책, p.328상.

47 [원]『大日本佛教全書』 제101책, p.331하.

26) 백제 미륵 석상, 고구려 혜변慧便

　소가노 우마코는 소가노 이나메의 아들이다. 우마야도廐戶(쇼토쿠 태자) 황자와 협력해서 불사佛事를 일으켰다. 비다츠 13년(584) 9월에 백제국 출신 마심신麻深臣이 미륵 석상을 갖고 있었는데 소가노 우마코가 그것을 간청해서 집 동쪽에 전각을 지어 안치했다. 혜변慧便 법사를 청하여 그를 스승으로 섬겼다.

百濟 彌勒石像·高句麗 慧便
蘇馬子者。稻目之子也。與廐戶皇子戮力興佛事。敏達十三年九月。百濟麻深臣有彌勒石像。馬子乞之於宅東營殿安之。請慧便法師師事之。⁴⁸
　　　　　―『元亨釋書』卷第17,「願雜」10之2, '王臣' 2

27) 일본 세 비구니

　비구니 젠신善信은 사마달등司馬達等의 딸이다. 비다츠 13년(584) 10월에 혜변 스님에게 출가했다. 도반이 되는 두 여인과 삭발했다. 한 사람은 젠조禪藏로 양梁나라 출신 야선夜善의 딸이다. 또 한 사람은 에젠慧善으로 니시코리노 츠후錦織壺의 딸이다. 대신大臣 소가노 우마코는 정사精舍를 지어서 세 비구니를 맞아 공양했다.
　요메이用明 2년(587)에 젠신은 소가노 우마코에게 말했다.
　"출가자는 계를 바탕으로 삼습니다. 백제에 가서 계율을 공부할 수 있도록 해 주십시오."

48　㉘ 『大日本佛敎全書』제101책, p.331하.

스슌崇峻 원년(588)에 소가노 우마코는 백제 사신에게 젠신을 부탁하여 구법을 위해 떠나보냈다.

스슌 3년(590) 봄에 젠신 등 세 비구니는 백제에서 돌아와 앵정사櫻井寺에 주석했다.

日本三尼

善信尼。司馬達等之女也。敏達十三年十月。從慧便出家。同伴二女共薙髮。一禪藏。梁人夜善之女。二慧善。錦織壺之女。大臣蘇馬子營精舍迎三尼供養。用明二年。信白馬子曰。出家之人以戒爲地。願赴百濟受戒學。崇峻元年。馬子付信百濟使求法發遣。三年春。信等三尼自百濟歸住櫻井寺。[49]

—『元亨釋書』卷第18,「願雜」10之3, '尼女' 4

28) 백제 비구니 법명法明

비구니 법명法明은 백제국 사람이다. 사이메이齊明 2년(656)에 내신內臣 가마코 무라지鎌子連가 앓아누웠는데 백약이 무효였다. 법명 비구니가 천황에게 상소해서 말했다.

"『유마힐경』에서는 병문안을 통해서 위대한 불법을 설했습니다. 가마코 무라지를 위해 『유마경』을 독송하도록 해 보십시오."

그러자 천황은 『유마경』을 읽게 했다. 다 읽기도 전에 병은 쾌차했다. 천황과 신하들은 크게 기뻐했다.[50]

---

49 [원]『大日本佛敎全書』 제101책, p.345하.

50 [원]『大日本佛敎全書』 제101책, p.345하.

찬한다.

중국 동진시대 비구니 도형道馨이 『유마경』을 강설했을 때, 청중은 시장처럼 많았다. 그렇다면 비구니가 경전을 강설한 일은 오래됐다. 하지만 법명 비구니가 『유마경』 일독을 끝내지 않았는데도 병이 일찌감치 쾌차했으니 그 효험이 더 낫다고 하지 않겠는가? 그 후 담해공淡海公은 식규도량植槻道場에서 유마회를 설립했고, 흥복사로 옮기고 지금에 이르러 더욱 번성하였다. 법명 비구니가 남긴 업적이 아니겠는가!

百濟 法明尼

法明尼。百濟人。齊明三年。內臣鎌子連寢病。百方不痊。明奏曰。維摩詰經因問疾說大法。試爲鎌子連讀之。帝詔讀之。未終卷病卽愈。王臣大悅。

贊曰。東晋有尼道馨說維摩經。聽者如市。然者尼之有講者尙矣。而明一讀未畢沈痾早差。其爲効豈不愈哉。爾後淡海公於植槻場創維摩會移興福寺。于今轉盛。豈明之餘烈乎。[51]

—『元亨釋書』卷第18,「願雜」10-3, '尼女' 4

29) 신라 명신明神

덴안天安 2년(858)에 엔친圓珍 스님이 배편으로 당나라에서 귀국할 때, 바다 가운데서 홀연히 한 노인이 뱃전에 나타나 말했다.

"저는 신라의 신입니다. 미륵보살이 하생할 때까지 엔친 스님의 교법

51 [원] 『大日本佛敎全書』 제101책, p.346상.

을 지키겠노라 서원했습니다."

말을 마치자 사라졌다. 엔친이 수도에 도착하여 가져온 불교 전적을 상서성에 보관했다. 그때 바다에서 본 노인이 와서는 다음처럼 말했다.

"이곳은 경전을 둘 만한 곳이 못 됩니다. 이 일본 땅에 훌륭한 곳이 한 군데 있는데 제가 이미 먼저 그곳을 살펴보았습니다. 엔친 스님께서는 관청에 부탁해서 절을 짓고 그곳에 이 전적을 보관하도록 하십시오. 제가 지키겠습니다. 그리고 불법은 왕법의 통치 수단이기도 합니다. 불법이 쇠미해지면 왕법도 쇠미해집니다."

말을 마치자 몸을 감췄다. 엔친은 히에이잔叡山으로 복귀하여 산왕원山王院에 이르렀다. 그때 산왕 명신이 모습을 드러내 "가지고 온 경서는 마땅히 이곳에 보관해야 합니다."라고 말하자, 신라 명신이 다시 말했다.

"이곳은 미래에 분명 싸움이 있을 것이니 둘 수 없습니다."

남쪽으로 몇 리를 가자 그곳이 바로 훌륭한 곳이었다. 엔친은 신라신과 산왕신 두 신과 두 명의 비구와 함께 시가군滋賀郡 원성사園城寺에 도착했다. 원성사 승려 교타이教待가 절 일에 대해 설명했다. 산왕신은 히에이잔으로 이미 돌아갔고, 신라의 명신은 엔친에게 말했다.

"제가 점을 쳐 보니 이 절 북쪽 들판이 머물 곳입니다."

그때 수백 수천의 권속이 갑자기 몰려와 그들을 둘러쌌다. 오직 엔친만 그들을 보았고, 다른 사람은 알아채지 못했다. 이때 수레를 탄 사람이 있었는데 호위병들이 대단히 많았고 좋은 음식으로 신라 명신을 대접했다. 교타이도 와서 인사했다. 그런 다음 수레 탄 사람은 모습을 감춰 보이지 않았다. 엔친이 명신에게 물었다.

"수레를 몬 사람은 누구입니까?"

신라 명신이 말했다.

"미오三尾 명신입니다."

【사당은 현재 절 남쪽에 있다.】 이때부터 신라 명신의 위세와 신령함이 더욱 드러났다.

新羅 明神

新羅明神者。天安二年。圓珍師泛舶自唐歸。洋中忽有老翁現船舷曰我是新羅國之神也。誓護持師敎法至慈氏下生。語已不見。珍入京將傳來敎籍藏尙書省。時海上翁來曰。此所不堪置經書。是日域中有一勝地我已先相攸。師聞官建院宇庋此典籍。我鎭加護。又佛法是王法之治具也。佛法若衰王法亦衰。語已形隱。珍歸叡山至山王院。時山王明神現形曰。傳來經書宜藏此所。新羅明神又出曰。此地來世必有喧爭不可置也。南行數里是爲勝處。珍乃與新羅山王二神及二此丘到滋賀郡園城寺。寺僧敎待說寺事。旣而山王迴睿阜。新羅明神語珍曰。我卜居寺之北野。時百千眷屬倏來圍繞。唯珍獨佗人不知。於是有乘輿人儀衙甚多。以美膳饗新羅。敎待來賀。而後乘輿人形隱不見。珍問明神。執轝者爲誰。新羅曰。三尾明神也【祠今在寺南】自此新羅明神威靈益顯。[52]

—『元亨釋書』卷第18,「願雜」10之3, '神仙' 5

30) 백제 성명왕聖明王이 불법을 전하다

긴메이欽明 천황 13년(552) 겨울 10월에 백제국 임금이 대부大夫 서부

52 [원]『大日本佛敎全書』 제101책, pp.355하~356상.

西部 희씨姬氏를 사신으로 보내 석가불 동상과 경론 그리고 번개幡蓋를 바쳤다.

13년 10월 13일에 백제국 성명왕聖明王이 서부 희씨, 달솔達率(백제의 관등명), 노리사치계怒唎斯致契(승려 이름)를 보내 석가불 동상과 경론 그리고 번개 등 약간의 물품을 바치면서 천황에게 표를 올려서 이렇게 말했다.

"이 불법은 여러 가르침 가운데 가장 뛰어난 것입니다. 이해하기도 힘들고 입문하기도 힘들어 주공이나 공자도 일찍이 알 수 없었습니다. 이 법은 무량무변한 복덕과 과보를 일으키고 결국 무상보리를 이루게 할 것입니다. 마치 사람이 여의주를 품으면 원하는 바가 뜻대로 되듯 이 법의 보배도 그래서 기원하는 바가 뜻대로 되어 결핍된 바가 없습니다. 또 멀리 천축에서 삼한으로 전래되어 그 가르침을 따르고 받들어 지켜서 공경하지 않는 이가 없었습니다. 이 때문에 백제왕 신臣 명明은 삼가 신하 노리사치계를 파견하여 황제의 나라에 받들어 전하여 세상에 유통되게 하려 합니다. 또 부처님은 '내 법이 동쪽으로 전해질 것이다'라고 적어 두셨는데 성인의 예측이 헛되지 않았습니다. 천황께서는 이를 아셔야 합니다."

천황이 크게 기뻐하고 사신에게 조칙을 내렸다.

"짐은 옛날부터 이와 같은 미묘한 가르침은 들은 적이 없소. 그래서 짐이 스스로 결정하지 못하고 우선 의논을 해야겠소."

그리고 여러 신하들에게 두루 물어보았다.

"서쪽 번국이 바친 불상은 그 모습이 훌륭하고 수려하구나. 숭배해야 할지 어떨지 모르겠구나."

대신 소가노 이나메蘇我稻目가 천황에게 아뢰었다.

"바다 건너 번국은 하나같이 예배하고 신봉하는데 도요아키츠시마豊

秋津島(일본의 미칭) 일본이 어찌 혼자서 신봉하지 않겠습니까! 하물며 백제왕이 대를 이어서 천황 폐하의 교화를 입고 있는데 만약 요망한 신을 바친다면 어찌 충성스러운 번국이겠습니까! 폐하께서는 염려하지 마십시오."

오오무라지노 모노노베노 오코시大連物部尾輿와 나카토미노 가마코中臣鎌子 등이 말하였다.

"우리나라가 천하를 통치할 때, 늘 천지 사직의 180신에게 봄·여름·가을·겨울로 전례를 갖추어 제사를 지냈습니다. 바야흐로 지금 고쳐서 번국의 신에게 제사하면 아마도 국신의 노여움을 사지 않을까 걱정됩니다."

천황이 말하였다.

"그대들의 말도 그럴듯하구나. 하지만 백제국 성명왕이 바친 것을 버릴 수는 없구나. 누가 이 신을 신봉하겠는가?"

소가노 이나메가 머리를 조아려 그것을 청하였다. 천황이 불상을 소가노 이나메에게 하사했다. 오하리다小墾田의 집에 불상을 모셨다. 다시 무카이하라向原의 집을 내려 절을 만들고 불상을 봉안했다. 이 해 겨울 역병이 돌았는데 모노노베노 오코시와 나카토미노 가마코가 함께 천황께 아뢰었다.

"나라에 재난이 있는데 요망한 신의 짓일 것입니다. 저희의 말을 신용하지 않아서 역병에 걸려 죽고 있습니다. 불상을 버리시고 복을 빌기를 바랍니다."

천황은 저들의 말을 따라서 관리에게 불상을 나니와難破의 호리에堀江에 버리게 했고, 가람을 불살랐다. 그때 하늘은 구름 없이 비를 내렸고, 원인 모를 불이 나 대전을 태웠다.

百濟聖明王 傳佛法

十有三年。冬十月。百濟國主使大夫西部姬氏。貢釋迦佛銅像及經論幡蓋。十三年十月十三。百濟國聖明王。使西部姬氏達率怒利斯致貢獻釋迦銅像經論幡蓋若干品。上表曰。是法於諸法中最爲殊勝。難解難入周公孔子尙不能知也。是法能生無量無邊福德果報。乃至成辨無上菩提。譬如人懷隨意寶。所須依情。是法寶復然。祈願依意無所乏缺。且夫遠自天竺爰洎三韓順教奉持。無不尊敬。由斯百濟王臣明謹遣倍臣怒利斯致奉傳帝國流通寰宇。又佛之所記我法東流。聖識不徒天皇知之。帝大悅。詔使者曰。朕從昔以來未會聞如是微妙之法。然朕不自決姑待議焉。乃歷問群臣曰。西蕃獻佛其貌偉麗。不知可拜不。大臣蘇稻目奏對曰。海蕃諸一皆禮奉。豊秋日本豈獨否乎。況百濟王世承皇化。若貢妖神曷爲忠藩。願陛下勿慮也。大連物尾輿中臣鎌子等言。我國家之治天下也。恒以天地社稷一百八十神春夏秋冬祭拜有典。方今改拜蕃神恐致國神之怒。帝曰。卿等言爾也。然聖明之貢不可舍也。誰奉斯神者。稻目稽首請之。帝賜像蘇氏。稻目安小墾田家。又捨向原宅爲寺奉像。此冬疫。尾輿鎌子同奏曰。國有災孽妖神之爲。不用臣言已罹癘殙。願行弃撤祈受後福。帝依奏。有司投像于難波堀江。火伽藍。于時天無雲雨。天火焚大殿。[53]

—『元亨釋書』 卷第20,「資治表」1, ‘欽明皇帝’

53 [원]『大日本佛教全書』 제101책, pp.371상~372상.『원형석서』 권제20 志4, 黜爭(『大日本佛教全書』 제101책, p.498상)에도 이와 똑같은 내용이 보이고 있다.

31) 백제 담혜曇慧 · 도심道深

긴메이 15년(554) 봄 2월에 백제국에서 사문 담혜曇慧와 도심道深을 보냈다.

15년 2월에 담혜와 도심 두 비구는 백제의 조공과 함께 왔다.

百濟 曇慧·道深

十有五年春二月。百濟國貢沙門曇慧道深。十五年二月。慧深二比丘應百濟貢來。[54]

—『元亨釋書』卷第20,「資治表」1,‘欽明皇帝’

32) 백제에서 불경과 논서 그리고 선사 등을 전해 주다

비다츠 6년(577) 11월에 백제국에서 불경과 논서 그리고 선사, 율사, 비구니, 주금사呪禁師, 불공佛工, 사찰 건축 장인을 보냈다.

비다츠 6년 10월에 백제에 파견된 사신 오오와케노 기미大別王가 백제에서 귀국했다. 백제왕이 경론과 선사 등 6인을 바쳤다. 그들을 나니와의 대별사에 머물게 했다. 두 경우로 나누어 기록한 것은 위계의 차등이 있기 때문이다.

百濟佛經論及禪師等傳授

六年冬十一月。百濟國貢佛經論及禪師。律師比丘尼。及呪禁師。佛

54 [원]『大日本佛敎全書』제101책, p.372상~하.

工寺匠。

六年十月。遣百濟使大別王自百濟歸。百濟王附貢經論及禪師等六人舘難波大別寺。書二及差降也。[55]

—『元亨釋書』卷第20,「資治表」1, '敏達皇帝'

33) 신라가 석가불상을 전하다

비다츠 8년(579) 겨울 10월에 신라국에서 지질정枳叱政을 사신으로 보내 석가모니 불상을 바쳤다.

비다츠 8년 10월에 신라국에서 석가모니 불상을 바쳤다. 우에노미야(쇼토쿠 태자) 왕자가 상소해서 말했다.

"이 불상은 대단히 신령합니다. 이를 숭앙하면 재앙을 없애고 복을 받을 수 있을 것입니다. 이 불상을 함부로 대한다면 재앙을 부르고 수명이 단축될 것입니다."

황제가 그 말을 듣고 받아들여 불상을 공경하여 숭배하고 공양했다. 현재 흥복사 동쪽 금당에서 친견할 수 있다.

新羅傳釋迦佛像

八年冬十月。新羅國使枳叱政貢釋迦佛像。

八年十月。新羅國貢釋迦像。上宮王子奏曰。此像甚靈。崇之則銷災受福。蔑之則招菑縮壽。帝聞之敬崇供養。今見在興福寺東金堂。[56]

—『元亨釋書』卷第20,「資治表」1, '敏達皇帝'

---

55 [원]『大日本佛敎全書』 제101책, p.373상.

56 [원]『大日本佛敎全書』 제101책, p.373하.

34) 백제의 일라日羅가 오다

비다츠 12년(583) 겨울에 백제 승려 일라日羅가 게송을 설하고 도요토 豊聰(쇼토쿠) 왕자를 배알했다.

비다츠 12년에 백제국 일라가 왔다. 앞서 일라의 이름이 일본에 알려졌는데, 비다츠 천황이 기노 오시카츠紀押勝를 백제에 파견하여 일라를 초청했다. 기노 오시카츠가 백제에서 귀국하고서 천황에게 아뢰었다.

"백제왕이 일라를 아낍니다."

이 때문에 다시 기비노 하시마吉備羽嶋를 파견하여 백제왕에게 일라를 요청했다. 백제왕은 두려워 일라가 기비노 하시마를 따라 일본으로 오게 했다. 도요토 왕자는 몰래 일라를 엿보았는데, 일라가 왕자를 가리켜 "신인神人입니다."라고 했다. 이 사실은 태자와 관련된 사항 가운데 모두 기록되어 있다.

百濟日羅來

十有二年冬百濟日羅。說偈拜豊聰王子。十二年。百濟日羅來。初日羅名于國。帝遣紀押勝召羅。押勝自百濟歸。奏曰。百濟王愛羅。於是乎復使吉備羽嶋召羅于王。王懼以羅從羽嶋來。王子偸眼於羅。羅指王子曰神人也。具在太子事中。[57]

― 『元亨釋書』卷第20, 「資治表」1, '敏達皇帝'

---

[57] 원 『大日本佛教全書』 제101책, p.373하.

35) 백제 사신이 미륵 석상을 가지고 오다. 고구려 혜변惠便이 세 비구니를 출가시키다

비다츠 13년(584)에 백제 사신 마심신麻深臣이 미륵 석상을 갖고 왔다. 또 사에키노 무라지佐伯連에게 불상이 있었다. 소가노 우마코蘇馬子가 이시카와石川의 저택에 전각을 올리고 두 불상을 모셨다.…(중략)…

비다츠 13년 10월에 소가노 우마코가 고구려 혜변에게 젠신善信과 젠조禪藏, 에젠慧善 세 비구니를 득도시키게 하고 석택정사石宅精舍에 물품을 공급했다. 하루는 대재회를 열었는데 젠신의 부친 사마달등이 거기에 참여했다. 재회 때 나온 음식에서 부처님의 사리를 발견하여 소가노 우마코에게 바쳤다. 그 사리는 대단히 신이神異해서 소가노 우마코가 믿음이 더욱더 독실해졌다.

百濟使彌勒石像持來・高麗惠便度三尼
十三年九月。百濟使麻深臣持彌勒石像而來。又佐伯連有佛像。蘇馬子於石川宅構殿安二像……十月。馬子令高麗惠便度善信禪藏慧善三尼於石宅精舍供給。一日設大齋會。善信之父司馬達等豫焉。於齋饌上得佛舍利獻馬子。其舍利神異不測。馬子益厚淨信。[58]

―『元亨釋書』卷第20,「資治表」1, '敏達皇帝'

---

58 ㉪『大日本佛敎全書』제101책, pp.373하~374상.

36) 백제 불공佛工이 불상을 조각하다. 비구니 젠신善信이 백제에서 수계하길 발원하다

요메이用明 2년(587) 4월…(중략)…9일에 천황이 붕어崩御했다. 이에 판전사坂田寺를 지었다. 백제 출신 기술자를 시켜 장육 불상을 조각하게 해서 그곳에 봉안했다.

6월에 백제에서 사신이 왔다. 비구니 젠신이 소가노 우마코에게 말했다. "출가자는 계를 근본으로 합니다. 우리나라에서는 계에 대한 이해 수준이 낮습니다. 저는 백제에 가서 계법을 배우길 바랍니다."

百濟佛工刻佛像 · 善信尼願百濟受戒法

二年四月……初九帝崩。乃建坡田寺。命百濟佛工刻丈六佛像安之六月。百濟使來。善信尼謂馬子曰。夫出家者以戒爲本。此方戒學粗矣願如百濟受戒法。[59]

—『元亨釋書』卷第20,「資治表」1, '用明皇帝'

37) 백제에서 부처님 사리와 사문, 화공, 와공을 보내다. 비구니 젠신이 불법을 배우러 백제에 가다

스슌崇峻 원년(588) 3월에 백제국이 은솔恩率 수신首信을 사신으로 보내서 부처님 사리와 사문 혜총을 바쳤다.

여름 4월에 불법을 배우려고 비구니 젠신이 백제로 갔다.

---

59 [원]『大日本佛敎全書』제101책, p.375상.

원년 무신년 3월에 백제가 부처님 사리와 사문 그리고 화공과 와공을 바쳤다. 표에는 대략 이렇게 적었다.

"폐하께서 즉위하시고 처음으로 불법을 일으키셨습니다. 한漢 명제가 불교가 동쪽으로 전해지는 꿈을 꾼 것과 법왕(석가)이 서쪽에서 온 위대한 도리를 이제 믿습니다. 엎드려 청하오니 폐하께서는 부처님의 광명을 약목若木(남쪽 나라의 의미로 일본을 지칭)의 나라에 비추시고 자비의 구름으로 부상扶桑(일본을 지칭)의 고을을 덮으십시오."

여름에 비구니 젠신이 백제로 갔다. 머나먼 곳을 여행하는 일은 비구니가 감당할 수 있는 것이 아니다. 구법求法이라고 기록하여 그들의 행적을 높이 기리고자 한다.

스슌 3년(590) 봄 3월에 구법 비구니 젠신이 백제에서 돌아왔다.

3년 3월에 젠신 비구니가 백제에서 귀국해 앵정사櫻井寺에 머물렀다.

百濟送佛舍利及沙門·畫工·瓦工·善信尼百濟求法
元年春三月。百濟國使恩率首信。貢佛舍利及沙門慧聰。夏四月。求法比丘尼善信赴百濟。元年戊申三月。百濟貢佛舍利及沙門幷畫工瓦工。表略曰。陛下踐祚肇興佛道。漢帝東流之夢。法王西來之猷。於今信矣。伏請陛下照佛日於若木之國。覆慈雲於扶桑之邑。夏善信尼如百濟。遠遊非尼女事。書以求法。簡貴之也。三年春三月。求法比丘尼善信至自百濟。……三年三月。善信尼自百濟歸。止櫻井寺。[60]

—『元亨釋書』卷第20,「資治表」1, '崇峻皇帝'

---

60 ㉘『大日本佛敎全書』제101책, p.375하.

38) 고구려 혜자慧慈, 백제 혜총慧聰

스이코推古 3년(595) 5월에 고구려 사문 혜자慧慈가 왔다. 겨울에 백제 사문 혜총慧聰이 왔다.…(중략)…

천황은 조칙으로 백제 출신 기술자에게 관음상을 조각하게 하고 그것을 요시노吉野의 비소사比蘇寺에 봉안했다. 관음상은 때때로 빛을 내었다. 5월에 혜자가 오자 태자가 그를 스승으로 삼았다.

스이코 4년(596) 겨울 11월에 법흥사法興寺 건립을 축하하는 법회를 개최했다. 사문 혜자와 혜총을 그곳에 주석하게 하고 사사寺司(사찰 업무를 관장하는 관리)를 설치했다.

4년 11월에 법흥사가 완성됐다. 지금의 원흥사元興寺이다.…(중략)…천황은 조칙을 내려 혜자와 혜총 두 스님이 이 절에 머물도록 했다. 젠토코노오미善德臣를 사찰 관리로 임명했다.

高麗 慧慈·百濟 慧聰
三年五月。高麗沙門慧慈來。冬百濟沙門慧聰來。……勅百濟工刻觀音像。安吉野比蘇寺。時時放光。五月。慧慈來。太子師之。四年冬十有一月慶法興寺。居沙門慧慈慧聰。置司寺。四年十一月。法興寺成。今之元興寺也。……勅慈聰二師居寺。以善德臣爲寺司。[61]

　　　　　　　　　—『元亨釋書』卷第20,「資治表」1, '推古皇帝'

61　옮 『大日本佛敎全書』 제101책, pp.376하~377상.

39) 백제 아좌阿佐 왕자

스이코 5년(597) 여름 4월에 백제 왕자가 게송을 설하고 태자를 배알했다.

스이코 5년 4월에 백제 왕자 아좌阿佐가 일본을 방문했다. 태자를 보자 절을 하면서 말하였다.

"대비관세음보살께 예경합니다. 불교가 동방 일본에 전래되고 49년 동안 법등을 이어서 가르침을 펴고 있습니다."

그러자 태자의 미간에서 밝은 빛이 나왔다. 아좌 왕자는 절을 하고 나왔다. 아좌는 어찌하여 이름을 부르지 않았는가? 귀하기 때문이다. 어찌하여 그것을 귀하다고 하는가? 성인이기 때문이다. 어떻게 그것을 아는가? 태자가 살 햇수를 미리 말했기 때문이다.

百濟 阿佐王子
五年夏四月。百濟王子說偈拜太子
五年四月。百濟王子阿佐來朝。見太子作禮曰。敬禮大悲觀音菩薩。妙敎流通東方日本。四十九歲傳燈演說。太子眉間放白光。阿佐拜而出阿佐曷爲不名。貴也。曷爲貴之。聖人也。何以知。預言太子歲也。[62]
—『元亨釋書』卷第20, 「資治表」1, '推古皇帝'

---

[62] 위 『大日本佛敎全書』 제101책, p.377상.

40) 백제 관륵觀勒, 고구려 승륭僧隆 · 운총雲聰이 오다

스이코 10년(602) 겨울 10월에 백제 사문 관륵觀勒이 왔다. 고구려 사문 승륭僧隆과 운총雲聰이 왔다.

스이코 10년 10월에 백제와 고구려 사문이 왔다.

어찌하여 두 번이나 '왔다'라고 했는가? 온 달이 다르기 때문이다. 어찌하여 온 달을 적지 않았는가? 윤달이기 때문이다. 어찌하여 윤달이라고 적지 않았나? 춘추필법이기 때문이다. '왔다'고 두 번 적은 것은 윤달임을 보여 주기 위해서이다.

百濟 觀勒·高麗 僧隆·雲聰來

十年冬十月。百濟沙門觀勒來。高麗沙門僧隆·雲聰來。十年十月。百濟高麗沙門等來。曷爲有二來。異月也。曷爲不書月。閏也。曷爲不書閏。春秋之法也。書二來見閏也。[63]

―『元亨釋書』卷第20,「資治表」1, '推古皇帝'

41) 고구려 임금이 황금을 보내다

스이코 13년(605) 여름에 천황은 칙령으로 태자와 여러 신료들에게 장육 석가불 및 보살상 2좌를 주조하도록 했다. 동 23,200근과 황금 800냥을 썼다. 고구려 임금 대흥大興이 이 소식을 듣고 황금을 바쳤다.

---

63 [원]『大日本佛敎全書』제101책, p.377상.

高麗王施黃金

十三年夏。帝勅太子群僚鑄丈六釋迦及二菩薩像。用銅二萬三千二百
斤。黃金八百兩。高麗王大興聞之貢黃金。⁶⁴

— 『元亨釋書』卷第20,「資治表」1, '推古皇帝'

42) 백제 도흔道欣 · 혜미慧彌

스이코 17년(609) 여름 5월에 백제 사문 도흔道欣과 혜미慧彌를 원흥사에 머물게 했다.…(중략)…

스이코 17년 4월에 백제가 중국 오吳나라에 사신을 보냈다. 그 선박이 표류하다가 히고肥後의 아시키타葦北에 닿았다. 태재부太宰府에서 상주하여 5월 배를 본국으로 돌려보냈다. 이때 사문 도흔과 혜미 등 11인은 이 땅의 풍광을 보고 싶어서 천황에게 표를 올려 체류하길 청하였다. 천황이 칙령으로 원흥사에 머물게 했다.

百濟 道欣 · 慧彌

十有七年夏五月。舘百濟沙門道欣。慧彌于元興寺……十七年四月百
濟遣使於吳國。其船漂流著肥後之葦北津。太宰府奏。五月。送舟人于
本國。于時沙門欣彌等十一人觀國之光上表請留。勅止元興寺。[65]

— 『元亨釋書』卷第20,「資治表」1, '推古皇帝'

---

64 ㉢『大日本佛敎全書』제101책, p.377하.
65 ㉢『大日本佛敎全書』제101책, p.378하.

43) 고구려 담징曇徵·법정法定

스이코 18년(610) 봄 3월에 고구려국에서 사문 담징曇徵과 법정法定을 조공으로 보냈다.

스이코 18년 3월에 고구려에서 사문 담징과 법정 두 비구를 보냈다. 담징은 재주와 기예技藝가 많았고 유가서인 오경에도 밝았다. 단청에도 뛰어났고 맷돌을 만들었다.

高麗 曇徵·法定

十有八年春三月。高麗國貢沙門曇微。法定。十八年三月。高麗貢微定二比丘。微多才藝。明儒五經。善丹靑。造碾磑。[66]

—『元亨釋書』卷第20,「資治表」1, '推古皇帝'

44) 백제 이인異人

스이코 20년(612)에 이인異人이 백제에서 왔다. 그 사람의 얼굴과 몸에는 흑백의 털이 뒤섞여 나 있었다. 여러 신하들은 그 사람의 괴이한 몰골을 꺼려서 그를 바다 가운데 있는 섬으로 보내려 했다. 흑백의 털이 뒤덮인 그 사람은 이렇게 말했다.

"만약 저를 꺼리는 사람은 흑백의 털이 섞여 난 말이나 소를 몰 수 없을 것입니다. 또한 제게 작은 재주가 있는데 산악의 형세를 조작할 수 있습니다. 저를 받아들여 쓰신다면 무익하지 않을 것입니다."

---

66 [원]『大日本佛教全書』제101책, p.378하.

그래서 천황은 칙령을 내려 남쪽 정원에 수미산을 조성하게 했다.

百濟異人
二十年。異人自百濟來。其面及身斑白。群臣忌其奇體將棄海島。斑人曰。若忌臣者斑駿牛馬不可備御。亦臣有小伎能作山岳之形。容臣而用不爲無利。於是乎勅造須彌山于南庭。[67]

— 『元亨釋書』卷第20, 「資治表」1, '推古皇帝'

45) 혜자가 고구려로 귀국하다. 신라의 황금 불상

스이코 23년(615) 겨울 11월에 사문 혜자가 고구려로 귀국했다.
스이코 24년(616) 가을 7월에 신라국이 황금 불상을 바쳤다.
7월에 신라왕이 2척 높이의 황금불상을 바쳤다. 봉강사蜂崗寺에 봉안했는데 불상이 때때로 빛을 냈다.

慧慈歸高麗·新羅黃金佛像
二十有三年冬十有一月。沙門慧慈歸高麗。二十有四年秋七月。新羅國貢黃金佛像……七月。新羅王貢金像長二尺。安蜂崗寺。像時時放光。[68]

— 『元亨釋書』卷第20, 「資治表」1, '推古皇帝'

---

67 ㉚ 『大日本佛敎全書』 제101책, p.379상.
68 ㉚ 『大日本佛敎全書』 제101책, p.379하.

46) 신라에서 불상과 사리탑, 번을 보내다

스이코 31년(623) 봄 7월에 내말奈末(신라의 17관등 중 11번째 지위)인 지세이智洗爾를 사신으로 파견하여 불상·사리·탑·번幡을 바쳤다. 사문 에사이慧濟와 에센慧先이 당나라에서 왔다.

스이코 31년 7월에 신라왕이 파견한 대사大使 내말 지세이가 불상·사리·금탑 그리고 관정灌頂 때에 사용하는 크고 작은 열두 개 번幡을 바쳤다. 천황은 칙령으로 불상을 갈야진사葛野秦寺에 봉안하게 하고, 사리와 금탑, 그리고 관정번은 사천왕사四天王寺에 보관하도록 했다. 이때 에사이와 에센 두 비구와 의원인 에니치慧日와 후쿠인福因은 지세이를 따라 귀국했다.

新羅送佛像舍利塔幡
三十有一年秋七月。新羅國使奈末智洗爾貢佛像舍利塔幡。沙門惠濟慧先至自唐。
三十一年七月。新羅王遣大使奈末智洗爾貢佛像。舍利。金塔。灌頂幡大小十二旒。勅安像葛野秦寺。納舍利塔灌頂幡四天王寺。是時濟先二比丘及毉慧日福因從智洗爾來歸。[69]

—『元亨釋書』卷第20,「資治表」1, '推古皇帝'

---

[69] 한 『大日本佛敎全書』 제101책, p.380상.

47) 관륵觀勒과 혜관慧灌이 승정이 되다

스이코 32년(624) 여름 4월 무오일에 승정僧正, 승도僧都, 법두法頭를 두었다.

임술일에 관륵觀勒 스님을 승정으로 임명했다.…(중략)…

스이코 32년 4월 초3일에 한 비구가 도끼로 조부를 쳐 죽였다. 항간에선 탄식하며 말했다.

"태자께서 아직 살아 계셨다면 어떻게 이런 패륜이 발생하겠는가?"

천황이 그 이야기를 듣고 신하들을 소집하여 말했다.

"출가자는 삼보에 귀의하고 계법을 갖춘다. 어떻게 부끄러움이나 삼감이 없이 극악무도한 짓을 했는가!"

곧 여러 사찰에 조서를 내려 극악한 비구를 색출하게 했다. 이렇게 해서 승니僧尼 상당수가 의심을 받아 체포되었고 관리들은 그들에게 죄를 물었다. 백제 사문 관륵이 천황에게 표를 올려 아뢰었다.

"불법은 서쪽 인도에서 동쪽 한나라에 이르고 300년이 지나 백제에 전해졌습니다. 그리고 이미 100년이 흘렀습니다. 저희 백제의 선대 임금은 일본 천황께서 예지叡智가 있고 명민하심을 듣고 불상과 승려와 경론을 바쳤습니다. 아직 80여 년이 지나지 않았기 때문에 승니 가운데 불법에서 말하는 계율을 익히지 못한 자가 있습니다. 이것이 극악무도한 자가 발생한 까닭일 것입니다. 지금 처음 악행을 저지른 자는 우리 불문佛門에서도 용납할 수 없습니다만 어떻게 나머지 승니 모두에게 형벌을 내릴 수 있겠습니까? 바라건대 「헌장憲章」(쇼토쿠 태자의 17조 헌법)을 바탕으로 해서 은택을 베풀어 주십시오."

천황은 이를 인정하고 4월 13일 조서를 내렸다.

"수도자들이 오히려 법을 어긴다면 무엇으로 속인들을 지도할 수 있겠는가? 지금부터 마땅히 승정과 승도를 두어서 승니를 철저하게 관리하도록 하라."

17일에 관륵을 승정에 임명하고 불법의 업무를 맡게 했다.…(중략)…

스이코 33년(625) 봄 정월에 고구려에서 사문 혜관慧灌을 보냈다. 여름에 혜관 스님을 승정으로 발탁했다.…(중략)…

스이코 33년 여름에 가뭄이 들자 조서를 내려 혜관에게 기우제를 지내게 했는데 단비가 크게 쏟아졌다. 천황은 기뻐하여 그를 승정으로 삼았다. 발탁(擢)과 삼음(爲)은 어떻게 다른가? 삼음은 일상적인 경우이고 발탁은 특별한 경우이다.

觀勒·慧灌爲僧正

三十有二年夏四月戊午。置僧正僧都及法頭。壬戌。釋觀勒爲僧正……三十二年四月初三。一比丘執斧毆祖父而死。巷閭嗟吁而曰。太子猶在豈有此逆乎。帝聞之召群臣謂曰。夫出家者歸三寶具戒法。何無慚愼輒作惡逆。乃詔諸寺索惡比丘。於是乎僧尼多逢疑逮。有司將幷坐。百濟沙門觀勒上表曰。佛法自西印至東漢經三百歲傳之百濟。已一百年矣。吾百濟先主聞日本天皇睿聖敏明而貢上佛僧及經論今猶未滿八十載。以故僧尼未習法律之者有矣。是所以大逆之生也。今其首醜我門亦不得容。其餘僧尼豈可例刑哉。願質憲章流之仁澤。制可。十三。詔曰。夫道人尙犯法。何以誨俗乎。自今以往應置僧正都檢校僧尼。十七。觀勒任僧正兼法務。……

三十有三年春正月。高麗國貢沙門慧灌。夏。釋慧灌擢僧正。……三十三年夏旱。詔慧灌法雩。甘雨大注。帝悅任僧正。擢與爲何異。爲常也。擢非常也。[70]

—『元亨釋書』卷第20,「資治表」1, '推古皇帝'

48) 백제대사百濟大寺를 신축하다. 신라에서 일본에 당나라 유학승을 보내다

조메이舒明 11년(639) 가을 7월 백제대사百濟大寺를 신축했다.…(중략)…
11년 정월에 도이치군十市郡 백제하百濟河 옆에 궁궐을 조성했다. 또 좋은 곳을 점쳐 웅응정사熊凝精舍를 옮겨 짓고 규모와 예법을 화려하게 바꾸었다. 그 지역은 백제하百濟河 부근이었기 때문에 백제라고 했고, 규모가 컸기 때문에 대사大寺라고 했다.…(중략)…
11년 9월에 신라인이 당에서 유학한 사문 에온과 에운 두 사람을 보내어 귀국시켰다.
12년(640) 10월에 신라 사신이 왔다. 당나라에 유학한 사문 세이안淸安이 그를 따라 귀국했다.

新百濟大寺·新羅送日本留唐僧
十有一年秋七月。新百濟大寺。……十一年正月。造宮于十市郡百濟河側。又相勝攸移態凝精舍。改佟其規禮也。其地在百濟河側。故曰百濟。規模高宏故曰大寺。……九月。新羅人送留唐沙門慧隱慧雲二人而歸。十二年十月新羅使來。留唐沙門淸安從之歸。[71]

—『元亨釋書』卷第20,「資治表」1, '舒明皇帝'

---

70 (한)『大日本佛教全書』제101책, pp.380상~381상.
71 (한)『大日本佛教全書』제101책, pp.381하~382상.

49) 백제 비구니 법명法明

사이메이齊明 2년(656)에 비구니 법명法明이 『유마힐경』을 독송했다.

2년에 내신內臣 가마코 무라지鎌子連가 병들자 천황이 이를 걱정했다. 백제 비구니 법명이 아뢰었다.

"『유마힐경』은 병문안을 계기로 큰 불법을 설한 것입니다. 그 경을 독송해 보도록 해 주십시오."

천황이 법명에게 독송하게 했는데, 한 권을 마치지도 않았는데 병이 쾌유되었다. 가마코 무라지가 감복하였고 천황은 크게 기뻐했다.

百濟尼 法明

二年冬。比丘尼法明誦維摩詰經。二年。內臣鎌子連疾。帝憂之。百濟尼法明奏曰。維摩詰經因問疾說大法。乞試誦之。勅明誦。未終卷疾愈。鎌子感伏。帝大悅。[72]

—『元亨釋書』卷第21,「資治表」2, '齊明皇帝'

50) 신라 도행道行

덴치天智 7년 겨울에 백제대사의 전각과 건물을 조영했는데 천녀天女가 불전에 내려왔다.

신라 도행道行이 초치검草薙劍을 훔치려 계획했다.…(중략)…

신라 사문 도행은 초치검의 영험함을 듣고 그것을 가지고 싶었다. 그

72 [원]『大日本佛教全書』 제101책, p.385상~하.

래서 신사神祠에 들어가 100일 동안 경전을 지송했다. 그리고 몰래 검을 훔쳐 그것을 가사로 싸 가지고 츠쿠시築紫(현재 규슈 후쿠오카 지역)로 가서 본국으로 돌아가려 했다. 그런데 갑자기 해풍이 크게 일어나고 파도가 심하여 배가 뒤집힐 듯 요동쳐서 갈 수가 없었다. 도행은 검을 가지려 세 차례나 시도했지만 모두 실패했다. 처음에는 7일간 지송하여 검을 훔쳐 떠나려 했지만 갑자기 한 무더기 검은 구름이 공중에서 내려와 검을 빼앗아 신사로 옮겨 놓았다. 도행은 더욱 검의 영험함을 흠모하고는 다시 50일 동안 지송하고 검을 훔쳐 긴슈近州 가모군蒲生郡(현재 일본 시가현 지역)으로 갔다. 하지만 먼저와 마찬가지로 검은 구름이 공중에서 내려와 빼앗아 갔다. 도행은 이번에는 100일 동안 지송하여 검을 훔쳐 멀리 츠쿠시築紫까지 왔지만 끝내 뜻을 이루지 못했다.

 도행을 사문이라고 부르지 않은 이유는 무엇인가? 도둑이기 때문이다. 도둑질을 했는데도 도둑이라 부르지 않는 이유는 무엇인가? 사문이기 때문이다. 계획했다(擬)는 무슨 의미인가? 그것을 얻지 못했다는 말이다.

新羅 道行

七年冬。營殿宇百濟大寺。天女降殿。新羅道行擬草薙劒。……新羅沙門道行聞劒靈欲之。乃入神祠持誦一百日。竊取劒裏僧伽梨。携至築紫赴本邦。忽海風暴起波怒船簸不得去。凡行取劒三回皆不得始持誦七日取劒而出。俄黑雲一帶自空下奪劒。送到神祠。行益欽劒靈。又持誦五十日取劍至近州蒲生郡。黑雲下奪如先。至此持念百日遠至築紫而遂不得。曷爲不族道行。盜也。旣是盜曷爲不曰盜。沙門也。擬何。不得之謂也。[73]

---

[73] 引『大日本佛敎全書』제101책, pp.386하~387하.

―『元亨釋書』卷第21,「資治表」2, '天智皇帝'

51) 백제 도녕道寧

덴무天武 12년(683) 8월, 가뭄이 들었다. 백제 도녕道寧이 기우제를 지내자 비가 내렸다. 기우제를 하고 감응이 있었기 때문에 그의 이름을 기록해서 그를 높인다. 이 해에 백제사를 다카이치군高市郡으로 옮겼고 대관대사大官大寺로 개명했다. 지금의 대안사大安寺이다.

百濟 道寧
十二年八月旱。百濟道寧法雩得雨。祈而有應故書姓。尊之也。是歲遷百濟寺于高市郡。改曰大官大寺。今之大安寺也。[74]

―『元亨釋書』卷第21,「資治表」2, '天武皇帝'

52) 신라에 유학한 승려의 귀국. 백제 사문 상휘常輝

덴무 14년(685) 5월에 사문 간조觀常와 운칸雲觀이 신라에서 돌아왔다.…(중략)…

겨울 10월에 천황은 사문 상휘常輝에게 봉호를 내리고 궁중에서『금강반야경』을 강의하게 했다.…(중략)…

14년 5월 신미辛未일에 신라에서 유학한 간조와 운칸 두 비구가 신라국 사신을 따라 귀국했다.…(중략)…

---

74 ㉝『大日本佛敎全書』제101책, p.389하.

14년 10월에 백제 사문 상휘가 나이 백 세였다. (천황이) 봉호 30호를 내렸는데 연로한 이를 보양하는 의미였다.

新羅留學僧歸・百濟沙門常輝
十有四年五月。沙門觀常。雲觀至自新羅。……冬十月。沙門常輝賜封戶講金剛般若經于宮中。……
十四年五月辛未。新羅留學常觀二比丘從國使歸。……十月。百濟沙門常輝。年一百歲受封三十戶。養老也。[75]

— 『元亨釋書』卷第21, 「資治表」2, '天武皇帝'

53) 신라 행심行心

덴무 15년(686) 10월에 오오츠노 미코大津皇子가 반란을 도모했는데 신라 사문 행심行心이 참모였다. 일이 발각되었지만 차마 비구를 주살할 수는 없어서 히다飛驒의 가람으로 유폐시켰다.

新羅 行心
十五年十月。大津皇子反。新羅沙門行心參謀。事覺不忍加誅比丘。竄宇飛驒伽藍。[76]

— 『元亨釋書』卷第21, 「資治表」2, '天武皇帝'

---

[75] ㊣ 『大日本佛敎全書』 제101책, p.390상.
[76] ㊣ 『大日本佛敎全書』 제101책, p.390하.

54) 지륭智隆이 신라에서 오다. 백제 도장道藏이 기우제를 지내다. 신라 왕자가 불상을 헌상하다

지토持統 원년(687) 9월에 사문 지륭智隆이 신라에서 왔다.…(중략)…지륭은 사신을 따라서 귀국했다.

지토 2년 7월에 사문 도장道藏이 기우제를 지냈다. 겨울에 신라 왕자 김상림金霜林이 불상과 진귀한 보배를 헌상했다.

7월에 천황이 조칙으로 백제 출신 도장에게 기우제를 지내도록 했다. 아침나절에 하늘에서 비가 내렸다. 그러므로 그의 성씨를 적었다. 이 해에 신라 김상림이 불상을 헌상하였는데 왕자라고 쓴 것은 그를 귀하게 여겨서이다.

智隆至自新羅・百濟道藏法雩・新羅王子獻佛像
元年九月。沙門智隆自新羅……智隆之歸附使也。
二年秋七月。釋道藏法雩。冬新羅王子金霜林獻像及珍寶……七月詔百濟道藏祈雨。不崇朝雨天下。故書以氏。是歲新羅金霜林獻佛像。書以王子貴之也。[77]

—『元亨釋書』卷第21,「資治表」2, '持統皇帝'

55) 신라에서 불상을 보내다

지토持統 3년(680) 여름 4월에 신라에서 헌상한 불상을 돌려보냈다. 사

---

[77] ㉓『大日本佛敎全書』제101책, p.391상.

문 묘소明聰와 간치觀智가 신라에서 왔다.…(중략)…

지토 3년에 신라왕이 선황의 장례에 조문하여 동으로 된 아미타불상과 관음보살상, 대세지보살상 그리고 진귀한 보배를 헌상했다. 이때 신라 사신을 불러 장례에 늦어서 예를 어긴 것을 따지고 헌상한 물건을 돌려보내려 했다. 신라 사신이 크게 두려워했다. 불법을 구하러 떠난 묘소와 간치 등은 신라 사신을 따라서 귀국했다. 신라 사신은 묘소와 간치 두 비구에게 부탁해서 천황에게 상주上奏하여 용서를 구했다.

6월에 천황은 태재부太宰府에 조칙을 내려 두 비구에게 베와 비단을 하사하고 신라 사신을 위로하게 했다. 군자에게는 위엄이 있고, 은혜가 있고, 예의가 있다고 하였다. 그래서 신라에서 헌상한 물건을 받았다. 때마침 에미시蝦夷 사문이 스스로 상주하여 신라에서 보낸 불상을 얻고 싶다고 했다. 천황은 조서를 내려 불상을 하사했다.

新羅送佛像

三年夏四月。還新羅獻像。沙門明聰。觀智至自新羅。……

三年四月。新羅王弔先皇喪。獻彌陀觀音勢至三銅像及珍物。於是召新羅使責其緩而違禮也。乃以獻物還之。新羅使大懼。求法聰智等從新羅使而歸。新羅使乞救於聰智二比丘。奏恕。六月。詔大宰府賜布帛于二比丘而勞新羅使。君子曰。有威有恩有禮乎。因此留新羅獻物。適蝦夷沙門自得奏乞新羅像。詔而賜之。[78]

― 『元亨釋書』卷第21, 「資治表」2, '持統皇帝'

---

78 ㉭ 『大日本佛教全書』제101책, p.391상~하.

56) 신라 전길詮吉

지토 4년(690) 2월에 신라 사문 전길詮吉이 왔다.…(중략)…8월에 당나라에 유학간 세 사문(智宗, 義德, 淨源)이 신라 사신을 따라서 귀국했다.

新羅 詮吉
四年二月。新羅沙門詮吉來……八月。留唐三沙門[智宗。義德。淨願]
從新羅使而歸。[79]
—『元亨釋書』卷第21,「資治表」2, '持統皇帝'

57) 두 비구가 신라에 가다. 고구려 사문 복희福喜

지토 7년(693) 3월에 벤츠辨通와 신에이神睿 두 비구가 신라에 갔다. 천황이 조서를 내려 베와 비단을 하사했다.
9월에 무차대회를 열어 선황을 천도했다. 고구려 복희가 재주가 뛰어나 조서를 내려 환속하게 했다.

二比丘赴新羅·高麗沙門福喜
七年三月。辨通神睿二比丘赴新羅。詔賜布帛。
九月。無遮會薦先皇也。高麗福喜以才詔反俗。[80]
—『元亨釋書』卷第21,「資治表」2, '持統皇帝'

---

79 원 『大日本佛敎全書』 제101책, pp.391하~392상.
80 원 『大日本佛敎全書』 제101책, p.392하.

58) 의법義法 등 다섯 명의 승려가 신라에서 오다

몬무文武 천황 10년(706) 여름 5월에 사문 기호義法·기키義基·소슈聰集·지조慈定·조다츠淨達가 신라에서 왔다.…(중략)…게이운慶雲 4년(707) 5월에 다섯 스님이 국사國使를 따라 귀국했다.

義法等 五師 至自新羅

十年夏五月。沙門義法。義基。聰集。慈定。淨達。至自新羅。……慶雲四年五月。五師之歸從國使也。[81]

—『元亨釋書』卷第21,「資治表」2,'文武皇帝'

59) 교젠行善이 고구려에서 귀국하다. 백제 도장道藏

겐쇼元正 3년(718) 10월에 사문 교젠行善이 고구려에서 귀국하였다.

겐쇼 6년(721) 6월에 천황은 조서를 내려 말했다.

"사문 교젠은 책 상자를 짊어지고 만 리를 다니면서 여러 스승에게 두루 배웠다. 7대代를 거치면서 폭넓게 배우고 수련했다. 그가 거친 천하의 사원은 모두 그를 맞아 공양하라."

또 말했다.

"백제 사문 도장道藏은 석씨 집안의 동량이고 불법 문중의 영수이다. 나이가 여든이 넘어 기력이 쇠약해졌다. 만약 비단 두루마리를 보시하지 않으면 어디에 기탁하여 늙은이의 뜻을 도울 수 있겠는가? 담당 관리는

81 원『大日本佛敎全書』제101책, p.394하.

네 계절마다 비단을 내리도록 하라."

'넉넉하게 하다(優)'와 '내리다(錫)'는 무엇인가? '넉넉하게 하다'는 명예에 맞게 대우함이다. '내리다'는 하사함(賜)이다. 내리다와 하사함은 어떻게 다른가? 하사함은 일상적인 경우이고, '내림'은 특별한 경우이다.

行善至自高麗·百濟 道藏

三年冬十月。沙門行善至自高麗。

六年六月。詔曰。沙門行善負笈萬里普事遊學。既經七代博積修練。天下所過之寺院皆迎待供養。又曰。百濟沙門道藏。釋家棟梁法門領袖。年逾八十氣力羸衰。若無束帛之施何寄恤老之志。有司四時頒供綿帛。優錫何。優遇稱譽也。錫賜也。錫賜孰異。賜常也。錫非常也。[82]

—『元亨釋書』卷第22,「資治表」3, '元正皇帝'

60) 신라 사문이 오다. 신라군을 설치하다

하이테이廢帝 원년(758)(天平寶字) 가을 8월에…(중략)…신라 사문이 왔다. 8월 계묘일에 신라 사문 32인과 비구니 2인 그리고 남자 19인, 여자 11인이 귀화했다. 칙령으로 부슈武州의 노는 땅에 정착하게 했다. 이때 처음으로 시라기군新羅郡을 설치했다.

新羅沙門來 置新羅郡

元年【天平寶字】秋八月……新羅沙門來。八月癸卯。新羅沙門三十二

82 [원]『大日本佛教全書』제101책, p.397상~하.

人。尼二人。男十九人。女二十一人歸化。勅居武州閑地。於是始置新羅郡。[83]

—『元亨釋書』卷第22,「資治表」3, '廢帝皇帝'

61) 신라 사문 26인이 오다

고닌弘仁 9년(818) 겨울에 신라의 사문을 여러 절로 안배했다.…(중략)…이 해에 신라 사문 26인이 와서 여러 절에 안배했다.

新羅沙門二十六人來
九年冬。排新羅沙門于諸寺……是歲。新羅沙門二十六人來。排入諸寺。[84]

—『元亨釋書』卷第23,「資治表」4, '弘仁皇帝'

62) 고구려의 서적을 송에 보내다

처음 회창會昌(당 무종의 연호) 연간 훼불 때, 천태종 문헌은 산실됐고, 당말 오대五代 시기의 약탈로 손상되고 빠진 것이 회복되지 않았다. 의적義寂 스님이 유실된 문헌을 고려와 우리 일본에서 구하였다. 고려가 먼저 그 서적을 보냈지만 완비되지 않았다.…(중략)…옛날 천축에서 『기신론起信論』이 산실된 지 오래되었다. 현장 삼장이 한문으로 된 『기신론』을 범어로 번역하여 인도에 유통시켰다. 저 고려의 책은 완전히 구비되

---

83 ㉘ 『大日本佛敎全書』 제101책, p.406상~하.
84 ㉘ 『大日本佛敎全書』 제101책, p.418하.

지 않았다.

送高麗書於宋

初會昌之毁黜台文散失。五代擾奪殘闕未復。義寂師求遺文於高麗及我。高麗先送其書猶不備……昔天竺失起信論而久矣。奘三藏譯唐成梵流傳印度。彼高麗之書不全備。……[85]

―『元亨釋書』卷第27,「志」1 諸宗志 3 '天台者'

63) 향원사向原寺

긴메이欽明 13년(552) 10월에 백제국 성명왕이 석가모니불 동상을 헌상했다. 천황이 여러 신하에게 불상을 신앙해도 될지 물었다. 모노노베노 오코시物部尾輿(496~570)와 나카토미노 가마코 등이 모두 그에 반대했다. 오직 소가노 이나메蘇我稻目만이 찬성했다. 천황은 불상을 소가노 이나메에게 하사하였다. 소가노 이나메는 크게 기뻐하고 오하리다小墾田의 집에 봉안하여 공양했다. 나중에 무카이하라向原의 저택을 시주하여 절로 만들고 불상을 봉안했다. 이것이 본조(일본)에서 사원과 불상이 설치된 시초이다.

向原寺

向原寺者。欽明十三年十月。百濟國聖明王貢獻釋迦銅像。天皇宣問群臣。可拜不。物尾輿中鎌子等皆沮之。唯蘇稻目贊成焉。天皇賜像于稻目。稻目大悅安小墾田家供養。後捨向原宅爲寺置像。是本朝寺

85 [원]『大日本佛教全書』 제101책, p.467하.

院像設之權輿也。[86]

—『元亨釋書』卷第 28,「志」2 寺像志 6

64) 고구려 광명사光明寺 불상

정법사頂法寺. 옛날 탄슈淡州 바닷가에 썩은 궤짝 하나가 파도에 밀려 왔다. 마침 쇼토쿠 태자가 바닷가에서 놀다가 이 궤짝을 보고 그것을 열어 보니 여의륜관자재보살상이 있었다. 태자는 기뻐하고 늘 보살상을 지녀 한시도 몸에서 떼지 않았다. 그 후 사천왕사를 조영하면서 재목을 구하려고 여러 곳을 다니다가 이곳에 왔다. 우연히 샘물에서 목욕을 하려고 옷을 벗고 곧 보살상을 풀어서 나뭇가지에 걸어 두었다. 목욕을 마치고 보살상을 잡으려고 하는데 보살상이 너무 무거워서 들어 올릴 수가 없었다. 태자는 두려운 마음에 보살상에게 빌었다. 그날 밤 꿈속에서 말했다.

"내가 그대에게 붙어 있었던 게 7년이나 되오. 이제 다시 이곳에 인연이 있기 때문에 그렇게 했을 뿐이오."

태자는 법당을 지어서 보살상을 봉안하려 했다.…(중략)…

어떤 이는 말했다.

"이 보살상이 고구려국 광명사의 보살상인데 고구려국 승려 덕윤德胤이 태자로 하여금 그것을 맞게 했다. 높이는 1척 2촌이었다."

高麗光明寺像

---

86 [원]『大日本佛教全書』 제101책, p.475하.

頂法寺者。昔淡州海濱有朽篋。順浪而來。聖德太子適游濱渚。見此
篋啓之。有如意輪觀自在像。悅而奉持常不離身。爾後營四天王寺采
材諸所來此地。偶浴泉水太子脫衣。便解像置櫸樹枝間。浴已取像。
像重不上太子恐對像祈求。其夜夢我爲汝所持已七世矣。今又綠在
此地故爾耳。太子欲構宇安像……或曰。此像高麗國光明寺像。本國
僧德胤令太子迎之。長一尺二寸。[87]

—『元亨釋書』卷第 28, 「志」 2 寺像志 6

65) 낙경落慶 도사 혜관

와슈和州 선림사禪林寺…(중략)…낙경落慶 도사는 혜관 승정僧正이다.

落慶導師慧灌
和州禪林寺者……落慶導師慧灌僧正也。[88]

—『元亨釋書』卷第 28, 「志」 2 寺像志 6

66) 백제 후비后妃

쇼랴쿠正曆 원년(990) 경인년(대송 순화淳化 원년)에 송나라 상인 두 명이
왔다. 한 사람은 태주台州 사람 주문덕周文德이고 한 사람은 무주務州 사
람 양인소揚仁紹였다. 두 상인은 말하였다.
"백제국 후비后妃의 자태가 아름다워 임금이 그를 대단히 아끼십니다.

---

87 ㉻『大日本佛敎全書』제101책, p.476상~하.
88 ㉻『大日本佛敎全書』제101책, pp.476상~477하.

그런데 나이가 많지도 않은데 머리가 일찌감치 허옇게 셌습니다. 후비가 머리 세는 것을 걱정하여 영험하다는 약도 먹어 보고, 불법에도 의지해 보았지만 둘 다 허사였습니다. 임금도 이를 걱정하였습니다. 어느 날 저녁 후비가 꿈을 꾸었는데 '일본국 승미사勝尾寺 천수대비 관세음보살의 영험함이 비할 바가 없다.'라고 했습니다. 꿈을 깨고 후비는 매우 기뻐하여 곧바로 일본국을 향해서 예를 갖추어 기도했습니다. 또 일본국의 한 산에서 광명이 나와 뜰을 환하게 비추는 꿈을 꾸었습니다. 꿈이 깨자 후비의 머리칼은 이전보다 검푸른 빛을 띠었습니다. 이 일로 저희 두 사람에게 공덕수를 담는 그릇과 금고金鼓, 금종金鐘 등의 물건을 저 천수대비 관세음보살상에 바치도록 하였습니다. 승미사가 어디에 위치하는지 모르겠습니다."

百濟后妃

正曆元年庚寅[大宋淳化元]宋商二人來。一台州人周文德。一務州人揚仁紹。二商曰。百濟國后妃有美姿國主愛重。未邁壯齡其髮早白。后愁之服靈藥求法驗。二事無効。王又憂之。一夕后夢。日本國勝尾寺千手大悲靈感無比汝其祈之。覺後后悅甚。便向日本國作禮祈求。又夢日本國一山出光照掖庭。夢覺后髮紺碧過始。以是寄我等二人以閼伽器。金鼓金鐘等什物。遙獻彼像。不知勝尾寺爲何處。[89]

—『元亨釋書』卷第 28,「志」2 寺像志 6, '勝尾寺觀自在像'

---

[89] 웹『大日本佛教全書』제101책, pp.482하~483상.

67) 신라 명신明神이 모습을 드러내다

덴안天安 2년(858)에 엔친圓珍 법사는 당나라에서 가지고 온 불경과 서적을 상서성尙書省에 보관했다. 신라의 명신明神이 모습을 드러내고 말하였다.

"내가 이미 이 일본 땅에 훌륭한 곳을 점쳐 두었소. 법사는 관청에 부탁해서 절을 지어 이 서적을 거기에 안치하도록 하시오."

그리고 엔친 법사는 신라신·산왕신 2신神과 두 비구와 함께 절에 도착했다.

新羅明神現形
天安二年。圓珍法師以唐國傳來經籍藏尙書省。新羅明神現形曰。是日域中我已占勝地。師聞官建院置此書。既而珍與新羅山王二神及二比丘到寺。[90]

―『元亨釋書』卷第 28,「志」2 寺像志 6, '園城寺'

---

90 원)『大日本佛敎全書』제101책, p.484상.

3. 『본조고승전本朝高僧傳』[91]

1) 백제국 사문 담혜전曇慧傳【도심道深. 『일본기日本紀』 제19, 『원형석서元亨釋書』 제16】

담혜曇慧 스님은 백제 사람이다. 일찍이 당나라에 들어가 당시 종장들의 자리에 배석하여 대승과 소승을 종합하고 유행하며 교화하는 것에 뜻을 두었다. 저 나라에서 이 지역이 불법을 숭상한다는 소문을 듣고 긴메이欽明 15년(554) 봄 2월에 담혜와 도심道深이 계리計吏와 함께 조공하러 왔다. 칙명으로 정사精舍를 건립하고, 맞이하여 머물게 하였다. 이것이 일본에서 사문이 있게 된 시초이다. 다만 사민士民들이 아직 삼보에 귀향해야 하는 이유를 알지 못했고, 시기時機도 고르기 어려웠으므로, 종승宗乘을 기술하지 않았다. 『국사國史』에도 역시 마친 바를 기록하지 않았다.
찬한다.
담혜와 도심 두 대사는 외공外貢을 선택했으나 교화 인도에 집착하지 않았으므로 어떤 종宗인지 알지 못하겠다. 나는 (그들이) 발마跋摩와 제바提婆[92]의 종지를 벗어나지 않는다고 생각한다. 구마라집이 관중에 들어

---

91 ㉠ 전 75권인 本朝高僧傳은 元錄15年 壬午(1702年 朝鮮 肅宗28年)에 日本濃州 盛德沙門 師蠻이 撰한 것이다. 本抄는 『大日本佛敎全書』 제102책과 제103책에 수록된 것에 의하였다.
92 발마跋摩와 제바提婆 : 발마는 성실종의 소의 전적인 『성실론』을 지은 하리발마를 가리키고, 제바는 삼론종의 소의 전적인 『백론』을 지은 제바를 가리킨다.

와서 『삼론三論』과 『성실론成實論』을 크게 제창하였으니,[93] 당 이전의 승려들은 두 논을 익히고 숭상하였다. 그래서 그 법이 일찍이 삼한三韓에 전해졌던 것이다. 엔랴쿠延曆 15년(796) 관부에서 『성실론』을 『삼론』에 부가하게 했으니, 두 대사가 공종空宗인 것이 분명하도다. 또한 이 지역의 가섭마등迦葉摩騰과 축법란竺法蘭[94]이 되었으므로 책의 앞머리에 올려 둔 것이다.

百濟國沙門曇慧傳【道深。日本紀第十九。元亨釋書第十六。】

釋曇慧。百濟國人。蚤入大唐。陪時匠席。綜大小乘。遊化爲志。彼國聞此方崇佛法。欽明十五年春二月。慧及道深。偕計貢來。勅建精舍。延以居之。是本朝有沙門之始也。但以士民未知所以歸嚮三寶。時機難調。不述宗乘。國史亦不記所終。贊曰。慧深二師。選擇外貢。化導不著。不知何宗。余想不出跋摩提婆之宗。羅什入關。大唱三論成實。自唐以前諸師。習尚二論。是以其法早傳於三韓耳。延曆十五年。官符稱成實論附三論。二師爲空宗也明矣。且爲此方之騰蘭。故系冠于篇首焉。[95]

—『本朝高僧傳』 卷第1, 法本1之1

93 구마라집이 後秦 弘始 5년(403) 이후로 『중론』, 『백론』, 『십이문론』(이상을 삼론이라 함)을 역출하고, 홍시 14년(412)에 『성실론』을 역출한 뒤, 삼론과 성실에 관한 연구가 활발해진 것을 말한다.

94 가섭마등迦葉摩騰과 축법란竺法蘭 : 이들은 중국에 불교를 최초로 전한 사람들이다. 後漢 永平 10년(67)에 明帝의 청에 응하여 이 두 사람이 불경과 불상을 지니고 낙양에 이르러 백마사에 머물렀다고 한다. 이들은 『사십이장경』을 함께 번역했다고 전한다.

95 [원] 『大日本佛敎全書』 제102책, p.61상.

2) 백제국 사문 관륵전觀勒傳【『일본기』 제22, 『부상약기扶桑畧記』 제33, 『성덕
태자전력聖德太子傳曆』 권상, 『삼국불법전통연기三國佛法傳通緣記』 권중, 『원형석
서元亨釋書』 제16, 『승강보임초출僧綱補任抄出』 권상】

관륵觀勒 스님은 백제 사람이다. 삼론을 연구했고 외학에도 정통했다. 스이코推古 10년(602) 겨울 10월에 선택을 받아 일본에 왔다. 칙명으로 원흥사元興寺에 머물게 하고 준수한 자들을 뽑아 관륵에게 가서 글을 배우게 하였다.

태자 도요토豊聰[96]가 말하였다.

"내가 형산에 있을 때 관륵이 제자였는데, 천문과 지리의 학문을 좋아하였다. 나는 그가 예술藝術을 섭렵하여 진승眞乘에 섞는 것을 꾸짖었는데, 옛 인연이 다하지 않아 다시 자취를 쫓아와 여전히 성력星曆(천문역법)을 말하는구나."

갑신년(624, 推古 32)에 어떤 비구가 조부를 살해하였다. 천황이 군신을 소집하여 말하였다.

"사문이란 삼보에 귀경하고 계법戒法에 종사하는 사람들인데 어찌 부끄러움과 삼감이 없이 이런 악역죄惡逆罪를 짓는 것인가! 짐은 이 일이 몹시 부끄럽다. 승니로서 죄를 범한 자들을 모두 붙잡아서 형벌을 내려라."

이에 여러 절에 조칙을 내려 악한 비구들을 찾게 하자, 일시에 승니들이 많은 의심을 받게 되었다.

---

96 도요토豊聰 : 이는 聖德太子(574~622)를 가리킨다. 574년 2월 7일에 태어나 622년 4월 8일에 세상을 떠났는데, 일본 『書記』에는 621년 2월 5일에 세상을 떠났다는 설이 있다.

관륵이 표表를 올려 말하였다.

"불법이 동한에 이른 지 300년이 지났고, 그것이 백제에 전해진 지 이미 100년이 지났습니다. 백제의 선대 왕이 일본 천황께서 지덕이 높고 사리에 밝으며 명민하다는 소문을 듣고 불상과 경론을 보내오신 지 아직 100년이 되지 못했습니다. 그래서 승니들이 율법律法을 익히지 못한 것입니다. 대죄를 짓게 된 이유는 오직 이로 말미암은 것입니다. 지금 천황의 말씀을 들으니 황송하여 어찌해야 할 바를 모르겠습니다. 엎드려 바라건대, 대역죄를 범한 이를 제외한 나머지는 모두 사면하여 죄를 묻지 말아 주십시오. 이것이 헌장憲章(법도)을 바르게 하는 것이고 인정仁政을 베푸는 것입니다."

천황이 거듭 조칙을 내려 말하였다.

"도인道人이 법을 어긴다면 어떻게 세속을 가르치겠는가. 지금부터 마땅히 승정僧正과 승도僧都를 두어 승니를 점검토록 하라."

그리고 관륵에게 승정을 맡기고 고구려의 덕적德積을 승도로 삼았다. 이것이 본조에서 승려의 기강을 세운 시초이다.

찬한다.

옛적 후진後秦 때에는 승니의 수가 많아 혹 허물 있는 이들이 있었으니 요흥姚興[97]이 조서를 내려 승략僧䂮[98]에게 승정을 맡기고 승천僧遷[99]을

---

97 요흥姚興 : 재위 394~416. 중국 오호십육국 시대 後秦의 제2대 황제이다. 불법을 신봉했고 스스로 경을 강의하기도 했다. 401년 後梁에 머물고 있던 구마라집을 장안으로 데려온 뒤 승려 수십 만인을 모아 譯經과 禪修에 종사하게 만들었다.

98 승략僧䂮 : 後秦의 승려로 구마라집이 장안에 온 뒤 僧叡, 僧肇 등과 함께 譯場에 참여하였다. 後秦 弘始 7년(405)에 요흥이 그를 僧主에 임명하여 승니의 기강을 바로잡게 하였으니, 이것이 북방의 僧官의 시초이다.

99 승천僧遷 : 後秦의 승려로 道祖, 道流 등과 廬山慧遠에게 受戒를 받고, 다시 구마라집을 따라 배웠다.

열중悅衆[100]으로 삼아 쇠퇴의 실마리를 바로잡았다.

우리 스이코推古 천황은 관륵과 덕적을 등용하시어 율법을 바로잡으셨으니, 지역이 다르고 시간이 다르지만 왕의 제도가 같음이 훈지壎篪[101]처럼 서로 부합한다. 생각건대 조정에 법을 수호하는 왕이 있으면 재야에 잇달아 훌륭한 승려들이 있게 되니, 불법의 감응이 어느 때 어느 나라인들 그렇지 않겠는가.

百濟國沙門觀勒傳【日本紀第二十二。扶桑畧記第三十三。聖德太子傳曆卷上。三國佛法傳通緣記卷中。元亨釋書第十六。僧綱補任抄出卷上。】
釋觀勒。百濟國人。硏究三論。旁通外學。推古十年冬十月。受選來朝。勅居元興寺。擇俊秀者。就勒學書。太子豊聰曰。吾在衡山。勒爲弟子。嗜天文地理學。吾呵其涉藝術。雜於眞乘。凤因不竭。又追蹤來。猶言星曆。甲申年。有比丘。殺害祖父。帝召群臣曰。夫沙門者。歸敬三寶。從事戒法。何無慚愧。作此惡逆。朕甚愧之。僧尼犯罪者。悉捕刑之。乃詔諸寺。索惡比丘。一時僧尼。多逢稽疑。勒上表曰。佛法自至東漢。經三百歲。傳之百濟。已一百年。百濟先主聞日本天皇睿聖敏明。貢上佛像經論。未滿百歲。是以僧尼不習法律。所以作大逆。識而斯由也。今聞聖制。惶懼不知所如。伏願除大逆者。其餘悉赦勿罪。是所憲章之正。仁政之及也。帝重詔曰。道人犯法。何以誨世俗乎。自今以往。應置僧正僧都。檢校僧尼。勒任僧正。高麗德積爲僧都。是本朝立僧

---

100 열중悅衆 : 승직의 명칭으로, 승단 중의 寺務를 관장하는 사람을 말한다.
101 훈지壎篪 : 壎은 흙으로 만든 나팔이고 篪는 저의 이름이다. 『詩經』에 따르면, 형이 질나팔을 불자 아우가 이에 화답하여 저를 불었다고 하는데, 본문에서는 후진의 요흥과 일본의 推古 천황을 이에 비유한 것이다.

綱之始也。贊曰。昔在秦世。僧尼衆夥。或有愆漏。姚興下書。使僧䂮任僧正。僧遷爲悅衆。以濟頹緒矣。吾推古帝登庸勒積。以匡法律。異域異時。王制之同。燻箎[102]相合。盖朝有護法之后。則野有聯芳之僧。佛法之感應。何世國而得不爾哉。[103]

― 『本朝高僧傳』 卷第1, 法本1之1

3) 고구려 사문 혜관전慧觀傳【『일본기』 제22, 『삼국불법전통연기』 권중, 『부상약기』 제4, 『원형석서』 제1, 『승강보임초출』 권상】

혜관慧觀 스님은 고구려 사람이다. 수나라에 들어가 가상사 길장吉藏 대사(549~623)에게 삼론의 종지를 전해 받고, 스이코 33년(625) 정월 원일에 본국에 조공하러 왔다. 칙명으로 원흥사에 머물게 하니, 공종空宗을 성대히 설하였다. 이 해 여름에 가뭄이 들자 혜관을 불러 비 오기를 빌게 하였다. 혜관이 청의靑衣를 입고 삼론을 강의하자 곧장 큰비가 내렸다. 천황이 크게 기뻐하며 승정으로 발탁하였다. 하쿠호白鳳[104] 10년(682) 봄 2월에 와슈和州의 선림사禪林寺가 완성되자 혜관을 청하여 낙경落慶 도사로 삼았다. 혜관은 또 가와치河內(현 오사카부大阪府 동부東部) 시키군志紀郡에 정상사井上寺를 창건하여 본종을 널리 유통시켰다. 나이 90세에 멸도滅度하였으니, 일본 삼론종의 시조가 된다.

내가 조슈常州의 가시마鹿嶋에 가서 근본사根本寺에 이틀간 머물 때 건물 안을 두루 돌아보았는데, 혜관 승정의 비碑가 있었다. 모퉁이가 부서

---

102 '箎'는 '篪'의 오기인 듯하다.
103 ㉝ 『大日本佛教全書』 제102책, pp.61상~62상.
104 하쿠호白鳳 : 天武天皇(재위 673~686) 통치 기간으로, 하쿠호는 私年號이다.

져 있었지만 글자의 획은 찬연燦然하였다. 주지가 말하였다.

"혜관이 이 절을 개산開山하였습니다."

고기古記를 찾아봤지만 그런 기록은 없었다. 살펴보건대, 옛적 다케미카츠치노 미고토武雷命가 진고게이운神護景雲 원년(767) 가시마를 떠나 나라奈良의 미카사三笠에 거주하였는데, 군호郡好가 서로 맞닿아 있었기 때문에 주석하는 곳(甁錫)을 옮겨 동쪽 주민들을 교화한 것이 아닌가 한다.

찬한다.

긴메이欽明와 스이코推古 두 왕조 때 백제와 고구려에서 조공하러 들어온 승려들은 대개 제바종提婆宗(空宗)이었지만 종의 교리(宗敎)를 설하지 않았고 또한 법통의 부촉(統付)도 없었다.

혜관 스님이 와서 처음으로 삼론을 강의하자 상하가 그 기풍을 우러러보았고 자손에게도 순서가 있게 되었다. 양나라 법랑法朗(507~581)은 삼론종의 조사로서, 흥황사興皇寺에 있을 때 청의를 입고 강연講筵에 올랐으니, 혜관 스님이 청의를 입고 비 오기를 빌어 징험을 얻은 것에 또한 근거가 있다.

高麗國沙門慧觀傳【日本紀第二十二。三國佛法傳通緣記卷中。扶桑畧記第四。元亨釋書第一。僧綱補任抄出卷上。】

釋慧灌。高麗人。入隋從嘉祥寺吉藏大師。稟三論旨。推古三十三年正月元日。本國貢來。勅住元興寺。盛說空宗。是歲夏旱。詔灌祈雨。灌着靑衣。演講三論。大雨卽下。天皇大悅。擢任僧正。白鳳十年春二月。和州禪林寺成。請灌爲落慶導師。灌又河內志紀郡創井上寺。弘通本宗。垂年九旬而滅度。爲本朝三論宗始祖焉。余抵常州鹿嶋。信宿根本寺。歷觀殿裏。有慧灌僧正之碑。楞側弊朽。字畫燦然。主曰。

慧灌當時[105]開山也。問古記無有之。按昔武雷命。神護景雲元年。出鹿嶋居奈良三笠。郡好相接故。移瓶錫論化東民歟。贊曰。欽命推古之二朝。百濟高麗入貢之僧。大概提婆宗也。而不說宗教。又無統付。暨灌師來始講三論。上下仰風。貽厥相序。梁法朗者。三論之祖也。在興皇寺。服青衣登講筵。灌師之披青衣。祈雨得徵。亦有所遽焉。[106]

—『本朝高僧傳』卷第1, 法本1之1

4) 백제 사문 도장전道藏傳【『일본기』 제13, 『삼국불법전통연기』 권중, 『원형석서』 제9】

도장 스님은 백제 사람이다. 박학하고 신통하였다. 하쿠호白鳳 연간(673~686)에 일본국에 풍광을 보러 왔다. 지토持統 2년(688) 가을 7월에 가뭄이 들자 도장을 불러 비 오기를 빌게 하니 아침을 넘기지 않고서 천하가 두루 윤택해졌다.

천황이 그 법의 징험이 신속한 것을 귀하게 여겨 하사품을 매우 후하게 하였다. 요로養老 5년(721) 6월 겐쇼元正 천황이 칙명을 내려 말하였다.

"사문 도장은 불가의 동량이고 법문의 영수이다. 나이가 80을 넘어 기력이 쇠약하니 만약 명주와 비단을 베풀지 않는다면 어디에 노인을 구휼하는 뜻을 부치겠는가. 유사有司는 네 계절에 받들어 공양하라."

도장은 동쪽으로 건너온 뒤 『성실론소』 16권을 지었고, 90세가 된 후 남경南京에서 천화遷化하였다. 옛적 동대사東大寺의 학인들은, 법상종은 『구사론』을 논하며 익히고, 삼론종은 『성실론』을 겸하여 배웠으니, 『성실

105 '時'는 『國譯一切經』 史傳部 21(p.40)에 따르면 '寺'의 오기이다.

106 [원] 『大日本佛教全書』 제102책, p.64상~하.

론』을 강할 때에는 도장의 『소疏』에 의거하지 않음이 없었다. 그 강의가 폐지된 지가 300여 년이 되었으니 한탄이 없을 수가 없다.

찬한다.

도장 스님의 사적은 『국사國史』에서 어느 종파인지 기재하지 않았지만, 저술한 『논소』를 보면 발마跋摩(『성실론』의 저자)의 종宗이 아니겠는가. 실로 일가의 종조宗祖가 된다. 『성실론』은 동진의 구마라집이 번역해 낸 것으로, 3천 문인이 종횡으로 강의를 펼쳤다. 그 이래로 역대의 명승들이 혹은 주소注疏를 짓기도 하고 혹은 초석鈔釋을 기술하기도 했다. 도장 스님은 선배들과 더불어 재갈을 나란히 하며 달렸으니, 참으로 성인의 거울을 더럽히지 않은 사람일 것이다.

百濟國沙門道藏傳【日本紀第十三。三國佛法傳通緣記卷中。元亨釋書第九。】
釋道藏。百濟國人。博且靈通。白鳳年中。觀光日國。持統二年秋七月旱。詔藏禱雨。不崇朝而天下普潤。帝貴法驗之速。賚襯甚腆。養老五年六月。元正帝詔曰。沙門道藏。釋家棟梁。法門領袖。年逾八十。氣力羸衰。若無綿帛之施。何寄恤老之志。有司四時領供。藏東渡之後。撰成實論疏十六卷。旣垂九齡。化于南京。昔東大寺之學者。法相宗論習俱舍。三論宗兼學成實。至講成實。靡不據於藏疏。其講廢止者。三百餘年。不能無憾也。賛曰。藏師之事。國史不記何宗。見著論疏。則跋摩宗乎。實爲一家之宗祖也。夫成實論者。東晉羅什譯出。三千門人。橫竪講敷。自爾歷世名僧。或著注疏。或述鈔釋。藏師與先進。并鑣而馳。固不忝聖鑒者歟。[107]

―『本朝高僧傳』卷第1, 法本1之1

---

[107] ㉄『大日本佛敎全書』제102책, pp.64하~65상.

5) 혜관慧觀의 문인 복량福亮과 지장智藏【『다무봉연기多武峯緣起』, 『삼국불법전통연기』, 『승강보임초출』 권상, 『부상약기』 제4·5, 『원형석서』 제1·16】

복량福亮 스님은 성이 웅응熊凝 씨이고 본래 오吳나라 사람이다. 일본에 와서 출가하였다. 고구려 혜관 승정으로부터 삼론을 전해 받아 익혔고, 겸하여 법상종을 잘 알았다. 또 중국에 들어가 가상 대사를 뵙고 거듭 본종을 연구하였다. 원흥사元興寺에 머물며 공종을 치성하게 제창하니, 칙명으로 승정을 맡았다. 사이메이齊明 4년(658) 대직관大織冠 가마타리鎌足 공公[108]이 야마시나山科의 도원가陶原家에 새롭게 정사를 창건하고 복량을 맞이하여 『정명경淨名經』(『유마경』)을 강의하도록 했으니, 이것이 남도南都 유마회維摩會의 기원이다.

慧觀門人 福亮·智藏【多武峯緣起。三國佛法傳通緣記。僧綱補任抄出卷上。扶桑畧記第四·五。元亨釋書第一·十六。】
釋福亮。姓熊凝氏。本吳國人。來朝出家。從高麗慧灌僧正。習禀三論。兼善法相。又入支那謁嘉祥師。重硏本宗。住元興寺熾唱空宗。勅任僧正。齊明四年。大織冠鎌足公於山科陶原家新建精舍。延亮講淨名經。是南都維摩會之權輿也。[109]

― 『本朝高僧傳』 卷第1, 法本1之1, '和州元興寺沙門福亮傳'

---

108 대직관大織冠 가마타리鎌足 공公 : 飛鳥시대의 정치가인 藤原鎌足(614~669)을 가리킨다. 大織冠은 647년에서 685년까지 일본에서 사용되던 冠位로서, 일본 역사상 藤原鎌足만이 이 직위에 올랐다.
109 ㉄『大日本佛教全書』 제102책, p.65상.

지장智藏 스님은 오나라 사람으로, 복량 법사가 세속에 있을 때의 아들이다. 젊어서 혜관 승정을 따라 원흥사에서 공론의 종지를 익히며 연구하였다. 또 당나라에 들어가 숨겨져 드러나지 않은 뜻을 질문하고 돌아와 법륭사法隆寺에 머무르며 여러 스님들을 강론하여 깨우쳤다. 하쿠호 원년(673)에 조칙을 내려 승정에 임명했다. 그가 어떻게 생을 마쳤는지는 기록이 없다.…(하략)

釋智藏者。吳國人。福亮法師在俗時之子。少隨慧灌僧正於元興寺習究空論之旨。又入唐國質餘蘊。歸住法隆寺。講誘衆僧。白鳳元年詔任僧正。不記其終。……110
　　　—『本朝高僧傳』卷第1, 法本1之1, '和州法隆寺沙門智藏傳'

6) 신라 배를 타고 간 승려【『일본기』 제26, 『삼국불법전통연기』 권중, 『원형석서』 제16, 『부상약기』 제4, 『승강보임초출』 권상】

지츠智通 스님은 어느 나라 사람인지 자세하지 않다. 타고난 성품이 명민하여 도를 배우는 데 게으르지 않았다. 사이메이齊明 4년(658) 가을 7월에 칙명을 받들어 사문 지다츠智達와 함께 신라 배를 타고 가서 지나脂那(중국)의 풍속을 묻고 현장 삼장(600~664)을 뵈었다.…(하략)

乘新羅船僧【日本紀第二十六。三國佛法傳通緣記卷中。元亨釋書第十六。扶桑畧記第四。僧綱補任抄出卷上。】

---

110 ㉮ 『大日本佛敎全書』 제102책, p.66하.

釋智通。不詳何國人。稟性敏察。學道不倦。齊明四年秋七月。奉勅共沙門智達。乘新羅船問脂那風。謁玄奘三藏。……[111]

―『本朝高僧傳』卷第1, 法本1之1, ‘和州觀音寺沙門智通傳’

7) 와슈和州 대안사大安寺 사문 심상전審祥傳【『삼국불법전통연기』 권중】

심상審祥 스님은 신라 사람이다. 이 나라의 풍광을 보러 와서 스승을 찾아 법을 구하였다. 또 당나라에 들어가 현수 국사(法藏, 643~712)에게서 화엄을 전해 받고 돌아와 대안사大安寺에 머물며 빛을 숨기고 대중 속에 섞여 있었다. 동대사東大寺의 로벤良辨[112]은 화엄종을 일으켰는데, 하루는 저녁 꿈에서 자주색 상의와 푸른 치마를 입은 스님이 그에게 말하였다.

“대교大敎(화엄)를 넓히고자 하면 마땅히 곤치嚴智 법사를 청하여 불공견삭不空羂索[113] 앞에서 개강開講해야 할 것이다.”

당시 원흥사元興寺에 곤치 법사가 있었다. 로벤이 곧장 가서 이 강의를 청하였다. 곤치 법사는 말하였다.

“나의 학문과 이해는 얕고 낮으니 명성과 부합하지 않습니다. 지금 심상 선사는 종승宗乘을 온축하고 있으니, 바로 향상香象 대사(법장)의 상수제자이며 참으로 저의 스승입니다. 가서 이 스님에게 청하십시오.”

---

111 [원]『大日本佛敎全書』 제102책, p.67상.

112 로벤良辨 : 689~773. 奈良시대 화엄종 승려로서, 東大寺를 開山하였다. 金鐘行者로 불린다.

113 불공견삭不空羂索 : 이는 不空羂索 觀世音菩薩을 가리키는 것으로 보인다. 불공견삭이란 관세음보살이 자비의 羂索으로 중생을 제도함에 있어 그의 발원이 공허한 것이 아님을 상징하는 것이다. 이와 관련되어 당나라 보리류지가 번역한 『不空羂索神變眞言經』이 있다.

로벤이 대안사에 가서 세 번 청하였지만 심상이 움직이지 않았다. 이를 계기로 소식이 궁궐에 전해져 황제가 이에 조칙을 내렸다.

덴표天平 12년(740) 12월 18일 금종도량金鐘道場에서 처음으로 『대승화엄사자후경大乘華嚴獅子吼經』을 강의하였다. 이때 도읍의 16원員의 명장名匠과 기내畿內의 학빈學賓들이 책을 잡고 자리에 앉았고, 강의하는 날 황제가 신료들을 거느리고 절에 친히 행차하여 법을 들었다. 심상이 걸림없는 변재를 떨치니 신묘한 이해는 입신入神의 경지에 들었고, 자색 구름 한 조각이 내려와 춘일산春日山을 덮으니 보는 이들이 기이하다고 찬탄하였다. 황제가 마음으로 매우 기뻐하여 채백彩帛 1천여 필을 하사했고, 태상황太上皇과 황후皇后 및 공경公卿 이하는 공양물을 보시하였으니, 그것이 가득 쌓여 나열되었다. 칙명을 내려 지쿤慈訓·교닌鏡忍·엔쇼圓證의 세 대덕을 복사覆師로 삼았다. 『화엄경』 60권을 한 해에 20권씩 강의하여 3년에 모두 마쳤다. 이로부터 오로지 화엄의 가르침을 넓히는 데 로벤이 영수가 되어 제자들이 더욱 많아졌다. 덴표 14년(742) 임오년에 주석하던 곳에서 세상을 떠났는데, 세수와 법랍이 자세하지 않다. 심상 스님의 사적은 『국사』 및 불서에 기재되어 있지 않다. 지금 교넨凝然(1240~1321)의 기記에 의거하여 그의 전傳을 세운다.

찬한다.

화엄은 여래가 처음 도를 이룬 원돈圓頓의 대승경이다. 이치가 깊고 현상이 광대하니, 10지十地에 오른 이가 아니면 그것의 오묘함을 통달할 수 없다. 심상은 직접 현수 국사를 뵙고 진리를 전해 받아 돌아왔고, 가르침을 널리 펴는 데 제 때를 만났으니, 용상龍象(승려)이 에워싸고 성주聖主가 친히 임하였으며 신명이 상서로움을 다스렸다. 숙세에 근기가 원숙한 대사로서 여래 초분初分의 모임에 거슬러 돌아간 이가 아니라면 어찌 이와 같을 수 있겠는가. 지금 화엄을 말하면 심상 스님이 초조가 된다.

和州大安寺沙門審祥傳【三國佛法傳通緣記卷中】

釋審祥。新羅國人。觀光此國。尋師求法。又入唐從賢首國師傳華嚴。還居大安寺。韲光混衆。東大良辨興華嚴宗。一昔夢著紫衣靑裙僧告曰。欲弘大敎。當請嚴智師開講於不空羂索前。時元興寺有嚴智法師。便往請之。智曰。我學解膚淺。不與名合。方今審祥禪師包蘊宗乘。是卽香象大師之上足。眞嚴智師也。往請此師。辨抵大安。三請不起。因聞於闕。皇帝乃詔。天平十二年臘月十八日。於金鐘道場。始講大乘華嚴獅子吼經。於是都下十六員名匠畿內學賓。持卷據座。開題之日。帝率卿僚。幸寺聞法。祥振無碍辯。妙解入神。紫雲一片。降覆春日山。見者歎異。皇情大悅。賜綵帛一千餘匹。太上皇皇后及公卿以下。檀䞋供給。塡委羅陳。勅慈訓鏡忍圓證三大德爲覆師。歲講二十卷。三年畢功。從此專弘華嚴。良辨爲首。弟子益多。以十四年壬午。終於所住。不詳世齡法臘。祥師之事。不載于國史及釋書。今據凝然之記。以立傳焉。贊曰。華嚴者。如來初成道之圓頓大乘經也。理深事廣。非登地之人無以達其奧焉。祥師親見康藏國師。傳眞理歸。弘宣得時。龍象圍遶。聖主臨光。神明理瑞。自非宿世根熟之大士。追還如來初分之會。能有如斯邪。今言華嚴者。以祥師爲初祖也。[114]

—『本朝高僧傳』卷第1, 法本1之1, '和州觀音寺沙門智通傳'

114 [원]『大日本佛敎全書』 제102책, p.69상~하.

8) 신라 의림義林

"옛적 개원開元 연간에 선무외善無畏[115] 삼장께서 부처님 나라의 대나란타사大那蘭陀寺에서 대법륜을 전해 받아 대당국大唐國에 옮겨 놓고, 전법제자 의림義林에게 이를 전하여 부촉하셨으니, 그는 국사國師이며 대아사리大阿闍梨이시다. 103세의 나이에도 지금의 신라국에서 대법륜을 굴리고 계신다. 의림 국사는 또 대당의 제자인 나 순효順曉[116]에게 법을 부촉하였으니, 나 역시 진국도량鎭國道場의 대덕 아사리이다. 나는 다시 일본국 공봉供奉 대덕大德 제자 사이쵸[117]에게 부촉하여 대법륜을 굴리게 하였으니, 사이쵸는 네 번째로 부촉된 자이다. 불법이 영원토록 끊어지지 않게 하라."[118]

新羅 義林

昔開元朝。三藏善無畏。從佛國大那蘭陀寺。傳大法輪。轉至大唐國。

---

115 선무외善無畏 : 637~735. 밀교 조사의 한 사람으로, 나란타사에서 瑜伽三密의 법을 전수받았다. 唐 開元 4년(716) 중앙아시아를 거쳐 장안에 이르니 玄宗이 그를 스승으로 예우하였다. 그의 제자로 義林과 新羅僧 不可思議 등이 있다.

116 순효順曉 : 생몰년 미상의 당나라 스님으로, 선무외 삼장의 문인이다. 일찍이 신라승 義林에게 眞言密法을 배웠다. 永貞 元年(805) 일본승 사이쵸와 義眞이 龍興寺에서 스님을 뵈었는데, 스님이 그들에게 秘密灌頂을 전수하였다. 세간에서 그를 鎭國道場大德阿闍梨라고 칭하였다.

117 사이쵸最澄 : 767~822. 일본 천태종의 개조이다. 延曆 22년(804)에 法華一乘의 敎義를 더 깊이 연구하기 위해 義眞, 空海 등과 중국에 갔다. 먼저 천태종 제9조인 湛然의 제자 道邃와 行滿에게서 天台의 敎義를 전해 받고, 천태산에서 牛頭禪을 전수받았으며, 道邃에게서 大乘菩薩戒를 받았다. 후에 順曉에게서 밀교법을 전수받고 다음해에 일본으로 돌아갔다.

118 이 글은 「江州比睿山延曆寺沙門最澄傳」 가운데 順曉 아사리가 사이쵸에게 준 편지글 가운데 일부이다.

傳付傳法弟子義林。是國師大阿闍梨也。年一百三歲。見今在新羅國
轉大法輪。又付大唐弟子順曉。亦是鎭國道場大德阿闍梨。復付日本
國供奉大德弟子最澄轉大法輪。最澄是第四付屬。令佛法永永不絶
焉。[119]

— 『本朝高僧傳』卷第2, 法本1之2, '江州比睿山延曆寺沙門最澄傳'

9) 신라 지봉智鳳

사이메이제齊明帝 4년(658) 대직관大織冠 가마타리 후지鎌足藤 공公[120]이 산계사山階寺를 창건하여 처음으로 유마회를 열고 오吳나라 승려 복량福亮[121]을 청하여 강사로 삼았다. 게이운慶雲 4년(707) 10월 중순에 후지 공의 아들 담해淡海 공公 후히토不比等[122]가 다시 대회를 열고 신라 승려 지봉智鳳을 청하여 강석의 상수로 삼았다. 이에 사해四海 석덕碩德들이 수레를 타고 와 유세하며[123] 토론하여 결정하였다. 이후 매년 뛰어난 이들을 뽑아 강회사講會師로 삼으니 (유마회의) 운영이 끊어지지 않았다.…(하략)

新羅 智鳳

齊明帝四年。大織冠鎌足藤公。建山階寺。始設維摩會。請吳國僧福

---

119 ㉭『大日本佛敎全書』제102책, p.76하.
120 大織冠의 지위에 오른 藤原鎌足를 가리킨다.
121 ㉭ 福亮은 高句麗 慧灌僧正에게 三論을 배운 제자이다.
122 후지와라노 후히토藤原不比等(659~720)를 가리킨다. 그는 藤原鎌足의 둘째 아들이다. 淡海公은 사후 추증 받은 諡號이다.
123 『法言』, "중니는 수레를 타고 와 유세하는 자이다.(仲尼駕說者也)"

亮爲講師。慶雲四年十月中旬。其子淡海公不比等。再營大會。請新羅僧智鳳爲講首。於是四海碩德。駕說論決。爾後每歲選碩才者。爲講會師。修營不絶。……124

―『本朝高僧傳』卷第14, 定慧2之11, '卷末贊曰中'

10) 백제국 사문 의각전義覺傳【『원형석서』제9】

의각 스님은 백제 사람이다. 일본에서 저 백제를 정벌하였을 때 군사를 따라 왔다. 조칙으로 나니와難波의 백제사百濟寺에 머물게 했다. 의각은 키가 7척으로, 범학梵學에 두루 정통했으며 『반야심경』을 수지하였다. 같은 절의 에기慧義가 한밤중에 그의 방을 보니 의각에게서 광명이 매우 밝게 빛났다. 창틈으로 보니 의각이 단정히 앉아 『경』을 지송하고 있었는데, 광명이 입에서 나오고 있었다. 에기가 매우 놀라 다음날 아침 대중에게 이를 말하였다. 의각이 대중들에게 말하였다.

"내가 하루 저녁 눈을 감고 『반야심경』을 일백여 편 지송한 뒤 눈을 뜨고 방을 보니 네 벽이 텅 비어 뜰 바깥이 모두 보였다. 나는 희유하다고 생각하여 일어나 벽을 더듬어 보니, 벽과 창호는 모두 닫혀 있었다. 자리로 돌아와 『경』을 지송하자 이전처럼 벽이 텅 비었으니, 이는 반야般若의 불가사의한 묘용妙用이다."

그러자 대중들이 모두 더욱더 정진하였다.

찬한다.

정定과 혜慧가 균등하여 번뇌를 끊어 없애면 사물과 하나 되니 무슨

---

124 ㉘『大日本佛敎全書』제102책, p.228하. 이는「和州興福寺沙門範憲」가운데 贊曰 부분의 내용이다.

걸림이 있겠는가. 보살과 나한이 삼천계三千界를 왕래하는 것은 다름이 아니라 모두 이에 말미암은 것이다. 의각이 (벽을) 꿰뚫어 본 것은 거의 성인의 경지에 오른 것이리라.

百濟國沙門義覺傳【元亨釋書第九】

釋義覺。百濟國人也。此方征彼國時。伴軍士來。詔住難波百濟寺。覺長七尺。博綜梵學。持般若心經。同寺慧義。夜半見室。覺光明熾曜。窓隙窺之。覺端坐誦經。光從口出。義以警悚。明朝告衆。覺語徒曰。吾一夕閉目誦心經一百許遍。開目視室。四壁空洞。庭外皆見。吾爲希有之想。起而模之。壁戶皆關。歸座誦經。空廓如先。是般若不思議之妙用也。徒皆增精進焉。贊曰。定慧均等。斷除煩惱。與物一致。有何罣礙。菩薩羅漢往來於三千界無佗。皆以由之也。覺之洞見者。殆乎隮聖地歟。[125]

—『本朝高僧傳』卷第46, 感進4之1

11) 와슈 법기산法器山 사문 다상전多常傳

다상多常 스님은 백제 사람이다. 본조의 태황후太皇后 천황이 다스리던 시기에 성군聖君의 교화를 사모하여 일본에 왔다. 와슈和州 다카이치高市의 법기산사法器山寺에 머물며 대승경大乘經의 신주神呪를 지송하며 오로지 중생 제도에 종사하였다. 응당 죽어야 할 사람이 효험을 입어 다시 소생하자 병자들이 문에 가득 모였다. 기이한 일도 매우 많았다. 일찍이 석

125 [원]『大日本佛敎全書』 제103책, p.151상.

장 두 개를 비탈에 세워 두고 경행經行할 때 번갈아 사용하였는데, 어찌하지 않았는데 신묘하게 서 있는 것이 마치 땅을 뚫어서 세워 둔 것 같았다. 천황후가 그를 존중하여 공양하였으니, 이것이 바로 수행의 공덕으로 홀로 향기로운 명성을 흐르게 한 것이고, 자비의 공덕으로 길이 애경愛敬을 보존한 것이다.

和州法器山沙門多常傳
釋多常。百濟國人也。本朝太皇后天皇御宇。慕聖化來。住和州高市法器山寺。誦大乘經神呪。專事度生。應死之人。承驗再蘇。病者盈門。奇異甚多。嘗卓錫杖二條於阪上。當其經行。互用二物。無作妙用。如鑿而樹焉。天皇后尊重供養。斯乃修行之功。獨流芳名。慈悲之德。長存愛敬也。[126]

— 『本朝高僧傳』卷第46, 感進4之1

12) 와슈 석천사石川寺 사문 혜변전慧便傳【혜총慧聰. 『일본서기』 제20·21, 『원형석서』 제16, 『부상약기』 제3】

혜변 스님은 고구려 사람이다. 우리 일본의 풍속을 사모하여 바다를 건너 왔다. 이때는 불법이 밝지 않아 승보를 공경하지 않았으므로 빛을 숨기고 명성을 감추고서 민간에 섞여 있었다. 비다츠敏達 13년(584) 가을 9월 백제의 사신 녹심鹿深이 미륵 석상을 지니고 왔다. 소가노 우마코蘇我馬子[127]가 이시카와石川의 집 옆에 정사를 조성하고 상소를 올려 석상을

---

126 ㉙『大日本佛敎全書』제103책, p.151상~하.
127 소가노 우마코蘇我馬子 : 飛鳥時代의 정치가, 귀족이다. 이름에 '子'가 붙었지만

구한 뒤 전각에 안치하였다. 당시 예경할 사람이 없어, 양인梁人 사마달 등司馬達等에게 사방에서 사문을 찾게 했다. 우연히 반슈播州의 어떤 곳에서 혜변을 만나 돌아왔다. 소가노 우마코가 그를 맞이하여 정사에 머물게 하고 스승으로 숭상하였다.

겨울 10월에 소가노가 사마씨司馬氏의 딸인 젠신善信[128] 및 젠조禪藏와 에젠慧善을 혜변에게 나아가 출가하게 하였다. 하루는 혜변이 비구·비구니를 청하여 크게 법회를 열고 공양을 베풀었다. 사마달등이 자리에 있을 때, 홀연 음식에서 사리舍利를 나투는 일을 감득하였다. 이를 곧장 소가노 우마코에게 바쳤다. 그 사리는 신이함이 비교할 것이 없어 소가노 우마코가 그의 청정한 믿음을 더욱 두텁게 하였다.

혜총 스님은 백제 사람이다. 스슌崇峻 3년(590) 봄 3월에 국공國貢과 함께 왔다. 계율학에 정통하여 소가노 우마코가 그에게 계법을 받았다.

찬한다.

등용되면 도를 행하고 버림받으면 도를 간직하는 일,[129] 이것은 성현이 할 수 있는 일이지 어리석은 범부가 할 수 있는 일이 아니다. 혜변은 본래 이 나라를 교화하고자 했으나, 제때를 얻지 못하여 초야에 숨어 농부나 야인들과 더불어 삶을 다하고자 했다. 다행히도 소가노 우마코의 초청으로 처음 정람精藍에 머물렀다. 평소 지닌 뜻은 흔쾌했고 사리는 상서로움을 발했다. 원래 등용되거나 버림받는 것은 나와 관여되지 않고 행하고 간직하는 것 또한 시정을 따르니, 그를 논해 보면 이제二諦를 원

남성이다. 당시는 남녀 모두 이름에 '子'를 사용하였다.
128 젠신善信 : 司馬達等의 딸로서, 이름은 嶋이다. 惠善, 禪藏과 더불어 일본 최초의 비구니 스님 중의 한 사람이다.
129 『論語』「述而」, "用之則行. 舍之則藏."

만히 하고 삼학三學을 겸한 사람이다.

和州石川寺沙門慧便傳【慧聰。日本書紀第二十·二十一。元亨釋書第十六。扶桑畧記第三。】

釋慧便。高麗國人。慕吾風俗。渡海而來。是時佛法草昧。不敬僧寶。鏟光埋名。混於民間。敏達十三年秋九月。百濟使鹿深。持彌勒石像而來。蘇我馬子。造精舍於石川宅側。奏求石像。安置殿裏。時無奉香火者。使梁人司馬達等。尋求沙門於四方。偶得便于播州某所而還。蘇氏迎居精舍。乃崇爲師。冬十月。蘇氏令司馬娘善信及禪藏慧善。就便得度。一日便請僧尼。設大會齋。司馬達等在座。忽於饌上。感現舍利。卽獻蘇氏。其舍利神異無方。蘇馬子益厚其淨信矣。又釋慧聰。百濟人。崇峻三年春三月。偕國貢來。精於律學。蘇馬子受戒法。贊曰。用之則行。舍之則藏。此聖賢之行也。凡愚之非所能也。便本欲敎化此國。未得其時。隱於艸莽。與農夫野人。若將終身焉。幸逢蘇氏之請。住最初精藍。素志云惬。舍利發祥。初夫用舍不與於已。行藏又從于時。論之。圓二諦兼三學之人也矣。[130]

―『本朝高僧傳』卷第67,「遠遊」8

13) 와슈 법흥사法興寺 사문 혜자전慧慈傳【승륭僧隆, 운총雲聰. 『일본서기』 제22, 『원형석서』 제16, 『부상약기』 제3】

혜자 스님은 고구려 사람이다. 스이코 3년(595) 여름 5월에 조공하러

130 [원]『大日本佛敎全書』 제103책, p.360상~하.

왔다. 황태자 도요토豊聰가 그를 스승으로 삼았다. 그는 백제의 혜총과 함께 불교를 널리 유통시켜, 삼보의 동량이 되었다.

4년(596) 겨울 10월, 법흥사法興寺가 완성되자 칙명으로 혜자와 혜총을 함께 머물게 하였다.

23년(615)에 혜자는 본국으로 돌아갔다.

또 승륭 스님과 운총 스님은 고구려 사람으로, 스이코 10년(602) 겨울 10월에 함께 (일본에) 왔다.

和州法興寺沙門慧慈傳【僧隆。雲聰。日本書紀第二十二。元亨釋書第十六。扶桑畧記第三。】

釋慧慈。高麗人。推古三年夏五月貢來。皇太子豊聰師之。與百濟慧聰。弘通佛教。爲三寶之棟梁。四年冬十月。法興寺成。勅慈及聰同居。二十三年。慈歸本邦。又釋僧隆。釋雲聰。高麗人。推古十年冬十月同來。[131]

—『本朝高僧傳』卷第67,「遠遊」8

14) 와슈 원흥사元興寺 사문 혜미전慧彌傳【담징曇徵, 『일본서기』 제22, 『원형석서』 제16】

혜미 스님은 백제 사람이다. 고을 사람과 함께 오吳나라에 가다가, 그 배가 바람에 휩쓸려 스이코推古 17년(609) 여름 4월에 히고肥後의 아시키타葦北에 이르렀다. 태재부太宰府에 보고하자 혼슈本州로 송환하였다. 그

131 [원]『大日本佛教全書』 제103책, p.360하.

때 혜미와 도흔 두 사문이 본국의 교화를 사모하여 표를 올려 머물 것을 청하자, 칙명으로 원흥사에 머물게 했다.

또 담징 스님은 스이코 18년(610) 봄 3월에 고구려에서 조공하러 왔다. 외학外學을 섭렵했고 오경五經에 정통했다. 또한 기예가 있어 맷돌도 만들고 그림도 잘 그렸다. 이때 본조는 아직 그림 그리는 일을 잘하지 못했는데, 담징에게 가르침을 받았다.

和州元興寺沙門慧彌傳【曇徵。日本書紀第二十二。元亨釋書第十六】
釋慧彌。百濟人。與州人赴吳國。其船被風吹。推古十七年夏四月。至肥後葦北津。太宰府以聞。詔送本州。時慧彌道欣二沙門。慕國化。上表請留。勅居元興寺。又釋曇徵。推古十八年春三月。高麗國貢來。涉外學。善五經。又有伎藝。造碾磑。工彩畫。是時本朝未善繪事。就徵受指教。[132]

―『本朝高僧傳』卷第67,「遠遊」8

15) 신라 사신을 따라 귀국한 승려【『일본서기』 제22, 『부상약기』 제4, 『원형석서』 제20】

에사이慧濟 스님은 어디 사람인지 자세하지 않다. 성품이 영민하고 다니면서 배우기를 좋아하였다. 일찍이 뜻을 함께하는 에센慧先 등 10여 인과 함께 같은 배를 타고 당나라에 들어갔다.…(중략)…

스이코 31년(623)에 신라의 대사大使 지세이智洗爾[133]를 따라 일본으로

---

132 ㉘『大日本佛教全書』제103책, p.360하.
133 지세이智洗爾 : 일본『書記』에 따르면, 스이코 천황 31년(623) 신라가 大使奈末

돌아왔다. 같이 공부한 승려들은 혹은 당에 머물기도 하고 혹은 세상을 떠나기도 하여, 오직 에사이와 에센 두 사람뿐이었다. 일본의 승려로서 당에 유학한 사람은 에사이와 에센을 시초로 삼는다.

從新羅使來歸僧【日本書紀第二十二。扶桑畧記第四。元亨釋書第二十。】
釋慧濟。不詳何許。性穎敏。好遊學。嘗與同志慧先等十餘人。同船入唐。……推古三十一年。從新羅大使智洗爾來歸。與同學之僧。或留唐。或下世。唯濟與先二人而已。日本僧遊唐者。以濟先爲始也。[134]

—『本朝高僧傳』卷第67,「遠遊」8, '和州元興寺沙門慧濟傳'

16) 와슈 원흥사 사문 지봉전智鳳傳【조다츠淨達. 『삼국불법전통연기』 권중, 『원형석서』 제21., 『다무봉연기多武峯緣起』, 『동국고승전東國高僧傳』 제1, 『부상약기』 제5, 『황년대약기일대기皇年代畧記一代記』 제1】

지봉智鳳 스님은 신라 사람이다. 그의 성씨는 자세하지 않다. 정신과 풍채가 고원高遠하여, 일찍이 도에 뜻을 두었다. 어느 해 배를 타고 바다를 건너 일본에 와서 유학한 지 여러 해가 지났다.

다이호大寶 3년(703)에 멀리 유학하라는 조칙을 받들어 사문 치란智鸞·치유智雄와 함께 당에 들어가 복양濮陽의 지주智周 대사[135]를 뵙고 법상종

智洗爾를, 任那가 達率奈末 智를 왜국 조정에 보내어 佛像 1具와 金塔幷舍利, 大灌頂幡 1具, 小幡 12條를 바쳤다는 기록이 있다.

134 [원]『大日本佛教全書』 제103책, pp.360하~361상.

135 지주智周 대사 : 668~723. 당나라 법상종의 제3조이다. 慈恩 窺基의 제자 慧沼의 문하에서 법상을 공부하고, 濮陽의 報城寺에서 법상학을 가르쳤다. 일본에 법상종을 전한 제3전 智鳳과 제4전 玄昉이 그의 제자이다. 대표적인 저서로 『成唯識

을 받아 돌아왔다. 이는 법상종으로는 당에 들어가 법을 얻은 세 번째에 해당한다. 원흥사에 머무르며 유식을 크게 넓혀 명성이 당대를 떨쳤다.

게이운慶雲 3년(706) 10월 16일에 우복야右僕射 후지와라담해공藤談海公이 대직관大織冠의 기일을 맞아 유마회維摩會를 열고 남경의 영숙英宿(나이 많고 빼어난 인물)을 청하여 경의 종지를 논설하게 하였다. 지봉이 강사가 되니 말은 맑고 뜻은 장대하여 가르침을 청하는 빈객들이 항상 강석을 가득 채웠다. 용문사龍門寺의 승정 기엔義淵은 지봉에게서 법상종을 전수받았다. 혹자가 지봉을 자은慈恩(규기) 아래에 연계시킨 것은 잘못된 것이다.

또 조다츠淨達 스님은 신라국에 들어가 스승을 찾아 법을 구하고, 게이운慶雲 4년(707) 5월에 돌아왔다.

와도和銅 2년(709) 10월에 우복야 후히토不比等가 식규植槻의 도량에서 유마회를 열고 조다츠를 맞아들여 상수上首로 삼았다.

和州元興寺沙門智鳳傳【淨達。三國佛法傳通緣記卷中。元亨釋書十六卷第二十一。多武峯緣起。東國高僧傳第一。扶桑畧記第五。皇年代畧記一代記第一。】
釋智鳳。新羅國人。不詳其姓氏。神彩高遠。早志于道。某年航海來朝。留學年久。大寶三年。奉遠遊之勅。與沙門智鸞智雄入唐。謁濮陽智周大師。稟法相而歸。是相宗入唐得法之第三番也。住元興寺。大弘唯識。名振當代。慶雲三年十月十六日。右僕射藤談海公。膺大織冠之遠忌。修維摩會。請南京英宿。論說經旨。鳳爲講師。詞義淸壯。請益之賓。常盈講席。龍門寺僧正義淵。從鳳受法相。或繫鳳於慈恩下

論演祕』가 있다.

者非也。又釋淨達。入新羅國。尋師求法。慶雲四年五月來。和銅二年十月。右僕射不比等。就植槻場。修維摩會。延達爲上首焉。[136]

—『本朝高僧傳』卷第67,「遠遊」8, '和州元興寺沙門慧濟傳'

17) 고구려 구법승【『원형석서』 제16, 『속일본기續日本記』 제8, 『부상약기』 제6, 『금석물어今昔物語』 제16】

 교젠行善 스님은 성이 가타베씨堅部氏이다. 어디 사람인지 기록이 없다. 전등傳燈을 숭상하는 데 뜻을 두어 험하고 고통스러움을 꺼리지 않았다. 오랫동안 고구려에 머무르면서 학문을 익히고 법을 구하였다. 요로養老 3년(719)에 배를 얻어 타고 일본에 돌아오니, 군신이 받들고 믿었다. 5년(721) 여름 조칙을 내려 말하였다.
 "사문 교젠은 만리萬里에 책 상자를 짊어지고 두루 다니며 배우기를 일삼았다. 이미 7대를 지나 널리 수련을 쌓았으니, 천하의 지나치는 사원마다 모두 그를 맞아 공양하라."
 교젠이 고구려에 있을 때, 이웃 마을로 가다가 갑자기 큰물을 만났다. 다리는 무너지고 배도 없어 홀로 다리 끝에 서서 속으로 관음을 염하였다. 잠깐 사이에 한 노인이 작은 배를 저어 와서 교젠을 실어 강기슭에 올려 주었다. 교젠이 감사의 말씀을 드리려 하는데 노인과 배가 모두 사라졌다. 이에 관음대사의 응현應現인 줄 알았다. 이를 계기로 대사의 상을 조각하고자 발원하고 밤낮으로 예경하였다. 그래서 저 나라(고구려)에서 교젠을 칭하여 하변보살河邊菩薩이라고 하였다. 본조에 돌아올 때 관

---

136 ⑳ 『大日本佛敎全書』 제103책, pp.361하~362상.

음상을 껴안고 와서 흥복사興福寺에 안치하니, 사부 대중이 우러러 예경하였다. 하루는 그 관음상이 홀연히 소재를 잃어버렸고 교젠 역시 오래지 않아 입적하였다.

高句麗求法僧【元亨釋書第十六。續日本記第八。扶桑畧記第六。今昔物語第十六。】
釋行善。姓堅部氏。不記何許人。志尙傳燈。不憚險苦。久留高麗。習學求法。養老三年。得船歸來。君臣崇信。五年夏詔曰。沙門行善。負笈萬里。普事遊學。既經七代。博積修練。天下所過之寺院。皆迎供養。善在高麗。行隣里。俄逢大水。橋壞無舟。獨立橋頭。密念觀音。須臾一老翁。掉艇來。載善登岸。善將叙謝。翁與艇倶隱。乃知是大士應現。因發誓刻大士像。晝夜敬禮。故彼國稱善爲河邊菩薩。歸朝時抱像而來。安興福寺。四衆瞻禮。一日其像忽失所在。善亦無何示寂云。[137]

—『本朝高僧傳』卷第67,「遠遊」8, '和州興福寺沙門行善傳'

18) 고구려 혜자慧慈, 백제 혜총慧聰

비다츠 6년(577) 겨울에 백제국에서 경론을 바치자 태자(聖德太子)가 상소를 올려 말하였다.

"옛적에 진나라에 있을 때 이 글을 훑어보았는데, '모든 악을 짓지 말고 모든 선을 받들어 행하라'라고 했습니다. 그것이 전범이 된 것을 생각하니 지금 그것을 보고 싶습니다."

황제와 여러 신하들이 손뼉을 치며 놀라워했다.…(중략)…

---

137 [원]『大日本佛教全書』제103책, p.362상.

스이코 원년(593)에 태자에 등용되어 온갖 사람들을 널리 아우르니, 어질기가 부모와 같았다.

3년(595) 여름 5월에 고구려의 혜자慧慈와 백제의 혜총慧聰이 왔는데, 내교內敎(불교)에 깊이 통달한 사람들이었다. 태자가 그들을 스승으로 삼았다. 한 가지를 들으면 열 가지를 아니 두 스님이 서로 감탄하며 '진인眞人이다'라고 하였다. 일찍이 혜자에게 말하였다.

"『법화경』의 어떤 권, 어떤 구절에 한 글자가 빠져 있습니다."

혜자가 말하였다.

"우리 나라의 경에도 또한 이 글자가 없습니다."

태자가 말하였다.

"내가 지니고 있던 경에는 이 글자가 있었습니다."

혜자가 말하였다.

"어디에 있습니까?"

태자가 웃으며 말하였다.

"수隋나라 형산사衡山寺에 있습니다."

혜자가 매우 놀랐다.

5년(597) 여름 4월에 백제의 왕자 아좌阿佐가 본조에 왔다. 관인館人에게 개인적으로 태자를 만나기를 청하며 말하였다.

"오랫동안 성스러운 명성을 들어 왔으니 뵙게 된다면 마음이 기쁘겠습니다."

이에 대궐 안으로 불렀다. 아좌가 태자를 보고는 뜰로 내려가 무릎을 꿇고 합장하면서 귀경게歸敬偈를 설하였다. 태자가 말하였다.

"이 사람은 옛적에 나의 문도였으므로 와서 인사하는 것이다."

15년(607) 가을 9월에 또 몽전夢殿에 들어가 7일간 문을 닫고 있으니,

혜자가 말하였다.

"태자가 삼매에 들었다."

선정에서 나왔을 때 『경』이 옥으로 된 책상에 놓여 있었다. 빠진 글자를 혜자에게 보이며 말하였다.

"이것이 내가 지니고 있던 것입니다."[138]

…(중략)…혜자가 고구려에서 태자의 부음을 듣고 통곡하며 말하였다.

"태자께서 나를 버리셨으니, 내 어찌 혼자 살겠는가. 다음 해(622) 2월 같은 날(5일)[139] 세상을 떠나리라."

기일에 이르자 과연 그렇게 되었다.

高麗 慧慈·百濟 慧聰

敏達六年冬。百濟國貢經論。太子奏曰。昔在陳國。曾見斯文。諸惡莫作。諸善奉行。思其垂範。今欲見之。帝及群臣。拍手驚異。……推古元年。登庸儲貳。布攝萬機。仁如父母。三年夏五。高麗慧慈。百濟慧聰來。深達內敎。太子師之。聞一知十。二僧相歎。謂爲眞人也。嘗謂慈曰。法華某卷某句闕一字。慈曰我本國經亦無此字。太子曰吾所持之經有此字。慈曰何在。太子笑曰。在隋國衡山寺。慈大驚異。五年夏四月。百濟王子阿佐朝來。私於館人。請見太子曰。久聞聖名。拜觀意足

---

138 이는 앞서 나온 『법화경』의 빠진 글자에 대한 대화에서 이어지는 내용이다. 『본조고승전』에는 태자가 중국의 형산에 사람을 보내어 『법화경』을 가져 오게 했고, 가지고 온 경을 본 뒤 자신이 지녔던 경이 아니라고 말하는 내용이 나온다. 이어 몽전에서 선정에 들어 7일이 지난 뒤 자신이 전생에 지녔던 『법화경』이 책상에 놓여 있었다는 위의 인용문이 나오는 것이다.

139 쇼토쿠 태자가 세상을 떠난 일시에 대해 622년 4월 8일과 621년 2월 5일의 두 가지 설이 있는데, 이 글은 후자를 따랐다. 혜자는 쇼토쿠 태자가 세상을 떠난 지 1년 뒤인 622년 2월 5일에 입적한 것이다.

矣。乃召殿內。佐見太子。下庭跪地。合掌說偈。太子曰。此人昔爲我徒故來謝耳。……十五年秋九月。[140] 又入夢殿。閉戶七日。慧慈曰。太子入三昧。及出定。經在玉几上。以闕字示慈曰。是我所持。……慧慈在高麗聞訃。慟哭曰。太子捨我。我何獨存。來歲二月同日逝矣。至期果然。[141]

— 『本朝高僧傳』卷第69,「願雜」10之1, '應化1聖德太子傳'

19) 백제국 사문 일라전日羅傳【『성덕태자전략聖德太子傳畧』, 『원형석서』 20, 『일본서기』 제20, 『고금저문집古今著聞集』 제2】

일라 스님은 백제 사람이다. 그의 신이神異함은 헤아릴 수 없었고, 내외의 가르침에 정밀하고 해박하게 알았다. 명성이 우리나라(日本)에까지 전파되었다. 비다츠敏達 천황[142]이 듣고는 기노 오시카츠紀押勝[143]를 파견하여 일라를 초빙하였으나, 백제의 국왕(威德王)이 일라의 재능을 아껴서 부름에 응하는 것을 허락하지 않았다. 다시 기비노 아마노 하시마吉備海部羽島를 사신으로 보내 독촉하자, 왕이 두려워서 명을 따랐다.

12년(583) 여름에 하시마를 따라 왔다. 객사에서 후한 대접을 받았고 전전殿에 올라 물음에 답하였다. 쇼토쿠 태자가 미천한 차림으로 객사에 이

---

140 『大日本佛敎全書』에는 '是秋九月'로만 되어 있는데, 편집자가 편의상 '十五年秋九月'로 원문을 수정하였다.
141 ㉛『大日本佛敎全書』 제103책, pp.380상~382상.
142 비다츠敏達 천황 : 제30대 천황으로, 欽明 天皇의 제2皇子이다.
143 기노 오시카츠紀押勝 : 6세기 후반의 일본의 豪族이다. 비다츠 천황 12년(583)에 일라를 초빙하기 위해 吉備海部羽嶋와 함께 백제에 갔지만, 威德王이 이를 거부하였다. 같은 해 羽嶋가 다시 백제에 가서 일라를 일본으로 데리고 왔다.

르니, 일라가 그를 가리키며 말하였다.

"신인神人이십니다."

무릎을 꿇고 두 번 절하고는 2구의 게송을 설하였다.

"세간을 구제하는 관세음께 예경하오니,

동방의 속산국粟散國[144]에 등불을 전하시네."

그리고 몸에서 빛을 내니, 태자의 미간에서도 빛이 나왔다. 정겹게 얘기하면서 밤을 밝혔다. 태자가 말하였다.

"그대의 목숨은 오래지 않아 다할 것입니다."

일라는 후에 섭섭攝의 검미산釼尾山[145]에서 개창했는데, 얼마 되지 않아 신라인이 그를 칼로 찔러 죽였다. 태자가 말하였다.

"일라 스님은 성인이다. 내가 남악에 있을 때 그가 제자였는데, 항상 해를 향해 절했으므로 몸에서 빛이 났던 것이다."

내가 검미산주를 만나 일라의 일을 물어보았더니 산주가 말하였다.

"연대가 매우 오래되고 탑비도 남아 있지 않고 사지寺誌에도 또한 없지만, 고을 사람들이 전하는 말에는 처음으로 터를 연 사람이 일라 상인上人이라고 합니다."

생각건대 전기를 찬술하는 사람이 진속眞俗이 상세하지 않아 모호하게 썼기 때문에 후세에 그를 세속 사람이라 여기기도 하였다. 몸에서 빛을 내는 것이 어찌 세속에 얽힌 사람들이 할 수 있는 일이리오. 그러니

---

144 속산국粟散國 : 좁쌀을 뿌린 모양으로 자질구레하게 흩어져 있는 작은 나라들이라는 뜻으로, 옛날 인도나 중국 등의 대국에 비해 소국인 일본을 일컫던 말이다.

145 검미산釼尾山 : 현재 大阪府 豊能郡 能勢町에 위치한 산으로, 北攝山系의 주요한 산이다. 推古朝(600년대)에 검미산의 정상에 오른 일라 상인이 香木(槻木)을 잘라 千手觀音을 조각하여 불법을 융성하게 하는 靈地로 삼고자 槻峰寺를 개창했다고 전해지고 있다.

그가 사문이라는 데 무슨 의심이 있겠는가. 태자가 직접 성인이라 칭했다면, 설령 사문이 아니라 해도 실로 방편으로 나툰 사람일 것이다.

百濟國沙門日羅傳【聖德太子傳畧. 元亨釋書二十. 日本書記第二十. 古今著聞集第二.】
釋日羅. 百濟國人. 神異不測. 精博內外. 聲播吾國. 敏達帝聞. 遣紀押勝招羅. 國王愛才不許應徵. 再使吉備羽島督責. 王懼聽命. 十二年夏. 從羽島來. 舘遇渥洽. 上殿對問. 聖德太子. 微服到舘. 羅指曰神人也. 跪地再拜. 說半偈曰. 敬禮求世觀世音. 傳燈東方粟散國. 卽出身光. 太子眉間放光. 款談夜白. 太子謂曰. 子之命不久而盡. 羅後開攝之釰尾山. 不幾新羅人刺殺之. 太子曰. 日羅者聖人也. 我在南嶽時. 彼爲弟子. 常拜日天. 故有身光. 余逢劍尾山主. 尋羅之事. 主曰. 年代深遠. 塔碑不存. 寺誌亦無. 然里民傳云. 肇開基者. 日羅上人也. 蓋撰記傳者. 不委眞俗. 筆跨兩端故. 後世或謂俗人也. 夫放身光者. 豈纏人之所爲乎. 其爲沙門. 何疑之有. 太子親稱爲聖人. 則縱非沙門. 實是化權之人也焉.[146]
　　—『本朝高僧傳』卷第69,「願雜」10之1, 應化1 '聖德太子傳'

20) 백제국 사문 풍국전豊國傳【『원형석서』 제16, 『동국고승전』 제1, 『일본서기』 제21】

풍국 스님은 백제 사람이다. 사서史書에 그의 이름이 실전失傳되었으

---

[146] 卍『大日本佛敎全書』 제103책, p.383상~하.

므로 나라 이름(豊國)으로 그를 부르는 것이다. 그는 타고난 재주와 지혜가 뛰어났고, 풍화風化를 사모하여 왔다. 그때 불법이 아직 두루하지 못했으므로 분고국豊後[147]의 민간에 머물렀다.

요메이用明 2년(587) 여름 4월에 황제가 병이 들었다. 시신侍臣들에게 말하였다.

"짐은 삼보에 귀의하고자 생각하니, 경들은 논의해 보라."

나카토미노 가츠미中臣勝海[148]와 모노노베노 모리야物部守屋[149]가 상소하여 말하였다.

"선황 이래로 이런 이치는 없었습니다. 어찌 본방本邦의 신을 등지고 다른 나라의 부처를 받들겠습니까?"

소가노 우마코蘇我馬子가 말하였다.

"이미 황제의 뜻을 받았으니, 어찌 달리 생각하겠습니까?"

이에 황제의 동생인 아나호穴穗 왕자가 풍국 법사의 명성을 듣고 편지를 내려 초청하여 궁에 들어와 법을 설하게 했다. 쇼토쿠 태자가 섭攝 땅의 구악駒嶽에 중산사中山寺를 창건하고 낙성을 경축하는 날에 풍국 법사를 초청하여 공양 도사로 삼았고, 뒤에 주지를 맡겼다.

百濟國沙門豊國傳【元亨釋書第十六。東國高僧傳第一。日本書記第二十一。】
釋豊國。百濟國人。史失其名。以國呼之。生資俊邁。慕風化而來。是時佛法未周。寓豊後民間焉。用明二年夏四月。帝弗豫。語侍臣曰。朕

---

147 분고豊後 : 豊後國은 일본의 지방행정구를 나눈 令制國의 하나로서, 西海道에 위치하였다. 豊國이 豊前國과 豊後國으로 분할될 것이다.
148 나카토미노 가츠미中臣勝海 : 飛鳥時代의 호족으로, 姓은 連이다.
149 모노노베노 모리야物部守屋 : 飛鳥時代의 유력한 호족으로, 物部尾輿의 아들이다.

思歸三寶。卿等議焉。守屋勝海奏曰。先皇以來未有此義。何背本邦神。奉異域佛乎。蘇馬子曰。已承睿旨。何異謀之有。於是皇弟穴穗王子。聞豊國法師之名。下書招請。入內說法。聖德太子。建中山寺於攝之駒嶽。落慶之日。請豊國爲供養導師。後任住持。[150]

—『本朝高僧傳』卷第72, 「願雜」10之4, '先德' 3

21) 와슈 원흥사 사문 도토전道登傳【『일본서기』 제25, 『부상약기』 제4】

도토 스님은 어디 사람인지 자세하지 않다. 스이코推古(593~628) 말년에 고구려에서 당나라로 들어가 가상사 길장 대사에게서 삼론의 종지를 전해 받았다. 조메이舒明(629~641) 초 견당사遣唐使를 따라 일본에 와서 원흥사에 머무르며 오로지 공종空宗을 설하여, 도쇼道昭와 명성을 나란히 하였다. 고토쿠孝德 천황 다이카大化 원년(645) 가을 8월에 도토 및 복량福亮·에운慧雲 등 열 명의 스님에게 조칙을 내렸다.

"마땅히 여러 절의 스님들로 하여금 석가의 가르침을 널리 전파하도록 하라."

다이카 2년(646) 병오丙午에 도토와 도쇼에게 칙명을 내려 처음으로 우지가와宇治川에 대교大橋를 세우게 하였다. 황제가 우사右史에게 명하여 돌에 새길 명銘을 찬술케 했는데, 명은 다음과 같다.

질펀하게 흘러 가로지르는 물결 빠르기가 화살과 같아,
길게 뻗어 먼 길 가는 사람들 말을 멈추고 저자를 이루네.

---

150 원 『大日本佛敎全書』 제103책, p.410하.

깊고 깊은 곳을 건너고자 하면 인마人馬가 목숨을 잃으니,

예부터 지금까지 누구도 배 띄울 줄 몰랐네.

세간에 석자釋子가 있으니 그 이름이 도토라,

야마지리山尻 에만慧滿의 가문에서 출생하였네.

다이카 2년 병오의 때에

이 다리를 건립하여 사람과 가축을 건너게 하였네.

작은 선善으로 인해 큰 서원을 내니,

이 다리에서 인을 맺어 피안彼岸에서 과를 이루네.

법계 중생들이 두루 이 원을 함께하여

꿈에서나 허공에서나 그 옛 인연을 따를지어다.

하쿠치白雉 원년(650)에 장호長戶[151]의 국사國司 구사카베노 시코후艸壁醜經[152]가 흰 꿩(白雉)을 바쳤다. 황제가 길흉을 물으니 도토가 상소하여 아뢰었다.

"옛적 고구려의 왕이 절을 건립하려고 장소를 점치던 중 흰 사슴 한 마리를 보고 마침내 그 자리에 백록원사白鹿園寺를 지었더니 불법이 크게 일어났습니다. 또 흰 참새가 논밭에 나타났는데, 모두들 크게 상서롭다고 하였습니다."

황제가 이로 인해 백치를 기원紀元으로 삼았다.

도토가 처음 우지가와宇治川의 다리를 짓고 왕래할 때 나라奈良의 산개울에서 마른 해골을 보고, 시자 마로萬侶에게 그것을 수습하여 길가 나

---

151 장호長戶: 艸壁醜經은 穴戶(長門國의 옛 이름)의 國司임.
152 구사카베노 시코후艸壁醜經 : 飛鳥時代의 관리이다. 姓은 連으로, 穴戶(長門國의 옛이름)의 國司였다. 원문의 艸壁連醜經은 성인 連을 추가한 명칭으로 보인다.

무 위에 두게 하였다. 그해 12월 그믐 저녁에 어떤 사람이 아뢰었다.

"화상의 자애로운 보살핌을 입어
한량없는 경사를 얻었으니,
오늘 밤이 아니면
은혜에 보답할 길이 없습니다."

그리고는 문득 마로를 데리고 어느 문 앞에 이르러 자물쇠와 빗장을 열고 들어가니 진귀하고 맛 좋은 음식이 앞에 차려져 있었다. 마로가 그 사람과 나란히 앉아 음식을 나누어 먹었다. 새벽에 가까운 데서 남녀의 소리가 들리자, 그 사람이 얼른 일어서며 말하였다.

"원수인 형이 올 것이므로 저는 먼저 가야겠습니다."

마로가 괴이하게 여겨 물었더니, 답하였다.

"이전에 제가 집에 있을 때 형과 함께 교역의 일을 하여 은銀 40편을 얻었습니다. 형이 이를 질투하여 나를 죽이고 은을 가졌습니다. 유해를 덮지 않아 사람과 가축이 밟고 다녔는데, 대덕께서 자비를 드리우시어 이미 고통에서 벗어났습니다. 입은 은혜를 감사드리기 위해 오늘 밤 대접 드린 것입니다."

말을 마치자 감쪽같이 사라지니, 텅 비어 보이지 않았다.

그때 그 집안의 어머니와 큰아들이 와서 영단에 절하다가 마로를 보고는 깜짝 놀라 어떻게 왔는지를 물었다. 마로가 이전의 일을 낱낱이 말하자, 어머니가 큰아들을 꾸짖으며 말하였다.

"아! 사랑하는 아들이 너에게 살해당한 것이지 남에게 죽은 것이 아니구나."

그러면서 곧장 마로에게 읍揖하고는 다시 음식을 차렸다. 고사古史에는 도토가 임종한 것이 빠져 있다.

찬한다.

도쇼와 도토는 당나라에 유학하여 모두 대법大法을 전해 받았고, 원흥사에 머무르며 각기 일가의 가르침을 세웠다. 그 종승宗乘은 공空과 유有가 비록 다르지만 중생을 제도하여 이익 되게 한 점은 같으니, 이들은 응화應化한 두 보살인 것이다. 그런데 세상 사람들은 도쇼의 일은 익히 알지만 도토 스님에 대해서는 유독 그 이름이 알려지지 않았다. 역사책 가운데서 단서가 될 일을 몇 가지 모아 후대의 선비들에게 알려 그 아름다움을 미래에 드리우고자 한다.

和州元興寺沙門道登傳【日本書記第二十五。扶桑畧記第四】
釋道登。不詳其許。推古末年。自高麗入大唐。隨嘉祥寺吉藏大師傳三論旨。舒明初。從遣唐使歸。住元興寺。專演空宗。與道昭齊名。孝德天皇大化元年秋八月。詔登及福亮慧雲等十師曰。宜令諸寺衆僧弘傳釋敎。二年丙午。勅登道昭。始架宇治川大橋。帝命右史。撰石上銘。銘曰浼浼橫流。其疾如箭。脩脩征人。停騎成市。欲超重深。人馬亡命。從古至今。莫知抗葦。世有釋子。名曰道登。出自山尻。慧滿之家。大化二年。丙午之歳。構立此橋。濟渡人畜。卽因微善。爰發大願。結因此橋。成果彼岸。法界衆生。普同此願。夢裏空中。導其昔緣。白雉元年。長戶國司艸壁連醜經。獻白雉。帝問休咎。道登奏曰。昔高麗王。欲建寺相攸。見一白鹿。遂於其地。造營白鹿園寺。佛法大興。又白雀見于田莊。僉云休祥也。帝因紀元。登初營宇治橋。往來之時。見枯髑髏於奈良山溪。令從者萬侶收置之道傍木上。其年臘月晦夕。有人謁告曰。蒙和尙之慈顧。得無量之慶。若非今夜。罔由報恩。輙將萬侶。到一門首。穿鎖扃而入。珍羞設前。其人竝坐。分膳薦供。後夜近聽有男女聲。其人俄起曰。寃兄將來。故我早去。萬侶怪而問之。答曰。
昔我在家。共事交易。得銀四十片。家兄嫉忌。殺我有銀。遺骸不掩。
人畜踐踏。大德垂慈。既離苦惱。欲謝霑恩。今宵相邀。語畢影沒。寥
然無見。時其家主母與長子。來拜靈幃。見萬侶而驚。問其所來。萬侶
具說前事。母罵長子曰。吁乎愛子。汝所殺而非他賊也。便揖更萬侶
設飲食。古史闕登之所終焉。

贊曰。昭登遊唐。俱傳大法。住元興寺。各立家敎矣。其宗乘者。空有
雖異。而其利濟者同。是應化之二菩薩也。然世人熟知昭之事。於登
公獨其名無聞。史書之中。撫出數端事。以謚于後彦。垂美將來焉。[153]

— 『本朝高僧傳』 卷第72, 「願雜」 10之4, '先德' 3

22) 와슈 대안사大安寺 사문 도현전道顯傳【『원형석서』 제16, 『일본서기』 제27】

도현 스님은 고구려 사람이다. 불교와 유교의 전적을 두루 섭렵하였다.[154] 일본의 군신이 불법을 숭상한다는 말을 듣고 조공선租貢船에 몸을 기탁하여 타고 왔다. 칙명으로 대안사에 머물게 했다. 가르침을 전수하는 여가에 『일본세기日本世記』 몇 권을 찬술하였다.

덴치天智 원년(662) 3월에 당나라 사람과 신라 사람이 고구려를 정벌

---

153 ㉣『大日本佛教全書』 제103책, pp.410하~411하.
154 원문은 "蠹巢竺墳。漁獵魯誥。"이다. 여기서 竺墳은 불교의 전적을 가리키고, 魯誥는 유교의 전적을 가리킨다. 이와 관련해서 종밀이 『원각경』의 序(『大正藏』 39, 524b20)에서 자신의 일생을 서술하며 "어린 시절에는 유교 전적에 전념하였고, 관을 올릴 나이에는 불교 전적을 연구하였다.(髫專魯誥。冠討竺墳。)"라고 한 내용이 있다.

할 때 고구려의 왕이 일본에 원군을 청하였다. 조정에서 군사를 징병하여 해외에 파견하였다. 진구 성후神功聖后[155]가 신라를 정벌하던 날 백제와 고구려가 놀라 두려워하며 일본의 부용국(附庸: 대국에 딸려 지내는 소국)이 되었다.[156] 여름 4월 쥐가 금구禁廐의 말꼬리(馬尾)에서 태어났다. 도현이 상소하여 말하였다.

"두려워하지 마십시오. 고구려가 우리에게 속한다는 길조입니다."

과연 말처럼 그러하였다.

찬한다.

쥐는 삭방朔方(북방)을 취한 것이고, 말은 건괘乾卦를 취한 것이다. 고구려는 서북이니 자子(쥐)에 해당하고, 일본은 동남이니 오午(말)에 머무는 것이다. 박식하도다! 도현 스님이여. 방위로써 일의 추이를 살펴 요사繇辭(점괘)에 합할 수 있구나. 역가易家에서 이를 일컬어 상선象先의 점占이라고 일컬었다.

和州大安寺沙門道顯傳【元亨釋書第十六。日本書記第二十七。】

釋道顯。高麗人。蠶巢竺墳。漁獵魯誥。聞日本君臣崇信佛法。附貢船而來。勅住大安寺。教授之暇。撰日本世記若干卷。天智元年三月。唐

---

155 진구 성후神功聖后 : 神功皇后(成務40年~神功69年)를 가리키는 것으로 보인다. 진구 황후는 仲哀天皇의 皇后이고, 應神天皇의 어머니이다. 『日本書紀』에는 진구 황후가 200년에 삼한을 정복했다는 얘기가 나오는데, 이와 관련된 인물들의 생존 연대나 사건의 발생 연도 등이 사실에 부합되지 않는 문제점이 있다. 또한 진구 황후의 實在性에도 문제가 있다.

156 진구~되었다. : 이 문장은 세주로 처리되는 편이 적절할 것으로 생각된다. 사실 여부를 차치하고 보면, 이 문장은 662년에 고구려의 왕이 일본에 원군을 청하는 근거를 神功皇后가 200년에 삼한을 정복하여 고구려가 일본의 부용국이 되었다는 점에서 찾으려고 하기 때문이다.

人新羅人伐高麗。高麗主乞援吾國。朝廷徵兵。發遣海外。神功聖后征新羅之日。以百濟高麗。震怖爲我附庸也。夏四月。鼠産於禁廐馬尾。顯奏曰。勿恐。高麗屬我吉兆也。果然。贊曰。鼠取朔方焉。馬取乾卦焉。高麗西北當子。日本東南亭午。博哉顯公。以方推步。繇辭能合矣。易家是謂象先之占矣。[157]

― 『本朝高僧傳』卷第72, 「願雜」10之4, '先德' 3

23) 백제국 사문 도녕전道寧傳【상휘常輝】

도녕道寧 스님은 백제 사람이다. 이곳의 풍속이 순박하다는 말을 듣고 바다를 건너 왔다. 남경에 머무르며 경론을 철저히 연구했고, 신령한 감응이 특히 드러났다. 하쿠호白鳳 12년(684) 가을 8월에 가뭄이 들었다. 조칙을 내려 도녕에게 기우제를 지내게 했는데, 기우제를 지내는 도중 큰 비가 내렸다. 황제가 기뻐하여 상을 넉넉히 내렸다.

또 같은 백제국 사문 상휘常輝는 기내畿內에 오래 머무르며 100세까지 장수하였다. 하쿠호 14년(686)에 봉호 30호를 하사하여 연로한 스님을 봉양하게 했다.

찬한다.

도녕 스님은 생각건대 백제의 훌륭한 스님이며 아름다운 자취를 남긴 뛰어난 분이다. 사서에서 기우제의 한 조를 기록한 것 역시 다행스러운 일이 아니겠는가.

(『예기』의) 「왕제王制」에서 말하였다.

---

157 ㉡ 『大日本佛敎全書』 제103책, p.412상~하.

"90세가 되면 날마다 필수품을 제공해야 한다."[158]

그러니 하물며 100세에 있어서랴. 황제가 봉호를 하사한 것이 진실로 예禮에 부합하는 것이니, 상휘 스님의 덕을 알 수 있을 것이다.『원형석서』를 살펴보면, 「도녕전」이 실려 있다. 그러나『일본서기』(29, 30)에 따르면 하쿠호 12년 8월 및 지토持統 2년 7월에 기우제를 지낸 스님을 모두 도장道藏이라 하고, 도녕의 이름은 없다.『원형석서』와 이『본조고승전』의 전거는 자세하지 않다.}

百濟國沙門道寧傳【常輝】
釋道寧。百濟國人。聞此方風俗之醇淑。截海而來。寓居南京。究串經論。靈感特著。白鳳十二年秋八月旱。詔寧法雲。修中大雨。帝悅優賞焉。又同國沙們常輝。久留畿內。壽一百歲。白鳳十四年。賜封三十戶。以養其老。

贊曰。寧公。想夫百濟國之選也。芳躅之逸也。史記法雨之一條。亦可以爲幸與。王制曰。九十日有秩。況乎百歲也。帝賜封戶。實合於禮矣。輝公之德可知焉。【考元亨釋書。載道寧傳。然據于日本書紀(廿九、三十)。白鳳十二年八月。及持統二年七月。祈雨僧俱作道藏。無道寧之名。未詳釋書及今傳之典據】[159]

— 『本朝高僧傳』卷第72,「願雜」10之4, '先德' 3

---

158 『禮記』「王制」에서 나이에 따라 노인을 공양하는 방법을 말하면서 90세가 되면 필수품(秩)을 두어야 한다고 했다. 이 중 '秩'에 대해『태평어람』권383에는 "秩。常也。有常膳。"이라고 되어 있다. 이는 날마다 음식 등의 필수품을 제공하는 것을 말한다.
159 ㉘『大日本佛敎全書』제103책, pp.412하~413상.

24) 신라 미타삼존동상【『원형석서』 제16, 『일본서기』 제30】

도신道信 스님은 에미시蝦夷 사람이다. 지토持統 3년(689)에 상소를 올려 출가하기를 구하여, 같은 나라의 자득自得과 함께 칙명을 받들어 출가하였다.…(중략)…이 해 4월 신라왕이 선황의 상례에 조문하며 아미타·관세음·대세지 삼존의 동상銅像을 바쳤다. 조정에서는 조문 시기를 어겨 예를 잃었다고 책망하며 공물을 받지 않았다. 이때 유학승인 묘소明聰와 간치觀智가 사신의 배와 함께 귀국했는데, 신라의 사신이 이 두 스님에게 의뢰하여 용서해 줄 것을 상소하였다. 자득이 상소를 올려 동상을 청하자, 은혜로운 조칙을 내려 그것을 하사했다. 유학한 노고를 칭찬하기 위해 묘소와 간치에게 각각 포백布帛을 하사했다.

新羅彌陀三尊銅像【元亨釋書第十六。日本書紀第三十。】

釋道信。蝦夷人。持統三年。奏求出家。與同國自得。奉勅得度。……是歲四月。新羅王吊先皇喪。獻彌陀觀音勢至三銅像。朝廷責其愆期失禮。不受貢物。此時留學僧。明聰觀智。同使船歸。新羅使賴二僧奏宥。自得奏乞銅像。恩詔賜之。優勞留學。明聰觀智。各賜布帛。[160]

―『本朝高僧傳』 卷第72, 「願雜」 10之4, '先德' 3, '蝦夷沙門道信自得傳'

25) 강주江州 신라 명신【『원형석서』 제18】

신라 명신. 덴안天安 2년(858)에 엔친圓珍(814~891)이 당에서 돌아올 때

160 [원] 『大日本佛敎全書』 제103책, p.413상.

바다에서 홀연히 어떤 노인이 뱃전에 나타나 말하였다.

"저는 신라국의 신입니다. 스님의 교법을 미륵이 하생할 때까지 보호하길 서원합니다."

엔친은 전래해 온 경론을 상서성尚書省에 간직하려고 했는데, 노인이 와서 말하였다.

"이 곳은 안 됩니다. 아주 뛰어난 곳이 한 군데 있으니 제가 먼저 봐 둔 곳입니다. 스님이 조정에 보고하여 사찰을 지어 경론을 보관한다면 저는 이를 영원히 보호할 것입니다. 불법은 왕법의 다스리는 도구이니, 불법이 쇠퇴해지면 왕법 역시 쇠퇴해지는 것입니다."

엔친이 산왕원山王院으로 돌아왔다. 그때 산왕 명신山王明神이 모습을 드러내어 말하였다.

"전래해 온 경전은 이곳에 간직하는 것이 마땅합니다."

그러자 노인이 다시 나와서 말하였다.

"이 땅은 뒤에 반드시 다툼이 있을 것입니다. 여기서부터 남쪽으로 몇 리 가면 더없이 청정한 곳이 있습니다."

두 신이 엔친을 이끌어 시가군滋賀郡 원성사園城寺에 이르렀다. 신라 명신이 말하였다.

"나는 절의 북쪽을 점찍었습니다."

그때 백천의 권속이 갑자기 와서 그들을 둘러쌌는데, 오직 엔친만 홀로 볼 뿐 다른 사람은 알아보지 못했다. 수레를 탄 사람이 훌륭한 음식을 신라 명신에게 대접했다. 엔친이 명신에게 물었다.

"수레를 탄 사람은 누구입니까?"

이에 신라 명신이 말하였다.

"삼미 명신三尾明神입니다."

영승永承 7년(1052) 9월에 원성사에서 묘손明尊(971~1063)[161]이 처음으로 제례를 행하자, 신이 화가和歌에 의탁하여 기쁘게 받아들였다.

미이三井의 게이요가 어린아이였을 때 신탁神託이 있었다.

"나는 신라 명신의 권속으로 숙왕보살宿王菩薩이다. 원성사의 문으로 들어가는 자를 명신이 나로 하여금 옹호하게 하셨다."[162]

江州新羅明神【元亨釋書第十八】

新羅明神者。天安二年。圓珍歸自唐。洋中忽有老翁。現於舡上曰。新羅國之神也。誓護持師教法。至慈氏下生。珍將傳來經論。藏尚書省。老翁來曰。此所不可。有一勝地。我先相攸。師聞朝建院宇納之。我永護之。佛法是王法之治具。佛法若衰。王法亦衰。珍歸山王院。時山王明神現形曰。傳來經典宜藏此所。翁復出曰。此地後來必有喧爭。自此南行數里。有清絶處。二神誘珍。到滋賀郡園城寺。新羅神語曰。我卜寺北。時百千眷屬。俄來圍繞。唯珍獨見。他人不知。有乘輿人。以美饌饗新羅。珍問明神。執轝者爲誰。曰三尾明神也。永承七年九月。園城寺明尊。始行祭禮。神託和歌驩納。三井慶耀爲兒時。有神託曰。我新羅明神之屬。宿王菩薩也。當入園城之門者。明神令我擁護焉。[163]

—『本朝高僧傳』卷第74,「願雜」10之6, 神仙 4之下

---

161 묘손明尊 : 平安時代 後期의 天台宗의 승려이다. 어려서 園城寺에 들어가서 余慶에게 현교와 밀교의 2교를 배우고, 慶祚에게서 그것의 오묘한 이치를 전수받았다.
162 三井의 慶耀에 대한 고사가 『원형석서』권4에 나온다. 慶耀가 어렸을 때에 부모가 한 승려에게 그를 출가시키겠다고 약속했는데, 후에 출가할 시기가 되자 돌연 약속을 번복하였다. 그러자 慶耀가 갑자기 죽었다가 잠시 뒤 다시 살아나 본문에 나오는 神託을 전하였다고 한다.
163 ㉻ 『大日本佛教全書』제103책, p.423상~하.

26) 백제 원세圓勢

간가쿠願覺 스님은 처음에 미이三井에 들어가 조쇼常照에게서 교법을 배운 뒤 남경南京의 구즈가미葛上에 가서 고궁사高宮寺의 원세圓勢를 스승으로 삼았다. 원세는 백제국의 사범師範(모범이 되는 스승)으로 해解와 행行을 겸비하였다. 간가쿠를 훌륭히 여겨 방을 양보하였다. 간가쿠는 성격이 격식에 구애받지 않아 계戒로 자신을 단속함이 없어 오신채를 꺼리지 않고 먹었고, 아침에 읍리에 나갔다가 날이 컴컴해져서야 방으로 돌아오는 것이 일상이었다. 한 우바새優婆塞(남자 신도)가 스님 앞에서 간가쿠를 헐뜯자, 원세가 말하였다.

"그렇게 말하지 말라."

우바새가 밤에 몰래 방으로 가서 벽을 뚫고 엿보았는데, 그 방 안에서 빛이 환하게 뿜어져 나오는 것을 보았다. 깜짝 놀라 스님에게 아뢰니, 원세가 말하였다.

"그렇다. 내 말을 믿지 않았구나."

얼마 안 있어 간가쿠가 갑자기 임종하자, 원세가 화장하라고 명하였다. 그 뒤에 우바새가 일이 있어 강주江州에 갔는데, 어떤 사람이 말하였다.

"간가쿠 스님이 여기에 계십니다."

곧장 가서 눈으로 확인했더니 실제로 간가쿠였다. 간가쿠가 우바새를 보고 말하였다.

"요즈음 만나지 못해 그리운 마음이 끊임없었는데, 지내시는 것이 편안하십니까?"

이는 대성大聖의 변화임을 알아야 할 것이다.

찬한다.

고덕古德이 매장된 뒤에 몸을 보전하여 관을 벗어 나오는 경우가 간혹 있었으니, 세상에서 이를 기이하게 여겼다. 간가쿠 스님이 불로 화장되어 남은 것이 없는데도 몸을 그대로 지니고 다른 지방을 유행하며 교화한 것과 같은 경우는 일찍이 들어 보지 못한 기이한 일 중에서도 기이한 일이다. 방편의 조화가 아니라면 어찌 이와 같은 묘한 행적이 있을 수 있겠는가?

百濟 圓勢

釋願覺。初入三井。就常照學教法。後往南京葛上。師高宮寺圓勢。勢百濟國之師範。解行兼備。善覺讓房。覺踈放無戒檢。不嫌五辛而食。朝出邑里。昏黑回房。率以爲常。有優婆塞。短之師前。勢曰。莫言。優婆塞夜竊往房。鑿壁窺之。見其室內放光照燿。驚以白師。勢曰。然也。不信吾言。無何願覺俄然命終。勢命火葬。其後優婆塞。有事往江州。有人語曰。願覺師在焉。卽往驗視。實是願覺也。見優婆塞曰。此頃不謁。戀思無間。起居安不。當知大聖變化也。

贊日。古德埋壙之後。全身脫出者。或有之。世以爲異焉。如覺公。火浴無餘而軆質依然。遊化他邦者。未曾聞之異中之異也。非權化。焉能有此妙擧乎。[164]

—『本朝高僧傳』卷第75,「願雜」10之7, 感怪5, '和州高宮寺沙門願覺傳'

27) 백제국 사문 방제전放濟傳

방제 스님은 백제 사람이다. 백제에 이웃 나라 군대의 난이 있을 때 빈

---

164 [원]『大日本佛教全書』제103책, p.435상~하.

고국備後 미타니三谷의 군주郡主가 조칙을 받들어 백제를 구하고자 하며, 서원을 내어 말하였다.

"만약 군공軍功을 얻게 된다면 사찰을 조성하겠습니다."

공을 이루고 개선한 뒤 여러 절을 많이 창건하였다. 진흙으로 불상을 빚고자 방제에게 서울에 올라가 금과 주사(金丹) 등의 채구彩具를 구하게 했다. 돌아오는 길에 배를 사서 나니와진難波津에 이르렀을 때 큰 거북을 파는 사람이 있어 세 마리를 구입한 뒤 놓아 주었다. 배가 비젠備前의 가바네도骨島를 지날 때 밤이 삼경에 이르렀다. 뱃사공이 재화를 탐하여 서로 딴 마음을 꾀하고서 방제를 바다에 던져 버렸는데, 갑자기 거북 세 마리가 나타나 방제를 등에 짊어지고 언덕으로 올려 주었다. 이윽고 어떤 사람이 금과 주사 등의 채구를 팔려고 군주의 집에 이르렀다. 방제가 우연히 집으로 돌아와 자세히 보니 이전의 뱃사공이었다. 뱃사공은 방제를 보고 두려워하여 자백하고 빌었으며, 형벌이 두려워 훔친 물건을 돌려주었다. 방제가 시주에게 말하여 그의 목숨을 살려 주길 청하였다. 방제는 후에 바닷가에 머무르며 항상 왕래하는 사람들을 교화하다가, 나이 80여 세에 천화하였다.

百濟國沙門放濟傳

釋放濟者。百濟國人。本國有鄰兵之難時。備後三谷郡主。奉詔救百濟。發誓願曰。若得軍功。造立精藍。功成凱旋。多剏諸寺。將塑佛像。屈濟上京。需金丹等彩具。回程買舟。到難波律。有賣大龜者。贖放三尾。舟過備前骨島。至夜三更。舟子利貨。相謀異心。以濟投海。俄有三龜。負濟登岸。既而有人。買金丹具。到郡主家。濟偶歸家。熟視之。前舟子也。見濟惶恐。首伏還贓。濟告檀越。乞活其命焉。濟後住海邊。

常化往來。年八十餘而化。[165]

—『本朝高僧傳』卷第75, 「願雜」 10之7, 感怪5, '和州高宮寺沙門願覺傳'

28) 기타其他

○ 백제사百濟寺

겐주源重 스님은 강주江州 사람이다.…(중략)…마침내 승도에 임명되어 백제사百濟寺에 돌아와서 금련원金蓮院에 머무르며 보현행을 닦았다.…(하략)

百濟寺

釋源重。江州人。……遂任僧都。歸百濟寺。住金蓮院。修普賢行。……[166]

—『本朝高僧傳』卷第56, '江州百濟寺沙門源重傳'

에묘慧妙 스님은 어디서 태어났는지 자세하지 않다. 젊어서는 나라奈良에 거주하였다.…(중략)…칙명으로 백제사에 머물며 삼론을 홍통弘通시켰다.…(하략)

165 [원]『大日本佛敎全書』 제103책, pp.435하~436상.

166 [원]『大日本佛敎全書』 제103책, pp.266하~267상.

釋慧妙。不詳其産。少居奈良。……勅住百濟寺。弘通三論。……[167]

― 『本朝高僧傳』卷第72, '和州百濟寺沙門慧妙傳'

○ 고려사高麗寺

영상榮常 스님은 천태종을 배워『법화경』을 수지·독송했고, 성주城州 상락相樂의 고려사高麗寺에 머물렀다.…(하략)

高麗寺
釋榮常。學台宗持法華。住城州相樂高麗寺。……[168]

― 『本朝高僧傳』卷第75, '城州高麗寺沙門榮尙傳'

○ 조선국 사람

여보如寶 스님은 당나라 사람이다.{『초제천세전기招提千歲傳記』권상을 살펴보면 '당나라 사람'이 '조선국 사람'으로 되어 있다.} 기품이 있고 지혜가 뛰어났다. 일찍이 감진鑑眞[169]을 스승으로 삼아 출가하여 (승가의) 일에 복무했는데, 사미沙彌가 되었을 때 감진을 따라 동쪽으로 건너왔다.

朝鮮國人

---

167 ㉾『大日本佛敎全書』제103책, pp.411하~412상.
168 ㉾『大日本佛敎全書』제103책, p.436상.
169 감진鑑眞 : 688~763. 중국 당나라의 고승으로 753년 일본으로 건너갔다. 일본 율종의 시조로서 불법뿐 아니라 중국의 건축, 미술, 의약 등도 일본에 전하였다. 천황으로부터 傳燈大法師에 임명되었다.

釋如寶。唐土人。【考招提千歲傳記(卷上)。唐土人。作朝鮮國人。】高奇俊慧。早師鑑眞。削染服業。僅納息慈。從眞東渡。[170]

—『本朝高僧傳』卷第57, '和州招提寺沙門如寶傳'

---

[170] 권『大日本佛敎全書』제103책, p.273.

4. 『삼론조사전집三論祖師傳集』[171] 권하卷下

1) 고구려 도랑道朗

서하사栖霞寺 고구려 도랑【진晉나라 때의 법사】

섭령攝嶺 도랑道朗 대사【담제曇濟의 제자로 제齊나라 때 사람】

사론현의四論玄義 제13. 균정均正 스님 기술【『속장경』에 수록된 『사론현의』를 살펴보니, 제13권이 빠져 있다. 저본의 초서도 매우 읽기 어렵게 되어 있으므로 독자는 양해해 주길 바란다.】

高麗道朗

栖霞寺高麗道朗【晉人時法師】

攝嶺道朗大師【曇濟之資. 齊時人.】

四論玄義第十三. 均正師述.【考續藏所收四論玄義. 缺第十三卷. 而底本草書甚難讀. 讀者諒焉.】

첫 번째 대승大乘의 연기緣起를 논하는 것이다.

구마라집鳩摩羅什(344~413) 법사는 홍시弘始 3년(401) 12월 20일 장안長安에 와서 4년(402) 정월 5일에 이르러 경론을 번역하였다. 전하는 말에는 홍시 8년 중에 입적하였다고 하지만 전傳마다 기록이 일정하지 않다. 지

---

171 ㉮ 상·중·하 3권으로 되어 있는 이 傳集은 撰者未詳이며, 三論宗列祖의 傳記를 三國에 걸쳐 集成한 것이다.

금 우선 하나의 전에 따라 기록한다.

승조僧肇(384~414)의 『열반무명론涅槃無名論』에서 말했다.

"구마라집 법사 문하에 12년 있었다."[172]

이 말에 의거하면 구마라집 법사가 반드시 홍시 8년 중에 입적한 것은 아니다.

第一論大乘緣起。羅什法師。弘始三年十二月二十日。來至長安。至四年正月五日翻經論也。傳云。弘始八年中滅度。有傳記之不定。今且一傳記之。肇師涅槃論云。什師門下十有二年。依此語。未必八年中滅也。

『무의무득사론無依無得四論』[173]이 세간에 성행했으니, 자세한 것은 대성大聖 유의遊意 가운데 설한 것과 같다. 『무의득사론無依得四論』이 강좌江左에 오게 된 것에 또한 이유가 있다.

제齊나라 때에 고구려국 승려 도랑道朗 법사는 황룡黃龍의 여러 나라에서 노닐었다. 구마라집 문하의 팔숙八宿의 제자[174]에게 배운 제자[175]가

---

172 僧肇, 「涅槃無名論」, 『肇論』(『大正藏』 45, 157a20~21), "肇以人微。猥蒙國恩。得閑居學肆。在什公門下十有餘載." 본문에 나온 『열반론』은 승조의 『조론』 가운데 네 번째 글인 『열반무명론』을 가리킨다. 여기서 승조는 구마라집 문하에서 10여 년을 있었다고 말하고 있다.

173 현행 『大乘四論玄義記』에 '無依無得'이라는 말이 더 추가되어 있다. 즉 『無依無得大乘四論玄義記』이다.

174 팔숙八宿의 제자 : 구마라집 문하의 道生·道融·曇影·僧叡·惠嚴·慧觀·道恒·僧肇를 八宿上首라고 부른다. 八宿之子라는 표현은 『三論祖師傳集』 卷下(『大日本佛敎全書』 제111책, p.509상)에 나오는데, 그 내용은 다음과 같다. "八宿之子。融倫影肇。潤生成叡。出四論玄記." 이외에도 『鳩摩羅什法師大義』 卷上(『大正藏』 45, 122b26~27)에 "其甘雨所洽者。融倫影肇淵生成叡八子也."라는 문구가 나온다.

있던 곳에서 청학聽學하여 무의무득無依無得 대승법문大乘法門을 터득한 뒤, 강을 건너 양주陽州에 이르렀다. 이때 제나라 경릉왕敬陵王의 학사로서 성은 주周이고 이름은 옹顒이란 이가 있었으니,[176] 주홍정周弘正의 조부이다. 도랑 법사와 더불어 주선周旋하며, 그의 의종義宗을 본받았다. 그러므로 주옹은 대의를 깨닫고 『사종론四宗論』을 지었지만, 당시 그 문장을 보이지는 않았다. 도랑 스님이 말하였다.

"그대가 저술한 『사종론』은, 언미言味는 받아들일 만하지만 의미意味는 잘 발휘되지 못한 것 같다."

無依無依得[177]四論盛行於世。具如大聖遊意中說也。無珍[178]得四論來江左亦有緣起。齊時有高麗國僧釋道朗法師。遊於黃龍諸國。八宿之子學弟子所。聽學得無依無依[179]得大乘法門。度江來至陽[180]州。

---

175 『三論祖師傳集』卷下(『大日本佛敎全書』제111책, p.509상 이하)에 따르면 구마라집의 제자로 8인 곧 道生·道融·曇影·僧叡·惠嚴·慧觀·道恒·僧肇를 거론하고 이들 각각의 전기를 기술한 뒤, 그 다음 '道生의 제자이고 道朗의 스승'인 '燉煌曇濟大師'에 대한 기록이 나오고, 그 다음에 '栖霞寺高麗道朗'에 대한 기록이 나온다. 이로 보면 '팔숙의 제자에게 배운 제자'는 曇濟를 가리키는 것으로 볼 수 있다.

176 주옹周顒 : 남북조 시기의 사람으로 생졸 연대는 미상이다. 汝南 安城 사람으로 자는 彥倫이다. 백가를 두루 배웠으나 불교의 이치에 뛰어났다. 일찍이 종산 초당사에서 승랑을 참학하여 삼론을 오로지 연구하여 진수를 전수받았다. 당시 여러 논사들이 각기 이제의 이치를 건립하고 각자의 설법을 두었는데, 주옹이 이에 『三宗論』을 저술하여 일가의 견해를 전했다고 하나 현재는 전해지지 않는다. 위의 본문에서는 주옹이 지은 책이 『四宗論』으로 되어 있다.

177 '得'은 이 글의 전후 문맥상 衍字인 듯하다.

178 '珍'은 '依'인 듯하다.

179 '依'는 이 글의 전후 문맥상 衍字인 듯하다.

180 '陽'은 '揚'인 듯하다. 伊藤隆壽, 「三論宗學系史に關する傳統說の成立」(『駒澤大學

于時齊敬陵王學士。姓周名顒。卽是周弘正之祖。與道朗法師周旋。
卽校其義宗。故周氏悟解大意。仍作四宗論。爾時不見其文。道朗師
云。所造四宗論。言味可領。後[181]恐是未善其意也。

경릉왕이 여러 법사 등을 오산사五山寺에 청하여 대승의 이치를 세우게 하자, 주옹이 사론四論의 의종義宗을 세우고 거듭 도랑 법사를 청하여 저 절에서 대승의 이치를 통하게 했다. 오산사는 지금의 서하사栖霞寺이다. 이때 양주의 여러 대덕들도 얻은 바가 있어 반드시 깊고 깊은 것 같다고 여겼다. 그러나 이치를 세움에 있어 부끄러운 줄 모르고 법사의 말씀을 전혀 공경하여 믿지 않았으니 마치 초나라 사람들이 (옥과 돌을) 구별하지 못한 것과 같았다. 그리고 좌우에 이르러서는 말했다.

"외람된 말이 귀에 들어왔을 따름이다."

주옹이 법사에게 초당사草堂寺에 돌아가 무소득 대승을 강설하고 배움을 전해 주기를 청하였고, 깨달은 뒤에는 다음과 같이 말했다.

"천하에 짝할 사람이 없구나."

敬陵王請諸法師等。五山寺竪義。周顒竪四論義宗。仍請道朗法師。
於彼寺通大乘義。五山寺者。卽是今栖霞寺也。于時陽[182]州諸大德有
所得必如深深。竪離汶都未敬信。如楚人不別。至右謂爲猥言入耳也。
周氏請法師還草堂寺。講說授學無所得大乘。已進悟解。謂爲天下無
雙人也。

佛敎學部硏究紀要』第36號, 昭和 53年 3月), p.200 참조.(아래부터 伊藤隆壽로 표기)
181 '後'는 '復'인 듯하다. 伊藤隆壽의 논문(p.200) 참조.
182 '陽'은 '揚'인 듯하다.

주씨가 노쇠해져 세상을 떠나게 되었다. 도랑 법사는 이미 주옹보다 앞서 회계 산음현에 가서 짧은 시간 강설한 적이 있었는데, 이곳은 후에 제齊나라 소蕭씨들이 관직을 맡던 곳이다. 후에 여러 법사들이 법사를 청하여 다시 섭산에 오게 했다. 섭산은 양주에서 70리 떨어져 있었는데, 산관사山觀寺에 머무르며 도과道果를 행하였다.

양 무제(재위 502~549)가 등위한 뒤 무소득 대승을 배우고자 하여 법사에게 양주로 나올 것을 청하였다. 그러나 법사의 사람됨이 항상 고요히 머물고자 하여 나오려고 하지 않았다. 천자가 칙령으로 10대덕을 청하여 섭산에 들어가 대승을 배우게 하고, 도랑 법사에게 나올 것을 요청하였지만 법사의 사람됨이 고요히 머물기를 좋아하여 결코 나오려고 하지 않았다.

周氏既衰老已已化也。朗法師既先周氏。往會稽山陰縣。小時講說。後時齊嘯所職。後諸法師請法師復來攝山。攝山去揚州七十里。停山觀寺行道果。武天子登位。欲學無所得大乘。請出揚州。然法師爲人恒欲晏居。不欲出也。天子勅請十大德。令入攝山。聽學大乘。要道朗法師。諸[183]出而法師爲人淨居。決不欲出也。

법사들은 모두 성실종成實宗의 제자들로서 매우 영특하고 총명한 이들이었다. 어려서 총명하여 각자 스승이 있었다. 부촉 받은 뜻을 가볍게 여기지 않았으나 후에 소승에 집착하고 그 집착을 고치지 않아 (도랑 법사의 가르침을) 전혀 믿고 받아들이지 않았다. 10인 중 9인이 비록 후에 '칙

---

183 '諸'는 '請'인 듯하다.

령으로 배웠다'고 선전하였지만, 하나같이 산에서 강학이 끝난 뒤에는 삼수산杉樹山에 가서 척박擲博 놀이를 하며 재미있게 놀면서 배우는 것에 전념하지 않았다.

오직 장엄莊嚴 법사의 학사 가운데 승전僧詮 법사[184]가 있었으니, 신령하게 깨닫는 것이 여러 사람들과 크게 달랐다. 배우는 것에만 전념하여 무의무득법문無依無得法門을 깨닫게 되었다. 도랑 법사는 이 사람이 깨달음을 얻어 평소의 마음을 바꾼 것을 알았다. 승전 법사는 하나하나의 가르침에서 이 논의 의리와 글의 뜻을 얻게 되었다. 서하栖霞 법사(승전)가 이 법문을 얻고 나자 여러 사람들이 모두 이 사람이 대승의 종지를 얻었음을 알게 되었다.

> 法師並是成論弟子。能穎悟聽明者。雖聰明而各各有師。囑致不輕。後着小乘。執着不改。都不信受。十人中九人。雖後宣傳。勅令聽學。一山講竟。乃往杉樹山擲博戲咲。不專聽學。唯一莊嚴法師學士名詮法師。神悟大異諸人。專聽學得悟無依無得法門。道朗師知此得悟改常心。法師一一教授。得斯論義字旨。栖霞法師既得此法門。諸等知此人得大乘意旨。

---

184 승전僧詮 법사 : 남조 梁代의 三論宗 승려로서, 止觀詮이라고도 칭한다. 양 무제 天監 11년(512)에 칙명에 의해 僧懷, 慧令 등의 10인과 함께 攝山의 止觀寺에 가서 僧朗을 좇아 삼론의 이치를 익혔는데, 10인 가운데 오직 승전 법사만이 그의 법을 얻었다고 한다. 당시 성실의 학이 강남에 성행하여 삼론의 학은 크게 떨치지 못하였는데, 승전 법사는 승랑의 뒤를 이어 지관사에 머무르며 그 도를 크게 일으켰다. 그러므로 후세에 僧朗과 僧詮을 關河의 舊說이라고 칭하였고, 그 이후를 三論의 新說이라 여겼다. 문하에 수백인이 있었지만, 法朗, 慧布, 智辯, 慧勇의 4인을 세상에서 '僧詮四友' 혹은 '僧詮 門下의 四哲'이라고 불렀다.

후경侯景(?~552)의 난이 장차 끝나고 진陳(557~589)나라 초기 나라가 다 스려지던 시기, 사방에서 노닐던 학사들이 산에 들어와 논의 종지를 품승稟承하였다. 여러 법사들 가운데 듣고서 배우는 사람들은 소의 터럭처럼 많았지만 성취한 자는 소의 뿔처럼 적었다. 오직 법랑法朗·지변智辨·혜용慧勇 세 스님만이 양도陽都에 나아가 『대승무소득론』을 강설하여 널리 통하게 했으니, 오늘에 이르기까지 두루한 것은 근본적인 유래가 없지 않기 때문이다.

대랑 스님과 논사論師(승전)께서는 『대열반경』을 전강專講하지는 않고, 단지 어려운 곳이 있으면 여러 사람을 위해 뜻을 풀어 줄 뿐이었다. 항상 여러 사람에게 권하였다.

"행도行道를 얻고자 한다면 행품行品과 대품大品을 보라. 이는 크고 밝은 거울과 같다."

항상 여러 사람에게 권하였으나, 오직 법랑 법사, 지변과 혜용 두 법사만이 산중사山中師의 뜻을 취하여 『대열반경』을 강의하였다.

便[185]景將末[186]陳初治化之時。四方遊之士。仍入山京口[187]論旨。諸法師雖聽習。而學者如牛毛。成者如牛角。唯朗辨勇三師出陽都講說弘通大乘無所得論。至今遍非無根本由籍也。大朗師論師不專講大涅槃經。直難處爲諸人釋意而已。恒勸諸人。欲得行道。觀行品大品。是如大明鏡。常勸諸人。唯朗法師辨勇兩師。取山中師意。開講大涅槃經也。

---

185 '便'은 '候'인 듯하다. 김성철, 『승랑』(지식산업사, 2011), p.517 참조.
186 '末'는 '末'인 듯하다.
187 '京口'는 '稟承'인 듯하다. 伊藤隆壽의 논문(p.200) 참조.

고구려 승랑 법사가 처음 양주에 이르렀을 때, 천자가 칙명으로 "법사는 어떤 경론을 강설하는가?"라고 물었다. 법사가 칙명을 받들어서 "일체 대경을 강의합니다."라고 하니, 다시 "『화엄경』을 강의할 수 있는가?"라고 물었다. 다시 답하기를 "가장 순조롭게 할 수 있는 것은 대승의 의소義疏(를 짓는 것)이니, 바로 무소득의 의미입니다."라고 하였다. 천자가 크게 기뻐하자, 곧 천자를 위해 8권의 (『화엄경』) 소疏를 지었다. 이때 강사들이 『화엄경』을 강하면 곧장 병을 얻고 그렇지 않으면 죽으니 누구 한 사람 감히 강설하려는 자가 없었다.

천자가 다시 물었다.

"저 고구려국에는 법사처럼 총명한 이가 몇 명이나 되는가?"

법사가 답하였다.

"칙명을 받들어 헤아려 보면 한 사람을 들 수 있으니, 도랑道朗이 제일입니다. 도랑이 처음 수계授戒할 때 다른 이에게 가서 계본을 빌렸는데, 오던 길에 외우기 시작하여 본사에 이르렀을 때는 이미 다 외웠습니다. 그래서 곧장 책을 돌려주자 여러 사람들이 놀라워했습니다. 여러 사람들이 외운 것을 시험해 보자 물과 같이 한 구절도 막히지 않았습니다. 그래서 도랑을 제일 총명 법사로 추대한 것입니다. 하루에 한 권을 외웠는데 여유롭게 해 냈습니다."

법사는 총명할 뿐 아니라 도덕도 훌륭하였고 형체와 얼굴도 희고 장대하였다.

高麗朗法師初來揚州時。天子勅問法師之講何經論。法師奉勅之講一切大經。仰問能講花嚴經不。復答之。最便如大乘義疏。正是無所得意也。天子大歡喜。卽爲作八卷䟽也。于時如講師等講花嚴經。卽得病。不然則死。無有一人敢講說者也。天子復問。彼高麗國。如法師聰明幾。法師答。勅之推與一。道朗爲第一人。道朗初授戒竟。往他借戒本。於行路開誦。至本寺。道已誦竟。則還反送。諸人驚怪。諸人試誦即如水無有一句滯。故推道朗爲第一聰明法師。爲一日誦一卷。閑意得也。法師不但聰明。復道德好形容至白長大也。

서하사의 승전 법사가 수명이 다하게 되었을 때, 응당 죽게 될 운임을 알고는 곧장 방산芳山 대학사와 법랑法朗 법사를 불렀다. 법사는『화엄경』을 강하고 여러 일들을 하나하나 흥황사興皇寺 법랑 법사에게 부촉하고는 마침내 열반에 들었다. 법사가 목숨을 버리고자 할 때, 땅이 흔들리며 큰 서기가 나타났으니, 자세한 것은『별전』의 기록과 같다. 이때 양주의 사성司星 누사漏師가 곧장 이를 판단해서, "북당北當 섭산攝山의 성인이 세상을 떠나시니 성천星天이 출현한 것이다."라고 하였다.

양 무제가 그날 밤 역마를 타고 섭산을 방문하니, 저 절의 여러 대덕들이 답하였다.

"승전 법사는 지금 침상에 결가부좌하고 계십니다."

자리에 앉아 마치 웃는 듯했고 얼굴은 잠자는 듯했지만 숨은 끊어져 있었다. 이때 산과 땅이 크게 흔들렸다. 온나라 사람들이 저 두 곳의 땅이 흔들린 시간이 일치한다고 여겼다.[188] 즉 섭산이 흔들렸을 때와 양주의 땅이 흔들렸을 때 누각漏刻이 일치하였으니, 두 곳의 땅이 흔들리고 성성聖星이 출현할 때가 한결같아 전후 및 서로 다른 때가 없었기 때문이다. 전하는 바로서 징험해 보면 승전 법사가 보통 사람이 아님을 알

---

[188] 이 한 문장은 문맥이 통하지 않아 전후 맥락을 고려하여 이와 같이 번역하였다.

수 있다. 법사는 침상에서 결가부좌한 채로 장례를 치르고 감묘龕墓에 들어갔다.

栖霞詮法師欲口壽命之時。運知應死卽呼芳山大學士法朗法師。法師講花嚴經。諸事一一付屬。與興皇朗法師。竟入涅槃也。法師正欲捨壽時。地動大瑞現。如別傳記也。爾時揚州司星漏師卽判之。北當攝山聖人捨壽。星天出顯也。梁武卽夜驛馬訪問攝山。彼寺諸德答。詮法師今繩床結跏。坐席如哭。面容如眠氣絶也。爾時山地大動也。國家人之二彼地動合時節。攝山動時。與揚州地動時。漏刻合之。二處地動。聖星出時。一一無有前後異一時故。相傳驗知。詮師非凡人也。法師繩床結跏坐葬入龕墓也。

또 흥황 대사가 양주에 나와서 강설하기 전에 성인인 지공志公이 때때로 흥황사에 와서 여러 노승들에게 말하였다.
"이 절에서 푸른 옷을 입은 이가 세상에 나와서 대승을 널리 홍포하리라."
여러 승려들이 서로 지공이 말한 이 말에 대해 얘기했지만, 당시는 전혀 알지 못했다.
양나라 말에 지공이 때때로 와서 절의 여러 승려들에게 말하였다.
"청의를 입은 이가 나와 대승을 넓힐 것이니, 절에 있는 이들은 방사를 잘 정돈해 두라."
여러 승려들이 말했다.
"괴이하다. 이것이 무슨 말인가?"
진陳의 천자가 등극했을 때 칙명을 내려 흥황사에 나와 강설하게 하였다. 법사가 처음 나왔을 때 청의 가사를 입고 강설하니, 무의무득無依無得을 성취한 이가 한둘이 아니었다. 법사가 21년 간 흥황사에서 강설하는 동안 학사로서 처음 성취한 이는 애崖·혜惠 두 법사였다. 다음은 지적知寂·지포知佈 두 법사였고, 다음은 발拔·명明·감感 세 법사였고, 다음은 긍亘·철哲·지持·만滿·개開·복腹·보寶·수修·라羅·보寶·중仲·단短·효晶 등 14법사였고, 최후에 성취한 이는 혜형惠衡·혜각惠覺·길장吉藏 3인이었다.

> 又興皇大師未出揚州講時。聖人志公。時時志來興皇寺。向諸老僧云。此寺口[189]衣芥出世廣弘大乘。諸僧相共語此志公語底言說。爾時都不知也。梁末時。志公時時走來向寺諸僧云。靑衣芥出弘大乘。寺家須料理房舍。諸僧稱驚怪是何言也。陳天子登位。卽勅令出於興皇寺講說。法師初出時。著靑被袈裟講說。成就無依無得者非復一二也。法師正二十一年。在興皇寺講說。學士初成者。崖惠二法師。次知寂知佈二法師。次拔明感三師。次亘哲持滿開。腹寶修羅寶仲短晶十四法師。最後成就惠衡惠覺吉藏三人。

이상에서 논한 17인의 법사 가운데 혜형·혜각·길장 이 세 법사는 진나라 때는 아직 다른 사람들을 깨우쳐 주고자 강설하지는 않았다. 진이 멸망한 뒤 대승을 강설하는 법사들이 모두 장안으로 돌아왔다. 또 장안에 있던 자들에게는 강의를 하지 못하게 하여 산중에 은거하였고, 이를 벗어난 자들은 혜일도량惠日道場에 들어갔다. 혜형·혜각·길장 세 법사는

---

189 '口'는 문맥상 '靑'인 듯하다.

아직 나이가 어려 법사에 들어가지 못했고, 진나라 때에는 강설하는 법사의 부류에 오히려 제한이 있어 강설하지 못하였다.

후에 혜각 법사는 신양주新揚州에서 강설하였고, 혜형 법사 또한 광석光錫에서 강설하였고, 길장 스님은 동산東山의 소주蘇州에 들어갔다가 후에 동주東州에 들어가 강설을 크게 성행시켰고, 후에 또한 서울에 들어갔다. 흥황 대사가 강설할 때는 700여 인이 있었는데, 평평한 땅에 빗물이 모이듯 하였다. 성실과 비담을 강설하는 두 집안의 여러 사람 중에 70여 명의 법사가 있었는데, 사람들이 알아듣게 강설할 만한 자들이었다. 마니주를 던지는 것과 같이 (강설하니) 엎드려 무의무득 대승을 배웠다. 나머지는 직접 보고 들은 것들이다.

論之十七師。衡覺藏此三法師。陳正時未領人講說。陳滅後復諸講說大乘師。並還入長安。又在者不教講。隱立山中。脫有者入惠日道場。衡覺藏三法師旣年小。法師未入。陳正時。講說法師限類。猶在不講。後時覺師在新揚州講說。衡亦在光錫講說。藏公入東山蘇州。後入東州大盛講說。後亦入京也。興皇大師講說時有七百餘人。直地攝雨。講成毗二家諸人有七十許法師。並領人講說者。擲摩尼伏聽學無依無得大乘。餘親眼所見聞也。文。[190]

『대승현론大乘玄論』에서 다음과 같이 말했다.

"섭산의 고구려 승랑 대사는 본래 요동성 사람이다. 북쪽 땅에서 멀리 구마라집 법사의 뜻을 익히고, 남쪽 땅으로 들어와서 종산의 초당사草堂

---

190 '文'은 의미가 통하지 않는다.

寺에 머무르다 은사隱士인 주옹周顒을 만났다. 주옹이 이로 인해 법사에게 나아가 배웠다. 양 무제는 삼보를 공경히 믿고 있었는데, 대사가 왔다는 말을 듣고는 승정 지적智寂을 법사가 머무는 산에 보내어 배우게 하였다. 양 무제가 법사의 도를 얻고는 본래의 성실종成實宗을 버리고 대승에 의지하여 장소章疏를 지었다."191 【운운】

大乘玄云。攝山高麗朗師。192 本是遼東城人也。徒193比194土遠習羅什師義。來入南土住鐘山草堂寺。值隱士周顒。周顒因就師學。次梁武帝敬信三寶。聞大師來。遣僧正智寂于195師住196山受學。梁武天子得師道。197 捨本成論。依大乘作章疏【云云】

또 산중山中(승전)과 흥황興皇(법랑) 화상이 섭령攝嶺의 대랑大朗 법사의 말씀을 기술하여 다음과 같이 말했다.【운운】

又又山中興皇和上述攝嶺大朗師言【云云】

약술略述하면 다음과 같다.

제나라 때 고구려국의 승려 도랑은 총명이 무리를 뛰어넘고, 도덕

---

191 吉藏,『大乘玄論』권1(『大正藏』45, 19b6~10).
192 '師'는『大乘玄論』(『大正藏』45, 19b6)에는 '大師'로 되어 있다.
193 '徒'는『大乘玄論』(『大正藏』45, 19b6)에는 '從'으로 되어 있다.
194 '比'는『大乘玄論』(『大正藏』45, 19b6)에는 '北'으로 되어 있다.
195 '于'는『大乘玄論』(『大正藏』45, 19b9)에는 '十'으로 되어 있다.
196 '住'는『大乘玄論』(『大正藏』45, 19b9)에는 '往'으로 되어 있다.
197 '道'는『大乘玄論』(『大正藏』45, 19b10)에는 '意'로 되어 있다.

이 지극히 넉넉하였으며, 용모가 장대하고 위덕을 대적할 이가 없었다. 이미 본토에서 두루 여러 전적을 열람한 뒤 다음으로 담제曇濟 법사(411~475)에 의지하였으니, 이는 축도생竺道生 법사(355~434)의 학사學士이다. 청학聽學하여 무득대승법문無得大乘法門을 익혔다. 이윽고 여러 곳을 노닐며 교화하다가 강을 건너 굴주掘州에 이르렀다. 이때 해릉왕海陵王의 학사로 주옹周顒이라는 이름을 지닌 이가 있었으니, 주옹과 노닐면서 그에게 이치를 전수해 주었다. 왕이 여러 법사 등을 청하여 오등산사五等山寺에서 이치를 세우게 했는데, 주옹이 이에 사론四論의 이치와 종지를 세웠다.

당시에 해릉왕이 이를 듣고 매우 기뻐하며 도랑 법사에게 강설하기를 청하여 저 절에 머물면서 대승의 이치를 홍포할 것을 권청하였다. 주옹이 다시 초당사에서 무소득대승을 강설하기를 청하여 배웠다. 이미 깨닫고 난 뒤, 천하에 대적할 것이 없다고 여겼다. 주옹은 이미 노쇠하였다. 법사는 섭산 극오정極奧停의 산관사山觀寺에 이르러 도를 행하며 좌선하였다. 양 무제가 천자에 올라 무득대승을 닦기를 좋아하여 (법사에게) 양주로 나오라고 청하였다. 법사는 사람됨이 항상 고요함을 사모하여 세속의 법을 바라지 않았다. 천자가 칙명을 내려 말했다.

"열 명의 법사를 선발하라."

법사들이 섭산에 들어가 대승을 듣고 익혔는데, 이들은 모두가 성실종의 문인들이었다. 각자 부촉받은 것이 있어 감히 고치지 못하였다. 대승을 믿고 숭상하는 이로는 오직 장엄 법사의 학사인 승전 법사만 있었다. 이 사람은 신령스럽게 깨달아 다른 무리와 달랐다. 마음을 전념하여 무득법문을 듣고 익혔다. 법사가 마침내 이 사람이 깨달음을 얻어 고친 것을 알고는 거듭하여 일일이 논지를 가르쳐 주었다. 그런 후에 승전 법사는 가까이 섭산의 기슭에 서하사를 짓고 도를 행하며 좌선하였다. 이때 사방으로 두루 다니며 배우는 이들이 그 산에서 삼론을 배웠으니, 배우는 사람이 매우 많아 마치 소의 터럭과 같았으나 성취한 이는 매우 적어서 오직 랑朗·변辨 등의 세 사람만이 배움을 성취하고 양주에 나와 대승 무소득법을 선양하였다.【운운】

略述云。齊時有高麗國釋道朗者。聰明超倫。道德至泰。容顔長大。威德無敵。旣於本土。遍閱諸典。次就燉曇濟法師。是竺道生法師之學士也。聽習無得大乘法門。旣而遊化諸方。乃至度江來至掘州。口海陵王學士。姓周名顒。周顒遊行。授其義宗。王請諸法師等於亦五等山寺堅義。周顒乃堅四論義宗。時海陵王聞熙怡勸。請道朗法師住於彼寺弘大乘義。周顒更請於草堂寺講說學無所得大乘。已進悟解。謂爲天下無敵者也。周顒旣耄已矣。法師至於攝山極奧停山觀寺。行道坐禪。梁武天子登位。樂修無得大乘。請出揚州。法師爲人恒幕寂靜。不欲俗法。天子勅云。選十法師。法師入攝山聽習大乘。並是成論之門人也。各有屬。不敢改。信崇大乘。唯有莊嚴學士僧詮法師。神悟異倫。專心聽習。無得法門。法師遂知此人獲悟已改其更以一一教授論旨。然後詮法門[198]者。近攝山麓造栖霞寺。行道坐禪。于時四方遊學之士。仍於山閑承三論。學者衆多。栖如牛毛成者甚少。唯朗辨三人學習已成。出於揚州。弘宜大乘無所得法。【云云】

---

198 '門'은 '師'인 듯하다.

서하사栖霞寺 승전僧詮 대사【도랑의 제자이다.】 및 승전의 제자인 네 분 스님【법랑法朗, 현변玄辨, 법용法勇, 혜포惠布】

栖霞寺僧詮大師【道朗資】詮弟子四公【法朗 玄辨 法勇 惠布】[199]

2) 일본의 조사祖師에 대해 「삼론사자전三論師資傳」에서 다음과 같이 말했다

인왕人王 제30대 시키시마노 가나사시궁磯島金刺宮[200]의 긴메이欽明 천황(재위 539~571)이 천하를 다스릴 때, 아메쿠니오시하라키히로니와天國押開廣庭[201] 천황의 대에 백제국에서 불법佛法을 바쳤다. 제37대 (천황)를 거쳐 90여 년이 지났어도 불법을 두기가 어려워 아직 그것을 널리 펴지 못하였다. 제37대인 나니와노 나가우라노 토요사키궁難波長浦豊前宮[202]의 고토쿠孝德 천황(재위 645~654)이 천하를 다스릴 때, 아메요로즈토요히天萬豊日 천황이 원흥사元興寺의 승려인 고구려 혜관 법사를 청하여 삼론을 강론하게 하고, 강론을 마치는 날 천황이 그에게 승정을 맡겼다. 이것이 일본 승정의 두 번째이니, 같은 절의 삼론종 관륵觀勒 승정이 첫 번째였다. 무릇 본조에 불법을 주지하게 된 것은 먼저 혜관을 임명함으로 인한 것이니, 이로부터 복량福亮 법사 등의 9명의 승정이 모두 이 원흥사의 삼

---

199 ㉙『大日本佛敎全書』제111책, pp.519상~522상.
200 이는 欽命天皇이 거주하던 磯城島金刺宮을 가리키는 것으로 보이며, 현재의 奈良에 위치하고 있다.
201 이는 欽命天皇의 시호로서, 『古事記』에는 '天國押波流岐廣庭天皇'으로 되어 있고, 『日本書紀』에는 '天國排開廣庭天皇'으로 되어 있다.
202 『日本書紀』孝德天皇 2년조에는 '難波長柄豊碕宮'로 되어 있다.

론종 출신이었다.

日本祖師。三論師資傳云。

人王第三十代。磯島金刺宮欽明天皇治天下。天國押開廣庭天皇之代。百濟國獻佛法。自爾以後。經三十七代。過年九十餘歲。難有佛法未有弘宣。第三十七代難波長浦豊前宮孝德天皇治天下。天萬豊日天王。乃請元興寺僧高麗惠觀法師令講三論。其講了日。天皇卽拜任以僧正。是則日本僧正第二。同寺三論宗觀勒僧正其第一矣。凡於此朝佛住持。始由先任惠觀。從此以後。福亮法師等九僧正。皆此元興寺三論宗也。[203]

첫 번째

승정 혜관惠灌【스이코 천황이 다스리던 제33년째 해(625) 정월 천갑임무인天甲壬戌寅[204]에 승정을 맡았으니, 고구려에서 조공하러 온 승려였다.】

원흥사元興寺 삼론공三論供.[205] 본문에서 말하였다.

"천하에 가뭄이 들어 스님께 푸른 옷을 입고 삼론을 강의하게 하자 단비가 내렸다. 이에 승정으로 맞이하여 삼론종의 법문을 유포하고, 가와

---

203 원『大日本佛敎全書』제111책, p.527상~하.
204 천갑임무인天甲壬戌寅 : 의미가 불명하다. 참고로 推古 33년은 乙酉이다.
205 삼론공三論供 : 의미가 불명하다. 일본의 한 연구에 따르면, 元興寺에 '三論供家'가 있었다고 하는데, 供家는 한 宗의 敎學을 연구하기 위해 조직된 것이라고 한다. 그러므로 三論供家는 삼론종의 교학을 연구하기 위한 조직이라 볼 수 있다. 그러나 이 용어가 본문에 나오는 三論供과 어떤 관련을 가지는지는 보다 자세한 연구가 필요할 것으로 본다. 참고로 三論供家에 대한 연구는 다음을 참조할 것. 佐藤泰弘,「東大寺東南院と三論供家」,『甲南大學紀要.文學編』, 2006.3.

치국河內國 시키군志紀郡에 정왕사井王寺[206]를 건립하였다. 본원本願."[207]

第一

僧正惠灌【推古天皇治第卅三年正月天甲壬戊寅任僧正。高麗貢來僧也】

元興寺三論供本文之。[208] 天下旱魃。人之着靑衣令講三論。己甘雨降。

仍賓僧正。流布三論宗法門。卽建立河內國志紀郡井王寺。本願也。[209]

---

206 정왕사井王寺 : 『本朝高僧傳』 卷1(『大日本佛敎全書』 제102책, 64상)에 따르면, 혜관이 창건한 절은 井上寺라고 되어 있고, 바로 다음에 나오는 『三論祖師傳』(『大日本佛敎全書』 제111책, p.537하)에서도 혜관이 창건한 절을 井上寺라고 기재하고 있다.

207 본원本願 : 의미가 불명하다. 이 사례가 뒤의 『승강보임초출』에 한 번 더 나온다.

208 '之'는 '云'인 듯하다. 『僧綱補任抄出』(『大日本佛敎全書』 제111책 p.49하)에 따르면, "僧正慧灌【正月壬申日任。高麗僧也。元興寺三輪供。】本文云。"이라고 되어 있다.

209 [원] 『大日本佛敎全書』 제111책, pp.527하~528상.

5. 『삼론조사전三論祖師傳』[210]

　　본조의 인왕 제30대로서 시키시마노 가나사시궁磯城島金刺宮에 계시던 긴메이 천황의 휘는 아메쿠니오시하라키히로니와天國押開廣庭이다. 13년 임신 겨울 11월에 백제국에서 금동석가불상 1구와 약간의 번개幡蓋와 약간의 경론을 바쳤다. 이후 37대 90여 년을 지나도록 비록 불법은 있었지만 아직은 그것을 널리 펴지 못하였다. 후의 제37대 나니와노 나가라노 토요사키궁難波長柄豊碕宮 고토쿠孝德 천황의 휘는 아메요로즈토요히天萬豊日이고, 또한 가루 황자輕皇子라고도 한다. 이때 원흥사의 승려 고구려국 혜관 법사를 청하여 삼론을 강설하게 했다. 강학하는 날에 천황이 그에게 승정을 맡겼으니, 이것이 본조의 두 번째 승정이다. 같은 절 삼론종의 관륵 승정이 첫 번째이다.…(중략)…다음으로 오의 지장智藏은 처음에 원흥사에서 혜관을 따라 삼론을 연구하였다. 식견은 안팎을 두루 섭렵했고 배움은 삼장을 통달하였으나, 도리어 후에 당에 들어가 선정과 지혜가 배로 진보하였다. 오래지 않아 일본에 돌아와 법륭사法隆寺에서 삼론종을 홍포하였다.…(하략)

本朝人王第三十代。在於磯城島金刺宮。欽明天皇。諱天國押開廣庭。
十三年壬申冬十一月。自百濟國獻金銅釋迦佛像一軀及幡蓋若干。
經論若干卷矣。邇來經三十七代九十餘歲。雖有佛法。猶未弘矣。後

---

[210] 1권으로 된 日本三論宗의 傳記이다.

第三十七代。難波長柄豊碕宮。孝德天皇。諱天萬豊日。又名輕皇子。于時請元興寺僧高麗慧權法師令講三論。其講學日。天皇拜任僧正。是則本朝第二僧正。同寺三論宗觀勒僧正其一也。……次吳智藏。初隨慧灌於元興寺。而硏三論。識涉內外。學通三藏。却後入唐。定慧倍進。未幾而歸朝。於法隆寺。弘三論宗。[211]……

혜관 스님은 고구려 사람이다. 수에 들어가 가상사 길장에게서 삼론의 종지를 이어받았다. 스이코 33년(625) 을유 봄 정월 상일에 혜관이 본조로 오자, 칙명으로 원흥사에 머물게 했다. 이 해 여름에 가뭄이 들어 혜관에게 비 내리기를 기도하게 하였다. 혜관이 푸른 옷을 입고 삼론을 강설하자 비가 곧장 내렸다. 상上이 크게 기뻐하며 발탁하여 승정으로 삼았다. 후에 나이슈內州에 정상사井上寺를 창건하고 본종을 널리 유통시켰다. 이 사람이 본조 삼론종의 비조鼻祖이다.

釋慧灌。高麗人。入隋從於嘉祥寺吉藏相承三論旨。推古三十有三年。乙酉春正月上日。灌來于本朝。卽勅住元興寺。是歲夏旱。灌祈雨。灌著青衣而講三論。雨卽降。上大悅。擢爲僧正。後創於內州創井上寺。弘通本宗。是爲本朝三論宗鼻祖矣。[212]

---

211 [원]『大日本佛敎全書』 제111책, p.537상.
212 [원]『大日本佛敎全書』 제111책, p.537하.

6. 『불법전래차제佛法傳來次第』

여래께서 입멸하신 지 1,200여 년에 해당한다.【여래께서 입멸하신 뒤 1,100년에 호법護法 보살이 세상에 나와 그의 뜻을 기술하였다.】

우리 일본 시카도志賀【'賀'는 '貴'인 듯하다.】島 금판궁金判【'判'은 '刺'인 듯하다.】宮[213]에서 다스리던 기간에 백제국이 처음으로 불상과 경론과 번개幡蓋 등을 바쳤다.

이와레노샤쿠텐궁磐余釋田宮에서 다스리던 기간…(중략)…7년【'七'은 『일본서기』 제20, 『부상약기』 제3, 『원형석서』 제20에 따르면 '八'로 되어 있다.】 10월에 신라국에서 석가불상을 바쳤다. 우마야도廐戶 황자(쇼토쿠 태자)가 상소를 올려 말하였다.

"말세에 이를 존중하면 화를 소멸하고 복을 받겠지만, 이를 멸시하면【'夢'은 '蔑'인 듯하다.】 재앙을 부르고 수명을 단축시킬 것입니다."

그러자 천황이 크게 기뻐하며 불상을 안치하고 공양하였다.【이 불상은 지금 흥복사興福寺 동금당東金堂에 있다.】

12년 계묘 7월에 백제국의 손님 일라日羅가 내조했는데, 몸에서 광명이 났다. 우마야도 황자를 뵙고는 합장하고 말하였다.

"세간을 구제하시는 관세음께 경례합니다. 동방의 속산국에 등을 전하는군요."

일라가 몸에서 크게 빛을 내뿜자 마치 화염과 같았다. 황자 역시 미간

---

213 이는 欽明天皇의 磯城島金刺宮을 가리키는 것으로 보인다.

에서 빛을 내뿜으니 마치 태양의 광채 같았다.

13년 갑진 9월에 백제국에서 미륵 석상 1구를 보내 왔다.【지금 원흥사元興寺 동금당東金堂에 있다.】 종아대신宗我大臣【'宗'은 '蘇'인 듯하다.】 소가노 우마코蘇我馬子가 그 불상을 취하기를 청하고, 불전을 집의 동쪽에 세웠으며, 세 비구니를 시켜 재회를 크게 설행하였다.【가와치국河內國 이시카와石川의 저택에 불전을 세웠는데, 바로 이곳이다.】

當于如來滅後一千二百餘年【如來滅後一千一百年。護法菩薩出世以其義述之。】

我日本志賀【考賀恐貴】島金判【考判恐刺】宮御宇。百濟國始獻佛像經論幡蓋等。[214]

磐余釋田宮御宇。……七【考七。日本書紀第二十。扶桑略記第三。元亨釋書第二十。作八。】年十月。自新羅國。獻釋迦佛像。廐戶皇子奏曰。末世尊之則消禍蒙福。夢【考夢恐蔑】之則招災縮壽。天皇大悅。安置供養。【此佛像。今在興福寺東金堂。】

十二年癸卯七月。百濟國客日羅來朝。身有光明。奉見廐戶皇子合掌。敬禮救世觀世音。傳燈東方粟散王。日羅大放身光如火焰。皇子亦自眉間放光如日暉。[215]

十三年甲辰九月。自百濟國彌勒石像一軀送之。【今在元興寺東金堂】宗【考宗恐蘇】我大臣 馬子宿禰。請取件像。營佛殿於宅東。屈三尼大設齋會。【河內國石川宅立佛殿是也】[216]

---

214 [원]『大日本佛教全書』 제111책, p.4상.
215 [원]『大日本佛教全書』 제111책, p.4하.
216 [원]『大日本佛教全書』 제111책, pp.4하~5상.

스이코 천황 3년 을묘 5월. 고구려 승려 혜자慧慈와 백제의 승려 혜총慧聰 등이 내조하였다. 두 승려는 불교를 널리 폈으니 모두 삼보의 동량이었다. 그들을 법흥사法興寺에 머물게 하였다. 태자가 혜자를 스승으로 삼아 도를 물었는데, 하나를 들으면 열을 알고 열을 들으면 백을 알았다.…(중략)…

5년 정사 4월에 백제의 왕자 아좌阿佐 등이 내조하여 태자를 뵈었다. 오두午豆가 끝나자 오른쪽 무릎을 땅에 대고 합장 공경하면서 말했다.

"세간을 구제하시는 대비 관음보살께 예경합니다. 묘한 가르침을 동방의 일본국에 유통하시고, 49년간 등을 전하며 법을 설하시어 대자대비하시니 보살님께 예경합니다."

태자가 눈을 감자 잠시 후 미간에서 한 줄기 흰 빛을 뿜으니, 길이가 삼 장 가까이 되었다. 한참 지나 점점 줄어드니, 아좌가 다시 일어나 재배하고 나갔다.…(중략)…

32년 갑신 4월에 백제의 승려 관륵觀勒을 처음으로 승정에 임명하였다. 이때 본조는 사찰이 46개소, 승려가 860인, 비구니가 569인이었다. 승정인 관륵이 말하였다.

"불법이 서쪽에서 중국 땅에 이른 지 300세를 지났고, 그것이 전하여 백제국에 이른 지는 겨우 100년이 되었으며, 일본에 이른 것은 72년이 되었습니다.[운운]"

33년 을유에 천하에 가뭄이 들었다. 고려의 승려 혜관이 칙명을 받들어 청의를 입고 삼론을 설하자 단비가 내렸다. 상으로 승정에 임명하여 원흥사에 머무르며 삼론종을 유포하게 하였다.…(하략)

推古天皇三年乙卯五月。高麗僧慧慈。百濟僧慧聰等來朝。兩僧弘

演佛教。並爲三寶棟梁。令住法興寺。大子以慧慈爲師問道。聞一知十。聞十知百。……217

五年丁巳四月。百濟王子阿佐等來朝。見太子午豆訖。右膝著地。合掌恭敬曰。敬禮救世大悲觀音菩薩。妙敎流通。東方日本國。四十九歲傳燈演說。大慈大悲敬禮菩薩。太子合目須臾。眉間放一白光。長三丈許。良久縮入。阿佐更起再拜而出。……218

三十二年甲申四月。以百濟僧觀勒。始任僧正。此時本朝。寺四十六所。僧八百六十人。尼五百六十九人。僧正觀勒云。佛法自西至漢土。歷三百歲。傳之至百濟國僅一百年。至日本七十二年。【云云】

三十三年乙酉。天下旱魃。高麗僧慧灌奉勅。著靑衣談三論。甘雨降。賞任僧正。住元興寺。流布三論宗。……219

사이메이齊明 천황(재위 655~661) 2년. 내대신內大臣 나카토미노 가마코中臣鎌子가 병이 들자 천황이 이를 걱정하였다. 백제국의 선니禪尼인 법명法明이 상소를 올렸다.(奏了)【(了)는 '云'인 듯하다.】

"유마힐이 병문안에 의거하여 교법을 폈으니, 시험 삼아 병자를 위해 경을 지송하겠습니다."

천황이 크게 기뻐하였다. 법명이 경을 지송하자 구절이 채 끝나기도 전에 내대신의 병이 음성에 감응하여 홀연히 나았다. 가마코鎌子가 감복하여 이를 더욱 독송하게 하였다.

---

217 ㉘『大日本佛敎全書』제111책, p.6상~하.
218 ㉘『大日本佛敎全書』제111책, p.6하.
219 ㉘『大日本佛敎全書』제111책, p.7상.

3년 정사에 내신 가마코가 야마시로국山城國 우지군宇治郡 야마시나향山階鄉 도원가陶原家에 처음으로 정사精舍를 건립하고 재회를 열었으니, 이것이 유마회의 시작이다.

4년 무오 정월 7일에 사미 지츠智通와 지다츠智達가 칙명을 받들어 신라의 배를 타고 대당으로 건너갔다.…(중략)…

덴치天智 천황(재위 661~671) 7년 술신 5월에 칙명으로 백제사를 건립하고 장육 석가상을 조성하여 안치하였다.…(하략)

齊明天皇二年。內大臣中臣鎌子寢疾。天皇憂之。百濟國禪尼法明奏了【恐云】維摩詰依問疾發教法。試爲病者誦之。天皇大悅。法明誦經偈句未終。內(大)臣之疾。應聲忽痊。鎌子感伏。令轉讀之。三年丁巳。內臣鎌子。於山城國宇治郡山階鄉陶原家。始立精舍設齋會。是維摩會之始也。四年戊午正月七日。沙彌智通智達擧(奉)勅。乘新羅船渡大唐。……

天智天皇七年戊辰五月。勅建百濟寺。造安丈六釋迦像。……[220]

덴무天武 천황(재위 673~686) 9년 경신 11월. 황후가 병이 나자 약사사藥師寺를 조성하였다. 같은 대에 신라국의 지봉智鳳 법사가 내조하였다. 기엔義淵 승정이 지봉에게 수학하였다. 지봉은 대당에 들어가 현장 삼장에게서 직접 배웠으니, 법상종이 여기에서부터 일어났다.

天武天皇九年庚申十一月。依皇后病造藥師寺。同代新羅國智鳳法

---

[220] 원『大日本佛教全書』제111책, p.7하.

師來朝。義淵僧正。受學於智鳳。智鳳者。入大唐面受學於玄奘三藏。
法相宗自此起矣。[221]

---

221 ㉝『大日本佛敎全書』제111책, p.8상.

7. 『승강보임초출僧綱補任抄出』[222] 상上

스이코 천황(재위 593~628)
제32년 갑신 4월에 처음으로 승려의 기강에 관한 선지를 내렸다.

推古天皇
第三十二年甲申四月日始被下僧綱宣旨

승정 관륵【4월 일에 임명되었으니, 백제 사람이다.】
스이코 천황 제10년(602) 백제에서 왔다. 역술과 천문과 둔갑 등은 이 사람이 전래해 온 것이다. 쇼토쿠 태자가 말하였다.
"내가 형산에 있을 때 이 승려가 나의 제자였다. 운운"

僧正觀勒【四月日任。百濟國人。】
同天皇第十年。自百濟來。曆道天文遁甲等。此人傳來也。聖德太子曰。吾在衡山時。此僧爲弟子云云。

승도僧都 안부덕적鞍部德積【(관륵과) 같은 날 임명되었으니, 고구려 사람이다. 대

---

[222] 『僧綱補任抄出』(『大日本佛教全書』 제111책, p.49상)은 深賢이 기록한 것이다. 책 앞부분에 深賢이 忠珍 僧都가 撰한 12권본을 읽다가 몇몇 부분을 베껴 쓴 것이라는 기록이 나온다. 원문은 다음과 같다. "東大寺東南院經藏本十二卷。【忠珍僧都撰】粗一見之次。處處抄書了。更不可及外見者也。"

소승을 가릴 수 없다.】

『일본기』22에서 다음과 같이 기록했다.

스이코 천황 32년(624) 갑신 4월에 어떤 승려가 도끼를 가지고 조부를 살해하였다. 당시 천황이 이를 듣고…(중략)…악한 승려와 모든 승니들을 동일하게 죄를 물으려 하였다. 이에 백제의 관륵이 표문을 올려 말하였다.

"대저 불법이 서국에서 한에 이른 지 300년이 지났고, 나아가 백제국에 전해진 지 겨우 100년이 되었습니다. 그런데 우리 나라 국왕께서 일본의 천황께서 어질고 밝으시다는 말씀을 듣고 불상과 불전을 보내오신 지 아직 100년을 채우지 못했습니다. 그러므로 지금 승니들이 아직 율법을 익히지 못하였으므로 번번이 악역죄를 범하는 것입니다. 이 때문에 모든 승니들이 황송하여 어떻게 해야 할지 모르는 것입니다. 우러러 바라옵건대 그 악역죄를 지은 자를 제외한 승니들은 모두 사면하여 죄를 묻지 않으신다면, 이는 큰 공덕일 것입니다."

천황이 이를 듣고 술오년戊午年에 조칙을 내려 말하였다.

"도인이 오히려 법을 범한다면 무엇으로써 세속 사람들을 가르치겠는가. 그러므로 오늘 이후로 승정僧正과 승도僧都를 임명하여 승니를 점검토록 하겠다."

임술년壬戌年에 관륵을 승정으로 삼고 안부덕적鞍部德積을 승도로 삼고, 그날 아즈미노 무라지阿曇連【이름이 빠졌다.】를 법두法頭로 삼았다. 운운

僧都鞍部德積【同日任。高麗國人也。未分大小。】
日本紀廿二云。推古天皇卅二年甲申四月。有一僧。執斧殺祖父。時天皇聞之。……則惡僧及諸僧尼並將罪。於是百濟觀勒上表以言。夫

佛法自西國至于漢。經三百載。乃傳之至百濟國。而僅一百年矣。然
我王聞。日本天皇之賢哲。而貢上佛像及內典。未滿百歲。故當今時。
以僧尼未習法律。輒犯惡逆。是以諸僧尼等惶懼以不知所如。仰願長
除其惡逆者以外僧尼悉赦而忽罪。是大功德也。天皇乃聽之。戊午詔
曰。夫道人尚犯法。何以誨俗人。故自今以後。任僧正僧都。仍應檢校
僧尼。壬戌以灌勒爲僧正。以鞍部德積爲僧都。卽日以阿曇連闕名爲
法頭云云。

제33년 을유
승정 혜관【정월 임신일에 임명되었으니, 고구려 승려이다. 원흥사元興寺 삼륜공三
輪供[223]】

본문本文에서 말하였다.
천하에 가뭄이 들자 푸른 옷을 입고 삼론三論을 강설하게 하니 단비가
내렸다. 이에 상賞으로 승정에 임명하고, 원흥사를 근본으로 하여 삼론종
의 법문을 유포하게 하였다. 가와치국河內國 시키군志紀郡에 정상사井上寺
를 건립하였다. 본원本願.

第三十三年乙酉
僧正慧灌【正月壬申日任。高麗僧也。元興寺三論供。】
本文云。天下旱魃。令著青衣。令講三論。已甘雨降。仍賞任僧正。本

223　삼륜공三輪供 : 의미가 불명하다. 앞서 『삼론조사전집』 권하의 마지막 부분에 나
온 '慧灌' 관련된 기사에서 이와 유사한 구절, 다시 말해 "元興寺三論供本文之"라
는 구절이 나오는데, '三輪'과 '三論'이라는 차이가 있다. 三論供에 대해서는 앞서
나온 『삼론조사전집』의 각주를 참조할 것.

元興寺。流布三論宗法門。卽建立河內國志紀郡井上寺。本願。²²⁴

사이메이齊明 천황(재위 655~661)

2년 계유에 내대신內大臣 대직관大織冠이 병이 들자, 백제국 선니禪尼인 법명法明이 자진해서 상소를 올려 말하였다.

"제가 대승경인『유마경』을 지송하고 있는데, 시험 삼아 지송해 보겠습니다."

지송이 끝나기도 전에 병이 곧장 나았다.

齊明天皇

二年癸酉。內大臣大織冠病惱。爰百濟國禪尼法明。自進上奏云。尼持大乘名維摩經試爲之。卽始誦未終行疾卽愈。²²⁵

몬무文武 천황(재위 697~707)

다이호大寶 3년(703) 계묘,『국사』에 말하였다.

"이 해에 지봉智鳳 법사 등이 관륵의 명을 따라 바다를 건너 당에 들어가 현장 삼장을 만나 법상의 대승을 익혔다. 운운"

文武天皇

大寶三年癸卯

國史云。此年智鳳法師等。依勒命渡海入唐。遇玄奘三藏。習法相大

---

224 ㉎『大日本佛敎全書』제111책, p.49상~하.
225 ㉎『大日本佛敎全書』제111책, p.50상.

乘云云。²²⁶

엔유圓融 천황(재위 969~984)

텐로쿠 2년(971) 신미, 5월 5일에 신라 명신新羅明神에게 정사상正四上²²⁷의 위계를 내렸다. 요키야우餘慶 율사²²⁸가 상소를 올렸다.

圓融天皇

天祿二年辛未

五月五日。新羅明神奉授正四上。餘慶律師奏狀。²²⁹

---

226 ㉑『大日本佛敎全書』제111책, p.51상.
227 정사상正四上 : 일본의 位階와 神階에 있는 지위로서, 從三位의 아래이고 從四位의 위이다.
228 요키야우 율사餘慶律師 :『僧綱補任抄出』上(『大日本佛敎全書』111, 66상)에 "餘慶은 축자 사람으로, 천수원 천태종 명선 율사의 제자이다.(餘慶筑紫人。千手院天台宗明仙律師弟子。)"라고 기재되어 있다.
229 ㉑『大日本佛敎全書』제111책, p.66상.

8. 『화엄조사회전華嚴祖師繪傳』[230]

화엄조사회전華嚴祖師繪傳 원효元曉

화엄연기華嚴緣起 원효元曉
드디어 날이 밝기에 보았더니 이 동굴은 죽은 사람의 무덤이었다. 해골이 곳곳에 있어 □□□하기 그지없었지만, 큰비가 끊임없이 □□□ 걸어 나아갈 수 없어 다음 날 밤도 □□ 머물렀다. 황룡 대사黃龍大師(원효를 지칭함)가 꿈속에 □□□했는데 하나의 귀신이었다. 그 모습이 두려워 □ 이를 봄에 마음이 요동치고 땀이 흘러 □□ 꿈에서 곧 깨어나니 어리석음도 어둠도 모두 □□했다. 어제는 아담한 동굴이라 생각하니 한없이 기쁘고 편안□□했건만, 오늘 밤은 시체의 유골이 놓인 곳□□ 귀신이 마음을 괴롭히는구나. 분별이 있으면 갖가지 법이 생겨나고 마음이 없으면 갖가지 법이 사라진다. 이와 같이 □□□하니 깊이 불법의 심오함을 통달했다. □□□□별이 성해지면 자신의 마음이야말로 첫째 가는 □□ □□ 심원心源을 깨달으면 불법이 마음 밖에 있지 않다. □□□□□ 불법의 깊고 심오한 도리를 깨달았으니 마음의 □□□에서 스승을 구할 수 없으리라고 하며 원효는 □□국에 머물렀다.

---

230 ㉘ 華嚴緣起라고 內題되어 있는 본 續傳은 일본의 明惠 高辨(1173~1232) 撰으로 전해져 있으며, 현존 6권은 신라의 元曉와 義湘, 두 법사에 관한 續傳으로 그림은 鳥羽僧正 覺猷 혹은 藤原信實가 그렸다고 전하나 정설은 아니라고 한다. 이 원본은 일본 京都 高山寺에 전해져 있으며 일본의 국보로 지정되어 있다.

華嚴祖師繪傳 元曉

華嚴緣起 元曉

　　**(繪)

夜すてにあけてみれは。このつかや死人のはかなりけり。骸骨處々にあり。□□□まりなし。しかれとも。大雨しきり□□□すゝみゆくにあたはすして。つきのよ□□とまりぬ。黃龍大師夢の中に□□□たり。一の鬼物あり。そのかたちおそれ□し。これをみるに。心さはき。あせをなか□□夢たちまちにさむるに。癡暗おなし□□れぬ。さきには可愛のつかなりと思に。歡樂□□きはまる。こよひは尸骸のおきところ□□鬼物。心をなやます。分別あれは。種々の法生し。心なければ。種々の法滅す。かくのことく□□□るに。ふかく佛法の玄底を通達し。□□□□別さかりなれは。自心これ第一のあた□□□□心源をさとれは。心のほかに佛法なし。□□□□□てに佛法甚深の道理を開悟しぬ。心の□□□に師をもとむへからすといひて。元曉は□□國にとゝまりたまひにけり。

원효는 머무르고 의상은 나아가는 장면 _{고회考繪 속의 글}

대사大師, 그 후 지혜는 비할 데가 없고 행덕行德은 가늠하기 어려웠다. 인명因明·내명內明[231] 등 내외의 전적에 모두 통달하여 이해하지 못하는 것이 없었으니 □□□ 귀의하여 천하에 독보獨步하였다. 행의行儀

---

231 인명因明·내명內明 : 고대 인도에서 학문을 다섯 가지 범주로 분류한 五明 중 두 가지 학문. 因明은 논리학, 內明은 각 학파 고유의 교리를 밝히는 학문을 말한다. 이 외 문법학인 聲明, 의학인 醫方明, 건축학이나 역법 등을 연구하는 工巧明이 오명에 속한다.

가 순順□□ 나누지 않아 범심凡心으로는 헤아리기 어려웠다. 때로는 □□□에 머물며 노래를 부르고 거문고를 타니 승려의 율의를 잊은 듯했다. 때로는 경론의 소疏를 지어 법회에서 □□ 강찬하니 청중들이 모두 눈물을 흘렸다. 때로는 산수山水 근처에서 좌선했고, 또 때로는 호랑이와 이리가 스스로 굴복했다. 이와 같은 □□ 모두 한 쪽으로 □함이 없었다.

(繪)

元曉はとゝまり。義湘はすゝみ給

所。^{考繪の中の詞}

大師そのゝち智惠ならひなく。行德はかりかたし。因明內明。內外の典藉。すへて通解せさることなし。ゝりけれは。□□□歸依し。天下に獨步せり。行儀順□□□わかたす。凡心はかりかたし。或時は□□□にととまりて。歌をうたひ琴をひきて。僧の律儀をわすれたるかことし。或時は經論の疏をつくりて。大會の中に□□講讚するに聽衆みなみたをなかす。或時は山水のほとりに坐禪す。或時は虎狼おのつから屈伏す。かやうの□□すへて一邊にかゝ□られさりけり。

달을 노래하는 장면 ^{고회考繪 속의 글}

그때의 국왕, 천하의 총명하고 지혜로운 명덕明德을 □□하여 백좌인왕회百坐仁王會²³²를 시행하도록 했다. 칙서에 말하였다.

"원효 법사는 비록 그 행실은 가늠할 수 없다 할지라도 총명하고 지혜로운 사문이다. 원컨대 짐□□은 그리 정하고자 한다."

---

232 백좌인왕회百坐仁王會 : 100명의 고승을 청하여 『仁王般若經』을 강설하는 법회. 부처와 불법을 받들어 국가의 안위를 기원하는 의례이다.

우매한 사람이 있어 □□소하여 아뢰었다.

"원효 법사는 그 행실이 미친 사람과 같습니다. 천하의 명덕明德이 적지 않으니 간곡히 바라옵건대 그와 같은 승려를 꼭 청할 필요는 없습니다."

이에 임금도 어쩔 수 없이 그만두었다.

**(繪)

月を詠したまふところ 考繪の中の詞

時の國王。天下の聰明多智の明德を□□しして。百坐仁王會を勤修せしむ。勅宣にいはく。元曉法師は。行儀はかるへからすといへとも。聰明有智の沙門なり。朕□□願に請定のむと思。愚昧の人あり。□□奏してまうさく。元曉法師その行儀狂人のことし。天下の名德すくなきにあらす。嚴重の御願に。さやうの非人。かならすしも御請あるへきにあらすと申せは。みかとも思えたまふ事なくして。とゝまり給ぬ。

그 후 가장 총애하는 왕비의 종양으로 근심하였다. 온갖 방법을 다 써 보고 □□ 기도를 해 보았으나 모두 그 효험이 없었으며 온갖 의술을 다 해 보아도 이 역시 효과는 없었다. 유명한 점술사가 있어 점을 쳐 말하였다.

"이 나라 □□ 힘은 모두 당할 수 없으니 다른 나라에 □□한다면 그 효험이 있을 것이다."

점술사의 말에 따라 칙사를 당나라로 보냈다.

**(繪)

そのゝちに。時の最愛のきさき。癰□や萬ひをうれふ。諸道に仰遣てさ□□祈禱をいたすに。すへてそのしるしなし醫療かすをつくせとも。さらにその驗なし。大占師ありて。うらなひていはく。この國□□ちからは すへてかなふへからす。他國に□□らはゝ。そのしるしあるへしと申□占師の白狀に萬かせて。勅使を大唐につかはす。

병환은 어떠하십니까? 실로 위중하시옵니다.
점에서는 어떻게 나오는지요.
점술사에게 묻는 장면
칙사가 당으로 향하는 장면 고회考繪 속의 글

화엄연기 2

법을 공경하여 중히 여기며 사문을 공경한다. 이 때문에 우리들도 각별히 이를 수호해 드린다. 왕비의 병, 우리들도 매우 슬퍼한다. 마음□□ 그런데 국토의 치술은 그 수를 다했으니 오로지 불법에서 효험을 구해야 한다. 경이 있어 금강삼매와 □□□□□를 국왕에게 바친다. □□□□왕□□□□□□□□□□통하는 사람이 드물다. □□□□□ 한 명의 성인이 있어 대안성자大安聖者라고 부른다. 그 사람에게 명하여 품류를 나누게 하고 원효 법사에게 명하여 소를 짓게 하여 강찬한다면 병은 신속히 나을 것이다. 설산에 있는 불사의 약이라 해도 이를 능가하지 못한다. 다만 경을 □□함에 있어 해로海路에 장애가 있을 것을 염려하여 칙사의 정강이를 갈라 경을 □□□ 약을 발라 이것을 아물게 하여 보냈다.

**(繪)

　御悩はいかやうにかわたらせ給。よに大事わたらせ給としううせ給候へ。

　御うらには いかうやにか みえさせ給らんな。

　占師にとはるゝところ。

　勅使唐へむかふところ。考繪の中の詞

　華嚴緣起 二

　法を敬重し。沙門を恭敬したまふ。このゆへに。われらことにこれを守護したてまつる。きさきの病悩。われらことにこれをかなしむ。こころ□□しかるに國土の治術。そのかすをつくす。たゝしるしを佛法にもとむへし。經あり金剛三昧と□□□□□□を國王にたてまつる。□□□□王□□□□□□□□□□□□通するに。人ありかたし。□□れ□□□一人の聖人あり。大安聖者となつく。かの人に勅して。品類をわけしめて。元曉法師に勅して。疏をつくらしめて。講讃あらは。病悩すみやかにいへたまふへし。雪山不死のくすりもこれにすくへからす。たゝし經をあ□□むに海路さはりあらむ事をおそれて。勅使のはきをさきて經を□□□くすりをつけて。これをいやして。おくりいたしつ。

저것 보십시오.

용신龍神의 사자가 칙사의 배를 향해 다가오는 장면

칙사와 함께 용궁으로 들어가는 장면

저 녀석들은 가까이 두고 부리는 자들입니다. 아래턱이 좀 길지만 놀라지 마십시오.

저쪽으로 가까이 가십시오.

인간계의 습속으로 두려워하지 마십시오.

아프지 않겠습니까.

검해대용왕.

□의 경전을 정강이 속에 넣어 가십시오. 고회考繪 속의 글

칙사, 바다 속에서 나와 왕궁으로 가 이 사정을 아뢰니, 임금이 기뻐하며 대안大安 성자聖者를 부른다. 대안 성자는 생김새나 차림새가 매우 괴상하고 오랫동안 세간 사정에 어두웠다. 동발銅鉢을 울리며 항상 "대안, 대안" 하고 외며 저잣거리를 돌아다녔다. 이에 사람들은 그를 대안 성자라고 불렀다. 제왕이 불렀으나 "별 볼일 없는 중이 왕궁에 간다 한들 걱정입니다. 무슨 도움이 되겠습니까?"라고 거칠게 대답하며 가지 않았다. 왕이 근심하니 다음과 같이 아뢰었다.

"성자가 무슨 도움이 되리오. 다만 명령을 받들 뿐입니다."

이에 이 경을 성자에게 보내니, 성자 이것을 펼쳐 8품으로 하고 말하였다.

"이 경은 여래의 매우 깊은 비장秘藏으로 생불불이生佛不二의 가르침을 설하고 동일각성同一覺性의 뜻을 보여 준다. 온 나라의 사람 가운데 누가 이 경을 강의할 수 있는가. 오직 원효 법사만이 이 경을 강의할 수 있다"

그리고는 왕궁에 올렸다.

**(繪)

あれは御らん候にや。

龍神のつかひ。勅使のふねにむかふところ。

勅使をくして龍宮にいるところ。

あやつはらは。ちかくめしつかふ物ともにて候そ。おとろきおほし
めすへからす。

したのおとかひそ。なかく候へとも。

あれへちかくまいらせ給へ。

人間にならひて。御はゝかりな候そ。

いたくは候ましきか。

點海大龍王。

□うの御經をは。はきの中にをさめまいりてよ 考繪の中の詞

勅使海中よりいてゝ。王宮にまいりて。このよしを申すに。みかと
よろこひて。大安聖者をめす。大安聖者は。形服ことにあやしくして。
なかく人事にうとし。あかゝねの鉢をうちて。つねに大安々々ととな
へて。いちの中に遊行す。時の人これを大安聖者となつけたり。帝王
めすに。無極の非人。王宮にまいらむに。おそれあり。なにの御えうの
あらむと。あらゝしくこたへて。すへてまいらす。みかとおほしめし
わつらふに。聖者なにの御そうにかあらむ。たゝこれへおほせをかむ
らむと申に。この經を聖者のもとへつかはすに。聖者これをひらきて。
八品となして。かたりていはく。この經は如來甚深の秘藏なり。生佛
不二のむねをとき。同一覺性の義をしめせり。一朝のうちに。たれ人
かこの經を講せむ。たゝ元曉法師のみ。この経を講するに。たえたる
へしといひて。王宮へたてまつる。

용왕의 사자, 칙사와 함께 돌아가는 장면

드디어 용궁을 나와 왕궁으로 가는 장면

칙사, 왕궁으로 돌아와 아뢰는 장면

꼭 오시라고 하는 임금의 뜻을 전하나이다. 대안 대안.

나 같은 중이 왕궁에 간다 한들 무슨 도움이 되겠습니까.

그것은 얼마입니까.

아아.

삼백쯤으로 생각하지만 얼마라면 하시겠소.

그렇게 말할 정도는 아니지요.

이 베는 한 길은 된다오.

이건 굉장히 훌륭한 베로군.

언제까지 네가 거기 있겠다고. 무척 대단하신 스님이신가보군.

대안 성자의 거처로 경을 보내는 장면 고회考繪 속의 글

이윽고 신라에 도착한 (의상) 대사는 큰 가르침을 펼칠 훌륭한 땅을 찾는다. 산사가 하나 있는데 500여 명의 승려들이 있는 소승잡학의 곳이었다. 대사, 이를 둘러보고 말하였다.

"이 산은 훌륭한 땅이다. 저 잡학의 승려들이 없다면 화엄의 가르침을 펼치기에 알맞으리라."

염려하는 기색이 있었다. 선묘善妙는 대원大願의 힘에 의해 큰 신통력을 구족하고 항상 대사를 따르며 수호하고 있었는데, 그 마음을 헤아려 화化하여 사방 1리의 큰 바위가 되었다. 절 위로 뛰어올라 오르락내리락 하니 승려들은 물건도 챙기지 못한 채 사방으로 흩어져 달아났다. 대사, 이곳에 □하여 화엄의 큰 가르침을 흥륭시켜 국토를 이롭게 하고 중생을 구제해 화엄 법문이 오래도록 그 절에 남을 수 있었다. 이 인연에 의해

의상을 부석浮石 대사大師라고 일컬었다.[233]

**(繪)

龍王のつかひ。勅使をくして。かへすところ。

すてに龍宮をいてゝ。王宮にまいるところ。

勅使王宮にかへりまいりて。奏し申すところ。

まいらせ給へきよしの宣旨候也 大安々々。

かゝる非人。王宮へまいり候て。なにの御みこと。

か候へき。

それをは。いくらとのたまうそ。

あゝ。

三百はかりとは。思候へとも。いくらにも。めせかし。

さのたまはむにはよらし。

このぬのはひろとあり。

これはゆゝしき今う羅のぬのにて候故。

いつまておれかす萬はんとて。ゆゝしくたうとけに。おはする御なかな。

大安聖者のもとへ。經をつかはすところ。考繪の中の詞

すてに新羅にいたりて。大師大教をひろめむ。勝地をもとむ。一の山寺あり。五百餘の僧衆あり。小乘雜學のところなり。大師これを巡見して。このやまは勝地なり。この雜學の僧ならは。華嚴教をひろむ

233 [원] 이 구절, 즉 '이윽고 신라에 도착한' 이하 및 이에 이은 그림과 그림 속의 글은 의상에 관한 것인데 잘못하여 원효전 속에 들어 있는 것 같다.

るにたえたるへしといひて。思惟したまふ氣色あり。善妙大願のちからによりて。大神通を具足してつねに大師にしたかひたてまつりて。守護をなす。その御心をしりて。化して方一里の大盤石となりぬ。てらの上にとひありきて。おちぬあかりぬするに。諸僧とる物もとりあえす。四方へにけちりぬれは。大師このところにと。□りゐて。華嚴大教を興隆して。國土を利し。群生をたすく。華嚴法門。なかくこのてらにとゝまれり。この因縁によりて。義湘を浮石大師となつけたてまつれり。

대사, 산사에 새로이 자리 잡고 강설하는 장면 고회考繪 속의 글

화엄연기 3
이것은 화엄종 조사의 그림이다. 더러운 곳에 두고 보아서는 안 된다. 또한 어수선한 그림 속에 넣어 섞이게 해서도 안 된다.

　　**(繪)
大師山寺にかゝはりゐて。講説したまふところ 考繪の中の詞
華嚴緣起 三
これは華嚴宗の祖師の繪なり。きたなき所におきて。御らんすへからす。又は狼籍の繪に。いれませるへからす。

대안, 자신의 암자에서 경의 품류를 나누는 장면
칙사, 대안 성자의 거처로부터 경을 받아 왕궁으로 가는 장면 고회考繪 속의 글
성자의 말이 용궁의 진장秦狀과 다르지 않으니, 제왕은 드디어 원효의

덕을 믿어 명을 내렸다. 소疏를 짓고 강찬하라는 지시였다. 원효는 명을 받들어 다섯 권의 소를 지었다. 어느덧 임금이 행차하시어 강찬해야 할 때가 되었는데, 시기하던 사람이 그 소를 훔쳤다. 법사는 사흘을 늦추어 다시 세 권의 소를 지어 그 경을 강의했다. 법사가 담해湛海의 지혜를 발현하여 거침없이 설하니 청중이 모두 기이하게 여겼다. 법사, 법좌에 임하여 경을 설할 때에 술회하여 말하였다.

"한낱 미천한 중이 덕이 없어 이전의 백좌회에는 끼지 못하더니 오늘에 이르러 홀로 강장講匠의 자리에 오르는구나. 참으로 두렵고 참으로 황송하구나."

이에 여러 명덕들이 모두 땅에 얼굴을 묻고 부끄러워했다. 듣고 있던 사람이 예例의 이 대사의 불용不用에 대해 말하였다.

"이 분도 성인. 뼈에는 선후가 없다고 말하는 법이다."

그 후 왕비의 병은 곧 나았고, 왕과 신하 백관들은 법사를 존경하게 되었다. 훗날 학자들은 그 약소略疏를 중히 여겨 본론에 준하여 『금강삼매론』이라 이름 붙여 세간에 널리 유포했다. 광본廣本도 유포되어 전문傳文에 실려 있다.

**(繪)

大安みつからか庵室にして。經の品類をわかつところ。

勅使大安聖者のところより。經むかへて。王宮へまいるところ 考繪の中の詞

聖者のことは。龍宮の奏狀に。ことならねは。帝王いよゝゝ。元曉の德を信仰して。勅をくたして。疏をつくりて。講贊あるへき宣旨あり。元曉勅をうけ給て。五卷の疏をつくり給。すてに行幸なり

て。講讃あるへき期にのそみて。そねみをなす人。この疏をぬすみてけり。法師三日をのへて。又三卷の疏をつくりて。この經を講す法師湛海の智をわかし。懸河辨をなかす。聽衆みな希奇の思をなす。法師法坐にのそむて。講經の時に。述懷していはく。一ケの微僧。無德によりて。さきの百坐の會にもれにき。今日にあたりて。ひとり講匠のゆかにのほる。はなはたおそれ。はなはたおのゝく。といはれたれは。もろゝゝの名德。みなかをゝ地にうつふせて。はちをいたく。きく人は例のこの御房の不用はといひて。これもひしり骨に。あとなくいはるゝなりとそ。いひける。そのゝち。きさきの御惱。たちまちにいゑ給にけり。王臣百官。法師を敬重したてまつる事。いよゝゝふかし。のちの學者。その略疏を敬重して。本論に准して。金剛三昧論となつけて。世間にひろく流布せり。廣本も流布のよし。傳文にのせたり。

원효, 『금강삼매경』을 강찬하는 장면
원효, 경소를 짓는 장면
경소를 훔치는 장면
이런 불가사의한 일이 있다니.
사흘을 미루고 거듭 약소를 짓는 장면[234]

---

[234] 囹『大日本佛教全書』제111책, pp.517상~552상.

화엄조사회전 의상義湘 1

화엄연기

이것은 화엄종 조사의 그림이다. □□한 곳에 두고 보아서는 안 된다. 또한 어수선한 그림 속에 넣어 섞이게 해서도 안 된다.

　　**(繪)
　元曉。金剛三昧經を講讚するところ。
　元曉。經の疏をつくり給ところ。
　經の疏をぬすむところ。
　かゝる不思議の事こそ候へ。
　三日を申のへて。かさねて略疏をつくるところ。

　華嚴祖師繪傳　義湘一
　華嚴緣起
　これは華嚴宗の祖師の繪なり。□□もなき所におきて。御らんすへからす。又は狼籍の繪にいれませるへからす。

대사, 드디어 당의 나루에 도달한 장면

대사, 문전걸식하는 장면

선묘, 대사를 만나 자신의 사심邪心을 털어놓는 장면

대사, 걸식을 마치고 거처로 돌아가는 장면

의상, 이윽고 지상至相 대사를 만나는 장면　고회考繪 속의 글의상의 배가 드디어 당의 나루에 도달했다. 마을로 들어가 걸식하는데 선묘善妙라는 여인이 있어 용모가 아름답고 평판이 좋았다. 의상 역시 아름다운 용모를 지닌 사람이었다. 위의를 갖추었으면서도 부드러운 모습으로 문 앞에 서서 걸식하는데, 선묘가 이를 보고 □□애교 있는 자태와 목소리로 법사에게 아뢰었다.

"법사께서 높이 욕계를 벗어나 널리 법계를 이롭게 하시는 그 공덕을 순수하게 갈앙渴仰하면서도 색욕의 삿된 집착을 누르기 어렵습니다. 법사의 모습을 뵈니 제 마음이 홀연 흔들립니다. 바라옵건대 부디 자비를 베푸시어 저의 망정妄情을 제거해 주십시오."

법사, 이 말을 듣고 그 모습을 보았으나 마음은 굳기가 돌과 같았다. 자비를 베풀어 대답하였다.

"나는 신명을 바쳐 불계佛戒를 지키며, 정경淨經을 베풀어 중생을 이롭게 하고, 색욕의 부정한 경계를 오랫동안 떠나 있다. 그대는 나의 공덕을 믿고 오랫동안 나를 원망하는 일이 없기를 바라오."

이 말을 들은 선묘는 곧 도심道心을 일으켰다. 슬픔과 부끄러움을 느껴 참회하며 대원을 일으켜 흐느껴 울면서 말하였다.

"제가 무시無始의 망집이 깊어 법사의 마음을 괴롭혀 드렸습니다. 이제는 지금까지의 삿된 마음을 바꾸어 길이 법사의 공덕을 공경할 것입니다. 바라옵건대 세세생생토록 법사와 함께 태어나고 떠나지 않아 광대한 불사를 일으키며 법계의 중생을 이롭게 하시는 곳마다 그림자처럼 따라다니며 필요하신 것을 공양하며 자연資緣[235]이 되어 드리겠습니다. 바라

---

235 자연資緣 : 불도수행을 돕는 외적인 조건, 말하자면 의식주의 보시를 말한다. 출가 수행자를 위해 의식주 전반에 걸쳐 도움을 주는 것은 불도수행을 뒷받침하는 외부적인 조건이 되기 때문이다.

옵건대 대사께서는 큰 자비를 베푸시어 제 소원을 들어 주시옵소서."

대사는 연민을 느꼈다. 그 후 지상至相 대사[236]의 거처에 가서 일승법계의 송頌과 석釋을 지어 의지義持[237]를 성취하는 기별을 얻었다.

화엄연기
이것은 화엄종 조사의 그림이다. 더러운 곳에 두고 보아서는 안 된다. 또한 어수선한 그림 속에 넣어 섞이게 해서도 안 된다.

**(繪)
大師。すてに唐のつにつきたまふところ。
大師。人のかとにたちて。食をこひましますところ。
善妙 大師にあひたてまつりて。みつからの邪心をとくところ。
大師。乞食しおはりて。住所にかへりたまふところ。
義湘。すてに至相大師にあひたてまつり給ところ。 考繪の中の詞

義湘のふね。すてに唐の津につきて。さとにいたりて。乞食するに善妙といふ女人あり。かたちいつくしき。きこえたかし。義湘また美容の人なり。威儀安詳として。門戸にたちて食をこふ。善妙これをみて。□□ひたるさゆをあけ。たくみなるこゑをいたして。法師に萬ふしていはく。法師たかく欲境をいてゝ。ひろく法界を利す。きよくその功徳を渇仰したてまつるに。なを色欲の邪者おさえかたし。法師のかたちをみたてまつるに。わかこゝろ。たちまちにうこく。ねかはくは

---
236 지상至相 대사 : 당나라의 승려. 화엄종의 제2조인 지엄智儼을 일컫는다.
237 의지義持 : 지엄은 의상에게 의지라는 호를 주었다고 한다.

慈悲をたれて。私か妄情をとけしめたまへといふ。法師このことはをきゝ。そのよそおいをみるに。心かたきこと。いしのことし。慈悲をたれて。こたへていはく。われは佛戒をまもりて。身命をつきにせり。淨經をさつけて。衆生を利す。色欲不淨の境界。ひさしくこれをすてたり。なむちわか功德を信して。なかくわれをうらむることなかれ。善妙このことはをきゝて。たちまちに道心をおこす。悲愧懺悔して。大願をおこしていはく。われ無始の妄邪ふかくして。法師の心をなやましたてまつりつ。いまはさきの邪心をひるかへして。なかく法師の功德をあふきたてまつらむ。ねかはくは。生々世々法師とともにうまれ。はなれたてまつらすして。廣大の佛事を興し。法界の衆生を利したまはむ。ところことに。かけのことくに。そひたてまつりて。所領を供給し。資緣をたすけたてまつらむ。ねかはくは。大師大慈悲を重ねて。わか願を納受したまへ。なくゝこのことはをとくに。大師あはれみをたれたまふ。そのゝち至相大師のところにゆきて。一乘法界の頌釋をつくり。義持成就の記別をえたまふ。

華嚴緣起
これは華嚴宗の祖師の繪なり。きたなき所におきて。御覽すへからす。又は狼籍のゑに。いれませるへからす。

□□□□□□□□□□□□□□□□□□□□귀경□□□□□□□□□□□□□□□으로 하여 대사가 □국□□□□□□□□ 만리의 파도를 사이에 두고 □나□□□□하니 괴로워 슬픈 생각이 들었다. 위로 삼아 패물을 내어 의발 등의 법구를 준비하고 법사가 본국으로

돌아가실 때 한번 뵙고 이것을 이마에 대고 깊이 마음□□□□□□
□□□□□□만리의 안개□□□□□□□□□□□□□를 사이
에 두고 폭풍□□□□□□□□□는 이생에서 다시 만나기를 기다
리는 것도, 또한 언제라고 기약할 수도 없으니 □□□할 무렵에 정성스
레 모아 이때쯤 나간다고 듣고 나루터에 가서 물어보니, 누군가 대답하
여 말하였다.

"그 배는 이미 떠났습니다. 이제는 어쩔 수 없습니다."

이에 □□슬퍼함도 쓸데없는 일이었다. □□□□□ 몸□도 생각하지
않고 멀리 바다를 바라다보니 안개 너머로 배의 돛이라 생각되는 것이 하
얗게 어렴풋이 보였다. 선묘, 이것을 보니 한층 마음이 망연하여 모래 위에
몸을 던지니 물고기를 뭍에 올려놓은 듯했다. 상자를 안고 울며 말하였다.

"슬프구나. □□□□□□□을 □□□□□□□□□□□□□□
□□"

새털처럼 □□□하여 배에 떨어졌다. 여인, 이를 보니 한층 용기가 생
겨 점점 더 큰 원을 일으켜 말하였다.

"저는 내세를 기다리지 않겠나이다. 바라옵건대 현재의 몸으로 법사
의 대원을 도와드리는 몸이 되게 하소서. 바닷길에 바람은 세고 파도는
높습니다. 부디 이 몸으로 지켜드려 용이하게 본국으로 보내드리고 □□
□□□□□□□□□□□□□□□□□□□□□□□□□□□□□□
□□□□□□□□□양□□□□□□□대사께서 받지 않으신다면 다시
누가 받으리오. 바라옵건대 시방일체의 제불·보살·용·천·선신 등의 경
계의 신통을 얻어 깊이 사람의 마음을 알고 멀리 사람의 목소리를 들어,
어서 저의 마음을 알고 제 목소리를 듣게 하소서. 만약 저의 대원大願을
측은히 여기신다면 저의 이 법구를 멀리 보내소서."

그리고 맹세하여 □□□□□□의 □□□하니 □□□한 □□□□
□□□□□□□□□□□□□□□□실류實類의 범부가 한 짓이라
면 □□□현신現身으로 대원의 힘에 의해 이와 같은 □□불가사의를 나
타낼 수 있겠는가. 답하여 □□□□□□□□□□□□한다. 다만
불□□□□한 일은 예나 지금이나 항상 인법人法에 있□□□□이다. 하
물며 불법의 불가사의는 인연화합 □□□한다면 어떤 일도 있을 수 □
□. □□□□□묘도 의상대사가 아닌 다른 사람□□□□연으로 했다면
어떤 애경愛敬의 마음을 일으켜□□□□의 기적을 나타내기 어려웠을
것이다. 따라서 선묘□□□□□가 했지만 곧 이것은 대사의 덕□□□
□□□의 대사를 찬탄하는 글에서는 "□물고기□□□□업고 급히 바다
물결을 건너며 큰 바위는 공중에 떠□□□□서 산사를 수호한다."고 한
다. 이□□□□ 부석 대사라는 이름을 얻었다□□□□.

스승이 덕이 있어도 제자가 믿음이 없다면 □□□□하고 제자가 믿음
이 있어도 그 스승이 덕이 □도 □면 □□□□□. 반드시 선지식이 대지
혜가 있어 □□□□□□□□하는데 전도顚倒가 없다. 대자비가 있어
명□□ 구하지 않고 중생을 위해 이를 설한다. 그 선지식이 자비와 지혜
의 덕이 두터우면 의형물儀形物에 감화하여 □□□□ 저절로 발심한
다. 법을 나타□□□□□저절로 귀에 멸□□□□□□□□□□홀
연히 가슴을 움직이게 한다. 우둔한 사람은 무언가를 듣고 이해할 수는
없다 하더라도, 단지 스님의 □□□□보고 여래의 제자임을 알며 설법
의 □□을 듣고 여래의 정법이라고 생각한다. 스님에게 실덕實德이 있고
제자에게 신심이 있다면 이 바른 인연이 화합해서 □□□□하고 장식藏
識 속에 훈습된다. 이것은 곧 □□□법을 증득하는 대보리의 훌륭한 원
인이다. 이러한 선근이 있는 사람□□□에 있어 대사를 이룰 만하다. □

□선묘도 전생에 선지식을 만나 정법을 듣□□을□진塵에 물들어 여인의 과보를 □□□□□생의 청정한 법의 힘에 의해 □□에 다시 □□를 만난 것이다. 욕염欲染이 이어지기 때문에 출가의 법체를 인연하여 우선 재가의 애심을 일으켰다. 숙세의 선업이 쇠퇴하지 않았기 때문에 법사의 말씀을 듣고 용맹한 신심을 일으켜 애경하니 □□□대사를 생각함에 게으름이 없었다. 공경에 의해 □을 이루는 것은 불도에 따르는 것이므로 이 사람□□마음이 승진勝進할 수 있는 계기에 의해 대사의 배□□늦어지자 드디어 타오르는 애심을 일으킨다. 또한 □□□에 대사를 만나 뵙고 법구를 바치고 □□세의 만남을 약속하지 못한 것은 이별의 □□□□ 뼈에 사무치지만 반드시 □□한 일은 아닐 것이다. 그 애정을 움직여 □큰일을 이루기 위해 대사와 재회하지 못하고 안개 속에서 배를 본다. □□□하지만 이러한 일은 단지 숙세의 선업의 과보로 □□마음이 감동하는 법이니 반드시 □범에 속□는 것은 아니다. 그 일승견문一乘見聞의 숙□□□□□□□제2생에 해행解行이 성만하여 현신으로 깨달음의 큰 이익을 얻는다고 설하는 것, 이것이 화엄원종의 감□이다. 하물며 숙세의 선업에 의해 선지식을 만나 도심道心을 일으킨 경우라면 매우 큰 불가사의함을 나타낼 □□것이니, 어찌 반드시 어렵다고 하겠는가. □소의 발자취를 지키며 대해大海를 염려하는 무리와 달라 대룡이 되어 배를 업고 □□이 되어 사람을 염려한다. 오로지 이것은 대원의 힘□□이라고 믿어야 한다.

또한 물어 말하였다.

"숙세의 선업에 의한 것이라면, 만약 숙세의 선업이 없다면 불법을 만나더라도 그 □은 없는가?"

답하여 말하였다.

"게송 한 구절을 듣고 믿는다 해도 그 공덕은 매우 깊다. 어찌 상당한 숙세의 선업이 없겠는가? 지금 말하는 바, 그 공덕의 힘을 빨리 하여 선묘가 행한 바와 같이 불가사의를 □하는 것은 참된 선지식을 만나 깊은 정법에 연을 맺은 사람이 속히 이생에 불법의 큰일을 성취한다는 것을 말한다. 그 외, 설사 스승과 제자가 반드시 상순相順하지 않는다 해도 그 훌륭한 이익은 공허하지 않으니 금수가 법음을 듣고 악취의 과보를 바꾸는 것, 혹은 초목이 신주神咒의 가피에 의해 꽃과 열매를 증장하는 것과 같다. 또한 불법을 만난 사람이 숙세의 선업이 없음을 슬퍼하지 않고 이생에서 명리에 대한 생각을 가라앉히고 상당한 여법을 즐긴, 즉 내세에는 진실한 숙세의 선업이 될 것이다. 사승심신四勝心身의 이득은 모두 십지十地를 성취한다. 이것은 곧 일승견문의 종자에 보답하는 것이다. 명리에 대한 욕심을 끊으면 닦는 바는 반드시 청정할 것이다. 내세가 멀지 않으니 어찌 법리法利가 더딤을 한탄하겠는가? 그 이익으로 십지를 기약하니 어찌 얻는 바가 적을까 두려워하겠는가?"

또 물어 말하였다.

"만약 실류의 범부의 행위라면 가령 대사의 덕을 사랑한다 해도 대룡이 되어 사람을 염려□□것은 끔찍한 집착의 허물이 아니겠는가?"

답하여 말하였다.

"남녀가 집착하는 과정에서 치성한 탐진貪瞋에 이끌리면 구렁이가 되어 남자를 뒤쫓는다는 예가 있지만 이것은 다른 이야기이다. 그것은 번뇌의 힘에 이끌려 실제로 뱀이 되었으니 집착의 허물이 무엇보다 깊다. 이것은 대원에 의해 불보살의 가피를 입어 임시로 대룡이 된 것으로, 깊이 대사의 덕을 공경하고 불법을 믿어 그렇게 된 것이다. 더욱이 단지 용이 되었을 뿐만 아니라 또한 큰 바위도 되었다. 만약 용이 된 것을 집착의 허물이라고 한다면, 또한 바위가 된 것도 심식心識이 없다고 말해야 하지 않겠는가. 실로 알아야 한다. 대원에 의해 현신으로 대신통을 구족하니 변현무궁變現無窮하여 저 관음의 33신 등과 같다. 불법으로 인해 이익이 있다면, 어떤 것이라도 되기 어렵지 않다. 어찌 용이나 바위에 그치겠는가. 따라서 그것은 천박하게 집착의 허물에 빠졌다고 할 수 없다. 이 사람이 금세 예토를 싫어하여 정토에 왕생한다고 생각하면 손바닥을 보듯 명백하다. 이것은 대보리심의 힘에 의해 보살도를 충족하고 위없는 불과를 증득해야 할 대근기에 의해 형태가 바뀌어 이와 같은 일이 있는 것이다. 가령 법문의 성性과 상相에 관하여 이것을 생각하니 사랑에는 친애親愛와 법애法愛가 있다. 법애는 완전히 청정하고 친애는 염정染淨에 통한다. 신위信位의 범부는 친애는 우월하나 법애는 열등하다. 삼현십지三賢十地는 법애는 우월하나 친애는 열등하다. 혹은 십지에게는 단지 법애만이 있다. 만약 사랑하는 마음이 식지識地를 근거로 해서 염오의 행상에 일어난다면 도를 그슬리는 사랑이라고 이름 붙일 것이니 명리나 여색 등을 사랑하는 것과 같다. 만약 사랑하는 마음이 식지를 근거로 해서 청정한 행상이 일어난다면 도에 순응하는 사랑이라고 할 것이니, 불법을 마음에 두어 스승이나 윗사람 등을 사랑하는 것과 같다. 저 10주十住의 보살여래의 미묘한 색신을 사랑하여 보리심을 일으키니 이것이 곧 친애의 보리심이다. 하물며 가벼운 털처럼 퇴위하는 범부가 덕이 있는 사람에 대해 사랑하는 마음이 없다면 곧 법기가 아닌 것이다. 지금 선묘는 전에는 비록 유염有染의 탐심을 일으켰다 하더라도 후에는 무염의 애심을 일으켰다. 규봉圭峯 대사는 공경에 의해 이루는 사랑을 도에 순응하는 사랑이라고 하셨다. 저 법체를 드러내는 정문正文에서 말하기를 '공경에 의한다는 것은 불법을 공경하는 깊은 마음을 지닌 사람이 삼보 화상·아사리

등 여러 선지식을 보면 본인本因은 법을 위해서였지만 공경을 점차 이루어 깊은 마음으로 사랑하는 것이다. 가르침을 청하는 것은 부족하다 해도 차마 떠날 수 없는 것과 같다. 이미 불법을 공경하는 깊은 마음을 지닌 사람은 이 사랑하는 마음을 이룬 것이니, 분명히 알겠구나. 이 마음이 없다면 불법을 공경하지 않는 마음 얕은 사람임을.'

지금 선묘는 곧 불법을 공경하는 깊은 마음의 소유자이다.

『구사론』 등에서도 사랑과 공경을 믿음과 자비라고 하니, 스승이나 윗사람 등을 인연으로 한 애심은 곧 신심이다. 해석하자면 그것은 단지 집착의 허물이 아닐 뿐만 아니라, 대승 소승의 성교에서 모두 이를 찬탄하여 불도의 묘인妙因이라 했다. 애처롭구나. 슬프구나. 비사문왕은 석가보전에 귀명歸命의 소리를 내었고, 아난존자는 여래의 입적에 혼절하는 슬픔을 보였다. 이는 모두 애심의 결과이다. 천왕도 그와 같은데 하물며 사람은 말해 무엇하랴. 성자도 그러한데 하물며 범부는 말해 무엇하랴. 선묘가 법에 귀의한 표식은 그림으로 표현하기 충분하지만, 마음에 품은 깊은 뜻은 그림을 빌려 표현할 수 없어 성교聖教에 의탁하여 그 대강을 보인다. 이 또한 공경에 의해 사랑을 이룬 것이다."

**(繪)

□□□□□□□□□□□□□□□□□□□歸敬□□□□□□□□□□□□□□□□□□□□□□□とし大師□國□□□□□□□□□□□□萬里のなみをへたてゝ。□ひや□□□□やつらんこと。かなしく覺えけり。かゝるなくさめには。たからをなけて。衣鉢等の遺具を辨備して。法師の本國にかへりたまはむ時。いま一たひ對面をとけて。これをひたひにあてゝ。ふかき心さし□□□□□□□□□□□□□□□□□□萬里のかすみ□□□□□□□□□□□□にへたて。あらし□□□□□□□□□□□はこのよにふたゝひ。あひたてまつらんことも。又いつをもたのむへきにあらねは。□□□ねむころにいとなみあつめて。このほとにいてたまふへしときゝて。ふねのつにいたりて。たつねたてまつれは。人こたえていはく。そのふねははやくとまりをいてぬ。いまはいかにおもふとも。かひあらしとい□□かちしきもこ□□□□□み□なちむやうも覺えすして。はるかにおきなかをみやりたれは。かすみのなかをわけて。ふわのほかと覺ゆる物。しろみてわつかにみえたり。善妙これをみるに。きもころいよいよさとひて。いさこのうへにみをなけて。魚をくかにおけるかことしはこをいたきて。なきていはく。かなしきか□□□□□□□□みを□□□□□□□□□□□□□□□てかみのけのことく□□□りて。ふねにおとりいりぬ。女人これをみるに。いよいよ心いさみておほゆれは。ますます大願をおこしていはく。われ來世をまたす。ねかはくは。今身より。法師の大願をたすけたてまつる身とならん。海路かせけはしく。なみたかし。ねかはくは。このみをみて。まほりたてまつり。たやすく本國に。おくりつけたてまつり□□□□□□□□□□□□□□□□□□□□□□□□□□□□□□□□□□□□□養□□□□□□大師納受したまはすは。さらに誰人か受用せむもの。ねかはくは。十方一切の諸佛菩薩龍天善神等の境界。神通をえて。ふかく人の心をしり。とおし人のこゑをきかむもの。はやくわか心をしり。わかことはをきこしめせ。もしわか大願を。あはれと覺しめさは。わかこの供具を。はるかにおくりつけたまへと。ちかひて□□□□□□□□の□□□なくに□□□な□□□□□□□□□□□□□□□□□□□□□□□

實類の凡夫の所業ならは□□現身に大願のちからによりて。かくのことき□□不思議を現する事あらんや。答て□□□□□□□□□□□□□みすたゝし不□□□□事は。人法につけて古今つねにあ□□□□なり。いはむや佛法の不思議は因縁和合□□□れは。いかなる事もありかた□□□□□□□妙も義湘大師にあらすして。他人□□□□縁としては。いかなる愛敬の心をおこす□□□□の奇特を現しかたし。しかれは善妙□□□□□なれとも。すなはちこれを大師の德□□□□□□の大師をほめたてまつる文には□鱗□□□□負てとく海瀾をわたる。鉅石そらにう□□□□ほひて。寺山をまほるといゑり。この□□□□□浮石大師の名をえたまへり□□□□は。

　師は德あれとも。弟子信なけれは。□□□□す弟子信あれともその師德な□も□は□□□□□かならす知識の人大智惠ありて□□□□□□□□□るに顛倒なし。大慈悲ありて名□□もとめすして。衆生のためにこれをとく。その知識悲智の德おもけれは。儀形物に感して□□□□□おのつから發心す。のりをあら□□□□□□□おのつならみゝにとほ□□□□□□□□□□□おいたちまちに。むねをうこかす。痴鈍の人なにときゝわくところなけれとも。たゝ僧のか□□□□みえ如來の御弟子としり。說法の□□をきゝて。如來の正法とおもふ僧は。實德あり。弟子は信心あれはこの正因緣和合して。□□□□□し藏識のなかに薰す。これすなはち□□□法證大菩提の良因なり。この善根ある人□□におひて。大事を成するにたえたりしか□□善少さきの生に知識にあひて。正法をき□□を□塵にそまりて女人の報を□□□□□生の淨法のちからによりて。□□に又□□にあひたてまつる。欲染あひつくかゆへに出家の法體を緣して。まつ在家の愛心をおこす。宿善くちせさるかゆへに。法師のことはをきゝ勇猛の信心をおこす。愛敬あひならふ□□□大師を念するにおこたりなし。敬によりて□を成するは。佛道に順するかゆえに。この人□□心勝進の機なりけるによりて。大師のふ□□おくれて。いよいよ熾盛の愛心をおこす。なを□□□に大師にあひたてまつりて。道具をさゝけて□□世の値遇をちきらましかは。離別の□□□□ほねにとほるらん。かならすしも□□ことはならさるよし。その情愛をうこかし□大事をなさむかために。大師の再面をとけすして。ふねをかすみの中にみる□□□されはかやうの事は。たゝ宿善にむくひ。□□心の感することはりなり。かならすしも□犯にあへ□へからす。かの一乘見聞の宿□□□□□□□第二生に解行成滿して。現身に證入の大益をうととくは。これ華嚴圓宗の感□なり。いはむや宿善により。知識にあひて。道心をおこさむ時。隨分の不思議を現せむ□□なむそ。かならすしも。かたしとするにたら□牛跡をまほりて。大海をうたかふとも。か□にあはすは大龍となりて。ふねをになひ。□□となりて。人をおもふ。た これ大願のちから。□□と信すへし。

又問ていはく。もし宿善によらは宿善なくは。佛法にあふとも。その□あるへからすや。答ていはく一句一偈の聞信。その切徳はなはたふかし。いかてか。隨分の宿善なからむや。いまさすところは。その功力速疾にして。善妙の所行のことく 不思議を□する事は。眞實の知識にあひて。甚深の正法に緣をむすふ人。すみやかにこの生に。佛法の大事を成就する事をいふなり。そのほかたとひ師弟かならすしも。相順せされとも。その勝利むなしからす。禽獸法音をきて。惡趣の報を轉す。あるいは草木神咒の加持によりて。花菓を増長する事あるかことし。又佛法にあふ人。宿善なからむ事をかなしまは。今世に名利のおもひをしつめて。隨分の如法をたのまは。すなはち來世には。眞實の宿善となるへし。四勝心身の得益は。ともにみな十地をきはむ。これすなはち一乘見聞の種子にむくゆ。名利の欲をたゝは。所修かならすきよからん。來世とほきにあらす。なんそ法利おそき事をうらみむ。その益十地を期す。なんそ所得あさしとおそれむや。又とひていはく。もし實類の凡夫の所爲ならは。たとひ師の德を愛するにても。大龍となりて。人をおふ□□いといとおひたゝし。執著のとかにはあらしや答ていはく。かの男女。執著のみちに熾盛の貪瞋にひかれて。大蛇となりて。男をおふためしきこゆ。これはにぬていの事なりかれは。煩惱のちからにひかれて。實に蛇となりて執著のとか。もともふかし。これは大願によりて。佛菩薩の加被をうけて。かりに大龍となり。ふかく師の德を敬重し佛法を信するによりてなり。いはんやたゝ龍となるのみにあらす。又大磐石ともなれり。もし龍になるとて執著のとかありといはゝ。又いしとなるとて。心識なしといはんや。まさにしるへし。大願によりて。現身に大神通を具足して。變現無窮なり。かの觀音の三十三身等のことし。佛法のために益あらは。なに物にもならむ事。かたきにあらす。なんそ龍と石とにかきらんや。しかれはことあさく。執著のとかにおとすへからす。この人のたちまちに。穢土をいとひ。淨土に往生せんとおもはゝ。たなこゝろをさすかことくならん。これは大菩提心のちからによりて。菩薩の道を滿足し。無上佛果を證すへき大機根なるによりて。やうかはりて。かくのこときの事のあるなり。いはんや法門の性相につきてこれを案するに。愛に親愛法愛あり。法愛は一向にきよし。親愛は染淨に通せり。信位の凡夫は。親愛はすくれ。法愛は劣なり。三賢十地は。法愛はすくれ。親愛は劣なり。或は十地には。たゝ法愛のみあり。もし愛心の事識地を所依として。染汗の行相におこるをは乖道の愛となつく。名利女色等を愛すかこときなり。もし愛心の事識地を所依として。清淨の行相におこるをは。順道の愛となつく。佛法を心にそめ。師長等を愛するかこときなり。かの十住の菩薩如來の微妙の色身を愛して。菩提心をおこす。これすなはち。親愛の菩提心なり。いはむや輕毛退位の凡夫。有徳の人において。愛心なきは。すなはち法器にあらざる人なり。いま善妙。さきには有染の心をおこすといゑとも。のちには無染の愛心をおこせり。圭峯大師は。敬によりて成する愛をもては。順道の愛と判したまへり。かの法體をいたす正文にいはく。敬によるといふは。佛法をうやまふ深心の人。三寶和尙闍梨もろもろの善知識をみるに。本因は法のためにすれとも。敬重やうやうに成して。深心に情愛す。請益はたりぬといゑとも。またさりはなるゝ事を。しのはさるかことしといゑり。すてに佛法をうやまふ。深心の人この愛心を成せり。あきらかにしりぬ。この心なくは。佛法を敬重せさる。淺心の人なるへし。いま善妙は。すなはち佛法をうやまふ深心の人なり。俱舍論等にも。愛敬謂信悲とのへて。師長等を緣する愛心をは。すなはち信心なりと釋せり。しかれは。たゝ執著のとかなきのみにあらす。大乘小乘の聖敎に。ことことくこれをほめて。佛道の妙因とせり。あはれなるかなや。かなしきかなや。毗沙門王は。歸命のこゑを。釋迦の寶前にあけ。阿難尊者は悶絕のかなしみを。如來の入滅にいたす。これみな愛心のいたりなり。天王なをかくのことし。いはんや人類をや。聖者なをしかなり。いはんや凡夫をや。善妙歸法のしるしは。圖繪にあらはすにたれり。心さしにふくめる深義は。圖繪にかるにたよりなし。されは聖敎につきて。ほゝその大綱をしめす。これ又敬によりて。愛を成するあまりなり。

출발하는 장면.
벌써 가고 계십니다.
토굴에서 머□□는 장면 고회考繪 속의 말

드디어 날이 밝기에 보았더니 이 동굴은 죽은 사람의 무덤이었다. 해골이 가득하여 소름이 끼치고 두려웠으나 너무나 많은 비로 나아갈 수 없어 하는 수 없이 다음 날 밤도 묵었다. 원효 법사, 꿈속에서 귀신에게 시달려 마음의 평안을 잃고 놀랐으나 본래 지자智者인지라 이때 깊고 깊은 유식의 도리를 깨달았다. 그리고 말하였다.

"어제는 보통 동굴이라 생각하니 마음이 평온하여 두렵지 않았거늘 오늘 밤은 죽은 이의 무덤임을 보니 금세 귀신이 두렵구나. 일체제법이 모두 한 마음이 변화하는 바이니, 마음 밖에서 스승을 구할 수 없을 것이다. 나는 이제 돌아가야겠다."

이에 신라에 머무셨다. 의상은 홀로 출발한다.

**(繪)

進發したまふところ。
すてにいてさせおはしまし候にこそ。
つかやにと□□りたまふところ 考繪の中の詞
夜すてにあけてみれは。このつか死人のはかなりけり。骸骨みちみちたり。身のけよたちおそれ覺けれとも。あまりに大雨ふりて。ゆくさきすゝみかたけれは。ちからなくて。つきのよ又とまりぬ。元曉法師ゆめのうちに。鬼物におそはれて。心やすからすして。おとろきぬ。もとより智者なれは。この時に甚深唯識の道理に悟入す昨日はつねのつかなりとおもふに。心たひらかにして。おそれなし今夜は己人のはかなりとみえ。たちまちに鬼物におそはる。一切の諸法。みな一心の變するところなり。心のほかに。師をたつぬへからす。われはこれよりかへりなむといひて。新羅にとゝまりたまひぬ義湘ひとり進發す。

원효는 돌아가고 의상은 계속 나아가는 장면.
아아, 힘들구나.
부디 빨리 돌아오십시오.
어서 건너십시오. 배가 이미 와 있습니다.
어이, 저 배 잠깐 좀 더 붙여 주십시오.
서둘러 타십시오. _{고회考繪 속의 말}

화엄연기 3

　　**(繪)
元曉はかへり。義湘はなをすゝみたまふところ。
あゝくるしやかまへて。とく御かへり候へ。
はやく御わたり候へ。御ふねすてにかゝり候。
や。あのふねしはし。
いますこし。よせたまへ。
はやとくのりたまへ。_{考繪の中の詞}

華嚴緣起 三

선묘, 법구를 준비하는 장면
아아, 유감스러운 일이구나.
어, 배가 벌써 출발했구나.
대사의 배가 당의 나루를 떠나는 장면
저 안개 속으로 보이는 것이 대사의 배 같은데요.
선묘, 법구를 가지고 오는 장면
선묘, 상자를 던지는 장면
아이쿠 아이쿠.
에구, 경솔하구나. 저게 무슨 짓이람.[238]

**(繪)
善妙。道具いとなむところ。
あなくちおしのことや。
あれ。御ふねすてにいて候にけるは。
大師の御ふね。唐のつをいつるところ。
あのかすみてみえ候は。大師の御ふねかとよ。
善妙道具をもたせて。まいるところ。
善妙はこをすてゝ。なきかなしむところ。
善妙はこをなくるところ。
あれあれ。
あなあさましや。あれはいかなることそや。

---

238 ㉈『大日本佛敎全書』제111책.

9. 『태금혈맥도胎金血脈圖』[239]

대비로자나대교왕상승사자혈맥도

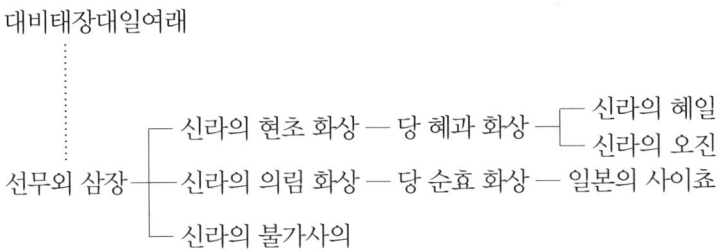

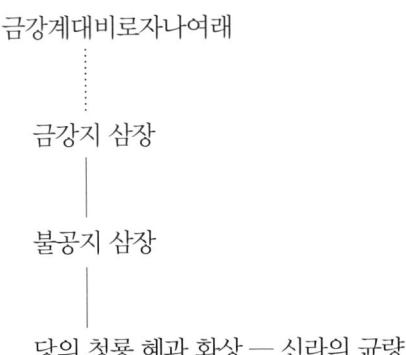

당의 청룡 혜과 화상 — 신라의 균량

---

239 ㉮ 본 혈맥도는 일본 智證 대사(圓珍) 전집에 들어 있는 것으로서, 여기서는 『大日本佛敎全書』 제28책, pp.1083~1085에 수록된 것을 抄하였다.

大毘盧遮那大教王相承師資血脈圖

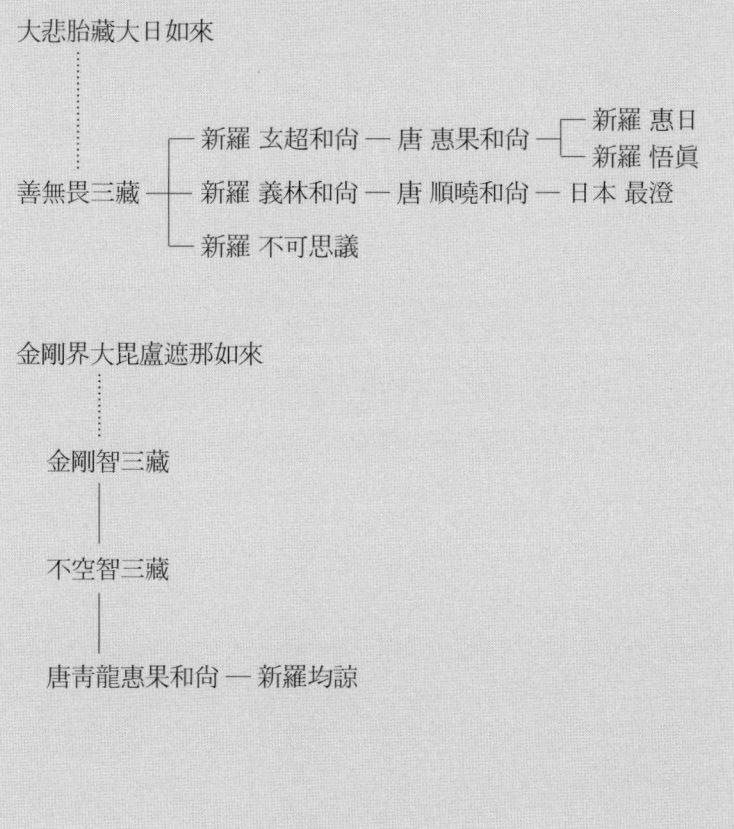

사전류 寺傳類

◎
박광연
정영식

1. 『적산신라(법화)원赤山新羅(法花)院』
—입당구법순례행기入唐求法巡禮行記[1]—

839년 6월…(중략)…7일. 정오 무렵 북서풍이 불었다. 돛을 올리고 나아갔다. 오후 2시에서 4시 사이에 적산의 동쪽에 이르러 배를 정박하였다. 북서풍이 세차게 불었다. 적산은 오로지 바위가 높이 솟아 있는 곳으로 곧 문등현文登縣 청녕향淸寧鄕 적산촌赤山村이다. 산 속에 절이 있는데 적산법화원赤山法花院[2]이라고 이름한다. 본디 장보고張寶高가 처음 세운 곳이다. 장보고[長은 池本[3]에는 張[4]으로 되어 있다.]의 장전莊田[5]이 있어서 식량을 충당하고 있다. 그 장전은 1년에 500석의 쌀을 수확한다. 겨울과

---

1 ㉮ 4권으로 되어 있는 본 入唐記는 일본 慈覺大師 圓仁(794~864)의 여행기인데, 이 글에는 당시 唐의 文登縣 赤山에 있었던 신라사원인 法花院에 관한 기록이 보이고 있으므로, 여기서는 엔닌이 적산에 도착하여 그곳을 떠날 때까지의 부분을 抄하였다. 本抄 외에도 신라 및 신라승에 관한 기록이 몇 군데 보이고 있으나 불교사료의 성격상 이 부분만을 초록함에 그쳤다. 본 入唐巡禮行記는 『大日本佛敎全書』제113책 등에 수록되어 있으나 여기서는 臺北의 文海出版社有限公司 印行本에 의하여 抄錄하였다.
2 적산법화원赤山法花院 : 820년대 초에 장보고가 건립한 사원이다.
3 池本(지본) : 『입당구법순례행기』에는 여러 판본이 있다. 지본이란 津金寺本 또는 池田本이라고도 하는데, 信濃의 慧日山津金寺의 寫本을 池田長田씨가 교정한 것이다. 또 東本은 東寺本이라고도 하는데, 東寺觀智院에 전해 온 影印本을 말한다. 이 외에도 小野本, 堀本 등이 있다.
4 張(장) : 張은 장보고를 말한다. 따라서 '장보고가 기증한 장전이 있다.'라고 해석할 수도 있다.
5 장전莊田 : 원래 別莊을 교외의 넓은 땅에 마련하고 田·園을 둔 것에서 비롯된다. 莊田·莊園·莊宅·別墅 등으로도 부른다.

여름에 강설이 있는데, 겨울에는 『법화경』을 강의하고 여름에는 8권 『금광명경』을 강의한다. 여러 해 동안 그것을 강설해 왔다. 남북에는 봉우리가 있고, 물은 절의 정원을 지나 서쪽에서 동쪽으로 흐른다. 동쪽은 바다를 바라보고 탁 트여 있고, 남·서·북쪽은 봉우리들이 이어져 벽을 이룬다. 다만 서남쪽은 아래로 경사져 있다. 지금은 신라통사 압아押衙인 장영張詠,[6] 그리고 임대사林大使,[7] 왕훈王訓 등이 도맡아 관리하고 있다.

六月……七日午時乾風吹。擧帆進行。未申之際。到赤山東邊泊船。乾風大切。其赤山純是巖石高秀處。即文登縣清寧鄉赤山村。山裏有寺。名赤山法花院。本張寶高初所建也。長【考長池本作張】有莊田。以充粥飯。其莊田一年得五百石米。冬夏講說。冬誦法花經。夏講八卷金光明經。長年講之。南北有巖岑。水通院庭。從西而東流。東方望海遠開。南西北方連峰作壁。但坤隅斜下耳。當今新羅通事押衙張詠。及林大使王訓等專勾當。

6월 8일. 해질 무렵 나는 유이쇼惟正, 유이교惟曉[8] 등과 함께 절에 올라갔다. 때마침 사원의 30여 명의 스님을 만났는데, 인사하고 차를 마셨다. 밤에는 빈 방에서 잤다.

---

6 장영張詠 : 신라 사람으로 巡禮行記에는 張押衙, 張大使라고도 부르고 있다.
7 임대사林大使 : 大使는 존칭으로, 大人과 같다. 신라인이 당나라 조정에 벼슬하거나 혹은 都兵馬使·押衙 등의 무관에 임용되어 있었기 때문에 이와 같은 존칭을 사용하고 있었던 것이라고 해석된다. 엔닌은 張保皐·張詠·薛詮에게도 대사라는 호칭을 사용하고 있다.
8 유이쇼惟正, 유이교惟曉 : 엔닌과 함께 입당 구법순례를 한 제자이다.

八日。暮際。請益法師及惟正惟曉等登寺。偶謁寺家。諸僧等卅有餘。相看啜茶。夜宿閑房。

6월 9일. 점심 전에 법상종의 청익請益 법사[9]인 카이묘戒明 법사와 시자 등이 찾아 올라왔다. 함께 식당에서 점심 식사를 하였다. 식사 후에 아와타녹사粟田錄事(비서관)와 신라 통역사 도현道玄[10] 등도 함께 올라와서 또 하룻밤을 지냈다.

九日。齋前法相請益戒明法師及從僧等相尋登來。共於食堂吃齋。齋後粟田錄事。新羅通事道玄等同共登來。亦宿一夜。

6월 10일. 점심 식사 후에 아와타 녹사【粟 밑에 池本에는 田字가 있다.】는 배로 돌아갔다. 본국의 일곱 스님[11]은 산사에 머물렀다. 7일부터 불기 시작한 남서풍은 잠시도 그치지 않았다.

十日。齋後粟【考粟下池本有田字】錄事歸船上去。本國七箇僧留住山寺。超七日。西南風大切。片時無息。

6월 22일. 심한 바람과 폭우가 밤새도록 그치지 않았다.

9　청익請益 법사 : 청익 법사는 請益僧・還學僧・請益生 등으로도 부른다.
10　도현道玄 : 일본 견당사의 배에 동승한 신라인 통역관. 승려이다.
11　본국의 일곱 스님 : 엔닌과 沙彌인 惟正・惟曉 그리고 戒明 법사와 그의 시종인 義澄과 신라승 道玄 등 6명과 行者인 丁雄滿을 말한다. 이로써 사미도 승려로 호칭했던 것을 알 수 있다.

廿二日。大風暴雨。通夜不止。

6월 23일. 이른 아침에 산사를 돌아보았더니 나무가 뿌리째 뽑혀 넘어지고 가지는 꺾여 나갔으며, 바위가 무너져 내려 돌담이 허물어졌다. 배가 정박해 있는 곳에서 선원이 달려와 말하였다.

"배는 거친 암석에 부딪쳐 이미 모두 파손되었으며, 거룻배 2척도 아울러 다 부서졌습니다."

갑자기 듣게 되니 괴이하기 짝이 없어 곧 배가 정박해 있는 곳으로 사람을 보내어 사실 여부를 알아보게 하였다. 그 배는 세찬 바람에 떠내려가다가 거친 암석에 부딪쳐 키는 부서져 나갔고, 거룻배[艇은 東本에는 없다. 지금 池本을 따른다.] 2척도 모두 이미 부서져 조각나 있었다. 배는 암석에[乎는 池本에는 平으로 되어 있다.] 부딪치기를 서너 번, 파도는 산처럼 밀려왔다. 닻줄과 닻이 풀린 채 파도[波는 各本에 彼로 되어 있으나 오기誤記인 듯하다.]와 함께 떠내려가 서쪽 해안에서 동쪽 해안으로 밀려갔다. 바람은 점점 세차게 부니 배의 표류와 요동은 더욱 심했다. 쇠붙이를 내려 닻으로 삼고, 닻줄을 겨우 가라앉혀 해안 가까이 가서 계류하였다. 배에 있던 모든 사람들은 넋을 잃고 먹지도 못하고 흡사 반죽음이 된 듯하였다. 이틀이 지난 뒤 지난번에 정박한 곳에 돌아가 거룻배를 수리하였다.

廿三日。早朝。巡看山寺。拔樹折枝。崩巖落磊石。從泊舶處。水手走來云。舶當矗磯。悉已破損。艇一雙並皆破散。乍聞怪無極。便差專使。遣泊舶處。令看虛實。其舶爲大風吹流。著矗磯。梶板破卻。舫艇【考艇東本無。今從池本。】一雙。並已摧裂。舶當乎【考乎池本作平】磯三四度。鴻濤如山。纜碇不繫。與波【考波各本作彼恐誤】流出。自西岸而到東岸。風吹

逾切。漂搖更劇。下鏘爲碇。碇纜纔沈。迫岸繫留。船上諸人。心迷不
喫。宛似半死。兩日之後。歸到舊泊。補綴舫艇。

6월 26일. 사람들을 나누어 닻을 가져오게 하고, 키를 만들 만한 재목
을 찾아오게 하였다. 지난 4월부터 구름과 안개는 짙게 끼어 어둡고 비바
람은 그치지 않았다. 하루 이틀 맑았다가도 다시 구름이 짙게 끼었다.

廿六日。分頭令取碇。及覓桅料之材。自去四月起首。雲霧暗塞。風雨
不止。一兩日晴。還更雲塞。

6월 27일. 들으니 장보고의 교관선交關船【灾는 交字인 듯하다. 下文에 보인
다.】12 2척이 적산포【旦는 赤字인 듯하다.】에 도착했다고 한다.

廿七日。聞張大使灾【考灾恐交字。見下文】關船二隻。到旦【考旦或赤
字】山浦。

6월 28일. 대당천자가 새로 즉위한 신라왕(神武王)을 축하할 사신으로
파견한 청주 병마사靑州兵馬使 오자진吳子陳·최부사崔副使·왕판관王判官
등 30여 명이 절로 올라와 만났다. 밤에 장보고는 대당매물사大唐賣物使
인 최 병마사崔兵馬司를 보내어 절에 와서 위문하게 하였다.

廿八日。大唐天子差入新羅。慰問新卽位王之使。靑州兵馬使吳子陳。

---

12 교관선交關船 : 교역선을 뜻한다.

崔副使王判官等卅餘人。登來寺裏相看。夜頭。張寶高遣大唐賣物使崔兵馬司來寺問慰。

6월 29일. 밝을 무렵 도현 스님(闍梨)과 함께 객방으로 들어가 당나라에 머무는 일에 관하여 의논하고, 곧 배 있는 곳으로 돌아갔다. 적산포의 동남쪽으로 작은 만을 건너가면 섬이 있는데 동쪽 연안과 접해 있다. 이곳은 오吳나라의 간장干將[13]이 검을 만들던 곳이라 당시 사람들은 막야도莫耶島라 불렀다. 막야莫耶는 섬의 이름이고, 간장干將은 대장장이의 이름이다.

廿九日。遲明。共道玄闍梨入來客房。商量留住之事。便向船處歸去。赤山浦東南涉少海有島。與東岸接連。是吳干將作劍處。時人喚爲莫耶島。但莫耶是島之名。干將是鍛工之名。

7월 10일·11일. 바다에 바람이 없는데도 파도가 세차게 해저까지 몰아쳐서 물결이 솟구치니 파도소리는 우레와 같았다. 배가 흔들려서 놀라움이 적지 않았다.

七月十日·十一日。海裏無風。波浪猛騰。徹底涌沸。浪聲如雷。舶船漂振。驚怪不少。

---

13 간장干將 : 干將은 吳人, 그 妻를 莫耶라 한다. 간장은 五山의 精六金으로 2劍을 만들었는데, 陽을 干將이라 하고 陰을 莫耶라고 했다고 한다. 說이 여러 가지로 일정하지 않아서, 일설에는 吳王이 간장, 막야의 2검을 만들었다고 한다. 浙江省 武庫縣의 西北 27里에 莫干山이 있고, 江蘇省 常熟縣의 西南12里에 莫城鎭이 있는데 모두 莫耶劍을 만드는 곳이라고 한다.

7월 14일. 아침 8시경에 적산원을 나와서 배가 정박해 있는 곳에 이르렀다. 해안에서 카이묘 법사와 아와타粟田 녹사·와케和氣 녹사와 작별하고, 진장촌眞莊村의 천문원天門院에 가서 법공法空 스님[14]을 만났다. 이 스님은 예전에 일본에 간 적이 있고 돌아온 지 20년이 된다고 한다. 밤에는 천문원에서 머물렀다.

十四日。辰時。辭山院到舶船處。在岸頭共戒明法師及粟錄事和錄事辭別。往眞莊村天門院。相看法空闍梨。此師曾至本國。歸來二十年。夜宿其院。

7월 15일. 천문원에서 점심 식사를 했는데, 햇곡식으로 지은 밥을 먹었다.

十五日。山院喫齋。便喫新粟米飯。

7월 16일. 이른 아침에 적산원에서 나와 길에서 사람들이 말하는 것을 들으니 "배는 어제 떠났다."고 한다. 배가 있는 곳에 이르러 찾아보았으나 보이지 않았다. 잠시 해안에 있으니 적산원의 스님들이 와서 위로해 주었다. 함께 적산원에 돌아가서 밥을 먹었는데, 주사州使 4인이 먼저 와 있는 것을 보았다. 일본국 조공사의 쌀 70석을 운반해 왔으나, 조공사가 이미 출발했으므로 건네줄 수가 없었던 것이다. 바로 관아에 보고하러 갔다. 원내의 사람들은 우리가 남겨진 것을 이상히 여기고 예를 갖추어 위로해 주었다.

---

14 법공法空 스님 : 천문원의 주지였던 듯하다.

十六日。早朝。從山院下。在路聞人道。舶船昨日發去。到舶船處。覓
船不見。暫住岸頭。赤山院衆僧共來慰問。俱登赤山院喫飯。便見州
使四人先來在院。運日本國朝貢使糧七十石米。著今於當村。緣朝貢
使已發。不得領過。便報縣家去。院裏老少深怪被抛卻。慰問慇懃。

7월 21일. 오후 4시경에 본국의 상공相公 이하가 탄 9척의 배가 와서 적산포에 정박하였다. 곧 유이쇼惟正를 보내어 상공에게 문안드리고 아울러 여러 판관·녹사 등에게 안부를 물었다. 상공은 오우미곤 박사近江權博士[15](畫師를 뜻함)인 아와타노 이에츠구粟田家繼와 사수射手인 좌근위左近衛[16] 하세츠카베노 사다나丈部貞名 등을 보내어 우리를 위문하고 아울러 두 번째 배(第二舶)가[17] 조난당한 일을 위문하게 하였다.

廿一日。申時。本國相公已下九隻船來。泊此赤山浦。卽遣惟正起居
相公。兼諮諸判官錄事等。相公差近江權博士粟田家繼及射手左近
衛丈部貞名等。慰問請益僧。兼令問第二舶逢危害之事。

7월 22일. 선박들은 출발하지 않았다.

廿二日。不發。

---

15 오우미곤 박사近江權博士: 다른 본에서는 近江權掾博士라고 하며, '小野本注'에 서는 江權博士가 맞다고 한다.
16 좌근위左近衛: 일본의 군직명이다.
17 第二舶(제이박): 舶은 큰 배, 특히 대양을 항해하는 배를 말한다. 견당사선은 보통 네 척의 배로 이루어지는데, 엔닌이 타고 있던 두 번째 배를 가리킨다.

7월 23일. 이른 아침에 산에서 배가 정박해 있는 곳을 바라보니 아홉 척의 배가 전부 보이지 않으므로 밤에 함께 떠난 것을 알았다. 북서풍이 불었다. 적산의 북동쪽으로 바다를 100여 리 가면 멀리 산이 보이는데 청산靑山이라고 한다. 세 봉우리가 나란히 있는데도 멀어서 어렴풋하게 보인다. 이곳은 진시황秦始皇이 바다 위에 다리를 놓은 곳이다. 진시황은 이 산에서 동쪽으로 봉래산蓬萊山·영산瀛山·호산胡山을 보았고 또 여기서 죽었다. 그때 신었던 삼으로 만든 짚신이 지금도 있다는 것을 노인들이 말하는 것을 듣고 알았다.

　우리 세 승려(엔닌·유이쇼·유이교)는 천태산을 순례하기 위해 귀국의 뜻을 잊고 적산원에 머물고 있다. 사람들은 여정(行李)을 물을 때마다 "남쪽으로 가면 길이 대단히 멀다."고 한다. 들어 보니, 북쪽으로 순례하면 오대산五臺山이 있는데 여기서 2천여 리이다. 생각건대 남쪽은 멀고 북쪽은 가깝다."라고 말한다. 또 들으니 "천태종 스님인 지원志遠[18]·문감文鑒 좌주座主는 모두 천태현소天台玄素의 제자들이다. 지금 오대산에서 법화삼매를 닦고 천태의 가르침을 전하고 있다. 오대산의 북대北臺에는 송곡난야宋谷蘭若가 있는데 예전에 법화삼매를 닦아서 득도한 사람이 있었다. 요즘은 진선사進禪師가 있는데, 초주楚州 용흥사龍興寺의 스님이다. 그는 열반경 1천 부를 가지고 오대산에 들어와 지원志遠 선사의 곁에서 법화삼매를 닦았다. 도량에 들어가서는 보현보살을 염불하고 절에서는 행도行道[19]하여 대성大聖을 볼 수 있었다. 벌써 20년이 되었다."라고 한다. 신라 승인 성림聖林 화상[20]【林은 池本에는 琳으로 되어 있다.】의 이야기에 의거하여

18　지원志遠 : 768~844. 속성은 송씨. 河南省 汝南縣 사람. 화엄종 본산인 오대산에서 천태종을 수업하였다.
19　행도行道 : 승려가 독경하면서 불상 혹은 불당 주위를 오른쪽으로 도는 행법이다.
20　성림聖林 화상 : 적산법화원의 講經法主이다. 그는 20여 년간 오대산·장안 등지를

이것을 적는다. 성림 화상은 오대산과 장안을 20년 유행하고 이 절에 들어왔다. 이야기가 끝난 후에는 항상 오대산의 성적聖跡에 대해 말해 주었는데, 그 경치가 뛰어나서 성경聖境에 가깝다는 것이 대단히 기뻤다. 그래서 천태산으로 향하는 마음을 접고 오대산을 순례할 뜻을 세웠다. 계획을 바꾸어 여기서 겨울을 지내고 봄이 되면 출발하여 오대산을 순례하려고 한다.

廿三日。早朝。山頭望見泊舶處。九隻船並不見。便知夜頭同發。西北風吹。赤山東北隔海去百許里。遙見山。喚爲靑山。三峰並連。遙不炳然。此乃秦始皇於海上修橋之處。始皇又於此山。向東見蓬萊山瀛山胡山。便於此死。其時麻鞋今見在矣。見舊老說。便得知之。三僧爲向天台。忘歸國之意。留在赤山院。每問行李。向南去道路絶遠。聞導。向北巡禮有五臺山。去此二千餘里。計南遠北近。又聞有天台宗和尙法號志遠文鑒座主。兼天台玄素座主之弟子。今在五臺山修法花三昧。傳天台敎跡。北臺在宋谷蘭若。先修法花三昧得道。近代有進禪師。楚州龍興寺僧也。持槃經一千部入臺山。志遠禪師邊受法花三昧。入道場求普賢。在院行道。得見大聖。如今廿年來也。依新羅僧聖林【考林池本作琳】和尙口說記之。此僧入五臺及長安遊行。得廿年來此山院。語話之次。常聞臺山聖跡。甚有奇特。深喜近於聖境。暫休向天台之議。更發入五臺之意。仍改先意。便擬山院過冬。到春遊行巡禮臺山。

7월 28일. 오후 4시에 현의 관리와 두문지竇文至 등 두 사람이 통첩을

순례하며 학덕을 닦았다.

가지고 왔다. 그 첩에서 말하였다.

　현은 청녕향에 통첩한다.

　판두板頭(部落長)인 두문지의 보고를 보니, 일본국의 배에서 버려진 사람이 세 명 있다고 한다. 그것을 검토하니(右檢案內),[21] 앞의 부락장의 보고에 "그 배는 금월 15일에 이미 출발하였는데, 남겨진 3인은 현재 적산의 신라사원에 있다."라고 하였다. 여기서 말하는 3인을 살펴보니 바로 배에서 남겨진 사람들로서, 촌보村保[22]의 판두板頭가 당일 보고하여야 마땅하거늘 어찌 15일이나 지나서 비로소 보고하는가? 또 남겨진 사람들의 이름과 휴대품, 옷 등이 보고서에 보이지 않는다. 아울러 적산사원의 강유綱維(寺務管掌僧), 지사승知事僧(監督僧) 등은 외국 승려가 있음에도 전혀 신고하지 않은 이유를 조사하라. 이 일은 반드시 향의 전專 노인에게 통첩하여 사유를 알아보게 하라. 통첩이 당도하는 당일 내로 그 상황을 보고해야 한다. 만약 조사에 이르러 한 가지라도 틀리거나 거부한다면 죄를 물어야만 한다. 또 기한을 어기고 조사가 상세하지 않으면 조사를 담당한 자에게 죄를 물어야 한다.

　개성開成 4년 7월 24일

　전典 왕좌王佐 통첩

21　右檢案內(우검안내) : 통첩의 내용을 검토하는 것. 案內를 검토하여 사실을 확인한 뒤에 처분하는 것은 公牒의 定法이다.
22　촌보村保 : 唐令에 "諸戶以百戶爲里。五里爲鄕。四家爲隣。三家爲保。每里設正一人……又云。在邑居者爲坊。別置正一人。掌坊門管鑰。督察奸非並其課役。在田野者爲村。別置村正一人。掌同坊正。"이라고 있다. 그러므로 里正은 百戶의 長, 坊正은 町邑의 長, 村正(村保)은 田舍의 村里의 長이다. 그리고 坊正은 坊頭라고도 하고, 板頭라고도 한다. 靑寧鄕은 五百戶 정도이고 專(寶) 노인이 長이다. 里正·村保·板頭는 鄕中의 部落의 長이다.

주부부위主簿副尉 호군직胡君直
섭령攝令 척선원戚宣員[23]

廿八日申時。縣使竇文至等兩人將縣帖來。其狀稱

縣帖靑寧鄕

得板頭竇文至狀報。日本國船上抛卻人三人。

右檢案內。得前件板頭狀報。其船今月十五日發訖。抛卻三人。見在赤山新羅寺院。其報如前者。依檢。前件人旣船上抛卻。卽合村保板頭當日狀報。何得經今十五日然始狀報。又不見抛卻人姓名兼有何行李衣物。幷勘赤山寺院綱維知事僧等。有外國人在。都不申報。事須帖鄕專老人勘事由。限帖到當日。具分析狀上。如勘到一事不同及妄有拒住。並進上勘責。如違限。勘事不子細。元勘事人必重科決者。

開成四年七月廿四日

典王佐帖

主簿副尉胡君直

攝令戚宣員

구법승 등은 곧 서류를 작성하여 잔류하게 된 연유를 보고하였다. 그 내용은 다음과 같다.

---

23 섭령攝令·전전·주부主簿·부위副尉·선원宣員 : 令은 縣令으로서 縣의 長官. 攝은 攝政의 攝으로서 代理官. 典은 主司者의 뜻으로 縣丞이다. 丞은 令의 次官으로, 縣令을 도와 정무를 통솔하는 總務長官이다. 主簿와 尉는 丞의 다음으로, 庶務를 분담하여 집행하는 實務官이다. 그리고 副는 兼任의 뜻이다. 또 宣員은 縣令의 뜻을 실행하는 役員이다. 따라서 이 통첩은 胡君直이 攝令인 戚의 뜻을 따라 첩문을 작성하고, 王佐의 서명을 받아서 발송한 것이다.

일본국 승 1인, 종소사從小師(시종하는 사미) 2인, 행자行者 1인이 산원에 잔류하게 된 사유.

이상의 승려들은 불법을 구하기 위하여 바다를 건너 멀리까지 왔습니다. 비록 당에 도착하였으나 아직 숙원을 이루지 못했습니다. 일본을 떠난 본뜻은 성국聖國(중국을 경칭하는 말)을 순례하고 스승을 찾아 법을 배우는 데 있습니다. 조공사朝貢使가 일찍 돌아갔기 때문에 함께 귀국하지 못하고, 마침내 이 산원에 거주하게 되었습니다. 장차 명산을 순례하고 도를 물으며 수행하고자 합니다. 휴대품은 철발鐵鉢 한 개, 동완銅鋺 두 개, 동병銅瓶 한 개, 문서 20여 권과 추위를 막기 위한 옷가지 등이고 다른 것은 없습니다. 지금 현사의 조사와 심문을 받고 사유를 아뢰니 앞과 같습니다. 첩문에 관해서는 앞과 같습니다. 삼가 아룁니다.

개성開成 4년 7월 20일 일본국 승 엔닌圓仁 첩장을 작성해 올립니다.

종승從僧 유이쇼惟正, 승 유이교惟曉

행자行者 요보로노 오마로丁雄萬 삼가 첩문을 올립니다.

求法僧等便作狀。報留卻之由。其狀如左。

日本國僧一人。從小師二人。行者一人。留在山院事由。

右僧等爲求佛法。涉海遠來。雖到唐境。未遂宿願。辭鄉本意。欲巡聖國。尋師學法。緣朝貢使早歸。不能相隨歸國。遂住此山院。已後便擬巡禮名山。訪道修行。但隨身物鐵鉢一口。銅鋺二具。銅瓶一口。文書廿餘卷。遮寒衣裳等。更無別物。今蒙縣司勘問。具事由如前。牒件狀如前。謹牒

開成四年七月廿日

日本國僧圓仁狀帖

從僧惟正

僧惟曉

行者丁雄萬奉帖

청녕향 적산원에서 서장을 올립니다.

조사를 받은 일본국 승들이 배에 돌아가지 않은 사유 등에 관한 보고.
일본국 승 엔닌, 시종사 유이쇼·유이교, 행자 도합 4인은 "멀리서 중화重花[24]에 불법이 융성하다는 말을 듣고 성스러운 가르침을 배우러 왔습니다. 또 명산, 성적을 찾아 제방을 순례하고자 합니다. 날씨가 더워서 잠시 산원에서 더위를 피하고 있으나, 서늘해지면 곧 떠날 것입니다."라고 말하였습니다. 일찍【早字는 得字의 잘못이 아닌가 생각된다.】 현사에게 보고하지 못하였습니다.【狀字 밑에 한 字가 빠졌는데, 者字가 빠진 것으로 생각된다.】 그 승들을 살펴보니 몸에 지닌 것은 의발뿐 다른 것은 없습니다. 만약 보고가 자세하지 않다면 저희들의 허물입니다. 삼가 서류를 작성하여 이와 같이 보고 올립니다.

개성 4년 7월 일

적산원주지 법청法淸 올림

靑寧鄕赤山院狀上勘。日本國僧人船上不歸事由等 狀。
右日本國僧圓仁。小師惟正惟曉。行者計四人。口云遠聞重花興流佛敎。故來投學聖敎。擬次尋名山聖跡。巡禮諸方。緣時熱。且在山院避

---

24 중화重花 : 舜의 號. 中華에 통한다.

熱。待時涼卽便行。遂不早【考早字或得字歟】縣司狀【考狀下一字缺恐脫者字】惟悉察其僧等緣身衣鉢。更無別物。如通狀後不子細。法淸等虛妄之過。謹具狀上。事由如前。

開成四年七月日

赤山院主僧法淸狀

8월 13일. 들으니 "상공相公 이하 9척의 배가 청산포에 정박해 있는데, 발해의 교역선도 함께 그곳에 정박해 있다. 거기서 사람이 와서 현역소縣役所에 보고하러 갔다."라고 한다. 그러나 진짜인지 의심스럽다. 왜냐하면 9척의 배가 적산포를 떠난 후에 서북풍이 계속 불어서 지금도 불고 있다. 그런데 무슨 장애가 있어 아직 떠나지 않고 있겠는가? 다만 이는 사람이 잘못 전한 것일 뿐이다.

八月十三日。聞相公已下九隻船在靑山浦。更有渤海交關船同泊彼浦。從彼有人來報縣家去。未詳虛實。所以然者。九隻船從此赤山浦發後。西北風連日常吹。于今猶有。更有何所障不發去。但應是人虛傳。

8월 15일. 절에서 수제비와 떡 등을 마련하여 8월 15일의 가절을 경축하였다. 이 가절은 다른 나라에는 없고 오직 신라에만 있다. 노승들이 말하였다.

"신라국이 옛날에 발해와 싸웠을 때[25] 이날 승리를 거두었다. 그래서

---

25 신라국이 옛날에 발해와 싸웠을 때 : 『三國史記』・『新唐書』「新羅傳」에 의하면 신라 聖德王 32년(733)에 발해와 말갈이 登州를 침범하였다. 중국의 玄宗은 노해서

기념하여 춤추고 즐기어서 영원히 이어져 끊이지 않는다."

많은 음식을 장만하고 춤추고 노래하며 악기를 연주한다. 주야로 계속하여 3일간 쉬지 않는다. 지금 이 산원은 고국을 추모하여 오늘 그것을 축하한다. 발해는 신라에 항복하고 겨우 천 명만이 북쪽으로 도주하였다. 그 후 돌아와서 옛날처럼 나라를 세웠는데, 지금 발해라고 부르는 것이 그것이다.

十五日。寺家設餺飩餠食等。作八月十五日之節。斯節諸國未有。唯新羅國獨有此節。老僧等語云。新羅國昔與渤海相戰之時。以是日得勝矣。仍作節樂而喜舞。永代相續不息。設百種飮食。歌舞管絃以晝續夜。三個日便休。今此山院追慕鄕國。今日作節。其渤海爲新羅罰。纔有一千人向北逃去。向後卻來。依舊爲國。今喚渤海國之者是也。

8월 16일. 유이쇼·유이교를 위해 처음으로 『인명론소』를 읽었다. 청주도독부青州都督府[26] 관내에는 4개 주가 있는데, 내주萊州·등주登州·치주淄州·청주青州【淥字는 잘못 들어간 것으로 青州와 합해서 4州가 된다.】가 그것으로 모두 산동도山東道이다. 등주登州의 4현은 모평현·문등현·봉래현·황현【黃字 밑에 池本에는 綠字가 있으나 잘못이다.】으로서, 봉래현은 등주의 아래

신라로 하여금 토벌케 하였다. 처음에 신라병은 大風雪을 만나 고전했지만 나중에 이를 물리쳤고, 발해는 북방의 말갈국으로 도주했다고 하지만 상세한 내용은 불명하다.

26 청주도독부青州都督府 : 도독부는 數州를 총관하는 행정 관청으로, 청주도독부는 武德 7년(624)에 세워졌지만 몇 년 지나지 않아 폐지되었다가, 景雲 2년(711)에는 전국에 24도독부가 세워지고, 齊州都督府 관하에 青·淄·濟·濮·登·萊의 6州가 있었다.

쪽에 있다. 지금의 이 산원은 문등현 청녕향 적산촌 내에 있다. 청녕향의 남쪽 끝에서 바다를 바라보면 막야도莫耶島가 있다. 이곳은 오吳의 간장干將이 검을 만들던 곳이다. 적산의 동남쪽에 있는데 작은 바다가 사이에 있다. 적산의 북쪽에서 동쪽으로 돌아가면 육로에 다다를 수 있다.

十六日。爲惟正惟曉始讀因明論疏。青州都督府管內。有四箇州萊州登州淄涤州【考涤字衍合青州爲四】並山東道。登州四縣牟平縣文登縣蓬萊縣黃縣。【考黃下池本有綠字非也】蓬萊縣在州下。今此山院是文登縣清寧鄉赤山村內。清寧鄉南極。望海有莫耶島。是吳干將。作劍之處。當在赤山東南。隔以小海。從赤山北。向東轉去。陸路得到。

9월 대大.²⁷ 1일 기묘. 오대산에 가는 여정旅程·주명州名·리수里數를 물어서 기록한다. 8개 주를 지나서 오대산에 도달하는 데는 모두 2,990여 리이다. 적산촌에서 문등현까지가 130리, 문등현을 지나서 등주에 도달하는 데 500리, 등주에서 220리 가면 내주에 도달한다. 내주에서 500리 가면 청주에 이른다. 청주를 지나 180리 가면 치주에 도달한다. 치주에서 제주에 이르는 데는 108리,²⁸ 제주를 지나서 운주에 도달하는 데는 300리, 운주에서 출발해 황하黃河를 지나 위부魏府(魏州)에 이르는데 180리, 위부를 지나 진주鎭州에 이르는데 500여 리, 진주에서 오대산에 들어가는 데 5일, 약 300리를 가야 오대산에 도달한다. 신라승 양현諒賢의 말에 의해 기록한다.

---

27 9월 대大 : 大라는 것은 30일이 있는 달을 말한다.
28 108리: 원문에는 108리이나, 내용상 180리가 되어야 숫자가 맞는다.

九月大。一日己卯。問錄往臺山。行李州名里數。過八箇州到五臺山。計二千九百九十來里。從赤山村到文登縣百三十里。過縣到登州五百里。從登州行二百廿里到萊州。從萊州行五百里到青州。從青州行一百八十里到淄州。從淄州到齊州一百八里。過齊州到鄆州三百里。從鄆州行過黃河到魏府一百八十里。過魏府到鎮州五百來里。從鎮州入山。行五日約三百里。應到五臺山。依新羅僧諒賢口說記之。

9월 3일. 정오에 문등현의 현사縣使 한 사람이 통첩을 가지고 왔다. 그 내용은 아래와 같다.

현에서 청녕향에 통첩한다.
전에 보고받았던 적산사원에 있는 일본국 배에 남겨진 승 3인과 행자 1인에 관한 일.
그 보고서를 살펴보니, 이 승들은 벌써 사유를 모두 보고하였다고 한다. 아마도 후에 주사州司가 추가 조사할 것이다. 적산 포구의 관리와 적산촌의 부락장 및 적산원의 강유綱維(寺務管掌僧) 등에 항상 소재를 알려 처분을 기다려야 한다. 결재를 받들어 그 공문에 준하여 담당자에게 통첩하는 것이다. 위 건을 조사함에는 반드시 포구의 관리에게 보고해야 하고, 강유 등은 항상 그 소재를 알고 있어야만 한다. 만약 이후 주사가 추가 조사할 때 이리저리 돌아다녀 소재를 알지 못한다고 한다면, 반드시 중죄로 물을 것이다. 통첩이 당도하는 날로 고시하고 상세히【畜字는 아마도 審字일 것이다.】문서를 작성하여 주에 보고서를 올려야 할 것이다.
개성開成 4년 8월 13일 전전典 왕좌王佐가 통첩한다.
주부부위主簿副尉 호군직胡君直

섭령攝令 척선원戚宣員
사공司功[29]

三日午時。縣使一人將縣帖來。其帖文如左。
縣 帖靑寧鄕
先得狀。在赤山寺院。日本國船上抛却僧三人行者一人。
右檢案內得狀稱。前件僧等。先具事由申上訖。恐後州司要有追勘狀。
請帖海口所由。及當村板頭。幷赤山寺院綱維等。須常知存亡。請處
分者。奉判准狀帖所由者。依檢前件人事。須帖海口所由告報。及綱
維等。須常知存亡。如已後州司追勘。稱有東西不知去處。□追必重
科決。仍限帖到當日。告示畜【考畜恐審字】州狀上者。
開成四年八月十三日 典王佐帖
主簿副尉胡君直
攝令戚宣員
司功

전에 청녕향 적산사원에 있는 일본선상에 남겨진 승려 3인과 행자 1인에 관한 일.

위의 승려들은 전에 주州에 보고하고 사使에 보고해 마쳤습니다. 이리저리 돌아다니는 것을 염려합니다. 8월 14일 적산사원 및 촌장과 부락장,

---

29 사공司功 : 州廳에는 功·倉·戶·兵·法·士의 六司가 있는데, 사공은 공무원의 근무 평정이나 祭祀, 學校 등을 담당하는 한편 상급 관청에 대한 보고를 담당한다. 總務와 文敎를 겸한 역직이다.

포구의 관리 등에게 반드시 소재를 파악하고 있도록 통첩하였습니다. 청녕향의 이정里正(행정상의 촌장)에 심문하니, 촌정村正(자치제의 촌장)인 담단譚亶은 남겨진 승들에 대해 지금까지 서면으로 보고하지 않았다고 합니다. 그 담단이 현재 엎드려 처분을 청하고 있습니다. 그 건의 문서를 전과 같이 통첩합니다. 삼가 보고합니다.

개성 4년 9월 일 전典 왕좌王佐 씀.

청(녕향적산)촌정장 일일원一日員【一日은 池本에는 宣으로 되어 있다.】

先在靑寧鄕赤山寺院。日本國船上抛卻僧三人行者一人。
右件僧等先申州。申使訖。恐有東西去。八月十四日帖赤山寺院。并村保板頭海口所由等。須知存亡。尋問本鄕里正。稱村正譚亶抛卻帖。
至今都無狀報。其譚亶見在。伏請處分。牒件狀如前。謹帖
開成四年九月日 典王佐牒
靑村正狀一日員【考一日池本作宣】

일본국 승 엔닌 등이 올립니다.

통첩을 받들어 적산원에 남겨져 있는 일본국 승 3인과 행자 1인의 행동 소재에 관한 서장.

위 승들은 불법을 숭모하기 때문에 임시로 산원에 거주하여 이미【已得의 2字는 잘못 들어간 것일 것이다.】편안히 지내고 있습니다. 곧 출발하여 여러 곳을 순례하려고 합니다. 겨울이라 추워서 아직 떠나지 못하고 있습니다. 이 산원에서 겨울을 지내고 봄이 오면 명산을 순례하고 성적聖跡을 탐방하려고 합니다. 승 등의 청원은 이미 보고하였습니다. 지금 통첩을 받아 보니 거동 소재를 보고하라는 것입니다. 삼가 사유를 갖추어 전과 같이 서장을 올립니다. 이 건의 서장을 전과 같이 통첩합니다. 삼가 보고 합니다.

개성 4년 9월 3일

일본국 승 엔닌 등 아룀

日本國僧圓仁等 狀上

奉帖勘問抛却在赤山院日本國僧三人行者一人東西存亡事由狀

右僧等爲慕佛法。權住山院。已得已得【고二字恐衍】穩善欲擬便出。遊禮諸處緣時臨寒。未有東西。在此山院過冬。到春巡禮名山。訪尋聖跡。僧等請願。狀報先了。今蒙帖勘東西存亡。謹具事由。狀上如前。

牒件狀如前。謹牒

開成四年九月三日

日本國僧圓仁等帖

9월 12일. 정오경에 구름이 끼고 천둥이 치며 우박이 쏟아졌다. 오후 4시 이후에는 용이 서로 싸우며 우는 듯이 우박이 떨어지고 번개는 잠시도 쉬지 않고 내리쳤다. 새벽이 되어서야 그쳤다. 아침에 나가서 보니 우박이 3, 4촌 정도나 쌓여서 마치 눈이 내린 것 같았다. 노승들이 말하였다.

"옛날부터 전하기를, 이 산에는 용궁이 많다고 한다."

十二日午時。雲雷雹雨。五更之後。龍相鬥鳴。雹雨交下。電光紛耀。數剋不息。到曉便止。朝出見之。冰雹流積三四寸許。凝積如雪。老僧等云。古來相傳。此山多有龍宮。

사부祠部³⁰ 첩.

상도(長安) 장경사 신라승 법청.

위 사람은 격格(律令의 시행규칙)에 준하여【唯字는 아마도 准字일 것이다.】불연이 있는 곳을 두타頭陀하고자 청원하였다.

이에 통첩한다.

전건前件의 스님이 보낸 문서에서 말하였다.

"본심으로 입도하여 두타를 행하기를 원합니다. 다만 이는 명산명찰에 귀심하여 예배하고 숲속을 가볍게 거닐고 여러 곳에 계시는 스승님을 찾아 가섭迦葉의 행문行門을 배우고, 나아가 불법의 이치를 닦는 것입니다. 청컨대 (軏)【軏은 잘못 들어간 것이다.】원화 원년 4월 12일에 삼장승三藏僧 반야般若가 제자 대념大念 등과 두타를 행할 것을 청한 것에 준해【准은 모든 간본에 唯로 되어 있다. 准과 唯가 자주 잘못 된다.】칙을 내려 주시기 바랍니다. 부처님의 가르침을 받들고 칙을 준수하여 수행하고 언제나 두타를 행하여 성전을 거스르는 일이 없을 것입니다. 그러나 지념持念 때문에 마음을 상하고, 근래에는 중풍이 더하여 움직임이 옛날 같지 않습니다. 약을 먹는 동안 시가에서 떨어져 휴식하는 시간이 필요합니다. 지금 여러 산을 순례하고 의사를 찾아 병을 고치기를 원합니다. 아마도 여러 곳의 관술關戍(關門의 경비대) · 성문城門 · 가포街鋪(거리에 설치된 검문소) · 촌방村坊 · 불당佛堂 · 산림山林 · 난야蘭若 · 주현州縣 · 사사寺舍 등은 소승의 여행

---

30 사부祠部 : 사부는 尙書省 禮部에 속하는 4部의 하나로, 祠祀 · 享祭 · 天文 · 漏刻 · 國忌 · 廟諱 · 卜筮 · 醫藥 · 道敎 · 佛敎를 담당하였다. 사부에는 郞中 1인, 員外郞 1인, 主事 2인, 令吏 4인, 書令史 9인, 掌固 4인이 있다. 이 통첩은 적산원의 신라승 법청이 이전에 장안의 章敬寺에 있을 때 천하를 주유하여 頭陀할 것을 공인받은 祠部의 여행 증명서로서, 그 사본을 가지고 있던 것이다.

목적을 알지 못할까【練은 揀과 같다. 이하도 동일】염려됩니다. 공험公驗³¹을 발급해 주시기를 청합니다."

선례를 조사하고 검토해 보았더니, 칙勅 안에 이름이 같은 자가 있다는 보고를 받았다. 삼가 격格을 검토하니 승니 중에 두타를 잘 행한 자가 있으면, 주·현의 절에 이르러 묵게 하고 있다. 장차 관리가 취급할 때 그 이유를 모를 것 같으면 아마도 태도도 동요할 것이다. 승 법청은 두타를 청원하고 있다. 문의한 것을【同은 아마도 問字일 것이다.】조사하였으니 그 서장에 따르도록 통첩한다. 이런 까닭으로 통첩한다.

원화元和 2년 2월 일 영리令吏³² 번륜潘倫 씀.

주사主事 조참趙參.

원외랑員外郞 주중손周仲孫.

祠部 牒

上都章敬寺新羅僧法淸

右請唯【考唯恐准字】格所在隨緣頭陀

牒。得前件僧狀稱。本心入道。志樂頭陀。但是名山。歸心禮謁。經行林下。所在尋師。學迦葉之行門。進修佛理。請准【考准各本作唯. 准唯屢誤】軋【考軋恐衍】元和元年四月十二日敕。三藏僧般若力奏弟子大念等請頭陀。奉依釋敎。准敕修行。所在頭陀。勿虧聖典。但爲持念損心。近加風疾。發動無恒。藥餌之間。要須市易將息。今欲往諸山巡禮及

---

31 공험公驗 : 관청에서 발급하는 증명서로서, 關市·城保·州縣·寺院 등에 보여서 여행의 증명으로 삼는 것이다.
32 영리令吏 : 祠部의 구성은 長官이 郎中(從5품), 次席이 員外郎(從6품)으로 각 1인, 主事가 從9품으로 2인, 令吏는 無品으로 5인이었던 듯하다. 여기서는 원외랑이 최후의 서명을 하고 있는데, 낭중이 결원이었던 것일까?

尋醫療疾。恐所在關戌。城門街鋪。村坊佛堂。山林蘭若。州縣寺舍等不練【考練同揀下同】行由。請給公驗者。付庫檢得報敕內名同者。謹檢格僧尼有能行頭陀者。到州縣寺舍。任安置將理。不得所由恐動者。僧法淸請頭陀檢勘同【考同恐問字】者准狀牒。故牒

元和二年二月日　　令吏潘倫牒

主事趙參

員外郎周仲孫

일본국 구법승 등은 당사(적산 법화원)에 제출합니다.

승 엔닌, 시자승 유이쇼·유이교, 행자 요보로노 오마로는 절에서 주현에 보고하여 저희들이 두타의 공험公驗을 받게 해 주시기를 바랍니다. 이에 다음과 같이 공문을 올립니다.

승 등의 참뜻은 불교를 흠모하여 멀리 인仁을 중시하는 나라에 가서, 마음은 성적聖跡에 돌아가고 뜻은 순례를 바랍니다. 말하는 바에 의하면 오대산 등의 여러 곳은 불교의 근원이며 대성大聖(문수보살)이 나타난 곳입니다. 서천의 고승도 험준한 산을 넘어 찾아왔고 중국의 명승대덕도 이곳에서 득도하였습니다. 승 등은 대덕들이 남겨 놓은 명예로운 길을 우러러보고 왔던 차 우연히 좋은 인연을 맺어 다행히 성국聖國에 이르게 되었습니다. 이제 여러 곳을 찾아가서 본래의 뜻을 이루고자 합니다. 가는 길에 관리들이 저희들이 여행하는 목적을 알지 못할까【練은 揀과 같다.】두렵습니다. 전해 들은 바에 의하면 반야삼장般若三藏이 두타승을 위하여 공험을 주청하고 칙에 준하여 수행하는 것은 예부터 지금까지 이어져 있다고 합니다. 엎드려 바라옵건대 당사(적산법화원)가 중국의 법률에 준하여 주현에 공문을 올려 공험을 발급해 주도록 청해 주십시오. 그렇게 하면 곧 불법을 널리 알리는【絡은 혹은 給이라고 생각된다. 池本에는 法字로 되어 있다.】 아름다운 명성이 멀리 해외에까지 떨칠 것이며 공험을 재촉해 주시는 은덕은 부처님을 받들어 높이는 일이 될 것입니다. 성심이 마음에 가득 차 견디지 못하옵니다. 전과 같이 서장을 갖추었습니다. 이 건의 문건을 전과 같이 올립니다. 삼가 아룁니다.

개성開成 4년 9월 26일

일본국 연력사 구법승【僧 밑에 池本에는 圓仁牒의 3字가 있다.】

日本國求法僧等 牒 當寺

僧圓仁 從僧惟正惟曉 行者丁雄萬

請寺帖報州縣給與隨緣頭陀公驗牒

僧等本意欽慕釋敎。遠投仁境。歸心聖跡。志樂巡禮。見說臺山等諸處。法敎之根原。大聖之化處。西天高僧蹤嶮尋訪。漢地名德在茲得道矣。僧等之仰彼芳猷。偶屬良緣。幸到聖國。今欲往赴諸處。以遂舊情。恐在道路。不練【考練揀同】行由。傳聞般若三藏。爲頭陀僧。奏請公驗。准敕修行。起昔續今也。伏望當寺准當國格例。帖報州縣。請給公驗。然則綱維弘絡【考絡或給字池本作法】之芳聲。遠振海外。催勸之恩賴。扶揚佛日。不任思誠之至。具狀如前。牒件狀如前。謹牒

開成四年九月廿六日

日本國延曆寺求法僧【考僧下池本有圓仁牒三字】

9월 23일. 당력唐曆에 의하면 입동立冬이다. 이후 찬바람이 점차 심하게 불 것이다.

廿三日。據唐曆立冬。自後寒風稍切。

9월 27일. 눈이 내렸다. 9월 중순 이후부터 찬바람이 불기 시작하여 산과 들에 푸른 풀이 없다. 계곡물에 얼음이 얼었다.

廿七日。下雪。自九月中旬已來。寒風漸起。山野無靑草。澗泉有凍氣。

9월 28일. 처음으로 법화원에서 무청과 무를 수확하였다. 절의 상좌 등은 모두 나가 잎을 골랐다. 만약 창고에 장작이 없을 때는 절의 승은 노소를 불문하고 모두 나가 장작을 지러 간다.

廿八日。始當院收蔓菁蘿蔔。院中上座等盡出揀葉。如庫頭無柴時。院中僧等不論老少。盡出擔柴去。

10월 1일. 처음으로 서리가 내리다.

十月一日。始霜下。

10월 5일. 샘물이 얼다.

五日。泉冰。

10월 10일. 밤에 남쪽으로 날아가는 기러기떼의 울음소리를 듣다.

十日。夜半聞群雁聲。空飛南去。

10월 15일. 밤중에 월식이 있었다. 절의 승려들이 모두 나와 판板[33]을 두들겨 소리를 냈다. 새벽 3시경에 달빛은 점차 밝아졌다.

十五日夜半。月蝕。院裏師盡出。作聲打板。五更之初。月色漸明。

11월 1일. 신라인 왕장문王長文의 초청이 있어 그 집에 가서 재를 들었다. 재를 마친 후 승려 몇 명과 함께 사원의 장원莊園에 도착해 하룻밤을 묵었다.

十一月一日。赴新羅人王長文請。到彼宅裏喫齋。齋後。共數僧等到寺院莊宿一宵。

11월 2일.[34] 저녁 무렵에 산원에 돌아왔다.

十二日晚頭。歸到山院。

11월 9일. 동짓날이다. 여러 승려들이 서로 예를 나누었다. 오전 8시경에 법당 앞에서 예불했다.

---

33 판板 : 木板은 庫司·方丈 등의 입구에 매다는 목판이다. 흔히 板頭라고도 부른다. 치고 울려서 신호하는 기구이다. 大板·小板 등 형태에 따른 명칭이 별도로 있는데, 물고기 모양의 魚板, 구름 모양의 雲板, 저울추 모양도 있다. 본 내용은 판을 쳐서 소리를 내는 주술이다.

34 11월 2일 : 원문에는 '十二日'로 되어 있으나 '二日'의 誤記로 보인다.

九日。冬至節。衆僧相禮。辰時。堂前禮佛。

11월 16일. 산원에서는 이날부터 『법화경』을 강설한다. 내년 정월 15일까지를 그 기간으로 삼는다. 여러 곳에서 온 많은 승려와 인연 있는 시주가 모두 와서 모인다. 그 가운데 성림聖琳 화상이 이 강경의 법주法主이다. 또 논의論義 두 사람이 있는데, 승려 돈증頓證과 승려 상적常寂이 바로 그들이다. 남녀 도속道俗 모두 절에 모여 낮에는 강경을 듣고 밤에는 예불 참회하고 청경하며 차례차례로 이어간다. 승려 등은 그 수가 40여 명이다. 그 강경과 예참禮懺 방법은 모두 신라 풍속에 의거하였다. 다만 오후 8시경과 새벽 4시경 두 차례의 예참은 당나라 풍속에 의거하고 그 밖의 것은 모두 신라 말로 행하였다. 그 집회에 참석한 이들은 승려·속인, 노인·젊은이, 귀한 사람·천한 사람 할 것 없이 모두 신라인이었다. 단지 세 명의 승려와 행자 한 명만이 일본국 사람이었다.

十六日。山院起首講法花經。限來年正月十五日爲其期。十方衆僧及有緣施主皆來會見。就中聖琳和尙是講經法主。更有論義二人。僧頓證僧常寂。男女道俗同集院裏。白日聽講。夜頭禮懺聽經及次第。僧等其數卌來人也。其講經禮懺。皆據新羅風俗。但黃昏寅朝二時禮懺。且依唐風。自餘並依新羅語音。其集會道俗老少尊卑。惣是新羅人。但三僧及行者一人。日本國人耳。

11월 17일. 재를 들기 전에 이 절의 강경이 시작되기 때문에 서둘러 절에서 나와 남산南山 법공法空 스님의 절에 갔다. 적산원의 강유綱維가 서신을 급히 보내 돌아오기를 청하며 남원南院에 머무는 것을 허락하지 않았다. 다시 서장을 써서 15일간의 휴가를 청하니 강유(維字 밑에 東本에는 網字가 있으나, 잘못 들어간 듯하다.)가 겨우 허락하였다.

十七日。齋前由當院講起□。且出寺往南山法空闍梨院。赤山院綱維馳書請歸。不許住南院。更修狀請十五日暇。綱維【考維下東本更有網恐衍】僅許。

11월 22일. 일이 순조롭지 못했기 때문에 본래 사원으로 돌아왔다.

廿二日。緣事不穩。歸於本院。

적산원의 강경의식

오전 8시경에 강경을 알리는 종을 친다. 대중들에게 알리는 타종을 마치고 얼마 지나면 대중이 법당에 들어온다. 그 후 대중들이 좌정坐定하도록 알리는 종을 치고【鍾은 池本에는 了로 되어 있다.】이어서 강사가 강당에 들어와 높은 좌석에 오르는 동안 대중들은 같은 목소리로 부처님의 이름을 찬탄한다. 음의 곡조가 한결같이 신라 곡조이고 당나라 것과는 다르다. 강사가 자리에 오르기를 마치면 부처님의 명호를 찬탄하던 것을 곧 멈춘다. 이때 아랫자리에 있던 한 승려가 범패를 부르는데, 이는 완전히 당나라 풍속에 의거한 것이다.

즉 "이 경전에서 무엇을 말하는가.(云何於此經)"라는 한 줄의 게송이었다. 그리고 "원하옵건대 부처님께서 오묘한 참뜻을 열어 주소서."라는 데 이르러서는 대중들이 같은 소리로 "계향 정향 해탈향" 등을 부른다. 범패를 마치면 강사가 경전의 제목을 큰소리로 말해 곧 제목을 밝히고 삼문三

門으로 나누어 설명한다.

제목의 해석을 마치면 유나사維那師가 나와 높은 좌석 앞에서 법회를 열게 된 연유와 시주자의 각각 이름과 시주한 물품을 읽어 알린다. 그것을 마치면 곧 그 문서를 강사에게 전달해 준다. 강사는 주미塵尾[35]를 잡고 일일이 시주의 이름을 거명하며 몸소 서원誓願한다.

서원을 마치면 논의자는 논의의 발단과 질문을 한다. 질문을 하는 동안 강사는 주미를 들고 묻는 사람의 말을 듣는다. 물음의 제기가 끝나면 곧 주미를 기울였다가 다시 이를 들고 물음에 감사하고 곧이어 대답한다. 묻고 답하는 방식은 일본과 같다.

다만 난의식難儀式은 조금 다르다. 손을 옆으로 세 번 내린 후에 강사가 해답을 말하기 전에 갑자기 손가락으로 가리키며 "난難"이라 말한다. 그 소리는 마치 화난 사람이 목청껏 고함치며 싸우는 만큼이나 컸다. 강사가 "난難"이라는 형식으로 질문을 받으면【家는 아마도 蒙의 잘못일 것이다.】단지 그것에 답할 뿐이고 다시 난難을 하지 않는다. 논의가 끝나면 문장으로 들어가 경전을 읽고 강의한다. 강의가 끝나면 대중들은 같은 목소리로 음을 길게 빼며 찬탄한다.

찬탄하는 말 중에는 회향사廻向詞가 들어 있다. 강사가 자리에서 내려오면 한 승려가 "세상에 처함이 허공과 같다.(處世界如虛空)"라는 게송을 큰소리로 부른다. 음세는 본국과 거의 유사하다. 강사가 예반禮

---

35 주미塵尾 : 주미는 塵尾扇이라고도 하는데, 일반적으로 朱尾라고도 쓴다. 六朝시대에는 승려뿐만 아니라 道士·士人 사이에서도 유행했던 것으로, 승려가 강설할 때 권위를 지키기 위해 휴대하는 물건이다. 문수와 문답하는 유마거사가 이것을 들고 있었던 모습은 육조와 당의 조각 회화에서 자주 발견된다. 부채를 만들 때 짐승의 꼬리 또는 깃털을 사용한 점으로부터 이것을 塵와 鹿에 비유되어 설명된 것인데, 다소 부회가 있다고 보인다.

盤[36]에 오르면 한 승려가 삼례三禮[37]를 부르는데, 강사와 대중이 같은 목소리로 불렀다. 강사는 법당에서 나와 방으로 돌아갔다. 다시 복강사覆講師[38] 한 사람이 높은 좌석 남쪽 아랫자리에서 강사가 어제 강의한 경문을 읽는다. 중요한 교의를 함축한 구절 같은 것에 이르면 강사는 그 경문을 다시 읽고 뜻을 해석한다. 복강사 또한 재차 읽는다. 어제 강의한 문장을 모두 읽으면 강사는 다음 문장을 읽는다. 매일 이와 같이 하였다.

赤山院講經儀式

辰時。打講經鐘。打驚衆鐘訖。良久之會。大衆上堂。方定衆鐘【考鍾池本作了】講師上堂。登高座間。大衆同音。稱嘆佛名。音曲一依新羅。不似唐音。講師登座訖。稱佛名便停。時有下座一僧作梵。一據唐風。卽云何於此經等一行偈矣。至願佛開微密句。大衆同音唱云。戒香定香解脫香等。頌梵唄訖。講師唱經題目。便開題。分別三門。釋題目訖。維那師出來。於高座前。談申會興之由。及施主別名。所施物色申訖。便以其狀轉與講師。講師把麈尾。一一申擧施主名。獨自誓願。誓願訖。論義者論端擧問。擧問之間。講師擧麈尾。聞問者語。擧問了。便傾麈尾。卽還擧之。謝問便答。帖問帖答。與本國同。但難儀式稍別。

---

36 예반禮盤 : 예반은 불보살을 향해 예배하기 위해 사용되는 牀座이다. 너비 3척, 높이 1척쯤의 대좌로, 오늘날에도 일본의 사원에서 사용되고 있다.
37 삼례三禮 : 삼례는 三寶禮 또는 三禮師作法이라고 불린다. 승려가 불보살을 향해 행하는 정중한 예법이다. 그때 부르는 偈는 불법승에 귀의해 경례하는 것을 설명하는 것으로, 三禮文·三自歸依文·歸依三寶文·恭敬文이라고도 한다. 일반적으로 사용하는 것은 『六十華嚴』의 제6 「淨行品」에 수록되어 있는 게이다.
38 복강사覆講師 : 복강사는 複講師라고도 한다. 경론 강의를 할 때, 강사가 말한 바를 복습해 부연하는 승려이다. 『송고승전』 권2 「道因傳」에 도인이 팽성의 崇法師를 위해 『攝論』을 복강하였다는 기사가 보인다.

側手三下後。申解白前。卒爾指申難。聲如大嗔人。盡音呼諍。講師家【考家恐蒙】難。但答不返難。論義了。入文讀經。講訖。大衆同音長音讚嘆。讚嘆語中有迴向詞。講師下座。一僧唱處世界如虛空偈。音勢頗似本國。講師昇禮盤。一僧唱三禮了。講師大衆同音。出堂歸房。更有覆講師一人。在高座南下座。便談講師昨所講文。至如含義句。講師牒文釋義了。覆講亦讀。讀盡昨所講文了。講師卽讀次文。每日如斯。

신라 일일 강경의식

오전 8시경에 종을 친다. 오랫동안 타종하는 것을 마치면 강사와 도강都講[39] 두 사람이 법당에 들어온다. 대중은 먼저 들어와 줄지어 앉아 있다가 강사와 독사讀師[40]가 들어올 때 같은 목소리로 부처님의 명호를 길게 빼며 찬탄한다. 강사가 북쪽의 높은 좌석에 오르고 도강이 남쪽의 높은 좌석에 오르면 찬불은 곧 그친다. 이때 아래 좌석에 있던 한 승려가 범패를 부르는데 "이 경전에서 무엇을 말하는가."라는 한 줄의 게송이었다.

범패를 마치면 남쪽 좌석에서 경전의 제목을 큰소리로 외친다. 이른바 창경唱經은 길게 빼서 부르며 음에 굴곡이 많았다. 창경하는 동안 대중은 세 번 꽃을 뿌린다. 매번 꽃을 뿌릴 때마다 각기 염송하는 바가 있었다. 창경이 끝나면 다시 짧은 소리로 제목을 외친다. 강사는 경의 제목을 해설하고 삼문으로 나누어 경전의 대의를 강술한다. 경전 제목의 해설이

---

39 도강都講 : 도강은 법사의 조교이다. 강사가 강경할 때 높은 자리에 올라 법사와 상대해 경문을 읽고, 때때로 질문을 던지는 승려이다.

40 독사讀師 : 경론을 강설하는 법회에 강사와 상대하여 높은 자리에 올라 경의 제목을 읽는 등의 일을 맡은 직책을 말한다.

끝나면, 유나사가 이 강경법회를 열게 된 사유를 적은 문서를 펼쳐서 읽어 알린다. 그 문서 중에는 무상無常의 도리와 죽은 사람의 선행과 공덕, 죽은 날짜 등이 구체적으로 기록되어 있다.

지등주자사知登州刺史의 성은 오烏이고 이름은 각角인데, 당시 사람들은 오사군烏使君이라 불렀다. 기휘忌諱할 글자가 세 자 있는데 명明·기綺·급給이 그것이다. 그래서 명일明日을 내일來日이라 한다. 청주 절도사의 성은 위韋였으므로 당시 사람들은 위상서韋尙書라 불렀다. 기휘할 글자는 없다.

新羅一日講議式
辰時打鐘。長打擬了。講師都講二人入堂。大衆先入列坐。講師讀師入堂之會。大衆同音稱嘆佛名長引。其講師登北座。都講登南座了。讚佛便止。時有下座一僧作梵。云何於此經等一行偈也。作梵了。南座唱經題目。所謂唱經長引。音多有屈曲。唱經之會。大衆三遍散花。每散花時。各有所頌。唱經了。更短音唱題目。講師開經目。三門分別。述經大意。釋經題目竟。有維那師披讀申事興所由。其狀中具載無常道理。亡者功能。亡逝日數。知登州刺史姓烏名角。時人喚烏使君。有三諱字。明綺給也。明日卽道來日。靑州節度使姓韋。時人喚韋尙書。無諱字也。

신라 송경의식
당나라에서는 염송念誦이라 부른다. 종을 쳐서 대중을 좌정시키기를 마치면 아랫자리의 한 승려가 일어나 추槌를 치고 "일체를 공경하고 상주삼보常住三寶를 경례하라."라고 외친다. 다음에 한 승려가 범패를 불렀는데 "여래묘색신如來妙色身" 등 2행의 게송이었다.

　음운은 당나라와 같다. 범패를 부르는 동안 한 사람이 향합香盒을 들고 대중이 앉아 있는 자리로 두루 다니며 총총히 행향하고 쉬었다. 대중은 같은 목소리로 『마하반야경』의 제목을 수십 번 낭송했다. 한 스님이 송경의식의 연유를 진술한 후 대중은 같은 소리로 송경했다. 어떤 때는 경본을 나누어 주기도 하고 어떤 때는 경본을 돌리지 않기도 한다.

　염경을 마치면 도사導師가 혼자서 "귀의불歸依佛 귀의법歸依法 귀의승歸依僧"을 부르고 이어서 불보살의 명호를 부른다. 도사가 "나무십이대원南無十二大願"이라 외치면 대중은 "약사유리광불藥師琉璃光佛"이라 하고, 도사가 "나무약사南無藥師"라 하면 대중은 같은 소리로 "유리광불瑠璃光佛"이라 한다. 창도사가 "나무대자비南無大慈悲"라 하면 역시 대중은 같은 소리로 "관세음보살觀世音菩薩"이라 한다. 나머지는 모두 이와 같다. 예불을 마치면 창도사는 혼자서 결원문結願文과 회향문迴向文을 읽는데, 회향은 다소 길었다. 회향 후에 창도사가 "발심發心"이라 하면 대중도 같은 목소리로 역시 "발심"이라 한다. 다음에 창도사가 "발원이 이미 끝났으니 삼보에 정례하라."라고 외친다. 다음에 시주자가 보시물을 가지고 앉으면 창도사는 주문을 외며 기원한다. 그런 후 흩어져 간다.

新羅誦經儀式

大唐喚作念經。打鐘定衆了。下座一僧起打搥。唱一切恭敬敬禮常住三寶。次一僧作梵。如來妙色身等兩行偈。音韻共唐一般。作梵之會。一人擎香盃。歷行衆座之前。急行行便休。大衆同音誦摩訶般若題數十遍也。有一師。陳申誦經來由了。大衆同音誦經。或時行經本。或時不行經本。念經了。導師獨唱。歸依佛歸依法歸依僧。次稱佛菩薩號。

導師唱云。南無十二大願。大衆云。藥師瑠璃光佛。導師云。南無藥師
也。大衆同音云。瑠璃光佛。導師云。南無大慈悲也。大衆同音云。觀
世音菩薩。餘皆如是。禮佛了。導師獨結願迴向。迴向稍長。迴向之後。
導師云。發心。大衆同音亦云。發心。次導師唱發願已竟。頂禮三寶。
次施主擎施物坐。導師與咒願。便散去。

12월 29일.⁴¹ 저녁 무렵에 이 신라원에서는 불당佛堂과 장경藏經에 등
불을 켜고 공양했다. 다른 곳에는 불을 밝히지 않았다. 각 방의 아궁이에
대나무 잎과 풀을 태워 굴뚝에서 연기가 나게 했다. 오후 8시경, 오후 10
시경, 오전 2시경, 오전 4시경에 예불을 올렸다. 오전 2시경에 여러 사미
와 소사小師 등이 각 방을 두루 돌면서 새해 인사를 했다. 신년 축하인사
는 당나라 풍속에 의거했다.

廿九日晩頭。此新羅院佛堂經藏點燈供養。別處不點燈。每房灶裏。
燒竹葉及草。從突出煙。黃昏初夜後夜寅朝禮佛。後夜。諸沙彌小師
等巡到諸房。拜年賀年之詞。依唐風也。

개성開成 5년(경신, 840년)
1월 1일(무인). 이른 아침에 예불을 마쳤다. 서로 인사를 하지 않고 곧
바로 자기 방으로 되돌아갔다. 죽을 먹은 후 불당 앞에서 예불하고 행도
行道하였다. 예불을 마치고 곧 불당 앞에서 여러 승려들이 함께 배례拜禮
했는데, 서로 뒤섞여 승위僧位의 순서에 따르지 않았다.

---

41 12월 29일 : 개성 4년 12월은 작은 달로 29일이 연말이었다. 이것은 12월의 제야의
   모습을 기록한 것이다.

開成五年。庚申。

正月一日戊寅。早朝禮佛了。不相拜謁。直歸自房。喫粥之後。堂前禮佛行道。禮佛了。便於堂前。衆僧同禮拜。更互參差。不依次第。

1월 15일. 올해 책력 초본을 얻었다. 그것을 베껴 적은 것은 아래와 같다.

正月十五日。得當年曆日抄本。寫著如左。

이날 산원山院의 법화경 강회를 마쳤다. 모인 남녀가 어제는 250명이었고, 오늘은 200여 명이었다. 결원結願이 끝난 뒤 모인 대중에게 보살계菩薩戒를 주었다. 재를 마친 후 모두 흩어져 갔다.

此日山院法花會畢。集會男女。昨日二百五十人。今日二百來人。結願已後。與集會衆授菩薩戒。齋後。皆散去。

적산법화원에 상주하는 승려와 사미의 이름은 다음과 같다. 승려 담표曇表·승려 양현諒賢·승려 성림聖琳·승려 지진智眞·승려 궤범軌範【선종 승려】, 승려 돈증頓證【사주寺主】, 명신明信【지난해 전좌典座】, 혜각惠覺【선종 승려】, 수혜修惠·법청法淸【지난해 원주院主】, 금정金政【상좌】, 진공眞空·법행法行【선종 승려】, 충신忠信【선종 승려】, 선범善範·사미 도진道眞【지난해 직세直歲】, 사교師敎·영현詠賢·신혜信惠【일본국에 6년간 거주】, 융락融洛·사준師俊·소선小善·회량懷亮·지응智應, 비구니 세 명, 노파 두 명.

赤山法花院常住僧衆及沙彌等名。僧曇表僧諒賢僧聖林僧智眞僧軏範【禪門】。僧頓證【寺主】。明信【去年典座】。惠覺【禪門】。修惠法淸【去年院主】。金政【上座】。眞空法行【禪門】。忠信【禪門】。善範沙彌道眞【去年直歲】。師敎詠賢信惠【住日本國六年】。融洛師俊小善懷亮智應。尼三人。老婆二人。

일본국 구법승 엔닌이 이 절에 올리는 첩문

여러 곳을 순례하고 스승을 찾아 불법을 묻기를 청하는 일

첩문을 올립니다. 엔닌은 다행히도 인자한 덕을 만나 평온하게 이 산 원山院에 머물고 있습니다. 큰 은혜와 깊은 배려에[洛은 濟의 잘못으로 생각된다.] 무엇으로 보답하기 어렵습니다. 송구하고 감사한 마음은 사물에 비유할 수 없습니다. 그런데 세월이 변하여 봄 햇볕이 따사로워졌으므로 지금 이곳을 떠나 여러 곳을 순례하고 부처님의 가르침을 찾고자 합니다. 처분해 주시기를 엎드려 청합니다. 이 건의 서장은 앞과 같습니다. 삼가 첩문을 올립니다.

개성 5년 정월 19일

일본국 구법승 엔닌이 첩합니다.

日本國求法僧圓仁牒 當院

請遊禮諸處。尋師訪道。

牒。圓仁幸接仁德。住院穩善。鴻洛【考洛恐濟誤】高深。難以酬謝。感愧之誠。在物難喩。然以歲陰推遷。春景漸暖。今欲出行巡禮諸處。訪尋佛敎。伏請處分。牒件狀如前。謹牒

開成五年正月十九日

日本國求法僧圓仁牒

1월 20일. 이 절의 강유는 서장 하나를 더 써서 유이쇼와 사원의 사인使人을 보내어 등주登州의 군사압아軍事押衙인 장영의 집에 보고하도록 했다. 구법승은 따로 서장을 써서 같이 압아에게 보냈다. 그 편지 내용은 다음과 같다.

새해 인사를【羊은 아마도 年字일 것이다.】 받들어 아룁니다. 봄 햇살이 더욱 새롭습니다. 엎드려 바라건대 압아의 존체에 만복이 깃드시기를. 이 엔닌은 압아의 도움을 입고 있습니다. 전날은 자비를 입어 압아의 방문을 받으니【及은 아마도 存일 것이다.】 더욱 위로가 되어, 감격과 흠모의 마음을【恨은 東本에는 限으로 되어 있다.】【豫는 池本에는 懷로 되어 있다. 혹은 旅字인가】 이길 수가 없습니다. 무상의 기쁨을 무엇으로써 비유하겠습니까? 저는 불법을 흠모하여 당에 건너와서, 지금은 제방諸方을 방문하여 성적聖蹟을 탐방하려고 합니다. 엎드려 큰 자비를 바라옵고, 은혜를 내려 주신다면 다행이겠습니다. 삼가 제자인 유이쇼를 보내어 저를 대신하여 서장을 바칩니다.【身은 池本에는 申으로 되어 있다.】 이만 줄입니다.【宣은 東本에는 없다.】 삼가 서장을 올립니다.

개성 5년 정월 20일

일본국 구법승 엔닌이 서장을 올립니다.

장압아 시자께 머리를 조아립니다.

廿日。當院綱維更作一狀。差惟正及院家使報當州軍事押衙張詠宅去。求法僧別作一狀。同送押衙。其狀如左。
展奉羊【考羊恐年字】開。春景惟新。伏惟押衙尊體動止萬福。卽此圓仁蒙推免。先日伏蒙慈流及【考及或存】問殊慰。勤慕無任感慶。恨【考恨東本作限】以豫【考豫池本作懷或旅字歟】情不獲被。豁欣之誠。何以爲喩。圓仁欽慕釋教。淹留唐境。今欲往赴諸方。尋訪聖跡。伏仰洪仁。事幸垂恩庇。謹遣弟子僧惟正。奉狀代身【考身池本作申】不宣【考宣東本無】謹狀。
開成五年正月廿日
日本國求法僧圓仁狀上
張押衙侍者謹空

1월 21일. 압아의 회신을 받았는데 다음과 같았다.

"내일 사인을 보내어 문등현에 보고하겠습니다. 회신을 받으면 특별 사인使人을 보내어 적산원에 보고하겠습니다. 유념하고 기다리십시오."
 사원의 승들과 압아 및 마을사람들이 모두 말하기를 "청주青州에서 여기에 이르는 지역은 최근 3, 4년간 메뚜기떼가 습격하여 곡식을 전부 먹어치워 버렸다. 사람들이 가난 때문에 도적이 되어 살육이 적지 않다. 또 여행자가 밥을 빌어도 보시하는 사람이 없다. 따라서 지금 4인(엔닌과 시자들)이 여행하는 것을 허가하기가 대단히 어렵다. 잠시 적산원에 머물러 여름을 지낸 뒤 가을 추수를 기다려서 여행하는 것이 좋을 것이다. 만약 군이 떠나려고 한다면 양주揚州와 초주楚州 쪽으로 가는 것이 좋을 것이다. 그 쪽은 곡식이 이미 익어서 밥을 얻기 쉽다. 만약 소원을 이루려고 한다면 초주楚州, 해주海州로부터 바로 큰길로 북으로 향하면 될 것이다."
 사람들의 말이 같지 않아서 마음속으로 망설였다. 문등현의 장관은 휘가 동動이며, 소부(少府, 경찰부장)의 휘는 평平이다.

廿一日。得押衙報稱。明日差使報文登縣。取得帖報。專使馳報於赤山院。留心相待者。院裏衆僧及押衙幷村人皆云。青州以來諸處。近三四年有蝗蟲災。喫劫穀稻。緣人飢貧。多有賊人。奪不少。又行客乞飯。無人布施。當今四人同行。計應太難。且在此院過夏。待秋穀就。出行穩便。如欲要行。且向揚楚州界。彼方穀熟。飯食易得。若欲遂本願。從楚州海州直大路向北亦得云云。人說不同。心裏進退。文登縣長官諱動。少府諱平。

1월 27일. 저녁 무렵에 압아의 회신을 받으니, 말하기를 "어제 이미 당신의 뜻을 현에 보고했습니다. 재군(宰君, 현지사)이 바로 말하기를 '주에 보고한 뒤 10여 일 기다리면 주사의 처분이 내릴 것이니, 그때는 동서 어디로든 가도 좋다'고 하였습니다."

廿七日晩頭。得押衙報稱。昨已具高意報當縣。宰君近報來云。以申州。候十數日間。州司有處分。方可東西者。

2월 1일. 다시 서장을 보내어 압아에게 재촉하였다. 그 내용은 다음과 같다.

중춘이 되니 점점 따뜻해집니다. 엎드려 바라건대 압아의 존체에 만복이 깃드시기를. 이 엔닌은 은혜를 입었으니, 압아께서는 회신의 편지를 보내시어 따뜻한 마음을 보이셨습니다. 그 깊으신 은혜 소승小僧은 감당할 수가 없습니다. 그 회신에 이르기를 "주에 보고한 뒤 10여 일 기다리면 주사의 처분이 내릴 것이니, 그때는 동서 어디로든 가도 좋다."고 하였습니다. 제가 생각건대 이치는 명확합니다. 그러나 가고자 하는 여정은 만여 리가 넘습니다. 이는 개인적인 바람이지 공무가 아닙니다. 가만히 생각해 보니 현사가 주에 보고하는 것을 서두를 것 같지 않습니다. 만약 늦어져서 헛되이 기회를 놓친다면 더운 계절에 들어갈 것입니다. 엎드려 청하오니 은혜를 베풀어 주시기를. 저는 머나먼 길【程은 東本에는 字體가 명확하지 않지만 程字인 듯하다. 雲程은 밑의 글에도 보인다.】을 돌아 오직 도를 구하여 일찍 출발하고자 욕심내었습니다. 비록 작은 일을 가지고 각하를 번거롭게 하고 있지만 어쩔 수가 없습니다. 이는 압아의 보살핌을 흠모하기 때문입니다. 부디 재촉하시어 빨리 처분을 받을 수 있기를 바랍니다. 그렇게 된다면 인도하신 명성은 멀리 해외에 미치고, 구법의 선근善根은 깊은 교우를 맺을 수 있을 것입니다. 존경의 염念 가눌 수 없습니다. 삼가 제자인 유이쇼를 보내어 대신 서장을 바칩니다. 이만 줄여 삼가 올립니다.

2월 1일【二字 위에 池本에는 開成五年의 四字가 있다.】

구법승 엔닌 아룀

장압아 시자

二月一日。更修一狀催押衙。其狀如左。
仲春漸喧。伏惟押衙尊體動止萬福。卽此圓仁蒙恩。忽奉翰墨示及。具承高情。恩勞厚深。凡在小僧。不勝感荷。伏准縣報云。以申州。候十數日間。州司有處分。方可東西者。微心斟酌。理灼然。但所期行李。萬有餘里。遠客私望非此公務。竊惟縣司申州。未必早急。若有遲怠。空過行節。當入熱時。伏請更垂恩謀。圓仁雲程【考程東本作疑似程字 雲程見下文狀中】蹜險。專心志道。偏貪早出。不慮嫌責。輕以小事。奉煩麾下。悚愧雖積。不能默止。斯乃爲慕押衙庇蔭。伏望重加催勸。早賜

處分。然則洪濟芳聲。遠振海外。求法善根。同結金蘭。不任勤仰之至。謹遣弟子惟正奉狀代申。不宣。謹狀

二月一日【考二上池本有開成五年四字】

求法僧圓仁狀上

張押衙 侍者

압아의 회신을 받았는데, 말하기를 "다시 한 번 사인을 보내어 간절히 말씀드렸습니다. 아마도 머지않아 회신이 올 것입니다. 잠시 마음을 편히 하시고 걱정하지 마시기 바랍니다. 당신이 저의 관할 지역에 이르러 머물던 때부터 많은 사람들이 종일토록 힘쓰고 있습니다."

得押衙報云。更差使申懇。計不久卽來。且願客無至憂屑。座主自到弊管止泊時。多少人終日區區云云。

2월 7일. 상좌의 제자 사미 사경師敬이 절을 나가 서쪽으로 떠났다.

七日。上座弟子沙彌師敬出院向西去。

2월 11일. 저녁 무렵에 사주의 제자인 사미 영현詠賢이 몰래 상좌의 소사小師인 사준師俊을 데리고 서로 공모하여 밤에 몰래 절을 떠났다. 사원의 늙은이 젊은이 할 것 없이 아무도 그것을 알지 못했다.

十一日黃昏。寺主弟子沙彌詠賢。偸率上座小師師俊兩人同心暗出走去。院中老少無人聞知。

2월 14일. 신라승 상적常寂의 요청으로 유촌劉村에 갔다. 거기에 이르러 흙으로 덮인 흰 돌미륵상을 보았다. 그 사유를 물으니, 답하기를 "여기에 신라인 왕헌王憲이라는 자가 있는데 꿈에 한 승이 와서 말하기를 '나는 문수사리이다. 불당이 파괴된 지 오래지만 아무도 수리하는 사람이 없다. 불·보살이 땅 속에 묻혀 있다. 너의 신심이 굳건함을 알기 때문에 말해 주는 것이다. 만약 사실을 알고 싶으면 집 동남쪽에 있는 보도寶圖 옆을 파보면{拙은 아마도 掘字일 것이다.} 곧 알게 될 것이다.'라고 하였다. 잠이 깨고 난 뒤 너무나 신기하여 꿈속의 일을 동료들에게 말하였다. 마침내 보도寶圖 옆으로 가서 괭이로 땅을 파니, 가슴 정도의 깊이에 이르러 불보살의 상을 발견하였다. 현재 미륵보살 1구, 문수사리보살 1구, 보현보살 1구, 관세음보살 2구, 대사자보살大師子菩薩 1구, 라후라羅睺羅 1구, 부처의 뼈가 담긴 철각鐵閣 20근 이상을 파서 얻었다."

모두 그것을 보고 신기하게 여기는 사람이 많았다. 밤에 예불하고 승려와 속인이 모여 공양하며 밤을 새웠다.

十四日。依新羅僧常寂請。往劉村。到彼便見白石彌勒像。體上著土。問事由。答云。於此有新羅人王憲。夜夢有一僧來語云。我是文殊師利。古佛堂墮壞積年。無人修緝。佛菩薩埋沒土中。見汝信志。故來告報。若欲知實。拙【考拙恐掘字】家東南寶圖邊。便得見者。寤且驚怪。以夢中事語諸道俗。遂赴古圖邊鋤掘地。深至胸上。尋得佛菩薩像。今見掘得彌勒佛像一體。文殊師利菩薩一體。普賢菩薩一軀。觀世音菩薩兩軀。大師子菩薩一體羅睺羅一軀。佛骨鐵閣廿斤已上。諸人見之。奇異不少。夜頭禮佛。道俗會集。施捨通夜。

2월 15일. 재齋를 마련했는데 사람 수는 제한하지 않았다. 그때 장압아張押衙를 만났다. 압아의 회신에 말하기를 "서행(西行, 오대산 방면의 여행)에 대해서는 제가 찾아갔을 때, 현사가 사람을 보내어 주에 보고하여 별도의 처분을 받아야 하니 3, 4일간 기다리라 하였습니다. 만약 급하시다면 담당자를 현에 보내겠습니다. 연이어 앞에서와 같이 해도 15일은 되어야 처분을 받을 수 있을 것입니다."

들건대 최압아崔押衙의 배가 양주에서 와서 유산포乳山浦에 있다고 한다.

十五日。齋。不限人數。便見張押衙。得押衙報云。西行之事。小人尋時差人上州。別取處分。三五日。留心相待。如要懇急。此即專令所由奉送至縣。邐迤向前。亦得十五日間。崔押衙船從揚州來。在乳山浦。

2월 17일. 최압아에게 보낼 서찰 한 통을 써서 적산원에【耂는 這字와 같다.】있는 사람에게 맡겨 두었다. 아울러 장대사張大使에게 보낼 서찰 한 통을 같이 주었다. 그 내용은 다음과 같다.

해가 바뀜을 진심으로 인사드립니다. 소식을 자주 듣지 못하여, 부지런히 쌓이는 정이 깊어 갑니다. 봄볕은 이미 따뜻합니다. 엎드려 바라건대 압아의 존체 편안하시길. 이 엔닌이 은혜를 입었으나 멀리 떨어져 있어서 뵐 수가 없습니다. 흠모하는 마음이 날로 깊어지고 공경하는 심정 비할 데가 없습니다. 제가 적산법화원에 머물 수 있었던 덕분에 새해를 맞이하게 되었습니다. 많은 승려들의 인덕을 두텁게 입었고 특히 여정을 위로받았습니다.【旅는 東本에는 張으로 되어 있는데, 아마도 잘못이다.】이는 압아의 자비로운 마음에 의한 것입니다. 그 은혜 미약한 제가 어찌 보답할 수 있겠습니까? 마음속에 깊이 새겨 부끄러움만 더할 뿐입니다.

　전에 호의를 입어 새해 봄 연수{縺은 漣일 것이다.}에서 특별 사인으로 하여금 배를 보내어 저를 회남淮南까지 보내 주겠다고 하였습니다. 근래 오대산의 신령스러움을 듣고 그리워하는 마음 금할 수 없습니다. 저의 본의는 오로지 불법을 찾는 것인데, 다행히 성경聖境을 들으니 어찌 가지 않을 수 있겠습니까? 이러한 소원이 있어서 먼저 오대산으로 향하고자 합니다. 약속을 어긴 이상 말과 행동이 일치하지 않습니다. 대단히 부끄럽습니다. 오히려 보낸 사인使人을 헛되이 수고롭게 하지 않을까 두렵습니다. 부디 책망하지 마시기를. 구법 이후에는 적산으로 돌아와서 청해진淸海鎭에서 출발하여 본국으로 돌아가려고 합니다. 바라건대 장대사를 만나시면 상세하게 사정을 이야기해 줄 것입니다. 저의 귀환은 아마 내년 가을쯤이 될 것입니다. 만일 그쪽을 왕래하는 배나 사람이 있으면, 청하건대 명을 내리시어 찾아보게 하십시오. 저희들의 귀국은 오로지 압아의 도움에 맡깁니다. 우러러보는 마음을 이길 수 없습니다. 서장을 올려 말을 대신합니다. 이만 줄이고, 삼가 서장을 올립니다.

　개성 5년 2월 17일

　일본국 구법승 전등법사위傳燈法師位 엔닌{仁 밑에 池本에는 狀上의 二字가 있다.}

　최압아 시자

十七日。爲與崔押衙留狀一封。囑者{考者與這字同}院家。兼以書一封同贈張大使。其狀如左。
披展改歲。德音希聞。勤積增深。春景已暄。伏惟押衙尊體康裕。卽此圓仁蒙恩。隔以雲程。不獲覲謁。瞻囑日深。欽詠何喩。圓仁留住山院。多幸過年。厚蒙衆僧仁德。殊慰旅情【考旅東本作張恐非也】。斯乃押衙慈造矣。庇蔭廣遠。豈以微身能酬答乎。深銘心骨。但增感愧。先蒙芳旨。開春從縺水【考縺恐漣】。專使賜船。送達淮南者。近聞臺山靈跡。不任追慕。圓仁本意專尋釋敎。幸聞聖境。何得不赴。緣有此願。先向臺岳。旣違誠約。言事不諧。深愧高情。還恐所遣使人。空致劬勞。莫賜怪責。求法已後。卻歸赤山。從淸海鎭轉向本國。伏望參張大使具陳事情。圓仁卻迴。略計明年秋月。若有彼方人船往來。請垂高命。特令尋看。僧等歸鄕。專憑鴻救。不任勤仰之至。謹留空狀代申。不宣。謹狀

開成五年二月十七日

日本國求法請益傳燈法師位圓仁【考仁下池本有狀上二字】

崔押衙 侍者

남판관

존체 평안하시길 바랍니다. 직접 만나 뵙지는 못했지만 이미 존명을 듣고 있는지라 구면인 것처럼 느껴집니다. 엎드려 생각건대 사정이 앞과 같음을 잘 살피시어 부디 버리지 마십시오. 품은 생각을 모두 적을 종이가 없어 서장을 나누어 쓰지 못했습니다. 용서해 주시면 매우 다행이겠습니다. 삼가 머리를 조아립니다.

아직 만나 뵙지는 못했지만 오랫동안 존명을 듣고 공경하는 마음을 더합니다. 중춘이 되니 벌써 따뜻합니다. 엎드려 바라건대 존체 평안하시길. 이 엔닌 멀리 덕을 입어 흠모하는 마음 금할 수 없습니다. 저는 뜻을 이루기 위해 당에서 오랫동안 체류하였습니다만, 다행히 대사가 발원하신 적산법화원에 머물고 있습니다. 그 감격은 말로 다할 수 없습니다.

제가 고향을 떠날 때 치쿠젠筑前 태수太守에게서 서찰 한 통을 받아서 대사에게 전하려고 하였습니다. 그러나 갑자기 배가 바다에 가라앉아서 물자를 잃어버려, 편지도 파도에 떠밀려 사라져 버렸습니다. 원통한 마음 날이 갈수록 더해만 갑니다. 바라건대 너무 책망하지 마시기를. 언제 뵐지 기약할 수 없으나 다만 경모하는 정은 더해 갑니다. 삼가 글을 올려 안부를 여쭙습니다. 다 적지 못하고 삼가 서장을 올립니다.

개성 5년 2월 17일
일본국 구법승 전등법사위 엔닌이 서장을 올립니다.
청해진 대사 각하께 삼가 조아립니다.

南判官尊體萬福。雖未接拳。先已蒙知聞。宛如面觀。伏惟照悉。事情同前。請莫厭辨。緣懷無紙。不別書狀。垂恕幸甚。謹空。
生年未祇奉。久承高風。伏增欽仰。仲春已暄。伏惟大使尊體動止萬福。即此圓仁遙蒙仁德。無任勤仰。圓仁爲果舊情。淹滯唐境。微身多幸。留遊大使本願之地。感慶之外。難以喩言。圓仁辭鄕之時。伏蒙筑前大守寄書一封。轉獻大使。忽遇船沈淺海。漂失資物。所付書札隨波沈落。悵恨之情。無日不積。伏冀莫賜怪責。祇奉未期。但增馳結不情。謹奉狀起居。不宣。謹狀
開成五年二月十七日
日本國求法傳僧傳燈法師位圓仁狀上
淸海鎭張大使麾下謹空

2월 19일.【19日은 東本에는 없으나, 池本에 따른다.】 점심식사를 마친 후 적산신라원을 나와서 현에 들어갔다. 원주승院主僧 법청法淸이 구당신라사勾當新羅使 장압아의 집까지 바래다주었다. 압아가 보고는 말하기를 "마침 현에서 회신이 와서 사람을 보내어 아뢰려고 하던 참입니다. 스님께서 스스로 여기에 오시니 참으로 여행이 감응이 있음을 알겠습니다. 참으로 축하드립니다."…(중략)…밤이 되어 압아의 집에서 숙박하였다.

十九日【考十九日東本無。今從池本】齋後。出赤山新羅院入縣。院主僧法清相送到勾當新羅使張押衙宅。押衙相見云。適來得縣牒。擬差人報去。和尚自來赴到此。誠智行李。甚有感應。深以相慶……入夜於押衙宅宿。

2월 20일. 압아가 회신을 나에게 주어 현사縣司에 보내 공험公驗을 내어 주게 하였다. 또한 담당자인 이명재李明才를 보내어 현까지 바래다주도록 하였다. 곧 압아와 적산원 원주승 법청法淸 등과 작별하고 북쪽으로 향했다.

廿日。押衙牒付圓仁等送縣司。令出公驗。兼差所由李明才相送入縣。便辭別押衙。及共赤山院主僧法清等相別了。向北行。

2. 『반고고사편람斑鳩古事便覽』[43]

○ 이 야마다상山田像과 소가상噉加像[44]은 모두 스이코推古 천황 13년 (605) 을축세에 고려 대흥왕大興王[45]이 바친 황금으로 불보살상佛菩薩像 48체體를 조성한 것 중의 일부이다.

此山田像及噉加像。共推古天皇十三年乙丑。以高麗大興王所貢黃金。佛菩薩像四十八體作。是其內也。[46]

○ 육비여의륜관음좌명六臂如意輪觀音座銘
이 상은 초시마루調子丸[47]의 자손이 대대로 전한 본존이다.…(중략)…
황태자가 침수향목沈水香木으로 손수 만들어 초시마루에게 하사하였

---

42 반고고사편람斑鳩古事便覽 : 1836년에 覺賢이 편집한 法隆寺에 관한 기록. 斑鳩寺는 법륭사의 별칭이다.
43 ㉮ 單卷長篇인 本 便覽은 법륭사에 관한 중요 기록으로 大和鵤寺 釋覺賢 輯이다.
44 ㉮ 소가상噉加像 : 소가는 蘇我 蝦夷(そがのえみし)를 가리킨다고 생각된다. 推古 36년(628)에 蘇我 蝦夷를 위해 만든 석가여래 및 협시상이 법륭사에 봉안되어 있으므로, 결국 소가상이란 '蘇我 蝦夷를 위해 만든 불상'이다. 같은 의미에서 山田像도 山田이라는 사람을 위해 만든 상을 말한다. 山田과 噉加는 시주자의 이름일 것이다.
45 대흥왕大興王 : 고구려 嬰陽王이라고 추측된다.
46 ㉮『大日本佛敎全書』제117책, p.38하.
47 초시마루調子丸 : 調使麻呂. 聖德 太子의 시종으로 백제계의 도래인이라는 설도 있다. 만년에 출가하였으며, 쇼토쿠 태자에 대해 기록한『調使家記』를 남겼다고 전해진다.

다.…(중략)…

초시마루에 대해서는 『옥림초玉林抄』[48]에서 말하였다. "백제국에서 조사調使에게 진상한 것이다. 그러므로 초시마루라고 하였다."…(하략)

六臂如意輪觀音座銘
此像者。調子丸子孫相傳之本尊也。……
右皇太子以沈水香木。自作賜調子丸。……
調子丸。玉林抄曰。從百濟國進調使也。故云調子丸。……[49]

○『성덕태자전』에 말하였다.
"스이코 천황 3년(595) 을묘세 3월에 토사土佐의 남쪽 바다에서 밤에 큰 빛과 우레와 같은 소리가 30여 일이나 계속되었다. 4월에 아와지시마淡路嶋 남쪽 해안에 나타났는데, 섬사람들이 침수沈水(향목)임을 알지 못하고 장작에 섞어서 아궁이에 태웠다. 태자가 관리를 보내어 바치게 하니 그 두께가 1위圍이고 길이가 8척尺이며, 신이한 향기를 뿜고 있었다.

태자가 보고는 대단히 기뻐하고 말하기를 '이것은 침수향을 만드는 것입니다. 이 나무는 전단향목栴檀香木이라 이름하는데, 남천축국 남해안에서 나는 것입니다. 여름이 되면 뱀들이 나무를 감은 것은 나무가 시원했기 때문인데 사람들이 활로 쏘고, 겨울에 뱀들이 거기서 겨울잠을 자면 쪼개어 그것을 잡습니다. 열매로 계설향雞舌香[50]을 만들고 꽃으로 정향丁

---

48 옥림초玉林抄 : 室町 시대(1448년)에 訓海가 저술한 『聖德太子傳曆』에 대한 주석서. 정식 명칭은 『太子傳玉林抄』이다.
49 ㉛『大日本佛敎全書』제117책, pp.39하~40상.
50 계설향雞舌香 : 香名. 漢나라 때에 尙書郎들이 계설향을 입에 머금고 황제에게 아뢰었다고 한다(『漢官儀』).

香을 만들며, 기름으로는 훈륙향熏陸香을 만듭니다. 물에 담가 오래되면 침수향이 되지만, 오래되지 않은 것은 천향淺香이 될 뿐입니다.

지금 폐하께서는 불교를 융성하게 하고 처음으로 불상을 만드셨습니다. 그래서 석가모니께서 그 덕에 감응하여 이 나무를 떠내려 보낸 것입니다'라고 하였다. 바로 칙명을 내려 백제의 장인으로 하여금 단상檀像을 새겨서 관음보살상을 만들게 하였다.【높이가 수척에 이르며, 요시노吉野의 비소사比蘇寺에 안치하였다.】때때로 방광하였다."

앞의 침수향은 오미五味[51]를 겸비한 향이다. 『육국전六國傳』[52] 중 「사소라佐曾羅」에서 말하였다.

"법륭사의 태자께서 이름하신 향목이다. 지금 봉해서 보관하고 있다."

『옥림초玉林抄』(태자전옥림초)에서 말하였다.

"향목 하나로는 백제의 장인에게 명하여 관음상을 조각하여 비증사比曾寺에 안치하고, 하나로는 태자가 손수 십일면관음상을 만들어 상궁왕원上宮王院에 안치하였다.…(중략)…"

수광手筐 태자가 말하였다.

"앞의 불상을 만들 때 향목이 남은 것이다."

聖德太子傳云。推古天皇三年乙卯春三月。土佐南海夜有大光亦有聲如雷。經三十箇日矣。夏四月著淡路嶋南岸。島人不知沈水。以交

---

51 오미五味 : 5종의 맛. 酸·苦·甘·辛·鹹을 말한다.
52 『육국전六國傳』: 室町 시대, 足利義政 하에서 志野宗信, 三條西實隆 등에 의해 체계화된 香의 판정법으로, 향목을 산출지에 따라 6종(六國)으로 분류하고, 나아가 다섯 가지의 미각으로 분류한 것. 『六國五味傳』이라고도 한다. 육국이란, 伽羅(인도)·羅國(샴)·眞那賀(마라카)·眞南蠻(인도 남서해안)·寸門多羅(수마트라)·佐曾羅(인도 동해안)을 가리킨다.

薪燒於竈。太子遣使令獻。其大一圍長八尺。其香異薰。太子觀而大悅。奏曰。是爲沈水香者也。此木名栴檀香木。生南天竺國南海岸。夏月諸蛇相繞。此木冷故也。人以矢射。冬月蛇蟄。卽斫而採之。其實雞舌。其花丁子。其脂薰陸。沈水久者爲沈水香。不久者爲淺香。而今陛下興隆釋敎。肇造佛像。故釋梵感德漂送此木。卽有勅命百濟工。刻造檀像。作觀音菩薩【高數尺。安吉野比蘇寺。】時時放光。

右沈水香。五味兼備香也。六國傳中佐曾羅云。世法隆寺太子名香木也。于今綱封藏納。玉林抄云。以香木一尊。命濟工刻觀音像。安置比曾寺。一尊太子自造十一面像。安置上宮王院云云。

手筐太子云。右佛像作時香木餘殘也。[53]

○ 금산사향로명金山寺香爐銘[54]

대정大定 18년 무술년(고려 명종 8, 1178) 5월 모일에 금산사 대전大殿의 미륵불 앞에 청동 향완靑銅香垸 1좌座를 만들었다. 무게는 대臺를 포함하여 모두 30근인데, 은 8량이 들어갔다. 동량棟梁 지비사祇毗寺 주지인 삼중대사三重大師 혜거惠琚, 금산사 대사 인미仁美, 경주인京主人 낭장인 김영후金令候의 처 최씨 이차가녀伊次加女가 납사納絲하였고, 전전상승부내승지殿前尙乘府內承旨 동정同正인 강신康信이 주조하여 만들었는데, 고상하고 단정하였다.

53 [원]『大日本佛敎全書』 제117책, p.41상~하.

54 금산사향로명金山寺香爐 : 東京국립박물관 소장. 몸체 부분이 사라진 상태이며, 임진왜란 때에 약탈되어 일본으로 가게 된 것으로 추정된다. 처음에는 法隆寺에 보관되었다가 1877년 황실에 헌납되었으며, 제2차 세계대전 이후 국유가 되었다. 명문은 下臺緣部를 돌아서 1행으로 銀入絲의 수법으로 새겨져 있다.

金山寺香爐銘

大定十八年戊戌五月日造。金山寺大殿彌勒前。靑銅香垸一座。臺具 都重三十斤。入銀八兩。棟梁祇毗寺住持三重大師惠琚。金山寺大師 仁美。京主人郎將金令侯妻崔氏伊次加女納絲。殿前尙乘府內承旨。 同正康信鑄成。高正。[55]

○ 환좌구丸座具

비다츠敏達 천황 7년(578) 무술세, 쇼토쿠 태자 7세 때에 오오와케노 기미大別王[56]가 백제로부터 경론과 향을 가지고 왔는데, 태자가 그것(경론)을 볼 때 사용한 것이다.

丸座具

敏達天皇七年戊戌。太子七歲時。大別王自百濟國持來經論燒香。披見所用。[57]

○ 청령옥蜻蛉玉과 금강자金剛子

앞의 것은 『원씨약자권源氏若紫卷』[58]에서 "쇼토쿠 태자가 백제로부터 금강자金剛子로 만든 수주數珠(염주)를 하사받았다."라고 한 것은 이것을

55　㉾『大日本佛敎全書』제117책, p.42상.
56　오오와케노 기미大別王 : 『日本書紀』「敏達天皇6년(577)조」에 의하면 "5월 5일에 大別王과 小黑吉士가 백제에 사절로서 파견되었다. 그해의 11월 1일, 백제의 威德王은 귀국하는 大別王 편으로 經論·律師·禪師·比丘尼·呪禁師·造佛工·造寺工 의 6인을 파견했다. 이들을 難波의 大別王의 절에 두었다."라고 기록되어 있다.
57　㉾『大日本佛敎全書』제117책, p.86상.
58　『원씨약자권源氏若紫卷』: 『源氏物語』54帖 중 第 5帖의 卷名.

말한 것이다.

蜻蛉玉幷金剛子
右者。源氏若紫卷。聖德太子自百濟國得賜金剛子數珠。云此事也。[59]

○ 기악면伎樂面[60]
백제의 미마지味摩之가 스이코 천황 20년(612) 임신세, 쇼토쿠 태자 41세 때에 도래하였는데 오국吳國에서 배워서 기악무妓樂舞를 완성하였다.

伎樂面
百濟國味摩之。推古天皇二十年壬申。太子四十一歲時化來。學于吳國。成妓樂舞。[61]

○ 석지통갈고石之筒鞨鼓
백제에서 전래된 것으로, 정평피正平皮[62]로 만들어졌다.

石之筒鞨鼓 自百濟國渡。結皮正平皮也。[63]

---

59 ㉿『大日本佛敎全書』제117책, p.87상.
60 기악면伎樂面 : 伎樂에 쓰는 假面. 伎樂은 吳樂·伎樂舞라고도 하듯이, 중국 남부의 불교문화권이었던 吳國에서 유래하는 樂舞이다. 『日本書紀』「推古天皇20년조」 5월에 "백제인 味摩之가 伎樂舞를 전하고, 奈良의 櫻井에 소년을 모아서 가르쳤다."라고 하는 기사가 일본에 기악이 행해진 기록으로서는 最古이다.
61 ㉿『大日本佛敎全書』제117책, p.88상.
62 정평피正平皮 : 무늬를 염색한 가죽의 하나.
63 ㉿『大日本佛敎全書』제117책, p.88하.

○ 철발우(鐵鉢)

고구려의 혜자 법사[64]가 가지고 온 것이다.

鐵鉢 高麗國惠慈法師所持[65]

○ 사리

오노노 이모코小野妹子[66]가 백제에서 전래한 것이다.

舍利 小野妹子自百濟國傳來[67]

○ 이비여의륜오체二臂如意輪五體

스이코 천황 13년(605) 을축세에 고구려 대흥왕大興王이 황금 300냥을 바쳤다. 쇼토쿠 태자 34세 시에 조불사鳥佛師[68]에게 명하여 48체를 만들게 했다. 이것은 아미타불阿彌陀佛의 48대원을 나타내는 것이다. 오른쪽 안의 광배에 명문이 있다.

---

64 혜자惠慈: ?~622. 595년(영양왕 6) 일본에 건너가 섭정이었던 쇼토쿠 태자의 사부가 되고, 이듬해 大臣 蘇我馬子가 세운 法興寺가 낙성되자 백제의 승려 惠聰과 더불어 그 사찰에 있으면서 포교에 힘쓰다가, 615년 쇼토쿠 태자가 지은 疏를 가지고 귀국하여 이를 퍼뜨렸다.

65 ㉕『大日本佛敎全書』제117책.

66 오노노 이모코小野妹子: 생몰년 미상. 飛鳥 시대의 정치가. 스이코 천황 15년(607) 鞍作福利 등과 함께 隋에 건너가서 다음해인 608년에 백제를 거쳐서 귀국하였다. 隋 煬帝의 答書를 백제에서 분실했기 때문에 귀국 후 流刑에 처해지기도 하였다.

67 ㉕『大日本佛敎全書』제117책, p.89상.

68 조불사鳥佛師: 鞍作鳥. 스이코 천황 13년(605)에 안작조를 佛造工으로 해서 처음으로 銅·繡의 丈六像을 만들기를 명했는데, 고구려의 대흥왕이 이를 듣고 황금을 바쳤다고 한다.

二臂如意輪五體

右推古天皇十三年乙丑。自高麗國之大興王貢黃金三百兩。太子
三十四歲命鳥佛師。令作四十八體。是表彌陀四十八願也。右內光背
在銘文。[69]

○ 태자당형어영太子唐形御影(후당後堂)

스이코 천황 5년(597) 정사세 4월 1일, 백제 위덕왕威德王의 태자인 아좌阿佐[70]가 내조하였을 때 쇼토쿠 태자가 전내에 맞아들였다. 그때 태자와 대면한 아좌가 그 존용尊容을 그려서 바쳤다. 그래서 말한다. "당형어영唐形御影은 아좌가 그린 것이다."

太子唐形御影(後堂)

右推古天皇五年丁巳夏四月一日。百濟國威德王太子阿佐來朝時。
皇太子引殿內。其時御對面尊容。阿佐奉寫尊容也。因云。唐形御影
阿佐筆也。[71]

○ 고구려 혜자 법사상

길이는 2척 6분이다.【성령원聖靈院 중어전中御殿에 있다.】

高麗國惠慈法師像 長二尺六分【聖靈院中御殿】[72]

---

69 원『大日本佛教全書』제117책, p.97상.
70 아좌阿佐 : 백제의 제27대 위덕왕의 태자. 597년에 일본에 건너가 쇼토쿠 태자의 스승이 되었다.
71 원『大日本佛教全書』제117책, pp.98하~99상.
72 원『大日本佛教全書』제117책, p.99하.

○ 동어전東御殿 삼수승지장존립상三殊勝地藏尊立像

길이는 2척 5촌이다. 이 상은 비다츠 천황 6년(577) 정유세 10월 쇼토쿠 태자 6세 시에 백제로부터 전래된 것이다. 우리나라 최초의 지장보살상이다. 성명왕聖明王[73]의 원력에 의하여 화현한 사람이 와서 만들었다. 이는 지장보살의 화현이니, 만든 자가 수승하다. 적전단목赤栴檀木으로 만들었으니 어의목御衣木[74]이 수승하다. 그래서 세 가지가 수승한 존상이라고 한다.

東御殿三殊勝地藏尊立像

二尺五寸。此像者。敏達天皇六年丁酉冬十月。太子六歲時。自百濟國將來。我朝地藏最初也。依聖明王願化人來而作之。是地藏化現。作者殊勝也。以赤栴檀造之。御衣木殊勝也。仍而三殊勝之尊像也。

○ 서어전西御殿 이비여의륜관음좌상二臂如意輪觀音座像

길이는 4척 2촌이다. 쇼토쿠 태자의 본신本身[75]이다. 백제로부터 전해

---

73 성명왕聖明王 : 백제 제26대 왕인 聖王(재위 523~554)을 말한다. 武寧王이 죽자 왕위를 이었는데 나라 사람들이 왕의 호칭을 聖明王이라고 하였다. 그 근거로는 『日本書紀』에는 성명왕 또는 明王이라고 기록되어 있다. 즉 백제 성왕은 생존시에도 聖明王 혹은 聖王이라는 존호가 사용된 것으로 추정된다. 聖王이라는 단어는 轉輪聖王을 줄인 단어이다. 이 像은 성왕 때 만들어져서 威德王 때 일본에 전래된 것이다.

74 어의목御衣木 : 神佛의 像을 만들 때 쓰는 목재. 檜·百壇·栴檀·朴 등이 많이 사용된다.

75 御本地(어본지) : 本地란 '본래의 경지나 모습'을 말한다. 현세의 菩薩, 神 등은 佛(本)이 중생을 교화하기 위해 자취(迹)로서 임시로 나타난 것이라는 사상에서 유래한다. 本地垂迹사상. 여기서는 쇼토쿠 태자를 보살 내지 신으로 격상시키고, 그 본신이 바로 이비여의륜관음임을 말한다.

진 것이다. 태자 6세 때[76]이다.

西御殿二臂如意輪觀音座像

長四尺二寸。皇太子御本地也。自百濟國渡也。太子六歲時也。[77]

○ 태자칠세좌상(어상전御相殿에 안치되어 있다.)

길이는 1척 9촌 5분이다. 비다츠 천황 7년(578) 무술세 춘2월에 백제로부터 경론이 전해졌다. 쇼토쿠 태자가 경론을 읽는 상像이다.

太子七歲座像(御相殿) 長一尺九寸五分。敏達天皇七年戊戌春二月。自百濟國渡經論。太子披見尊像也。[78]

○ 약사좌상(신당新堂에 안치되어 있다.)

…(중략)…쇼토쿠 태자가 백제로부터 전래된 약사여래藥師如來 등의 상을 안치하였다.

藥師座像(新堂)

……安置自百濟國來藥師等像也。[79]

○ 본존약사삼존本尊藥師三尊(서원원西園院 호마당護摩堂에 안치되어 있다.)

---

76 성덕태자 6세 때는 579년이다.
77 ㉜『大日本佛敎全書』제117책, p.100상.
78 ㉜『大日本佛敎全書』제117책, p.102하.
79 ㉜『大日本佛敎全書』제117책, p.104상.

백제로부터 전해진 것이다.

本尊藥師三尊(西園院護摩堂) 自百濟國渡[80]

80 [원]『大日本佛敎全書』 제117책, p.109하.

3. 『고산사연기高山寺緣起』[81]

선묘신사善妙神社【좌측 북방】

(진수사단사우鎭守社壇四宇[82]의 하나이다.) 선묘신은 신라국의 신이다. 화엄을 옹호하려는 서원을 세웠기 때문에 권청한 것이다. 삼국三國[83]의 명신明神을 권청한 것은 절을 지켜 주기를 원해서이다.【본래 서장경西經藏에서 모시고 있었다.】…(중략)… 가록 원년(1225) 을유세 8월 16일 갑진인시에 백광白光과 선묘善妙 양신의 상을 봉안하였다.

一社【左方北】

(鎭守社壇四宇의 一) 善妙神 新羅國神也。有華嚴擁護之誓。故勸請之。右勸請三國之明神。所仰一寺之擁護也。【本是西經藏處奉崇之】……嘉祿元年乙酉。八月十六日甲辰寅時。白光善妙兩神御體奉納之。[84]

○ 히라오카 선묘사

위 절은 비구니 사찰이다.

---

81 고산사연기高山寺緣起 : 고산사의 개조인 高辯(1173~1232, 明惠를 가리킨다.)의 제자 高信(1193~1264)이 1253년에 편찬한 고산사의 사적을 기록한 책이다.
82 진수사단사우鎭守社壇四宇 : 고산사에는 4개의 神社가 있는데, 중앙의 신사는 大白光神을 모시고, 右方南에 있는 신사는 春日大明神을, 左方北의 신사는 善妙神을, 右方南端의 신사는 住吉明神을 모시고 있다.
83 삼국三國 : 여기서는 고구려·백제·신라의 한반도 삼국을 가리킨다.
84 ㉠『大日本佛敎全書』제117책, p.306상.

선묘사의 진수鎭守에 관한 것.

　선묘명신善妙明神은 신라의 여신이다. 여자의 몸으로 화엄을 지키려는 서원이 있었기 때문에 권청해 마쳤다. 정응 3년(1224) 4월 25일 선묘상善妙像과 사자獅子·백견狛犬[85]의 상 등을 안치했다.【불공인 담경湛慶이 만들었다.】 선묘상의 길이는 8촌이고, 사자상의 길이는 9촌이다.

平岡善妙寺

右寺者。比丘尼寺也。

同寺鎭守事。

右善妙明神者。新羅國之女神也。以女身依有華嚴擁護之誓。故勸請畢。貞應三年四月二十五日。安置善妙御體幷師子狛犬等。【佛工湛慶作。】御體長八寸。師子長九寸。[86]

85　백견狛犬 : 獅子 모양의 개의 石像. 코마이누. 코마는 고구려를 가리키며 '고구려에서 온 개'라는 의미이다. 神社 앞에 辟邪를 위해 쌍으로 마주 보게 놓는다.
86　㉝『大日本佛敎全書』제117책, p.315상.

4. 『산성주 갈야군 풍야대언향 광륭사 내유기山城州 葛野郡楓野大堰鄕廣隆寺來由起』

…(중략)…황제께서는 마침내 하타노 가와카츠秦川勝[87]에게 봉강사蜂岡寺를 세울 것을 명하였다.【광륭사가 그것이다.】 신라와 백제에서 바친 불상 등을 당우堂于에 안치하였다.

……皇帝遂命秦川勝。建蜂岡寺【廣隆寺是也】。以自新羅百濟所獻之佛像等。安置堂于。[88]

금동미륵보살상【좌상이며, 높이는 2척8촌이다.】
스이코 천황 11년(603)【계해】에 백제국에서 쇼토쿠 태자에게 바친 것이다. 태자는 오하리다궁小墾田宮에서 그것을 하타노 가와카츠에게 하사하였다. 이 상은 영험이 있고 신비로워서 존숭하는 사람이 소원을 이루지 못함이 없었다. 『일본기日本紀』[89]에 말하였다.

---

87 하타노 가와카츠秦川(河)勝 : 생몰년 미상. 성은 造氏이다. 6세기 후반부터 7세기 중반에 걸쳐서 大和 정권에서 활약한 秦氏 출신의 호족. 진씨족은 중국 秦나라 출신으로 6세기경에 한반도를 거쳐서 일본으로 건너간 도래인 집단이었다. 진천승은 진씨족의 족장적 인물이었는데, 쇼토쿠 태자의 브레인으로서 활약했다. 또 부유한 상인이기도 해서 조정의 재정에 관여하였으며, 그 재력으로 平安京의 조성, 伊勢神宮의 창건 등에 관여했다는 설도 있다. 쇼토쿠 태자에게서 미륵보살반가사유상을 하사받아 광륭사를 세우고 그것을 안치하였다.
88 ㉘『大日本佛敎全書』제119책, p.79상.
89 일본기日本紀 :『日本書紀』. 奈良 시대에 성립한 일본의 역사서. 일본에 현존하는

"스이코 천황 11년 황태자께서 여러 대부들에게 말씀하시길 '나에게 존귀한 불상이 하나 있는데 누가 이 상을 모시겠는가?' 하니, 이때 하타노 가와카츠가 나와서 아뢰기를 '신이 모시겠습니다.' 하였다. 곧 불상을 받고서 인하여 봉강사蜂岡寺를 세웠다."

金銅彌勒菩薩像【坐像高二尺八寸】
推古天皇十一年【癸亥】。自百濟國獻之聖德太子。太子於小墾田宮賜之秦川勝。此像靈驗不可思議。恭敬尊崇人無不成願也。日本紀曰。推古天皇十一年。皇太子謂諸大夫。我有尊佛像。誰得是像以恭拜。時秦造川勝進曰。臣拜之。便受佛像。因以造蜂岡寺。

금동구세관음상【좌상. 높이 2척 2촌이다. 벽여의륜辟如意輪이다.】
스이코 천황 24년(616)【병자】 가을 7월에 신라국왕이 사신을 보내어 바쳤다. 이 상은 방광放光하고 때때로 신이한 일이 있었다. 쇼토쿠 태자가 하타노 가와카츠에게 명하였다.

"이 불상은 영험이 있으므로 조금이라도 더럽혀서는 안 된다. 마땅히 청정한 법당에 안치하고 아무나 예배하도록 해서는 안 된다. 세속의 어리석은 자가 접촉한다면 반드시 화를 입을 것이다. 호법신인 비사문왕毘娑門王[90]도 선처하지 않을 것이다.【『성덕태자전력聖德太子傳曆』에 상세하다.】"

하타노 가와카츠가 명을 받들어 봉강사蜂岡寺에 안치하고, 비단 장막

最古의 正史로서, 六國史의 제1에 해당한다. 舍人親王 등이 편찬한 것으로 養老 4년(720)에 완성되었다. 전 30권.

90 비사문왕毘娑門王 : 四天王 중 毘沙門天의 왕이다. 多聞天이라고도 한다. 호법의 천신이며 복을 베푼다. 『法華義疏』에 말하기를 "이 天神은 항상 여래의 도량을 보호하며 법을 들으므로 다문천이라 한다."고 한다.

을 드리워서 공경을 다하였다. 이때 이후로 불상을 공경하는 모범이 되었다. 불상에 비단 장막을 드리우는 것은 대개 여기서 유래한다.

비래천신飛來天神은 삼국三國에 공통하는 신령스런 신이다. 이 절의 삼륜三輪[91]을 수호하기 위해 신라에서 날아왔다. 니치조日藏 상인上人[92]의 감몽에 의해 이 절에 권청한 것이다. 명신의 모습은 백발의 노인이다.

생각건대 당사當寺(광륭사)는 쇼토쿠 태자의 팔소대가람八所大伽藍 중의 하나로서, 삼론三論을 이어받은 절[93]이고 대승大乘에 걸맞는 승지勝地이다. 고구려의 혜자惠慈 법사가 문수文殊와 용수龍樹의 교법을 널리 펴기 위해 경론을 가지고 일본에 왔다. 쇼토쿠 태자는 계궁원桂宮院 팔각당八角堂에서 저 경론을 열람하였다.

金銅救世觀音像【坐像高二尺二寸 辟如意輪也】
推古天皇二十四年【丙子】秋七月。自新羅國王遣使奉獻。此像放光。時時有怪。太子命秦川勝造曰。佛有靈輒不可垢。宜安置淸淨堂不得恣拜。俗之痴人若有觸犯。彼必被禍。護法之神毘娑門王。不應爲善【詳于聖德太子傳曆】。川勝奉命。安置蜂岡寺。垂錦帳致尊崇。自爾以後爲

---

91 삼륜三輪 : ① 佛의 거룩한 교화 작용을 身・口・意의 3으로 나누어, 이것을 전륜성왕의 輪寶에 비유해서 輪이라 한다. 즉 身輪・口輪・意輪을 말한다. ② 三法輪. 석가모니의 설법에 세 가지가 있는데, 轉法輪(小乘四諦의 敎)・照法輪(般若經의 敎)・持法輪(唯識中道의 敎)을 말한다.

92 니치조日藏 상인上人 : 905~985. 平安 中期의 전설적인 승려. 三善淸行의 제자로 전해진다. 941년 金峰山에서 수행 도중 숨이 끊어져 극락에 갔는데, 거기서 醍醐天皇이 죽어서 지옥에 떨어졌다는 말을 듣는다. 그 후 지옥에 가서 제호 천황을 만난 후 13일 만에 소생했다는 등 전설이 많다.

93 招提(초제) : 寺院의 다른 이름. 魏의 太武帝가 사원을 만들고 처음으로 招提라고 이름 붙인 것에서 유래한다. 특히 官府에서 賜額한 절을 가리키기도 한다.

敬佛之良範。垂錦繡帳。蓋始此矣。[94]

飛來天神者。通三國靈神也。爲當寺三輪守護。自新羅國飛來之事。依日藏上人感夢。而勸請當寺。明神容貌。白髮老翁也。[95]

想當寺者。聖德太子八所大伽藍隨一。而三論稟承之招提。大乘相應之勝地也。高麗惠慈法師爲弘文殊龍樹敎法。持經論來日域。聖德太子於桂宮院八角堂。觀覽彼經論焉。[96]

---

94 [원]『大日本佛敎全書』 제119책, p.79하.

95 [원]『大日本佛敎全書』 제119책, pp.85하~86상.

96 [원]『大日本佛敎全書』 제119책, p.87상.

5. 『경태진 광륭사 대략연기京太秦廣隆寺大略緣起』

…(중략)…금당金堂의 본존은 스이코 천황 11년(603)에 백제에서 바친 금동의 미륵보살을 안치한 것이다.【『일본서기』와 『원형석서』에 상세하다.】

또 신라국의 대왕이 스이코 천황에게 바친 금동여의륜관음존상을 하타노 가와카츠에게 명하여 광륭사에 안치하였다. 이 상은 영험이 있고 종종 빛을 발하였다. 태자가 말하였다.

"세속의 어리석은 자가 범한다면 호법신의 노여움을 사서 화를 입을 것이다."

이에 비단의 장막을 드리워 함부로 보지 못하게 하였다. 이것이 우리나라에서 불상 앞에 호장戶帳을 드리운 시초이다.

……則金堂の本尊は推古天皇十一年 百濟國より所獻の金銅の彌勒菩薩を安置す。【日本紀幷元亨釋書委】

又新羅國の大王より推古天皇へ獻じたる金銅如意輪觀音の尊像を川勝に命じて廣隆寺に安置し給。 此像靈異有り よるよる光を放ち給。太子の給はく。俗の痴人ふれおかさは護法の神怒をなし却而禍をうくべしとて錦の帳をたれ凡見を隔つ。是より吾朝の佛前戶帳の始也。[97]

---

97 [원] 『大日本佛敎全書』 제119책, p.91상~하.

6.『연성사기璉城寺記』

연성사璉城寺의 본명은 본래 기사紀寺라고 하였다. 정토종 사찰로서 사령寺領은 20석이다.…(중략)…어떤 기록에 의하면 "기사紀寺의 기원은 원래 덴치天智 천황[98] 치세[99]에 백제와 고구려 등의 통역관[지금은 통사通辭라고 한다.]을 나라현諾樂縣에 이주하게 하였는데 후에 정사를 건립하고는 역전사譯田寺라고 이름하였다. 기씨紀氏 사람들이 단월이 되었으므로 또한 기사紀寺라고 불렀다. 이 절은 처음에 덴치덴무天智天武[100] 연간에 건립되었는데, 엔랴쿠延曆 연간에 산슈山州 헤이안성平安城[101]으로 천도했을 때 역전사를 낙양洛陽으로 옮겼는데, 지금의 서원사誓願寺이다. 옛날에 불사佛師인 계문회稽文會[102]·계수훈稽首勳 형제가 고구려에서 내조하여 처음에는 가와치국河內國 가스카베향春日部鄉에 거주하다가 후에 나라현諾樂縣 역전사譯田寺로 이주하였다. 따라서 낙양 서원사의 본존인 아미타불상은 이 두 불공이 만든 것이다.

---

98 덴치天智 천황 : 일본 제38대 천황. 재위 668~672.
99 御宇(어우) : 천자가 재위하는 동안의 치세를 말한다.
100 덴치덴무天智天武 : 덴치와 덴무는 모두 일본의 연호이다. 덴치는 662~672년, 덴무는 673~686년의 기간이다.
101 헤이안성平安城 : 平安京이라고도 한다. 桓武 천황은 연력 13년(794)에 수도를 平安城(지금의 京都市)으로 옮겼다. 明治 2년(1869)에 수도를 東京으로 옮기기 전까지 일본의 수도였으나, 그 위치에 대해서는 여러 가지 설이 있다.
102 계문회稽文會 : 賢問子라고도 이름한다. 생몰년 미상. 일본에 건너와서 神龜 6년(729)에 十一面觀音(長谷寺觀音)을 만들었지만 불타 없어졌다. 法隆寺에도 그가 만든 십일면관음상이 있었다고 하나 현존하지 않는다. 稽首勳과 동일인·형제·부자 등의 여러 설이 있다.

璡城寺。本名紀寺。淨土宗寺領二十石。……或記曰。紀寺濫觴者。天智天皇御宇。百濟國高麗國等人譯者【今云通辭】。令移居於諸樂縣。而後建精舍。號曰譯田寺。卽紀氏人爲檀越。於此又號紀寺焉。當寺艸創起天智天武之間。延曆年遷都於山州平安城。時引徒譯田寺於洛陽。卽今之誓願寺是也。故佛師稽文會稽首勳兄弟。自高麗來朝。而初在於河內國春日部鄉。而後移居于諸樂譯田寺。於是洛陽誓願寺本尊阿彌陀。此二佛工彫造之處也。[103]

103 [원]『大日本佛教全書』제119책, p.258상~하.

7.『흥복사연기興福寺緣起』

유마회維摩會

…(중략)…그런데 태정대신太政大臣이 병이 나 계획이 수포로 돌아가고 말았다. 이때 백제의 비구니가 있었는데 법명法明[104]이라 이름하였다. 대신에게 아뢰었다.

"제가 대승경전을 수지하고 있는데『유마경維摩經』이라 합니다. 그 안에는「문질품問疾品」이 설해져 있는데 시험 삼아 봉송하게 해 주신다면 공의 병이 쾌차할 것입니다."

그 품을 다 봉송하기도 전에 공의 병이 이미 나았다. 그러자 대신들이 머리를 조아리고 합장하여 말하였다.

"세세생생토록 대승에 귀의하겠나이다."

또한 대사大師를 모시고『유마경』을 강설하게 하니 3일이나 이어졌다.

維摩會

……然太政大臣沈病。既廻萬計。時有百濟禪尼。名曰法明。白大臣。我持大乘名維摩經。其中所說問疾品。試奉誦相公御惱平愈歟。未誦了一品之前。相公御病既以平愈。時大臣稽首合掌言。生生世世歸依大乘。又爲師禪尼。仍講維摩經。或講三日。[105]

---

104 법명法明 : 백제의 비구니로서 義慈王 15년(655) 일본 대마도에 가서 吳音으로『유마경』을 독송했다고 한다. 일본에서 불경을 오음으로 읽는 것은 여기서 비롯되었다.

105 [원]『大日本佛教全書』제119책, pp.321하~322상.

8. 『대화국 나라원 흥복사 가람기大和國奈良原興福寺 伽藍記』

동금당東金堂

금동의 석가여래·관세음보살·허공장보살의 상을 봉안하였다. 이 삼존상은 31대 비다츠 천황 즉위 8년(579)【기해】 동 10월에 신라에서 바친 것이다. 천황이 태자에게 물으니, 태자가 답하였다.

"이것은 서역의 성인인 석가모니여래의 존상입니다. 이것을 귀히 여기는 자는 재앙이 없어지고 복을 받을 것이며, 이것을 막는 자는 재앙을 초래하고 수명이 줄어들 것입니다."

천황이 이것을 믿고 안치하여 공양하였는데, 동금당東金堂의 후호後戶에 봉안하여 오랫동안 전하게 하였다.

> 東金堂。爾安置金銅之釋伽如來觀世音虛空藏。此三尊者。三十一代敏達天皇卽位八【己亥】年冬十月。自新羅國奉渡此像。天皇問曰太子給。太子曰。是西國聖人釋迦牟尼如來貴像也。于世是貴者。消災蒙福。是衛者。招災縮壽申給。天皇是乎信。安置供養。令此御堂之後戶爾。貴傳留給者也。[106]

…(중략)…금동석가여래

---
[106] 왈 『大日本佛敎全書』 제117책, pp.381하~382상.

좌상. 길이는 1척 4촌이다. 협시보살은 관세음보살과 허공장보살이다. (입상으로 각각 길이는 1척 5촌이다.)

이 삼존상은 일본에 불상이 전해진 최초의 존상尊像이다. 신라에서 바쳐진 영상靈像이다. 고기古記에 말하였다.

"진키神龜 2년(725)【4년의 잘못이다.】【정묘】 가을 8월에 칙에 의해 동금당을 건립할 때, 이 삼존상은 동금당의 후호後戶에 동쪽을 향해 안치하도록 한 것이 비문을 내린 취지이다."

……金銅釋迦如來 座像長一尺四寸

脇士 觀世音菩薩 虛空藏菩薩(立像各長 一尺五寸)

右三尊者。本朝佛像弘通最初之靈像。從新羅國奉獻之靈像也。古記曰。神龜二【恐四】年【歲次丁卯】秋八月。當堂勅願御建立之時。右件之三尊。當堂後戶東向御安置之旨。勅碑文之趣也。[107]

---

107 ㉔『大日本佛敎全書』제117책, pp.383하.

9. 『약사사연기藥師寺緣起』

옛날 덴무 천황의 재세 시에 백제왕이 세 개의 기물奇物을 바쳤다.

첫째는 불족석佛足石이고, 둘째는 염부단금閻浮檀金[108]의 관음상觀音像이며, 셋째는 홍종浩鐘이다. 관음상은 도네리친왕舍人親王이 건립한 동선원東禪院의 본존이 이것이다. 홍종鴻鐘은 지금도 누각에 걸려 있다. 불족석은 단壇을 설치하여 공양하게 하였다. 이 성적聖蹟을 찬탄하여 고묘光明 황후가 석비를 옆에 세웠는데, 그 비명에서는 시로 다음과 같이 말하였다.

불족적의 향響은 하늘에 닿고 땅을 흔드네. 부모를 위해 또 중생들을 위해.

약사藥師는 언제나 존재하지만, 진인珍人인 지금의 약사는 존귀한 존재이다.[109]

이 노래는 20여 수 존재한다고 하지만 지금 현존하는 것은 2수뿐이다.

---

108 염부단금閻浮檀金 : 염부 나무 아래에 흐르는 강에서 나는 砂金. 이것으로 불상을 만들기도 한다.

109 佛足跡歌・佛足石歌라고 한다. 奈良의 藥師寺에는 불족석과 함께 불족적가비가 있는데, 그 가비歌碑에 '恭佛跡(佛德을 찬탄한 것)' 17수와 '呵責生死(無常의 도리를 설하고 佛道를 닦을 것을 권한 것)' 4수의 불교가요가 새겨져 있다. 불족석은 덴무 천황의 손자인 文屋智努가 죽은 부인(혹은 어머니)의 追善을 위해 만든 것으로, 불족석가도 이즈음에 만들어진 것이라고 생각된다.

또 이 성석聖石을 한번이라도 예배하는 사람은 무시無始 이래의 죄장罪障이 그 자리에서 멸하고, 현재의 원이 바로 이루어진다. 옛날 마가다국摩訶陀國에 이 돌이 있었다. 쌍족적雙足跡은 길이가 1척 8촌이고 넓이가 6촌이었다. 십지만덕十指萬德 천륜어형千輪魚形은 묘상을 하나하나 비추고 광명이 때때로 발하였다. 만약 다른 곳으로 옮기려고 하면 그 돌이 크지 않은데도 사람들이 움직일 수 없었다. 불멸 후에 악왕惡王이 있어서 불법을 믿지 않고 성적聖跡을 없애려고 해서 이 돌을 부수었으나, □□□□ 도리어 넓직한 무늬로 변해 버렸다. 이 돌을 갠지스강에 버리면 곧 본래 자리로 돌아왔다. 이와 같이 신비한 것이 삼국三國을 거쳐서 우리나라에 온 것은 금륜金輪의 신덕信德으로 감응한 것이 아니겠는가? 일찍이 동방에 불국佛國이 있다고 말했던 것이 어찌 불가사의하지 않겠는가? 때때로 예배하려는 사람은 생신生身의 불佛이라고 생각해야 한다.

昔天武天皇御宇。百濟王三種の奇物を獻せり。一には佛足跡の石。二には閻浮檀金の觀音の像。三には浩鐘なり。其觀音の像は舍人親王の建立し給へる東禪院の本尊是なり。鴻鐘は今猶樓にかかりたり。其佛足石は壇場を結して恭敬せしむ。此聖蹟を讚し給ひて光明皇后石碑を傍に立置せ給へり。其銘の歌曰。

御跡つくる石の響は天に至り地さへゆすれ。父母か爲に諸人のために。

くすり師は常のもあれと。まれひとの今の藥師たふとかりけり。

其歌二十餘首ありといへとも今唯二首を出す。抑此聖石を一たひも禮せん人は無始の罪障立ところに滅し。現當の善願忽に成す。昔摩訶陀國に此石ありけり。雙足の跡 長さ一尺八寸 廣さ六寸に餘れり。十指萬德 千輪魚形 一一妙相 映起して光明時時に照す。若餘處に移さんとすれは其石大ならすといへとも。人よく是を動かさず。佛滅後に惡王ありて佛法を信せず聖蹟を滅せんと欲して此石を鑿しむ。□□□□還て平らき文綵卽故のことし。これを殑河の流に捨れは尋て本に復せり。かくのことき の奇絶なるもの三國を經て我朝に移り來る事。これ金輪信德の所感にあらすや。經に東方に佛國ありと說給へるは豈是等の不思議ならましやは。たまたま拜せん人は生身の思を成すへし。[110]

110 [원]『大日本佛敎全書』제120책, p.461상~하.

10.『대화국 첨하군 우경 약사사연기大和國添下郡右京藥師寺緣起』

선제先帝의 치세에 장육약사여래丈六藥師如來의 존상을 만들게 하였는데, 세존 재세 시의 족적을 얻어서 본뜨려고 백제에 문의한 즉, 몇 년이 지나 백제왕이 불족적과 염부단금의 관세음상과 홍종鴻鐘을 바쳤다. 그래서 교키行基[111]에게 칙을 내려 약사여래의 장육존상을 만들게 하였다. 불족을 본떠서 만들면 말법시대의 중생이 살아 있는 여래를 공양하는 것과 같아서 그 이익이 광대할 것이다. 불족적을 본떠서 만들려고 하니 교키도 더불어 기뻐하여, 서쪽 산에 대장간을 만들고 주사鑄師 등을 재계齋戒시키고, 교키 스스로 틀을 만들어 함께 작업하니 어떤 장애도 없이 존상이 완성되었다. 발바닥의 윤문輪文도 분명히 나타나서, 참으로 살아 있는 동안에 생신의 불적을 공양할 수 있는 것은 고마운 인연이 아니겠는가? 금강산金剛山이라고 하는 것은 그때의 대장간 터이다.

---

111 교키行基 : 668~749. 일본 奈良 시대의 승려이다. 승려를 국가 기관과 조정에서 직접 관장하며 불교를 일반 민중에게 포교하는 것이 금지되었던 시대에, 금기를 깨고 畿內를 중심으로 민중이나 호족층을 불문하고 널리 불법을 전하여 사람들로부터 독실한 숭경을 받았다. 또한 일본 각지에 여러 도량과 사원을 세웠을 뿐 아니라, 열다섯 곳의 저수지와 아홉 곳의 관개 수로, 여섯 곳의 교량 그리고 곤궁한 사람들을 위한 호시야(布施屋, 일종의 무료 급식소) 아홉 곳을 세우는 등 각지에서 다양한 사회적 사업을 펼쳤다. 조정으로부터 탄압을 받기도 했지만, 백성의 압도적인 지지를 바탕으로 훗날 大僧正에까지 올랐고, 聖武 天皇으로부터 奈良大佛(東大寺 외) 건립의 실질적 책임자로서 초빙되었다. 이 공로로 그는 오늘날까지 東大寺 四聖의 한 명으로 꼽히고 있다.

이때부터 끊임없이 불가사의한 일이 일어났다. 머리숱이 많은 단정한 동자들이 어디서 왔는지는 모르지만 12명이 와서 주사鑄師 등과 함께 힘을 모아 작업하니, 하룻밤에 장육의 존상이 완성되었다. 존상이 완성되자 동자들은 모두 공중으로 날아가 버렸다. 이것은 동방東方의 불佛이 12대장大將을 보내어 원력을 더해 준 것이다.

　先帝の御時。丈六藥師如來の尊像を鑄させ給ふに。世尊在世の足跡をもとめ模範とせんとおぼしめして。百濟國にたづねられしに。年經てのち百濟國王より佛足石と閻浮檀金の觀世音と鴻鐘とを奉られける。かくて行基に勅詔ありけるは。丈六藥師の像をつくらしむるに。佛足を模とし鑄たてまつらば。末代澆季の衆生。生身の如來を拜し奉るにおなじくして。その化益廣大ならん。これをもて鑄奉るべしとおほせられければ。行基もともに歡喜して。西の方なる山を鑪舍とし鑄師等に齋戒をさづけ。行基みづから鑄形をつくりともに鑄給ふに。何のさはりなく尊像圓滿し。足下輪文分明にあらはれ給ふ。誠肉眼をもて生身の佛跡を拜み奉る事。有難き因緣にあらずや。金剛山といふはその時の鑪舍の迹なりとぞ。これよりしきりに不思議の事ありけり。びんづらゆふたる童子の端正なるが。いづちともなく十二來りて。鑄師等ともに力を合せて鑄たてまつるに。一夜といふうちに丈六の靈像いみじく出現し給へり。事成てさきの童子みな空をしのいて去ぬ。これ東方の善逝十二大將をつかはして。御願力に加し給ふにぞ有ける。[112]

（繪）

---

[112] 관『大日本佛敎全書』제120책, p.466상~하.

백제가 바친 관음상은 나가야長屋 친왕親王이 봉안해서 동선원東禪院의 본존으로 하였다. 홍종은 지금 종루에 걸려 있다. 불족석은 단을 쌓아서 안치하였다. 고묘光明 황후가 성적을 찬탄하여 20여 수의 어가御歌를 비석에 새기고 옆에 세우게 했다. 지금 그 한둘을 적어 보면 다음과 같다.

불족적의 향響은 하늘에 닿고 땅을 흔드네. 부모를 위해.
약사藥師는 언제나 존재하지만, 진인珍人인 지금의 약사藥師는 존귀한 존재이다.[113]

이 성적聖蹟을 공경하고 공양하는 사람은 한없는 죄업을 소멸하고, 현재의 소원도 모두 성취한다. 당의 현장玄奘 삼장三藏의 『대당서역기大唐西域記』에도 이 성적에 대한 기록이 있는데 다음과 같다.

마가다국에 이 돌이 있다. 여래의 팔, 다리의 흔적이 남아 있는데, 길이가 1척 8촌이고 넓이는 6촌이다. 두 개의 성적은 윤상어형輪相魚形이 분명하고, 때때로 광명을 발한다. 옛날 여래가 열반에 들려고 해서 쿠시나가라성으로 향할 때 마가다국에 돌아가서 이 돌을 밟고서 아난에게 말하였다.
"내가 지금 최후로 이 족적을 남기고 열반에 들려고 한다. 100년 뒤에 마가다국에 무우왕無憂王이 나타나서, 천하의 제왕으로 도읍을 이 땅에 세우고 삼보三寶를 호지하고, 나의 족적을 공양할 것이다."
그 뒤 여러 나라의 왕들이 이 돌을 가지려고 싸우고 다른 곳으로 옮기

---

113 비문에는 원래 이 萬葉假名로 적혀 있다. 앞의 『藥師寺緣起』의 것은 이것을 漢文體로 고친 것이다.

려고 해도 무거워서 움직일 수가 없었다. 후에 악왕惡王이 있어서 불법을 믿지 않고, 이 성적을 없애려고 해서 돌을 부쉈지만 도끼 자국이 저절로 아름다운 무늬로 변했다. 또 이 돌을 갠지스강에 가라앉히려고 했지만 저절로 원래 자리로 돌아왔다.

이러한 불가사의不可思議한 성적이 우리나라에 온 것은 불법동점佛法東漸의 증거로서 감사해야 한다.

百濟國より獻ぜし觀音の靈像は。奉行して東禪院の本尊とす。鴻鐘は今に鐘樓にかかれり。佛足石は壇を築て安置し給へり。光明皇后聖蹟を稱讚して二十餘首の御歌をなん石にしるして。傍にたてをかせ給ふ。今その一二を記し侍りぬ。
美阿止都久留。伊志乃比鼻伎波。阿米爾伊多利。都知佐閉由須禮。知知波波賀多米爾。
久須理師波。都禰乃母阿禮等。廐良比止乃。伊廐乃久須理師。多布止可理家利。
此聖蹟を尊び頂禮供養する人は無限の罪障を滅し。現當の諸願みな成就しぬべし。されば唐の玄奘三藏の西域記にもこの聖蹟のことをのせられ侍り。天皇摩竭陀國に此石ありけり。如來臂足の御跡のこりて。長さ尺有八寸 廣さ六寸にあたれり。ふたつの御跡輪相魚形奴相宛然として。時時光明を放てり。むかし如來涅槃にいらむとして拘尸那城におもむき給ひしに。摩碣陀國にかへりみてこの石うへをふみて阿難につげてのたまはく。吾今最後にこの足跡をとめて涅槃にいらむとす。百歳ののち摩碣陀國に無憂王といふ人あらん。世の君として都をこの地にたてて三寶をまもり。我足迹を供養すべし。とぞ告給ひにけり。そののち諸國の王この石をあらそひて餘所にうつさへんとするに。石おもくなりて動かすことあたはず。後に惡王ありて佛法を信ぜず。この聖迹をほろぼさんことをはかりて。これをほりうがたしむるに斧鑿の痕おのづからかくれ。文彩もとのごとく成ぬ。又この石を恒伽河のながれにしづめ置れども。ひとりもとの處に歸れりと所記し給ひけり。かかる不思議の聖迹。我朝に來りてとどまれる事。佛法東漸の驗とありがたくおぼし待りぬ。[114]

114 [원]『大日本佛教全書』 제120책, p.468상~하.

11. 『약사사 고기록 발췌藥師寺古記錄拔萃』

동원당東院堂

겐쇼元正 천황이 양로 6년(722)에 건립하였다. 본존은 백제가 바친 염부단금閻浮檀金의 정관음正觀音이다. 협시는 사천왕으로서, 조초定朝[115]가 만든 것이다.…(하략)

一東院堂

元正天皇。養老六年之御建立。本尊者。百濟國より所獻閻浮檀金の正觀音。脇士四天王者。定朝之作にて御座候。……[116]

115 조초定朝 : ?~1057. 平安 시대 후기에 활약한 佛師. 寄木造技法의 완성자로 불린다. 1022년 法成寺 金堂·五大堂의 불상을 만든 공적으로, 불사로서는 처음으로 法橋가 되었다. 그의 작품은 문헌상으로는 많지만, 확실한 유작으로서는 平等院本尊인 木造阿彌陀如來坐像(국보)이 있다.

116 [원]『大日本佛敎全書』 제120책, p.478상.

12. 『약사사지藥師寺志』

○ 금동정관음金銅正觀音【입상. 대연좌大蓮座는 모두 7척이다.】

사전寺傳에 말하기를 "요로 연간에 백제왕이 바친 것이다."라고 한다. 제작 기술과 문양의 아름다움은 비할 바가 없다.

연좌蓮座에 조금 흠이 있는 것을 제외하고는 손상이 없다. 조각가의 모범으로 할 만한 미술상 뛰어난 작품이다. 지금은 동원東院에 안치되어 있다.

金銅正觀音【立像大蓮座共七尺】
寺傳に云。養老年中。百濟國王より貢獻する處なり云云。微妙の製作衣樣の佳絶無比。
少し蓮座の一重を闕くの外毫も損所なく。彫刻の模範とすべき美術上有益の優像なり。今東院に安置す。[117]

○ 자은대사화상慈恩大師畵像【일폭】

『도의 행도の幸』[118]에 말하였다.

"도후조신道風朝臣[119]이 쓴 찬讚이 붙은 자은慈恩 대사의 영정이 있다. 이

---

117 ㉮『大日本佛教全書』제120책, p.489상.
118 『도의 행도の幸』: 屋代 弘賢(1758~1841)이 京都·大和의 古社寺를 방문하여 古寶物을 조사했을 때의 기록이다. 屋代 弘賢는 江戶 시대 후기의 江戶幕府御家人(右筆)이자 國學者였다.
119 도후조신道風朝臣: 小野道風朝臣. 平安 시대의 書道家. 平安 중기의 三跡의 一人으로서 유명하며, 能筆家로서 특히 草書를 잘했다. 후대에 氏神으로 모셔져서

것은 가이묘戒明 화상[120]이 신라의 혜기惠基 법사[121]에게서 받은 것이다."

慈恩大師畵像【一幅】
道の幸に云。道風朝臣筆の讚。慈恩大師の影あり。是は戒明和尙の
新羅の惠基法師より授りしといふ。[122]

○ 분안文安 2년(1445) 대풍이 분 뒤에 장군 아시카가 요시마사足利義政[123]에게 호소하였다. 그러나 비록 힘을 합하고자 하였으나 난세여서 장군의 힘(大樹)[124]이 미치지 못하였다. 분쇼 원년(1466)에 조선 국왕에게 서찰을 보내어 도와 주기를 청하였다. 그 서찰에 말하였다.

분쇼文正 원년【병술】 조선에 보내는 서한.
일본국 미나모토노 요시마사源義政가 보내는 서한.
조선 국왕 전하.

道風神社가 있다.

120 가이묘戒明 화상 : 奈良 시대의 승. 나라 大安寺의 慶俊에게서 화엄을 배웠다. 寶龜 연간(770~780)에 칙명으로 당에 건너가, 귀국할 때 十一面觀音圖像과 『楞嚴經』·『釋摩訶衍論』 등을 가지고 돌아왔다. 『능엄경』의 僞經說에 반론하여 眞經說을 주창하였다.

121 혜기惠基 법사 : 신라승으로 일본에 건너가 藥師寺에 거주하면서 行基에게 『瑜伽唯識論』을 가르쳤다고 전한다.

122 [원] 『大日本佛敎全書』 제120책, p.491하.

123 아시카가 요시마사足利義政 : 室町 시대 중기부터 戰國 時代 초기에 걸친 室町 막부 제8대 장군(재위 1449~1473).

124 大樹(대수) : 장군의 異稱. 여러 장수들이 전쟁에서의 공을 다툴 때에 後漢의 馮異는 겸손하여 공을 자랑하지 않고 항상 피하여 나무 아래로 갔으므로 사람들이 그를 대수 장군이라고 부른 것에서 유래.

두 나라는 천 리나 떨어져서 큰 바다가 가로막고 있지만, 사신의 왕래는 마치 지척과도 같습니다. 만약 원하는 것이 있으면 반드시 내려 주시니, 감사의 마음을 금할 길이 없습니다. 저희 나라의 남경南京에 교종 사찰(敎寺)[125]이 있는데 약사사라 합니다. 그런데 최근에 폭풍과 지진 등에 파괴되어 승려들이 슬프기 이를 데 없습니다. 이에 대중들이 의논하여 말하기를 '가진 것은 없고 능력이 미약하여 중흥할 방법이 없다. 대국에 도움을 구하는 방법 외에 다른 방도가 없다' 하고는, 마침내 서찰을 보내기를 청하였습니다. 그래서 정사正使 유엔融圓과 부사副使 슈레宗禮 등을 보내어 그 뜻을 논의하려고 합니다. 만일 전하의 힘을 얻어 파괴된 것을 백에 하나라도 중흥할 수 있다면 어찌 동방일불계東方一佛界를 이루는 것이 아니겠습니까?

文安二年。大風之後。訴將軍義政公。雖願合力亂世故。不及大樹之力之間。文正元年。遣書于朝鮮國王。請於合力。其狀曰。

文正元年【丙戌】遣 朝鮮書

日本國源義政奉書

朝鮮國王殿下。

兩邦千里雖阻溟渤。使者往來猶如咫尺。苟有所須。必賜愈容。感幸之情不可勝言。本邦南京有敎寺。名曰藥師。比年隨壞。風震雨凌。殆泣龍象。於是一衆相與謀曰。產薄力微。無由重興。非求助於大邦。豈有他術哉。遂請以言爲介。故遣正使融圓副使宗禮等。往論其意。儻得殿下之力。百廢一新。則豈非成東方一佛界耶。[126]

---

125 원 敎寺(교사) : 藥師寺는 法相宗의 사찰.
126 원 『大日本佛敎全書』 제120책, p.500상.

13. 『선광사연기집주善光寺緣起集註』[127]

그 뒤 월개(장자)가 목숨이 다하려 할 적에 삼존三尊에게 서원하며 말하였다.

"생사가 있는 세상이 비록 근심과 슬픔이 있는 곳이지만 세세생생 국왕의 몸을 받아 여래를 받들면서 무외시無畏施로 중생들을 이롭게 하고 싶습니다."

『섭대승론』에서 "무외시無畏施란 손해를 그치게 하고 두려움에서 건져내 주는 것을 말한다."라고 하였다.

其後月蓋。臨命終時。誓三尊言。生死界是雖憂悲境。願世世生生。受國王身奉事如來。以無畏施利益衆生。

攝論曰。無畏施者。謂止損害濟拔驚怖也。

서원하고 나서 죽었다.

이근는 그친다는 것이다. 서거逝去는 목숨이 다한 것이다.

---

127 ㉄ 全 6卷으로 되어 있는 이 集註는 善光寺緣起(撰者未詳) 4卷을 釋慈運이 天明 5年(1785)에 集註한 것으로서, 本 緣起 4卷 중 卷1의 天竺 百濟利益을 2卷으로 分卷하여 5卷이 된 것에다가 1卷을 追加하였으므로 모두 6卷이 되어 있으나, 여기서는 百濟關係가 보이는 卷1의 末尾부터 卷4까지만 抄하였다. 이 善光寺緣起는 百濟佛敎信仰說話를 考察하는 데 重要한 자료가 될 수 있으므로 그 全部를 옮기고 싶었으나 緣起原本은 나중에 따로 附錄키로 하고, 原本의 誤記와 缺漏를 바로잡고 자세히 註釋한 本 緣起集註 중에서 필요하다고 생각되는 부분만을 抄錄한 것이다.

誓已逝去焉。
　已止也。逝去命終也。

과연 서원한 것과 같이 여러 번 오천축국의 왕으로 태어났다.
　삭數은 음이 삭이고, 자주한다는 것이다. 오축은 오천축이다.

果如所願。數數生五竺國王。
　數音朔。屢也。五竺。五天竺也。

삼존을 공양하고 중생을 구제하여 1,300년이 지났다.【운운】
　성상星霜은 춘추春秋라 말하는 것과 같다.

供養三尊。救濟衆生。歷于一千三百星霜【云云】。
　星霜猶言春秋也。

그 뒤 백제국 숭찬왕崇讚王으로 태어났다. 자자손손 성명왕聖明王에 이르기까지 그림자가 형상을 따르듯이 여래를 공경하고 공양하였다.【운운】
　숭찬왕, 성명왕은 모두 월개 장자의 후신이다.

其後遷于百濟國崇讚王。子子孫孫至聖明王。如影隨形。恭敬供養如來【云云】。
　崇讚王。聖明王。皆月蓋長者之後身也。

선광사연기 권제1 끝.

善光寺緣起 卷一終[128]

선광사연기 권제2【이 권은 백제국의 이익을 설명한다. 백제국이 (불법으로) 교화된 것이 무려 1,112년이고, 그 사이의 제왕은 모두 9대였다. 〈두頭〉『구기舊記』에서는 '여래가 백제에서 이롭게 한 기간이 1,012년이고 18대 동안 교화하였다. 성명왕 때 본조에 왔다.'고 한다.】

善光寺緣起 卷第二【當卷明百濟國利益。百濟國之化導。凡一千百十二年也。其間帝王凡九代矣。(〈頭〉舊記曰如來百濟利益之間千十二年。化導十八代。聖明王之時。本朝來臨)。】

아! 인간의 몸으로 태어난 여래께서 천축에서의 교화를 마치시고
　　억抑은 음이 익이고 살핀다는 뜻이고, 또한 그러하다는 말이고, 또 발어사이다.『두예杜預』[129]에서는 의문사라고 하였다. 화도化道란 교화하여 인도한다는 것이다. 도道는 도導라고 써야 한다. ○ 필畢은 마친다는 것이다.

抑生身如來。天竺化道畢。
　　抑音益。按也。亦然之辭。又發語辭。社[130]預云。疑辭也。化道者。教化引導也。道當作導。○畢終也。

128　㉦『大日本佛教全書』제120책, p.307하.
129　두예杜預：222~284. 자는 元凱, 시호는 成. 三國時代 魏에서 西晋까지 활약한 학자이자 정치가로 秦州刺史, 鎭南大將軍 등을 지냈다.『春秋左氏經傳集解』등을 저술하였다.
130　'社'는 문맥상 '杜'가 맞는 듯하다.

백제국에 와서 숭찬왕의 대전 위에 나타나시니 빛이 쏟아져 시방을 두루 비추었다.

　　숭찬왕은 백제국의 황제이고 월개 장자의 후신이다. 『창힐편蒼頡篇』에서 "전殿은 큰 건물이다."라고 하였다. 치熾는 음이 치幟이다. 치연熾然이란 『자휘字彙』¹³¹에서 "불이 성대한 것이다."라고 하였다. 철徹은 통하는 것이고, 밝은 것이고, 통달한 것이다. 시방이란 동 서 남 북과 (동남, 서남, 동북, 서북의) 사유四維와 위 아래이다.

來百濟國。現崇讚王殿上。光明熾然。映徹十方。
　崇讚王者。百濟國之帝。而月蓋之後身也。蒼頡篇曰。殿大堂也。熾音幟。熾然。字彙云。火盛也。徹通也。明也。達也。十方者。東西南北四維上下也。

　　당시 여러 제후, 대부들이 놀랍고 두려워 서로 의논하였다.
　　"이는 일찍이 없었던 기괴한 일입니다. 땅의 재앙이거나 하늘의 변괴일 것입니다."
　　그리고는 천황에게 아뢰었다.

　　제후란 『석명釋名』¹³²에서 "살피고 지키는 것이니, 여러 가지 일을 맡아서 지키는 자이다."라고 하였다. 대부는 『백호통白虎通』¹³³에서 "대부란 사람을 도와서 도달하게 하는 자이다."라고 하였다. ○ 포怖는 두려워하는 것이다. 의議

---

131 『자휘字彙』: 明의 梅膺祚가 편찬한 한자 사전이다.
132 『석명釋名』: 後漢 劉熙가 저술한 사전으로, 사물별로 이름의 유래를 설명하였다.
133 『백호통白虎通』: 『白虎通義』를 가리킨다. 後漢 때 班固(32~92)가 편찬한 經書로, 모두 4권이다. 후한 章帝가 宮中의 白虎觀에 학자들을 모아 五經의 해석을 토의시켜 그 결과를 44항목으로 편집한 것이다.

는 말하는 것이고, 모의하는 것이다. 요妖는 음이 요이고, 재앙이다. 천황이란 숭찬왕을 가리킨다.

時諸候大夫等驚怖。相議曰。是未曾有奇怪也。爲地妖爲天變。則奏天皇。
　諸候者。釋名云。候護也。司護諸事也。太夫。白虎通云。太夫者。扶達人者也。○怖惶懼也。議語也。謀也。妖音腰。孼也。天皇者。指崇讚王也。

천황이 한 번 보고 낯빛이 바뀌었다. 이때 여래께서 온화하고 우아한 소리로 천황에게 말씀하셨다.
"너는 옛날에 천축에서 월개 장자였다.
　실색失色이란 매우 겁을 내는 것이다. 장자長者에 대한 주석은 서권에 자세하다.

天皇一視失色。爾時如來出和雅音告天皇曰。汝音[134]在天竺爲月蓋長者。
　失色者。怯之甚也。長者之註。序卷委悉。

나에게 귀의하여 따르며 시중을 들었으므로 그때의 서약에 보답하는 것이다. 지금 또한 이 나라의 왕으로 태어났으므로 나 역시 과거의 서원을 좇아 이 나라에 나타난 것이다."

---

134 '音'은 문맥상 '昔'이 맞는 듯하다.

귀의란 풀면 귀歸는 가는 것이고, 의依는 던지는 것이다. 귀는 귀皈와 같다. ○ 축逐은 따르는 것이다. 수酬는 보답하는 것이다. 숙夙은 음이 숙이고 일찍이 라는 것이다. 과거의 서원이란 월개가 "세세생생 국왕의 몸을 받아 여래를 받들면서 무외시로 중생들을 이롭게 하고 싶습니다."라고 말한 것이다. ○ 방邦 은 『법화소法華疏』에서 "작은 나라는 방이라 하고, 큰 나라는 국國이라 한다." 라고 하고, 『주례周禮』에서는 "큰 나라도 국이고, 작은 나라도 국이다."라고 하였다.

歸依於我。隨逐給仕。酬其時誓約。今亦生此國王。我亦追于夙誓。來現此邦。
歸依者。釋云。歸者趣也。依者投也。歸與皈同。○逐隨也。酬報也。夙音宿。早也。夙誓者。月蓋所謂願生生世世受國王身。奉事如來。以無畏施利益衆生卽是也。○邦法華疏。小曰邦。大曰國。周禮。大曰國。小曰國。

이때 천황이 갑자기 대전에서 섬돌 아래의 땅으로 내려와 머리를 조아리며 예경하였다. 과거의 습이 다시 일어나고 신심이 마음에 새겨져 대전 위(의 여래)를 받들었다.

거遽는 음이 거이고 갑작스럽다는 것이다. 단지丹墀는 섬돌 위의 땅이다. 천자는 붉은 색으로 땅을 칠하기 때문에 '붉은 공지(丹墀)'라고 하는 것이다. 지墀는 음이 지이고, 계稽는 음이 계이다. 계수稽首는 내려가서 절하는 것이니 머리가 땅에까지 이르는 것이다. 숙습宿習은 과거 생의 행동이다. 명銘은 『설문說文』[135]에서는 '뜻하다'라고 하고, 『석명』에서는 '이름하다'라고 하였다.

---

[135] 『설문說文』: 說文解字의 줄임말이다. 후한의 許愼이 편찬한 한자 사전이다.

于時天皇遽而自殿階下丹墀。稽首禮敬。宿習開發。信心銘肝。奉請殿上。

遽音據。急卒也。丹墀者。階上地也。天子以丹漆塗地。故稱丹墀。墀音池。稽音啓。稽首下拜。首至地也。宿習者。先生所爲也。銘說文云。志也。釋名名也。

백관과 여러 신하들이 함께 삼업三業에 힘썼다. 정성스럽게 6시마다 부지런히 수행하여 끊임이 없었다. 또 큰 가람을 세워 여래를 받들어 옮겼다.

삼업이란 신업, 구업, 의업이다. 6시란 새벽, 이른 아침, 한낮, 황혼 무렵, 초저녁, 늦은 밤이다. 가람에 대한 주석은 서序에 자세히 나오므로 여기서는 쓰지 않겠다.

百官諸臣。俱勵三業。精誠六時勤行。無有間斷。且建大伽藍。奉遷如來。

三業者。身業。口業。意業也。六時者。後夜。晨朝。日中。黃昏。初夜。半夜也。伽藍之註。悉見于序。因玆不記。

천 명의 비구를 모아 부지런히 경을 읽고 명호를 염불하게 하였다. 일천一天의 천자와 사해四海의 백성들이 뜻을 같이하여 합장하고 공경하고 예배하였다.

성주聖主는 천자를 가리킨다. 사해란 구이九夷, 팔적八狄, 칠융七戎, 육만六蠻을 이른다.

會千人比丘。令勤讀經稱名。一天聖主。四海人民。同志合掌。恭敬
禱拜。

　　聖主指天子。四海者。九夷。八狄。七戎。六蠻。謂之四海也。

그 뒤 숭찬왕이 돌아가시고 대대로 계승한 황제가 여래에게 귀의하여
이전 임금에 뒤지지 않았다. 여래의 영험 또한 거기에 걸맞았다.

　　붕崩은 죽는 것이다. ○『두예』에서 "서로 이어가는 것을 세世라 한다."라고 하
였다. 계繼는 음이 계이고, 이어간다는 것이다. 계승한 황제란 자손이라 말하
는 것과 같다. 이전 (임금)은 숭독왕【〈고考〉[136] 독讀은 찬讚일 것이다.】을 가리
킨다. 영靈은 신이하다는 것이다. 험驗은 증명한다는 것이고, 부른다는 것이
다. 게揭는 음이 걸이고, 들어서 세운다는 것이다. 『설문』에서는 "높이 드는 것
이다."라고 하였다.

其後崇讚王崩。世世繼帝。歸依如來。不劣先君。如來靈驗。亦揭焉。
　　崩死也。○杜預云。少予[137]相續曰世也。繼音計。續也。繼帝者。猶
　　言子孫也。先指崇讀【〈考〉讀恐讚】。靈神也。驗證也。徵也。揭音傑。
　　擧而堅之也。說文高擧也。

200여 년이 지나서 숭찬왕이 또다시 태어나 성명왕聖明王이 되었다.
이때 여래께서 왕에게 말씀하셨다. "이 땅은 교화의 인연이 이미 다하였
도다.

　　다시 탄생한다는 것은 다시 태어났다는 것이다. 이 땅은 백제를 가리킨다.

---

136 〈고考〉는 고찰해 본다는 뜻인데, 원문을 살려 풀지 않고 약호로 표시하였다.
137 '少予'는 '父子'의 오각인 듯하다. 뒤에 같은 구절이 나온다.

經于二百有餘春秋。而崇讚王亦再誕。成聖明王。爾時如來告王言。
此土化緣既盡兮。

　　再誕者。再生也。此土者。指百濟。

동해에 어떤 나라가 있는데 일본日本[138]이라 한다. 아직 불법佛法에 대해 한 글자도 들어 본 적이 없어 수많은 중생들이 악취에 떨어진다. 앞으로 저 나라에 가서 저 나라의 중생을 제도하여라." 이때 황제는 성인(여래)의 뜻을 듣고서 놀랍고도 슬펐다.

　　우리 조정은 부상扶桑에서 가깝기 때문에 일본이라 하고, 또 부상국이라고 한다. 부상이란 나무 이름으로, 해가 나오는 곳이다. 성인의 뜻이란 부처의 뜻이다.

東海有國。名曰日本。未聞佛法名字。無量衆生。墮在惡趣。將遷彼國。
度彼衆生。時帝聞聖旨。驚畏悲歎兮。

　　我朝近於扶桑。故曰日本。又曰扶桑國也。扶桑者。木名。日之所出也。聖旨佛意也。

그리고 여래를 항상 따라다니는 승려【이름이 지환智環이다.】도 말하였다.
"지금 7일 동안 빛의 그림자가 펼쳐질 것이니 별시別時에도 염불에 힘쓰도록 하십시오. 청컨대 이별의 한을 애석히 여겨 중생들과 함께 마음을 같이하고 몸을 깨끗이 하고 옷을 바꿔 입고 도량을 꾸미도록 하십시오."

---

138 일본日本 : 일본이라는 국호를 사용한 최초의 기록은 大寶 율령으로, 이 율령은 701년에 반포되었다.

전展은 지之와 배輩의 반절음이고, 펴진다는 것이다. 환은 바꾼다는 것이다.
○ 수 양제가 칙명으로 천하의 사원을 모두 도량道場이라 부르게 하였다. 『지관止觀』[139]에서 "도량이란 청정한 경계이다."라고 하였다.

爰亦有如來常隨之僧【諱曰智環】。曰今展七日光陰。勤于別時念佛。請
惜別恨。與衆共同心淨身換衣飾道場。
　　展之輩切。舒也。換易也。○隋煬帝。勅天下寺院。皆名道場。止觀
　　云。道場者。淸淨境界也。

향기 나는 꽃을 갖추고 용맹하게 정진하며 몸을 채찍질하여 온 소리로 염불하여 마치 머리를 두드리는 것 같았다. 7일이 다 찬 새벽에 모여 있던 대중들이 모두 탄식하며 말하였다.
"별리別離가 이제 다하였다."

정진이란 『보행輔行』[140]에서 "법에 물들지 않는 것이 정精이고, 찰나찰나 구해 가는 것이 진進이다."라고 하였다. 또 『지관』에서 "대상에 대해 수受를 일으키지 않고, 대상에 대해 작作을 일으키지 않으며, 번뇌가 끼어들 틈 없이 독송하고 설명하는 것을 정진이라 한다."라고 하였다. 다른 곳[141]에서는 "한 마음도 쉬지 않고 처음부터 끝까지 게으르지 않는 것을 정진이라 한다."라고 하였다.

---

139 『지관止觀』: 智顗의 『摩訶止觀』을 가리킨다. 『摩訶止觀』 卷2, "於塵不起受者。於緣不生作者。煩惱不間誦說。念念流入大涅槃海。是名精進."(『大正藏』 46, 17a28~b1)

140 『보행輔行』: 湛然의 『止觀輔行傳弘決』을 가리킨다. "於法無染曰精。念念趣求爲進."(『大正藏』 46, 186b6~7)

141 智顗 說, 湛然 述의 『觀心誦經法記』이다. 『觀心誦經法記』 권1, "一心不息。從始至終無有懈怠。名爲精進."(『卍續藏經』 55, 687c23~24)

『유교경遺教經』에서는 "너희들 비구가 만약 부지런히 정진한다면 일에 어려움이 없을 것이다. 그러므로 너희들이 항상 부지런히 정진하는 것은 비유하면 작은 물이 항상 흐르면 바위를 뚫을 수 있는 것과 같고, 수행하는 자의 마음이 자주 게을러지는 것은 비유하면 나무를 비벼 불을 얻다가 아직 뜨거워지지 않았는데 그쳐서 비록 불을 얻고자 해도 불을 얻기가 어려운 것과 같다. 이를 정진이라 한다."라고 하였다.

備香華。勇猛精進。責身擧聲念佛。猶如拂頭然。將七日滿曉。結衆等皆歎謂。別離今極矣。
精進者。輔行曰。於法無染曰精。念念趣求曰進。又止觀云。於塵不起愛[142]者。於緣不生作者。煩惱不間誦說。名精進。或曰一心不息。從始至終無有懈怠。名爲精進。遺教經云。汝等比丘若勤精進。則事無難者。是故汝等常勤精進。譬如小水常流。則能穿石。若行者之心數數懈廢。譬如鑽火未熱而息。雖欲得火。火難可得。是名精進矣。

꿈이 아니었으므로 누구나 또한 몸을 나타내신 여래에게 절을 하였다. 여래께서 이 도량에 계실 때에 높고 높은 봉우리에 올라 백 가지 꽃을 따고, 깊고 깊은 골짜기에 내려가 알가閼伽를 캐어 공양 올리고 예배하였다. (예배가) 끝나는 저녁에는 맞이하고 인접하는 데 반드시 참여하기 위해 잠도 자지 않고 정성스럽게 기도하였다.

비悲는 비非라 써야 한다. 아마도 필사한 자의 잘못인 듯하다. 제躋는 오르는

---

142 '愛'는 『마하지관』에 의거하면 '受'가 맞다.

것이고, 올라가는 것이다. 아아峩峩는 높고 큰 모습이다. 적摘은 취하는 것이다. 유유幽幽는 깊고 그윽한 모습이다. 곡谷이란 『이아爾雅』에서 "물이 계곡에 쏟아지는 것이다."라고 하였다. 또 샘물이 내를 통과하는 것을 곡이라고 한다. ○ 국匊은 『두예』에서 "두 손을 국이라 한다."라고 하였다. ○ 알가關伽는 때론 아가阿伽라 쓰기도 하는데 무엇이 옳은지 알지 못하겠다. 『명의名義』[143] 권30에서 "아가는 여기서는 물(水)이라 한다."라고 하였다. ○ 접接은 가지는 것이고, 받는 것이다. 오寤는 『설문』에서 "자다가 깨어나서 말하는 것을 오寤라 한다."라고 하였다. 침寢은 누워 있는 것이다. 정성스럽게 기도한다(悃祈)는 것은 『자휘』에서 "정성스럽게 기도하는 것은 진실한 마음이다."라고 하였다.

悲[144]夢誰亦拜生身如來。如來在此道場之時。躋峩峩峰摘於百華。下幽幽谷匊於關[145]伽。供養禮拜。終焉之夕。必預來迎引接。寤寐悃祈兮。

　　悲當作非。恐筆者之誤乎。躋登也。升也。峩峩高大貌。摘取也。幽幽深杳貌。谷者。爾雅云。水注於谿也。又泉之通川者曰谷。○匊。杜預云。兩手曰匊也。○關伽或作阿伽。不知孰是。名義三十曰。阿伽此云水。○接持也。受也。寤說文云。寢覺而有言曰寤也。寢臥也。悃祈者。字彙云。悃祈實情也。

이제 여래와 헤어진 후에는 어떤 불상을 향해 향화를 바치고 왕생을

---

143 『명의名義』: 『翻譯名義集』을 가리킨다. 송나라 法雲(1088~1158)이 불교경전에 보이는 梵音으로 한역된 단어를 유별로 정리하여 해설한 일종의 불교용어사전이다.
144 '悲'는 「집주」에 의거하면 '非'가 맞다.
145 '關'은 「집주」에 의거하면 '閼'이 맞다.

기원해야 하는가. 대중들이 모두 슬피 울었다. 눈물을 흘리고 통곡하는
(대중들의) 근심하는 기운이 모여 구름을 이루어 불전을 덮었다.

『자휘』에서 "봉捧은 두 손으로 맞잡아 받드는 것이다."라고 하였다. ○ 체涕는
물이 떨어지는 것으로, 아마도 필사자가 잘못 쓴 듯하다. 마땅히 통慟 자를 써
야 한다.

而今別於如來之後。向何佛像。捧于香華。願于往生。大衆等皆悲泣。
涕哭之愁氣凝成雲覆佛殿。

字彙曰。捧兩手拱承也。○涕水滴也。疑筆者之誤乎。宜作慟字。

슬픈 눈물이 비를 이루어 도량을 적셨다. 그리워하고 안타까워함이 너
무나 깊었다.

연戀은 사모하는 것이다.

悲淚成雨沽道場。戀惜太深。

戀慕也。

그리하여 여래께서 탄식을 그칠 것을 명령하였다. 그리하여 제왕, 재
상, 관리와

하휴何休가 "재宰는 치治(다스리다)와 같다."라고 하였다. 『증운增韻』에서 "재는
주인이다."라고 하였다. 『사물기원事物紀原』에서 "옛날 주공이 총재의 지위에
있으면서 백공을 바로잡아 성왕成王을 도왔다. 그러므로 재상이라 일컬었으
니, 그 일이 진한秦漢부터 시작하였다."라고 하였다. 진평陳平이 "재상은 위로
천자를 돕는다는 것이 이것이다."라고 하였다. 『통전通典』에서 "『춘추春秋』에

나오는 의미는 상공을 높여 재라 한 것으로, 사해 안에 다스리지 못하는 것이 없는 것을 말한다. 그러므로 또한 상相이라고도 한다."라고 하였다. ○ 육가陸賈가 진평陳平에게 말하기를 "족하足下의 지위가 상상上相입니다."라고 한 것이 이것이다. ○ 관官의 음은 고沽와 관歡의 반절이다. 『예기왕제주소禮記王制註疏』에서 "관官이란 맡는다는 것이다. 맡아 다스리는 것으로 이름을 삼았다. 만약 주관한 바를 가리킨다면 직識이라 한다."라고 하였다. 그러므로 『주례』에서는 "관官을 설정하여 직識을 나누었다."라고 하였다. 『증운增韻』에서는 "관이란 직분이고 부리는 것이다."라고 하였다.

而如來告勅。以難¹⁴⁶默止。故帝王宰官。

何休曰。宰猶治也。增韻曰。宰主也。事物紀原曰。昔周公位家宰正百工以相成王。故有宰相之稱。其事自秦漢始。陳平言。宰相上佐天子是也。通典曰。春秋之義。尊上公謂之宰。言海內無不統也。故亦謂之相。○陸賈謂陳平曰。足下位爲上相是也。○官沽歡切。禮記王制註疏曰。官者管也。以管領爲名。若指其所主。則謂之識。故周禮曰。設官分識。增韻曰。官識也。使也。

또 천 명의 승려 선남자 선여자들이 마지막 공양을 하였다.

기曁는 및(及)이다. ○ 선남자란 일곱 가지 방편을 열었기 때문에 선善(훌륭하다)이라 하고, 듣는 것을 감내하여 오묘하므로 남男이라 한다. 선여인도 (견주어) 알 수 있다.

---

146 '難'은 의미상 '歎'인 것 같다.

暨千僧善男善女等。營于最後供養。

暨及也。○善男子。開七方便爲善。堪聞獨妙名男。善女亦可知。

이때 장로의 나이가 80보다 많았는데

령齡의 음은 리離와 정呈의 반절로, 나이이다. 팔순은 팔십이라 말하는 것과 같다.

玆長老齡餘於八旬。

齡離呈切。年也。八旬猶言八十。

눈썹을 여덟 팔자 모양의 서리처럼 늘어뜨렸고, 이마는 위수(渭)와 빈수(濱)의 물결처럼 깊었다.

눈 위의 털을 눈썹이라 한다. 액額은 이마이다. 잠湛은 물의 모습이다. ○ 팔자 모양의 서리, 위수와 빈수의 파도는 모두 얼굴색이 초췌함을 비유한 것이다.

眉垂八字霜。額湛渭濱波。

目上之毛謂之眉。額顙也。湛水貌也。○八字霜。渭濱波。皆譬於顔色顇頓。

손으로 석장을 잡고

『명의집名義集』에서 "극기라隙棄羅를 여기서는 석장이라 번역하니, 흔들 때 석석錫錫【〈고〉석錫자는 아마도 잉剩인 듯하다.】 하는 소리가 나기 때문이다."라고 하였다. 『십송十誦』에서는 '소리나는 지팡이(聲杖)'라 하고 『석장경』에서는 또 '지혜로운 지팡이(智杖)'라 하고, '덕 있는 지팡이(德杖)'라고도 하였다.

手執錫杖。

　　名義集曰。隙棄羅此云錫杖。由振時作錫錫【〈考〉錫字恐剩。】聲故。十
　　誦名聲杖。錫杖經又名智杖。亦德杖。

스스로 탄식하며 말하였다.
"슬프구나. 염부제는 늙고 젊음이 정해지지 않은 곳이고 태에서 죽고 어려서 죽기도 하는 나라이다.

　　태사胎死란 아직 태에서 나오지 않은 채 죽은 것이다. 해요孩夭는 어리고 유치
　　한 것이다. 요夭는 진晉의 『두예』에서 "빨리 꺾이는(죽는) 것을 요라 한다."라고
　　하였다. 방은 나라이다.

自歎曰。悲哉。閻浮是老少不定之境。胎死孩夭之邦。
　　胎死者。未出胎死也。孩夭者。孩幼稚也。夭晉社[147]預曰。短折爲夭
　　也。邦國也。

그런데 나는 80년을 더 살았음에도 장차 여래와 헤어지려 함에 숙업이 졸렬하여 영원히 헤어지는 슬픔을 감당하지 못하는 것이 한스럽도다.

　　졸拙은 교묘하지 않은 것이다. 결訣은 음이 결이고, 결별한다는 것이다. 『자서
　　字書』에서 "죽는 것을 글에서는 영결永訣이라고 한다."라고 하였다.

而吾延于八十有餘齡。將別如來。恨宿業拙。不堪永訣悲。
　　拙不巧也。訣音決。訣別也。字書曰。死者辭曰永訣也。

---

147 '社'는 의미상 '杜'인 것 같다.

오직 바라는 것은 여래께서 저의 진실한 정성을 비추시어

> 감(鑒)은 보다(鑑)와 같다. 진실한 정성이란 단심丹心이니, 심장은 화기火氣가 주를 이루므로 그 색이 붉다. 그러므로 어떤 곳에서는 적심赤心이라 하고, 어떤 곳에서는 단부丹府, 단극丹棘이라고 하는데 모두 마음을 가리켜 말하는 것이다.

唯願如來鑒予丹誠。
> 鑒與鑑同。丹誠卽丹心也。心臟主火。其色赤也。故或曰赤心。或曰丹府。丹棘。皆指心言也。

속히 왕생을 이루게 해 주십시오."
말이 채 끝나지 않아 부처께서 광명을 놓아 장로의 정수리를 비추시니 고요히 열반에 들었다.
> 적연은 고요한 모습이다.

速疾令遂往生。言聲未半。佛放光明。照長老頂。寂然入滅兮。
> 寂然靜貌。

이 일을 보고 들은 도속들은 기뻐하며 감탄하지 않는 이가 없었다. 이때 황제가 말하였다. "여래께서는 동쪽으로 임하셨고,
> 여래가 일본으로 가셨기 때문에 동쪽으로 임하셨다고 한 것이다.

是故見聞之道俗。莫不隨喜感歎。斯時皇帝曰。如來東臨。
> 如來趣于日本。故謂東臨也。

장로는 서쪽으로 갔도다.
  서쪽으로 간다는 것은 극락에 왕생한 것이다.

長老西歸。
  西歸者。往生極樂也。

도사(부처님)가 이미 인연을 끊었으니 누가 무위無爲의 보배로운 나라에 이르겠으며,
  유위有爲란 행하는 것이다. 『현오玄五』에서 "일어나고 행함이 있기 때문에 유위라고 한다."라고 하였다. 어떤 곳에서는 모아 일으키고, 만든다는 의미이다. 무위의 의미는 이것에 대비하여 알 수 있다.

導師旣絶因。誰至無爲寶國。
  有爲者。爲作也。玄五曰。爲有起作。故名有爲。或集起造作義也。
  無爲義。對是可知。

좋은 싹이 이미 다하였으니 어떻게 보리의 싹을 틔울 수 있겠는가.
  『자휘』에서 "풀의 싹이 굽어 나는 것이 구망句芒이고 곧게 나는 것이 맹萠이다."라고 하였다. 보리菩提는 불도佛道이다. 아芽는 맹아萌芽이다.

善苗已盡。以何萠菩根[148]芽。
  字彙曰。草芽屈生曰句芒。直生曰萠也。菩提佛道也。芽萠芽也。

---

148 '根'은 「집주」에 의거하면 提, 즉 菩提가 맞다.

너무나 슬프구나." 천황은 눈물을 억누르며

    한恨은 흔痕이라 써야 한다. 그렇지 않다면 필사자의 잘못일 것이다.

甚鳴咽兮。天皇押於淚恨。

    恨當作痕。不然筆者之誤乎。

보배로 배를 장식하게 하여 여래가 가시는 것을 받들었다.

    일본국으로 옮겨 가는 것을 받들었다는 것이다.

令飾寶船。奉出如來。

    奉遷於日本國也。

이때 천왕, 제후, 대부, 황후, 황비들이 나란히 바닷가까지 함께 받들고서 행진하여 이별을 전송하였다.

    왕은 천왕이고 후는 제후이다.

爾時。王侯太夫皇后皇妃。併供奉行莊至于海濱。奉送別離。

    王天玉。[149] 侯諸侯也。

특히 상묘上妙 부인이 슬픔과 탄식을 견디지 못하여

    상묘 부인은 성명왕의 부인이다.

---

149 '玉'은 '王'이 맞는 것 같다.

殊上妙夫人不堪悲歎。
上妙夫人。聖明王之夫人也。

바닷속으로 뛰어들었다. 또 시녀, 시종들도 계속하여 물에 들어간 자가 500여 명이었다.【운운】 이때 보랏빛 구름이 바다 위에 자욱하였고, 음악이 허공에 울렸다.
애㘁는 음이 애이다.

飛沈海底。且侍女侍從等。繼而入水者五百餘人【云云】。于時紫雲㘁海上。音樂響空中。
㘁音哀。

왕생의 기이한 상서가 완연하였으니, 감화와 믿음이 더욱 깊어졌다.
완연은 의연依然과 같다.

往生奇瑞宛然。感信益深。
宛然猶依然也。

이로 인해 황제, 신하, 도속의 남녀가 슬피 통곡하였으니 세존의 쌍림에서의 저녁을 만난 것 같았다.
『수서隋書』「경적지經籍志」에서 "석가여래께서 구시라성 사라쌍수 사이에서 2월 15일 반열반에 드셨으니 나이가 80세였다."라고 하였다. ○ 『금광명경』에서 "신상보살信相菩薩이 '무엇 때문에 석가여래의 수명이 80세로 짧은가?'라는 생각을 하였다."라고 하였고, 『소疏』에서 "세상의 수명에는 세 품품이 있다.

하방下方은 (수명이) 40세, 중방中方은 80세, 상방上方은 120세이다. 하방은 어려서 일찍 죽고, 중방은 어리지도 않고 늙지도 않으며, 상방은 매우 오래 산다. 또 중방은 중도를 나타내는데, 부처께서는 중도를 좋아하셔서 이 뜻으로 하셨다. 그러므로 바야흐로 80세이다."라고 하였다. ○ 쌍림은 곧 사라쌍수이다. 『명의집』에서 "사라는 여기서는 견고堅固라 번역한다. 북원北遠에서는 겨울에도 여름에도 바뀌지 않기 때문에 견고라 한다."라고 하였다. 『서역기西域記』에서 "그 나무는 곡斛과 비슷하고 껍질은 푸르거나 희고 나뭇잎은 매우 빛나고 윤기가 있는데, 네 그루가 특히 높다."라고 하였다. 『화엄음의華嚴音義』에서 "고원高遠이라 번역하는데, 그 숲이 빽빽이 우뚝 솟아 있어 다른 숲보다 튀어 나와 있기 때문이다."라고 하고, 뒷부분에서는 "사라나무 숲이 가로 세로 12유순인데, 천인 대중이 모두 두루 가득 차 머리들이 뾰족 뾰족 나와 있다. 끝이 없는 중생들을 받아들여 조금의 틈도 없었지만 서로 방해가 되지 않았다."라고 하였다. 『대경大經』에서 "동방의 쌍은 상常과 무상無常을 비유하고, 남방南方의 쌍은 락樂과 무락無樂을 비유하고, 서방西方의 쌍은 아我와 무아無我를 비유하고, 북방北方의 쌍은 정淨과 부정不淨을 비유한다. 사방이 각기 쌍이기 때문에 쌍수라 이름한 것이다. 사방마다 모두 한 번의 시듦과 한 번의 번영을 이루었다."라고 하고, 뒷부분에서는 "동방의 한 쌍은 부처 뒤에 있었고, 서방의 한 쌍은 부처 앞에 있었고, 남방의 한 쌍은 부처 발에 있었고, 북방의 한 쌍은 부처 머리에 있었다. 열반하시고 나서 동서 두 쌍이 합하여 하나의 나무가 되고, 남북 두 쌍도 합하여 하나의 나무【〈고〉 일一자 아래에 수樹자가 빠진 듯하다.】가 되었다. 두 쌍이 합쳐져 모두 여래를 덮었고, 그 나무들이 시든 뒤에 모두 흰색으로 변하였다."라고 하였다.[150]

---

150 해당 구절은 다음과 같다. 『翻譯名義集』卷3, "娑羅。此云堅固。北遠云。冬夏不改故名堅固。西域記云。其樹類斛。而皮靑白。葉甚光潤。四樹特高。華嚴音義。翻

因玆皇帝臣下道俗男女。憂悲慟哭。猶遇世尊雙林夕。

隋書經籍志曰。釋迦如來。於抱尸那城沙羅雙樹間。二月十五日入般涅槃。御歲八十歲也。○金光明經曰。信相菩薩。作是思惟。何因何緣。釋迦如來壽命短促。方八十年。疏曰。世壽有三品。下方四十。中方八十。上方百二十。下方小夭。中方不少不老。上方大老。又中方表中道。佛樂中道爲此義。故方八十年也。○雙林卽娑羅雙樹也。名義集曰。娑羅此云堅固。北遠曰。冬夏不改。故名堅固。西域記曰。其樹類斛。而皮靑白。葉甚光潤。四樹特高。華嚴音能[151] 翻爲高遠。其林森聳。出於餘林也。後分曰。娑羅林間。縱廣十二由旬。天人大衆。皆悉徧滿。尖頭針峰。受無邊衆。間無空缺。不相障蔽。大經曰。東方雙者。喩常無常。南方雙者。喩樂無樂。西方雙者。喩我無我。北方雙者。喩淨不淨。四方各雙。故名雙樹。方面皆悉成一枯一榮。後分曰。東方一雙。在於佛後。西方一雙。在於佛前。南方一雙。在於佛足。北方一雙。在於佛首。入涅槃已。東西二雙。合爲一樹。南北二雙。亦合爲一【〈考〉一下恐脫樹】。二合皆悉垂覆如來。其樹慘然皆悉變白。

이때 아미타여래께서 푸른 연꽃 같은 자비로운 눈을 열어서 대중이

爲高遠。其林森聳。出於餘林也。後分云。娑羅林間。縱廣十二由旬。天人大衆。皆悉遍滿。尖頭針峯。受無邊衆。間無空缺。不相障蔽。大經云。東方雙者喩常無常。南方雙者。喩樂無樂。西方雙者。喩我無我。北方雙者。喩淨不淨。四方各雙。故名雙樹。方面皆悉一枯一榮。後分云。東方一雙。在於佛後西方一雙。在於佛前。南方一雙。在於佛足。北方一雙。在於佛首。入涅槃已。東西二雙合爲一樹。南北二雙亦合爲一。二合皆悉垂覆如來。其樹慘然皆悉變白。"(『大正藏』 54, 1,100b18~c1)

151 '能'은 『번역명의집』에 의거하면 '義'가 맞다.

슬피 탄식하는 것을 바라보시며 온화하고 우아한 소리로 대중들에게 고하였다.

남부제에 모여 있는 자들이여. 반드시 괴로움에서 벗어나려면
일찍이 이 국토를 싫어하여 벗어나기를 구하라
서쪽 국토(정토)에 항상 머무르며 즐거움에서 물러나지 않으려면
빨리 저 국토를 좋아하여 여래의 명호를 부르도록 하라.

于時彌陀如來。開靑蓮慈悲眸視大衆悲歎。出和雅聲告衆會曰。
南浮會者定離苦　早厭此土求出離
西利常住不退樂　速欣彼國稱名號

여래께서 가르침을 보이시자 (대중들은) 가슴에 새겼다. 그리고 성명왕이 말하였다.
"짐이 지금 이렇게 우는 것은 저 분(아미타여래)께서 무생인無生忍의 미소를 보이셨기 때문이다.
『대승의장大乘義章』에서 "무생인이란 대상(境)에 따라 이름을 세운 것이다. 이치는 고요하나 지혜가 생겨나기 때문에 무생인이라 한다. 이러한 이치 때문에 인이라 하는 것이다."라고 하였다. ○ 짐은 나이다. 소唉는 웃는 것이다.

如來示誨。銘心肝。而聖明王曰。朕今此哭。彼開無生忍唉。
　大乘義章曰。無生忍者。從境立名。理寂智起故名無生忍。此理故
　名忍也。○朕我也。唉笑也。

짐은 8공덕의 연못의 물결 위에서 떴다 가라앉았다 하도다."
  8공덕수에 대해 『명의』「제수諸水」에서 "첫째 맑고 깨끗한 물, 둘째 맑고 차가운 물, 셋째 맛있는 물, 넷째 부드러운 물, 다섯째 윤기 나는 물, 여섯째 온화로운 물, 일곱째 마시면 갈증 등 모든 어려움을 없애 주는 물, 여덟째 마시고 나서 반드시 모든 근根의 4대大를 자라게 하는 물이다."라고 하였다. ○ 랑浪은 물결이다.

朕此沈彼浮八功德池浪上。
  八功德水者。名義諸水篇曰。一澄淨。二淸冷。三甘美。四輕輭。五潤譯。[152] 六安和。七飮時除飢渴等一切過患。 八飮已定能長養諸根四大。○浪波也。

용맹한 소리를 내어 나무아미타불을 외치고, 장차 물에 뛰어들려 하자 제후 대부들이 강하게 간하여 제지하였다.
  제制는 막는 것이다.

出勇猛聲。唱南無阿彌陀佛。將入水時。諸侯大夫等。强諫制止。
  制御也。

이때 성명왕이 마음속으로 서원하였다.
  "왕의 자리는 정토를 기쁘게 추구하는 데 방해가 되는구나.
    저 땅은 금 등의 보배로 장엄되어 있기 때문에 별도로 깨끗하다는 이름을 받

---

152 '譯'은 의미상 '澤'이 맞다.

았다. 『정명소淨名疏』에서 "4악취(趣)의 중생이 함께 머물기에 더럽다고 하고, 4악취의 중생이 없기 때문에 깨끗하다고 한다."라고 하였다.

斯時。聖明王心中誓曰。王位是有欣求淨土障。
　彼土金寶莊嚴。別受淨號。淨名疏曰。四趣共住名穢。無四惡趣名淨。

빈천하면 반드시 예토穢土의 편리함을 벗어나는 것을 싫어함이 있다.
　이 땅은 자갈로 가득 차 있어 별도로 더럽다는 이름을 받았다.

貧賤必有厭離穢土便。
　此土砂礫充滿。別受穢名。

나는 사람 속으로 돌아가 가난한 집에 태어나 (예토를) 싫어하고 (정토를) 좋아하는 믿음을 내겠다."
　그리고는 불선佛船에 석가의 동상銅像과 경론經論, 번개幡蓋 등의 여러 물품을 실었다.【〈고〉 동同 아래에 아마도 재載가 빠진 듯하다.】
　번은 깃발(幟)이다. 개는 수레 덮개이다.

我還人中。受生貧家。發厭欣信心而已。則佛船同【〈考〉同下恐脫載】。釋迦銅像經論幡蓋等諸品。
　幡幟也。蓋車蓋也。

표문을 써서 사신에게 명하여 일본에 보냈다.【운운】

以書表命勅使奉送日本【云云】。

『선광사연기』 권제2 끝.

善光寺緣起卷第二終。[153]

『선광사연기』 권제3【이 권은 일본 왕과 신하가 (불법을) 따르고 거스르는 일을 밝혔다.(〈두〉 여래께서 본 왕조에 이익을 준 기간은 긴메이欽明 천황[154]부터 보에이寶永[155] 3년(1706)까지이니, 무릇 1,164년이다.)】

善光寺緣起卷第三【當卷明日本王臣順逆之事〈頭〉如來本朝利益之間。從欽明 寶永三年迄。凡千百六十四年也。】

석 지운慈運이 모으고 주석하다.

釋慈運集註。

아! 우리 왕조 어진 왕(人王)의 30대代에
    억抑은 발어사發語辭이다. 어진 왕(人王)은 진무神武 천황[156]을 이른다.

---

153 ㉘『大日本佛敎全書』제120책, pp.308상~313상.
154 긴메이欽明 천황 : 509~571(재위 539~571). 일본의 제27대 천황으로, 제26대 繼體 天皇과 手白香 皇女의 아들이다. 이 시기에 백제에서 일본으로 불교가 전래되었다.
155 보에이寶永 : 일본 東山 천황의 연호로 1704~1710년이다.
156 진무神武 천황 : BC.711?~BC.585(재위 BC.660~BC.585). 일본의 초대 천황이다.

抑吾朝人王三十代。

抑發語之辭也。人王者。謂神武天皇也。

긴메이 천황이 하늘을 다스렸다.

긴메이欽明는 시호이고, 휘諱는 아메쿠니 오시하라키 히로니와天國押開廣庭 천황이다. 게이타이繼體 천황[157]의 세 번째 왕자이다. 어머니는 다시라카手白香 황후[158]로, 닌켄仁賢 천황[159]의 딸이다. 센카宣化 천황[160] 4년(539) 겨울 12월 5일에 즉위하였다. 후비는 6명이며, 아들 25명을 낳았다. ○『백호통의白虎通義』에서 "황皇은 하늘의 총체이니, 아름답고 큰 것을 이른다. 황황煌煌하여 사람이 어기지 못하는 것이다. 한 사람도 번거롭게 하지 않고 한 사람도 어지럽게 하지 않으므로 황이라 한다. 한漢의 제도에 천자天子를 황제皇帝라 불렀다."라고 하였다.

欽明天皇治天。

欽明諡號也。諱天國押開廣庭天皇。繼體第三王子。母手曰[161]香皇后。仁賢天皇之女也。宣化四年冬十二月五日卽位也。后六人。生子二十五人。○白虎通曰。皇者天之總。美大之稱也。煌煌人莫違也。不煩一夫。不擾一士。故爲皇。漢制天子稱皇帝。

---

157 게이타이繼體 천황 : 450?~531(재위 507~531). 일본의 제26대 천황. 규슈九州 지역까지 영역을 확대하였다.
158 다시라카手白香 황후 : 생몰년 미상. 仁賢 천황의 딸로, 어머니는 雄略 천황의 딸인 春日大娘 황녀이다.
159 닌켄仁賢 천황 : 449~498(재위 488~498). 일본의 제24대 천황이다.
160 센카宣化 천황 : 467~539(재위 536~539). 일본의 제28대 천황이다. 蘇我稻目에서 蘇我馬子로 이어지는 蘇我 씨 가문 전성기의 초석을 마련하였다.
161 '曰'은 '白'의 오각인 듯하다.

(긴메이 천황) 13년 임신壬申 겨울 10월 13일 자子시에 백제국百濟國 성명왕聖明王¹⁶²의 사신인 서부西部 희씨姬氏 달솔達率¹⁶³ 노리사치怒利 斯致가

> 서부西部 희씨姬氏는 성이다.¹⁶⁴ 달솔達率은 관직이다. 노리사치怒利斯致는 그 의 이름이니, 곧 성명왕聖明王의 신하이다.

十三年壬申冬十月十三日子刻。百濟國聖明王使。西部姬氏達率怒 利斯致。

> 西部姬氏姓也。達卒¹⁶⁵官。怒利斯致其名也。卽聖明王之臣也。

일광삼존一光三尊,¹⁶⁶ 보배 수레, 그리고 석가동상 1구를 바치고

> 공貢도 바치는 것이다. 연輦에 대해 『자휘』에서 "사람이 멍에하여 가는 것을 연輦이라 한다."라고 하였다. 구軀는 음이 구區이고, 『설문』에서는 구軀는 몸이 라고 하였다.

貢獻一光三尊。寶輦。並釋迦銅像一軀。

---

162 성명왕聖明王 : 백제 제26대 왕인 성왕聖王을 가리킨다. 생몰년은 ?~554년, 재위 연도는 523~554년이다. 무령왕의 아들이다.
163 달솔達率 : 백제의 16관등 중 제2위의 품관이다.
164 서부西部 희씨姬氏는 성이다 : 『선광사연기집주』를 찬한 이가 주석을 잘못 붙인 듯하다. 백제는 동부, 서부, 남부, 북부, 중부의 오부로 행정구역을 나누었다. 예를 들어 2009년에 익산 미륵사탑에서 발견된 소형판에 '中部德率支栗'이 나오는데, 이때 중부는 지역을 가리키는 것으로 보고 있다. 그러므로 서부는 지역을 가리키는 것이고, 희姬만 성으로 봐야 할 것이다.
165 '卒'은 문맥상 '率'이 맞다.
166 일광삼존一光三尊 : 하나의 광배에 하나의 본존불과 두 협시보살이 함께 있는 불상을 말한다.

貢亦獻也。輦字彙曰。駕人以行曰輦也。軀音區。說文曰。軀體也。

경론經論과 번개幡蓋 등 여러 물품을 첨부하여 표表를 올렸다.

"이 법法(불법佛法을 말함)은 여러 법 가운데 가장 뛰어나서 이해하기 어렵고 들어가기 어렵습니다. 주공周公과 공자孔子도 오히려 알지 못했습니다.

『사기史記』에서 "주공단周公旦은 주周 무왕武王의 아우이다."라고 하였다. 『국어國語』[167]에서 "시호가 주문공周文公이다."라고 하였다. ○『사기』「세가世家」에서 "공자의 이름은 구丘이고 자字는 중니仲尼이다. 노魯 평창향平昌鄕 추읍郰邑에서 태어났고, 그의 선조는 송宋 사람이다. 성이 공孔씨이고, 시호는 선좌宣左이다."라고 하였다.

附經論幡蓋等諸品。上表曰。是法於諸法中。最爲殊勝。難解難入。周公孔子。尙不能知也。

史記曰。周公旦者。周武王弟也。國語曰。諡周文公。○史記世家曰。孔子名丘。字仲尼。生魯昌平鄕郰邑。其先宋人也。姓孔氏。諡曰宣左也。

이 법은 헤아릴 수 없고 끝이 없는 복덕과 과보를 낳을 수 있고, 그리고 위없는 깨달음을 이룰 수 있습니다.

성판成辦은 성취成就라 말하는 것과 같다.

---

[167] 『국어國語』: 춘추시대 8국의 역사를 기록한 역사서이다. 『春秋左氏傳』 저자인 左丘明의 저술이라고 전하나 확실하지 않다.

是法能生無量無邊福德果報。乃至成辦無上菩提。
　　成辦猶言成就也。

비유하자면 사람이 수의보隨意寶[168]를 품으면 원하는 것이 마음대로 되는 것과 같습니다.
　　수의보는 바로 여의주如意珠이다.

譬如人懷隨意寶所須依情。
　　隨意寶。卽如意珠也。

이 법의 보배가 또한 그러하니, 기원하면 뜻한 대로 되어 부족한 것이 없을 것입니다.
　　결缺은 음이 궐闕이니, 적다는 것이다. 『증운』에서 "결은 이지러진 것이다."라고 하였다.

是法寶亦然。祈願依意無所乏缺。
　　缺音闕。少也。增韻曰。缺虧也。

또 멀리 천축天竺으로부터 이곳 삼한三韓에 이르기까지
　　삼한은 신라국, 백제국, 고려국[169]을 이른다. ○ 원爰은 여기이다. 계洎는 음이

168　수의보隨意寶 : 60권 『화엄경』에 나오는 표현이다. 『大方廣佛華嚴經』 卷48, 「入法界品」, "善男子。我唯得此無盡功德藏莊嚴法門。諸大菩薩無盡功德藏海猶如虛空。以無量功德熏修其心。如隨意寶。滿足一切衆生願故。"(『大正藏』 9, 705c16~19)
169　고려국 : 고구려를 가리킨다. 고구려는 6세기 전반에 국명을 高麗로 바꾸었는데 (李殿福, 2000, 「중원군의 고려비를 통해 본 고구려 국명의 변천」, 『고구려발해연구』 10),

기른이고, 미친다는 것이다.

且夫遠自天竺。爰泪¹⁷⁰三韓。
    三韓。謂新羅國。百濟國。高麗國也。○爰此也。泪音曁。及也。

가르침을 따르고 받들어 존경하지 않음이 없습니다. 이 때문에 백제 왕인 신臣 명명¹⁷¹이 삼가 배신陪臣인 노리사치를 보내 제국帝國에 받들어 전하여
    제후는 천자에 대하여 신하라 자칭한다. 그러므로 신臣 명명이라 하였다. 제후의 신하를 배신陪臣이라 한다. ○ 견遣은 사신 보내는 것이다.

順教奉持無不尊敬。由斯百濟王臣明。謹遣倍¹⁷²臣怒利斯致。奉傳帝國。
    諸侯對于天子稱臣也。故謂臣明也。諸侯之臣。爲之倍臣也。○遣使也。

환우寰宇에 유통되게 하고자 합니다.
    환寰은 천자의 봉토로 기내畿內의 현縣이고, 우宇는 천지 사방을 우宇라고 한다.

    왕건이 세운 고려와 구분하기 위해 편의상 고구려라 칭하고 있다.
170 '泪'는 의미상 '洎'의 오각인 듯하다. 아래도 같다.
171 백제왕인 신臣 명명 : 『선광사연기』는 일본이 천자국, 백제가 제후국이라는 일관된 사관을 가지고 서술하고 있다. 그러나 6세기 왜와 백제는 천자-제후 관계가 아니었다. 후대의 왜곡된 인식이 투영되었음을 감안해야 한다.
172 '倍'는 의미상 '陪'가 맞는 것 같다. 아래도 같다.

流通寶宇。

寶天子封。畿內縣也。宇天地四方謂之宇。

또 석존이 남긴 예언에 '나의 법이 동쪽으로 간다.'라고 하셨습니다. 성인의 참언이 헛되지 않을 것이니

참讖의 음은 초楚와 금禁의 반절이다. 『설문』에서 "참讖은 증험하는 것이다."라고 하였다. 도徒는 헛된 것이다.

又釋尊之所記。我法東流。聖讖不徒。

讖楚禁切。說文讖驗也。徒空也。

천황께서는 그것을 아셔야 합니다."

『일본기日本記』[173] 제26에 다음과 같은 기록이 있다. "『대마공록기對馬貢錄記』에 이르기를, '긴메이 천황 대에 불법이 비로소 우리 땅에 건너왔다. 이 섬의 어떤 한 비구니가 오吳나라 음으로 그것을 전하였다. 이로 인해 일본 지역의 경론經論은 모두 이 음을 사용하였으니, 이것을 대마음이라 한다.'라고 하였다."

天皇知之。

日本記第二十六曰。對馬貢錄記曰。欽明天皇之代。佛法始渡我土。此島有一比丘尼。以吳音傳之。因玆日域經論皆用此音。謂之對馬音也。

---

[173] 『일본기日本記』: 『일본서기』를 가리킨다.

황제가 크게 기뻐하며 사자使者에게 말하였다.

　　조詔는 알리는 것이고, 또한 임금의 명령이다.

帝大悅。詔使者曰。

　　詔告也。亦上命也。

"짐이 옛날부터 일찍이 이와 같은 미묘한 법을 들어 본 적이 없었다.

　　「진시황본기秦始皇本紀」에서 "천자는 스스로를 지칭하여 짐朕이라 한다."라고 하였다. 채옹蔡邕[174]이 "짐은 '나'이다. 옛날에는 윗사람이나 아랫사람이나 함께 그렇게 불러 귀하고 천함을 꺼리지 않으니 공통으로 함께 쓰는 이름이라는 의미였다. 고요皐陶가 순舜과 더불어 말하길 '제(朕)가 말이 수순하여 행위에 이를 수 있을 것입니다'라고 하였다. 그런데 진秦에 이르러서는 무엇 때문에 천자만 짐이라 불렀는가? 한漢은 이를 인습하여 고치지 않았다."라고 하였다.

朕從昔以來。未曾聞如是微妙之法。

　　秦始皇本紀曰。天子自稱曰朕。蔡邕曰。朕我。古者上下共稱之。貴賤不嫌。則可以同號之義也。皐陶與舜言。朕言惠可底行。[175] 至秦然後。天子獨何爲稱。漢因而不改焉。

174　채옹蔡邕 : 132~192. 後漢의 학자·문인·서예가. 자는 伯喈. 박학다식하여 음악 등에 정통하고 문장이 뛰어났으며 거문고를 잘 탔다고 한다. 저술로는 『獨斷』, 『蔡中郞集』이 있다.

175　朕言惠可底行(짐언혜가저행)은 『書經』「虞書」 皐陶謨에 나오는 표현이다. 여기서 惠는 順과 같은 의미라고 한다.

그러나 짐이 스스로 결단하지 못하겠으니, 우선 논의를 기다리겠다."
  決은 결단하는 것이고, 姑는 우선이다.

然朕不自決。姑待議焉。
  決斷也。姑且也。

그리고는 여러 신하에게 두루 물어보았다. "서쪽 번국에서 불상(佛)을 바쳤는데,
  서쪽 번국은 백제국을 이른다. 당시唐詩「장고掌故」[176]에서 "번藩은 제후에게 봉해 준 국國이다. 황제의 군郡은 중앙에 있어서 집과 같고, 제후의 국國은 사방 변경에 있어서 울타리가 집을 에워싸고 있는 것과 같다."라고 하였다.

乃歷問群臣曰。西蕃獻佛。
  西蕃。謂百濟國也。唐詩掌故曰。藩諸侯封國。帝郡在中央如屋宅。諸侯國在四邊如藩籬繞屋宅也。

그 모습이 훌륭하고 수려하여, 나도 모르게 절을 하게 된다. 그렇지 않은가?"
  위偉는 음이 위尾이니 소리이고, 려麗는 음이 려厲이니 아름답다는 것이다. 『설문』에서 "부否는 아니라는 것이다."라고 하였다. 서개徐鍇[177]가 "생각해서 말로 나타내는 것이 아니므로 입을 좇는 것이다."라고 하였다.

---

176 「장고掌故」: 『唐詩選』의 편명으로, '장고'는 ① 漢代에 설치된 관직명, ② 옛 일화의 의미가 있다.
177 서개徐鍇 : 『說文解字繫傳』을 지었다.

其貌偉麗。不知可拜否。

偉音委。音也。麗音厲。美也。說文曰。否不也。徐鍇曰。不可意見於
言故從口。

오오무라지노 오코시大連尾輿[178] 등의 신하가 아뢰었다.
"우리 왕조의 천신 가운데 일곱 번째인 이자나기노 미코토伊弉諾尊와 이자나미노 미코토伊弉冊尊가 1녀 3남을 낳으셨으니

오코시尾輿는 다른 본에는 '尾轝'라 쓰여 있는데, 어느 것이 맞는지 모르겠다. 위의 이자나기伊弉諾는 남자 신이고, 이자나미伊弉冊는 여자 신이다.

大連尾輿臣等奏曰。我朝天神第七伊弉諾伊弉冊尊。生一女三男。

尾輿一本作尾轝。不知孰是。上伊弉諾陽神也。伊弉冊陰神也。

태양신(日神),[179] 츠쿠요미노 가미月神,[180] 히루코蛭子,[181] 스사노오노 미코토素盞雄尊[182]입니다.

태양신은 곧 아마테라스 오오미카미天照太神이다. 히루코蛭子는 다른 본에는

---

178 오오무라지노 오코시大連尾輿 : 物部尾輿를 가리킨다. 생몰년 미상. 긴메이 천황 13년(552)에 일본에 불교가 전해졌을 때, 中臣鎌子와 함께 불교를 수용하지 말 것을 주장하였다.
179 태양신(日神) : 天照大神이라고도 한다. 태양을 신격화한 것이다.
180 츠쿠요미노 가미月神 : 月讀命이라고도 한다. 달을 신격화한 것으로, 아마테라스의 동생이다.
181 히루코蛭子 : 이자나기와 이자나미 사이에서 태어난 최초의 아이이지만, 출산 때 이자나기가 이자나미에게 말을 걸어 불구로 태어났다고 한다.
182 스사노오노 미코토素盞雄尊 : 폭풍의 신으로, 아마테라스, 츠쿠요미의 남동생이다. 성질이 사납다.

'蛭兒'라고 쓰여 있고, 스사노素盞雄는 '索盞嗚'라 쓰여 있다.

日神。月神。蛭子。素盞雄尊。
日神。卽天照太神也。蛭子一本作蛭兒。素盞雄作索盞嗚。

또한 지신地神 5대의 처음은 아마테라스 오오미카미天照太神의 다섯째인 우가야후키아에즈노 미코토鸕鶿草葺不合尊[183] 태자로부터입니다. 진무神武 천황 이래로 30대의 천황이 이어오면서 단지 사계절에 180신에게 제사를 지냈는데 왕과 백성이 모두 편안합니다. 만약 번국의 신을 공경하면 나라의 신을 노하게 만들까 염려됩니다."

본 왕조의 연대를 살펴보면 다음과 같다. "진무 천황은 아에즈노 미코토葺不合尊의 넷째 아들로 어머니는 다마요리히메玉依姬이다. 52세에 즉위하여 76년간 나라를 다스렸고 127세에 돌아가셨다. 겐로쿠元祿[184] 16년 계미(1703)부터 즉위 때까지는 2,363년이다." ○ 태자에 대해 『대반야음의大般若音義』[185]에서 "비록 왕의 자식이 많지만, 다만 장남이 태자가 된다."라고 하였다. 사계절은 봄, 여름, 가을, 겨울이다. 번국의 신은 사번四藩에서 바친 일광삼존을 가리킨다.

亦地神五代之始。自天照太神第五之鸕鶿草葺不合尊之太子。神武天皇已來。三十代皇統。只四季祭于一百八十神。而王民共安寧。若

---

183 우가야후키아에즈노 미코토鸕鶿草葺不合尊: 이모이자 자신을 키워 준 玉依姬와 결혼해 네 명의 자식을 낳는다. 그 가운데 막내 아들이 神武 천황이다.
184 겐로쿠元祿: 東山 천황의 연호로, 1688~1703년에 해당한다.
185 『대반야음의大般若音義』: 헤이안 시대의 저술로, 『大般若經』속의 어려운 글자나 어려운 단어를 뽑아 주석한 책이다.

敬藩神。恐成國神怒。

本朝年代卽鑑曰。神武天皇。葺不合尊第四子。母謂玉依姬。五十二而卽位。治世七十六年也。一百二十七歲而崩。從元祿十六癸未年至卽位。二千三百六十三年也。○太子者。大般若音義曰。雖王息多。只以長息爲太子矣。四季者。春夏秋冬也。藩神。謂四藩所貢一光三尊也。

평한다. "오코시尾興 등은 본래 신神과 불佛이 일체라는 것을 알지 못하였기 때문에, 이러한 잘못된 말을 했던 것이다. 경에서는 '말법시대 중에 대명신大明神이 나타난다'라고 하였고, 논에서는 '화광동진和光同塵[186]은 인연을 맺는 시작이고, 팔상성도八相成道로서 그 끝을 논하였다.'라고 하였다. 신과 불이 일체인 것은 물, 물결과 같다. 신이 본지本地[187]이고 불이 수적垂迹이라고 한 것은 천신과 지신은 본지이고, 응불應佛이 수적이라는 것이다. 불이 본지이고 신이 수적이라고 한 것은 오래 전에 성불하신 여래가 본지이고, 천신 7대와 지신 5대가 모두 수적이라는 것이다.【운운】"

評曰。尾興等。本來由不識神佛一體故。有如斯破言也。經曰。於末法中現大明神矣。論曰。和光同塵結緣始。八相成道以論其終矣。神佛一體。猶如水波。神是本地。佛是垂迹者。天神地神本地。應佛垂迹也。佛本神迹者。久成如來本地。天神七代地神五代俱

---

186 화광동진和光同塵: 『노자』 '和其光 同其塵'에서 나온 말이다. 불교에서는 불보살이 중생을 구제하기 위해 지혜의 빛을 감추고 방편으로 應身(化身)으로 인간 세상에 태어나 중생과 인연을 맺고서 점차 불법으로 이끄는 것을 말한다.
187 본지수적本地手迹: 불보살의 본래의 상태(法身)를 본지라고 하고, 중생을 구제하기 위해 방편으로 應身(化身)한 상태를 수적이라고 한다.

垂迹【云云】。

고덕古德이 말하였다. "불에게 3업業[188]이 있는데, 사리신업舍利身業[189]은 쇄골碎骨을 이루고, 구업口業은 경권經卷을 이루고, 의업意業은 신명神明을 이룬다. 응화應化[190]한 여러 성인은 신명의 이름을 빌려 자재하게 다니시면서 유정을 이롭게 하거나 벌을 준다.【운운】"

古德曰。佛有三業。舍利身業成碎骨。口骨[191]成經卷。意業成神明。當知應化諸聖。借名神明。遊化自在。利罰有情【云云】。

○ 어떤 이는 말하였다. "이 일본 영역이 생겨나지 않았을 때에 큰 바다가 끝없이 펼쳐져 있었다. 이때 천상에 있는 신궁神宮에서 바다의 바닥을 내려다보니 대일여래大日如來[192]의 인문印文이 있었다. 신궁에서 이를 괴이하게 여겨 칼(鉾)을 내려보내 인문을 찾았는데, 그 칼이 적응滴凝하여 섬이 되었다. 우리 왕조가 성립된 시작이 부처에게서 말미암은 것이 틀림없다."

○或說曰。此日域未成時。大海渺瀰。於時神宮在天上。下見海底。有大日如來之印文。神宮怪之。下鉾搜印文。其鉾滴凝而成島。吾朝成立之始由佛必。

---

188 3업業 : 身業, 口業, 意業을 말한다.
189 사리 : śarīra. 體, 身, 身骨, 遺身으로 의역하는데, 보통 부처의 유골을 가리킨다.
190 응화應化 : 불보살이 중생 제도를 위해 모습을 바꾸어 인간 세상에 나타나는 것을 말한다.
191 '骨'은 의미상 '業'이 맞는 것 같다.
192 대일여래大日如來 : Mahāvairocana. 밀교의 본존으로, 法身佛이다.

○ 어떤 이는 말하였다. "일체 중생에게는 모두 불성佛性이 있고 여래께서 항상 머무셔서 바뀜이 없다는 글이 바다 위에 떠 있었다."

○或說曰。一切衆生悉有佛性。如來常住無有變易之文。浮海上云爾。

소가노 이나메蘇稻目 대신[193]이 아뢰었다.
『원형석서元亨釋書』[194]에서 "소가노 이나메蘇稻目는 긴메이欽明 천황의 재신宰臣이다."라고 하였다.

蘇稻目大臣奏曰。

元亨釋書曰。蘇稻目者。欽明帝之宰臣也。

"도요 아시하라豐蘆原[195]만 어찌 예배하지 않을 수 있겠습니까? 한지漢地와 삼한三韓이 모두 공경하고 예배합니다. 백제왕은 대대로 우리 천황의 덕화德化를 따랐습니다.

---

193 소가노 이나메蘇稻目 대신 : 蘇稻目은 蘇我稻目의 줄임말이다. 506?~570. 일본에 불교가 처음 전해졌을 때 불교를 수용할 것을 적극 주장하였다. 불교 수용을 둘러싸고 物部尾輿와 대립하였는데, 이는 다음 세대인 蘇我馬子와 物部守屋에게까지 이어졌다.
194 『원형석서元亨釋書』: 일본 초기 불교 통사로, 1322년(元亨 2년)에 찬술되어 제목에 '元亨'이 들어가 있다. 저자는 임제종 승려인 虎關師鍊(1278~1346)이다. 불교 초전 이래 가마쿠라 후기까지 700여 년에 걸친 승려의 전기나 불교사를 기술하고 있다.
195 도요 아시하라豐蘆原 : 일본의 美稱이다.

추아이仲哀 천황[196] 8년(199)에 신이 황후에게 가탁하여 신라국을 치게 하였는데, 천황이 의심하고서 출병하지 않았다. 9년(200) 봄 2월에 천황이 갑자기 돌아가셨다. 그리하여 황후 진구神功는 천황이 신의 말을 받아들이지 않아 돌아가신 것을 두려워하였다. 겨울 10월에 바다에 (배를) 띄워 신라에 도착하였는데, 신라왕이 우리의 깃발과 병장기가 장중하고 화려한 것을 보고 말하였다. "전하여 듣기에 동해에 일본이라는 신국神國이 있다고 하던데 아마도 그 신병神兵인 듯하다. 대적할 수가 없겠다." 그리고는 흰 옷을 입고 손을 등 뒤로 묶고는 스스로 도적圖籍을 지니고 바닷가에 와서 말하였다. "매해 공물로 금은과 비단(鎌帛) 80척을 공물로 바치겠습니다. 감히 대적할 수가 없습니다." 이때 고구려와 백제 두 나라의 왕이 신라가 우리에게 항복한 것을 듣고, 은밀히 군대의 형세를 엿보고는 이기지 못할 것을 알았다. 그리하여 스스로 급히 말을 달려와 바치며 감탄하였다. "지금 이후로 영원히 서번西藩으로 부르고 조공을 끊지 않겠습니다." 이때부터 삼한이 모두 우리에게 조공하였으니, 동한東漢 헌제獻帝 건안建安 5년(200)에 해당한다. ○ 세세世世에 대해 위소韋昭[197]는 "아버지와 아들이 서로를 잇는 것을 세世라 한다."라고 하였다.

豐蘆原獨豈不拜乎。漢地三韓皆敬禮。百濟王世世順吾皇化。
仲哀皇帝八年。神託皇后征新羅國。帝疑而不發。九年春二月。帝俄爾崩。於是乎皇后神功。懼帝不用神言而崩。冬十月。浮海到于新羅。新羅王。見我旌旗器仗之莊麗曰。傳聞。東海有神國。名曰日

---

196 추아이仲哀 천황 : ?~200(재위 192~200). 일본의 제14대 천황으로, 神功 황후의 남편이다.
197 위소韋昭 : ?~273. 삼국시대 吳의 정치가·유학자·역사가. 자는 弘嗣. 저술로는 『毛詩答雜問』, 『孝経解讚』, 『辯釋名』, 『吳書』, 『洞紀』, 『漢官典職儀式選用』, 『國語注』가 있다. 『국어주』는 좌구명의 『國語』에 대한 주석서로, 현존한다.

> 本。恐是其神兵乎。不可敵也。乃素服面縛。自持圖籍來于海壖曰。
> 願每歲貢金銀繡帛八十船。不敢畒也。此時。高麗。百濟二國主。聞
> 新羅降於我。密伺軍勢知其不克。又自急馳納歎曰。從今以後永稱
> 西藩。不絶朝貢。自玆三韓皆貢于我。當東漢獻帝建安五年也。○
> 世世者。韋昭曰。父子相繼曰世。

만약 요망한 신에게 공물을 바친다면 어찌 충정忠貞이라 할 수 있겠습니까? 다만 (부처를) 우러러 받들고, 믿고 공경해야 합니다."
　　요망한 신은 괴물怪物이라 말하는 것과 같다. 충정忠貞에 대해 위소가 "마음과 뜻에서 나온 것을 충忠이라 한다."라고 하고, 또한 "자기의 마음과 뜻을 따르고, 미루어 행동하는 것을 충이라 한다."라고 하였다. 정貞이란 결백하고 절개를 지키는 것이다.

> 若貢妖神。何爲忠貞。只仰可信敬焉。
> 妖神猶言怪物也。忠貞者。韋昭曰。出自心意爲忠。亦曰循已[198]心
> 意。恕而行之爲忠也。貞者潔白守節也。

상제上帝께서 불상 등을 이나메稻目에게 주었다. 이나메가 기뻐하며 향원사向原寺를 세우고
　　상제는 긴메이欽明 천황이다. 『원형석서』에서 "황제가 불상을 하사하니, 이나메가 바로 무카이하라向原의 집宅을 희사하여 절을 짓고, 불상을 안치하여 더욱 숭배하고 공경하였다."라고 하였다.

---

[198] '已'는 의미상 '己'가 맞는 것 같다.

上帝佛像等賜稻目。稻目悅建向原寺。

　　上帝欽明天皇也。元享[199]釋書曰。帝以像賜之。稻目乃捨向原宅爲寺。安佛像加崇敬。

세 비구니에게 모시게 하였다.

　　세 비구니에 대해 『일본기』에서 "사마달등司馬達等의 딸 시마島를 출가시켜 젠신니善信尼라 불렀으니, 나이가 11세였다. 또 젠신니의 제자가 두 명인데, 한 명은 아야히토노 야보漢人夜菩의 딸 도요메豊女로 이름이 젠조니禪藏尼였고, 다른 한 명은 니시코리노 츠후錦織壺의 딸 이시메石女로 이름이 에젠니慧善尼였다.【〈두〉『석서釋書』에서 '소가노 우마코蘇我馬子가 고구려의 혜변惠便[200]에게 젠신, 젠조, 에젠 세 비구니를 출가시키게 하였다.'】"라고 하였다.

令三尼供給。

　　三尼者。日本記曰。令度司馬達等女島曰善信尼。年十一歲。又善信尼之弟子二人。其一漢人夜菩之女豊女。名曰禪藏尼。其二錦織壺之女石女。名曰慧善尼也。【〈頭〉釋書云。馬子[201]令高麗惠便度善信。禪藏。惠善三尼。】

그해 겨울에 전염병(疫疾)이 발생해 사람이 많이 죽었다. 오코시尾輿

199　'享'은 '亨'의 오각이다. 이하 모두 같다.
200　혜변惠便 : 생몰년 미상. 고구려의 승려. 환속해 일본의 播磨(현재의 효고현)에 있었는데, 소가노 우마코가 584년에 백제에서 불상을 모셔올 때 導師가 되었다. 일본 최초의 비구니인 善信尼, 惠善尼, 禪藏尼가 그의 아래로 출가하였다.
201　馬子 : 蘇我馬子를 가리킨다. 550?~626. 쇼토쿠 태자와 함께 불교 수용을 주도했던 인물이다.

등이 말하였다.

"신의 말을 받아들이지 않고 번국의 신(藩神)에게 제사를 지냈기 때문에 우리나라의 신(國神)이 분노하고 시기하여 이와 같은 재해에 이르게 된 것입니다.

    분忿은 화내는 것이고, 체逮는 이르는 것이다. 재灾는 재災와 같다.

于時此冬。發疫疾人多死亡。尾輿等曰。不納臣言。祭藩神故。國神忿妬。逮此灾害。

    忿怒也。逮及也。灾與災同。

서둘러 포기하고 그만둘 것을 청원합니다."

    기弃는 버리는 것이며, 철撤은 없애는 것이다.

早請于弃撤。

    弃棄也。撤除也。

황제가 주청을 따랐다.

    천황이 오코시 등의 주청을 따랐음을 말한다.

帝依奏。

    言天皇順於尾輿等之奏聞也。

오코시 등은 곧 가람을 불태우고, 세 비구니를 쫓아냈다.

『명의名義』 제59에서 "승가람僧伽藍은 중원衆園이라 번역한다."²⁰²라고 하였는데, 서序의 주석에 잠깐 나온다.

尾輿等則燒伽藍。追却三尼。
　名義五十九曰。僧伽藍譯爲衆園。怎見于序之註。

불상은 쇠로 된 모탕²⁰³에 두고
　거居는 두는 것이다. 질鑕은 음이 질質이다.

佛像居于鐵鑕。
　居置也。鑕音質。

도끼로 파괴하려고 하였으나 도끼가 망가지고, 불상의 몸은 조금의 흠도 없었다.
　쇄碎는 부러뜨리는 것이다. 체躰는 몸이고, 섬纖은 미세한 것이다. 하瑕는 음이 하遐이니 티이고, 자疵는 흠이다.

以斧鉞雖碎破。斧鉞壞。佛體無纖毫瑕疵。
　碎摧也。躰體也。纖細微也。瑕音遐。玷也。疵病也。

이 때문에 오코시가 화가 나서, 담당 관리에게 나니와難波의 호리에堀

---

202 『飜譯名義集』 권7, "僧伽藍 譯爲衆園"(『大正藏』 54, 1167b27). 권수가 다르다.
203 모탕 : 나무를 패거나 자를 때에 받쳐 놓는 나무토막을 말한다.

江[204]에 던지도록 하였다.

담당 관리는 전례典禮 중관中官으로, 『국어』의 주석에서 "민民을 주관하는 관리이다."라고 하였다. 투投는 음이 두頭이니 던지는 것이고, 또 버리는 것이다. 【두】『고사기古事記』에서 "닌토쿠仁德 천황[205] 때에 나니와에 강江을 파서 물을 공급하였다는 것이 보인다."라고 하였다.】

此故尾輿瞋怒。使有司投難波堀江。
　有司。典禮中官也。國語注曰。主民之官也。投音頭。擲也。又棄也。【〈頭〉古事記云。仁德天皇之段。難波江ラ[206]ホラセ給フト見タリ】

담당 관리들이 여래의 손을 만지자 기이한 향기가 났는데, 10일이 지나도록 없어지지 않았다.

경經은 지나는 것이고 10일을 순旬이라 한다. 10일이 지나도록 기이한 향기가 짙어서 여전히 그치지 않았다는 것을 말한 것이니, 모든 부처의 몸에서 나는 향기가 성한 것임을 알아야 한다.

有司等奉觸如來之手。熏異香。經旬不失。
　經歷也。十日爲旬。言歷十日異香郁郁尚未止。當知諸佛之身香甚矣。

---

204 나니와難波의 호리에堀江 : 닌토쿠 천황이 難波(현재의 오사카)에 축조하였다고 하는 수로이다.
205 닌토쿠仁德 천황 : 257?~399(재위 313~399). 일본의 제16대 천황으로 大阪 지역의 치수 사업을 하였다.
206 'ラ'는 'ヲ'의 오각인 듯하다.

따뜻한 기운이 있어서 살아 있는 사람의 살갗 같았다.
　　유燸는 음이 수殊이다. ○ 유燸는 따뜻하다는 것이다.

有于燸氣。如生人肌。
　　燸音殊。○燸溫也。

이 때문에 당시 사람들이 부처를 '번열기煩熱氣'라 하였다. 지금은 간략히 호토케保止計라 한다. 일본어에 이로부터 여래如來(라는 말이) 생겼다.【운운】

此故時人謂佛曰。煩熱氣。今略曰保止計。和語從此如來起【云云】。

이때에 하늘에 구름이 없는데 비가 내렸다. 수레바퀴의 축 같은 굵은 비가 내리고, 큰 바람이 불어 나무뿌리가 뽑혔다. 더군다나 대전大殿이 갑자기 불에 탔다.
　　회록回祿은 불에 타 없어지는 것이다.

于時天無雲雨。大雨如車軸。大風起拔樹根。剩大殿忽回祿。
　　回祿燒失。

옥으로 만든 누각과 궁궐(鳳闕)이 모두 불에 타 없어졌다.
　　루樓는 음이 루漏이니 이층집이다. 『석명』에서 "궐闕은 문 가운데 양 옆과 중앙을 뚫어서 길을 만든 것이다. 또 궁의 문은 모두 궐이라 한다."라고 하였다.
　　○ 초焦는 불에 상하는 것이다.

玉樓鳳闕。皆化焦土。

　　樓音漏。重屋也。釋名曰。闕在門兩旁中央闕然爲道也。又宮門皆
　　謂之闕。○焦傷於火也。

모두 이때 일어난 일이다.
　　정丁은 당當과 경經의 반절이다. ○ 정丁은 해당한다는 것이다.

胥丁此時。
　　丁當經切。○丁當也。

오코시와 담당 관리들은 매우 나쁜 병을 얻어서 고통스러워하며 쓰러졌는데, 흡사 지옥에 떨어진 죄인처럼 울부짖다가 미쳐 죽었다.
　　완宛은 흡사이며, 규叫는 부르짖는 것이고, 호嘑는 '큰소리로 우는 것(號)'과 같다. ○ 광사狂死에 대해 『자휘字彙』에서 "광狂은 조급하고 절도가 없는 것이고, 또 마음이 아픈 것이다."라고 하였다. 『한자韓子』[207]에서 "마음이 득실得失을 제대로 살피지 못하는 지경을 광狂이라 한다."라고 하였다.

尾輿並有司等。受大惡病。苦痛顚倒。宛如墮獄罪人。叫嘑狂死。
　　宛恰也。叫呼也。嘑與號同。○狂死者。字彙曰。狂躁妄也。又心病
　　也。韓子曰。心不能審得失之地。謂之狂也。

다음 해에도 백제에서 담혜曇惠와 도심道深이라는 두 비구가 와서, 불

---

207 『한자韓子』: 『韓非子』를 가리킨다.

교를 믿을 만하다고 말하였다.

『원형석서』에서 "긴메이欽明 천황 15년(554)에 백제국이 사문 담혜와 도심을 바쳤다."라고 하였다. ○ 익년翌年은 다음해이다.

翌年亦從百濟。曇惠道深二比丘來。說可信佛敎。
　元亨釋書曰。欽明十五年。百濟國。貢沙門曇惠道深矣。○翌年明
　年也。

이로 말미암아 (황제가) 깊이 숙고하고서 부처가 귀하게 여길 만함을 알았다. 담당관리에게 앞서 던진 일광삼존불상을 받들어 궁궐로 들어오게 하여 공경하고 공양하였다.【운운】
　예叡는 깊이 깨우쳐 통달하는 것이고, 려慮는 도모하고 생각하는 것이다. ○ 몸을 낮추고 삼가며 예에 맞게 처신하는 것을 공경恭敬이라 한다. 공양供養에 대한 주석은 서권序卷에 나온다.【〈두〉 여래를 궁중에 안치한 것은 19년이다.】

因玆叡慮知佛可貴。命有司先奉沈一光三尊佛。奉歸入禁中。恭敬供
養【云云】。
　叡深明通達也。慮謀思也。○卑謹處禮名恭敬也。供養之註。見于
　序卷。【〈頭〉如來安置大裏十九年。】

아! 진조陳朝의 남악 혜사南岳惠思 대사는 관음보살이 다시 태어나신 분이다. 그러므로 생각해 보면
　살타薩埵는 진秦 말로 큰 마음(大心)이다. 중생에게 큰 마음이 있어 불도佛道에 들어가는 것을 보리살타菩提薩埵라 한다. ○ 진陳은 나라 이름이다.

粵陳朝南岳惠思大師者。觀音薩埵再誕。而惟念。

薩埵秦言大心。衆生有大心。入佛道。名菩提薩埵。○陳國名也。

월개月蓋 장자[208]에 감응한 일광삼존께서 멀리 왜국倭國에 옮겨 임하여 은혜와 이익을 드리우고자 하신 것이다.

왜倭는 음이 외猥이다. 왜국은 우리 조정을 일컫는다. 『자휘』에서 "동해東海의 일본日本이 왜요국倭妖國이다."라고 하였다. 『당서唐書』「동이전東夷傳」에서 "왜노倭奴는 도읍에서 1만 4천 리 떨어져 있는데, 그 풍속이 여자가 많고 남자가 적다. 작은 섬 50여 개로 되어 있는데, 모두 스스로 국國이라 일컬으며 신하들이 부附하고 있다."라고 하였다.

月蓋所感一光三尊。遠遷臨倭國。將垂惠利。

倭音猥。倭國謂我朝也。字彙曰。東海日本倭妖國也。唐東夷傳曰。倭奴去京師萬四千里。其俗多女少男。小島五十餘。皆自名國而臣附之矣。

왕과 신하들이 아직 순수한 믿음을 일으키지 않아 비방과 칭찬이 서로 섞여 있었다. 그리하여 본사本師의 교화(行化)를 돕기 위해 황비皇妃에게 의탁하여 태어나셨다.

순신純信은 한결같은 믿음이라 말하는 것과 같다. 본사本師는 여래이다. ○ 보補는 돕는 것이다.

---

208 월개月蓋 장자 : 월개 장자는 本多善光의 전생이다.

王臣未起純信。毀譽相交。以是爲補本師之行化。擬託生皇妃。

純信猶言一信也。本師如來也。○補助也。

우리 긴메이 천황 32년 신묘(571) 정월 초하루 갑자일 밤에, 아나호베 穴太部 황녀皇女[209]가 꿈을 꾸었다.

아나호베 황녀는 요메이用明 천황[210]의 황후이다.

吾欽明三十二年辛卯正月朔甲子夜。穴太部皇女夢。

穴太部皇女。用明天皇之后也。

(꿈속에서) 금색 빛의 승려가 말하였다.

"저는 세속을 구제할 서원을 지니고 황후의 배 속에 머물겠습니다."

구세救世에 대해 혜원惠遠이 "구救는 회복한다는 뜻이니, 회복하여 선善을 일으키게 하는 것이다. 이것이 즐거움을 주고 즐거움을 얻는 원인이다. 그러므로 이것이 자慈이다."라고 하였다.[211]

金色僧告曰。吾有救世願。宿皇腹。

救世惠遠曰。救者覆義。救覆生善。卽是與樂得樂因。故是此[212] 慈也。

---

209 아나호베 황녀穴太部皇女 : ?~622. 긴메이 천황의 셋째 딸이며, 어머니는 蘇我稻目의 딸인 小姉君이다. 쇼토쿠 태자의 어머니이다.
210 요메이用明 천황 : ?~587(재위 585~587). 일본의 제31대 천황이다.
211 惠遠(慧遠)의 『大乘起信論義疏』 권1에 나오는 구절이다. "言救世者。救者覆義。救覆生善。卽是與樂得樂因。故此是慈也。言大悲者。悲者護義。護之止惡。悲能拔苦。"(『大正藏』 44, 176c11~13)
212 '是此'는 『大乘起信論義疏』에 의하면 '此是'가 맞다.

왕비가 물었다.

"누구신지요?"

(승려가 말하였다.)

"나는 구세보살救世菩薩[213]로, 집은 서방에 있습니다."

왕비가 말하였다.

"저의 배 속이 더러운데 어떻게 귀인貴人께서 머무시겠습니까?"

　　부인이 스스로를 일컬어 첩妾이라고 한 것이다. ○ 더러움(垢穢)에 대해 『법화경法華經』에서는 "여성의 몸은 더러워 법기法器가 아니다."[214]라고 하였고, 『대위덕다라니경大威德陀羅尼經』에서는 "여인의 음도陰道에 8천 마리의 벌레가 있는데 모양이 바늘 같다. 욕심이 일어나면 저 벌레들이 꿈틀거려 욕심이 더 심해진다. 이 벌레는 남자에게는 없다."[215]라고 하였다. 【〈두〉『기세경起世經』에서 "보살은 어머니의 태 속에 있어도 장애가 없다. 이른 아침에 색계色界 여러 천天을 위해 법을 설하고, 낮 동안에는 욕계欲界의 천을 위해 법을 설하고, 해가 진 뒤에는 여러 귀신을 위해 법을 설한다. 밤의 3시(초야初夜·중야中夜·후야後夜)에도 다시 이와 같이 한다."라고 하였다.】

妃問誰乎。吾救世菩薩。家在西方。妃曰。妾腹垢穢。何宿貴人。

　　婦人自稱曰妾也。○垢穢者。法華曰。女身垢穢。非是法器矣。大威

213　구세보살救世菩薩 : 觀音菩薩의 다른 이름이기도 하다.
214　해당 구절은 다음과 같다. 『妙法蓮華經』 권4, 提婆達多品, "時舍利弗語龍女言 汝謂不久得無上道。是事難信。所以者何。女身垢穢。非是法器。"(『大正藏』 9, 35c6~7)
215　해당 구절은 다음과 같다. 『大威德陀羅尼經』 卷19, "阿難。其婦女五蛆蟲戶。而丈夫無此。復次婦人五蛆蟲戶在陰道中。其一一蟲戶有八十蟲。兩頭有口悉如針鋒。彼之蛆蟲常惱彼女。而食噉之令其動作。動已復行。以彼令動是故名惱。其婦女人此不共法。以業果報求欲方便發起欲行。貪著丈夫不知厭足。"(『大正藏』 21, 833c29~834a5)

德陀羅尼經曰。女人陰道有八千蟲。貌如釟。[216] 欲心若起。彼蟲蠢動。故欲心甚幟。[217] 是蟲男子所無矣。【〈頭〉起世經曰。菩薩在胎母無妨礙。晨朝爲色界諸天說法。日中爲欲界天說法。晡申時爲諸鬼說法。於夜三時亦復如是。】

승려가 말하였다.
"저는 더러움을 꺼리지 않습니다. 오직 바라는 것은 인간을 조금이나마 감동시키는 것입니다."
　　선尠은 음이 선先이고 선尟과 같으니, 적다는 것이다.

僧曰。吾不厭垢穢。唯望尠感人間。
　　尠音先。與尟同。少也。

왕비가 말하였다.
"명을 따르겠습니다."
승려가 입 안으로 뛰어 들어오자 왕비가 놀라 잠에서 깼다. 목구멍 속이 마치 물건을 삼킨 것 같았다.
　　후喉는 목구멍이다.

妃曰。隨命。僧躍入口中。妃卽驚寤。喉中猶如吞物。
　　喉咽也。

216　'釟'가『대위덕다라니경』에는 '針鋒'으로 되어 있다.
217　'幟'는 의미상 '熾'가 맞는 것 같다.

왕비가 마음속으로 매우 기이하게 여겨, 요메이用明 천황[218]에게 말하였다.

요메이 천황은 비다츠敏達 천황[219]의 아우이다.

妃意大寄。[220] 謂用明帝。

用明帝者。敏達皇帝之弟也。

황제가 말하였다.

"그대에게서 태어난 아기는 반드시 성인聖人일 것이다."

이儞는 내乃와 리里의 반절로, 당신이다. 탄誕은 낳는 것이다. ○ 성인에 대해 『유식론본소唯識論本疏』[221]에서 "성聖이란 바른 것이니, 리理(이치)와 상응한다. 일에 막힘이 없는 것을 가리켜 성이라 하고, 신神에 통하는 것을 가리켜 성이라 한다. 마음이 대상과 그윽하고, 지智가 신神과 합치된 것을 이름하여 성이라 한다."라고 하였다.[222]

帝曰儞之所誕必得聖人。

儞乃里切。汝也。誕産也。○聖人者。唯識論本疏曰。聖者正也。與理相應。於事無擁目之爲聖。通神目之爲聖。心與境冥。智與神會。

---

218 요메이用明 천황 : 일본의 제31대 천황으로 재위년은 585~587이다.
219 비다츠敏達 천황 : 538?~585(재위 572~585). 일본의 제30대 천황으로, 억불 정책을 펼쳤다.
220 '寄'는 의미상 '奇'가 맞는 것 같다.
221 『유식론본소唯識論本疏』: 慈恩 基(632~682)의 『成唯識論述記』를 가리킨다.
222 『成唯識論述記』권1, "言聖教者。聖者正也。與理相應。於事無擁目之爲聖。又契理通神目之爲聖。又聖者正也。心與境冥。智與神會。名之爲聖。"(『大正藏』32, 238a02~05)

名之爲聖矣。

이 이후로 비로소 태기가 있음을 알았다.
　　신娠은 잉태한 것이다.

自此以後始知有娠。
　　娠孕也。

비다츠 원년 정월(572) 1일에 왕비가 마굿간 아래에 이르렀는데,
　　『원형석서』와 『태자전찬집초』에서는 모두 비다츠 2년(573) 계사 정월 초하루
　　라고 되어 있다. ○ 구廐는 음이 구救로, 마굿간이다.

敏達元年正月一日。妃到于廐戶下。
　　元享釋書。及太子傳。撰集抄。皆作敏達二年癸巳正月朔也。○ 廐
　　音救。馬舍也。

모르는 사이에 출산하였기 때문에, 우마야도廐戶 왕자라 하였다.
　　『태자찬집초』에서 "태자의 본지本地는 대자관세음大慈觀世音이다. 과거의 이
　　름은 정법명여래正法明如來이고 미래의 이름은 보광공덕산왕불普光功德山王佛
　　이다. 또 천축에서는 아유사국阿踰闍國 파사닉왕婆斯匿王의 딸이었는데, 우칭
　　왕友稱王의 부인이 되어 승만부인勝鬘夫人이라 불렸다. 중원으로 가서는 형주
　　衡州 형산衡山에 있던 남악 대사가 되었다."라고 하였다. ○ 태자는 모두 열 가
　　지 이름이 있다. 첫째 쇼토쿠聖德 태자太子, 둘째 우마야도廐戶 황자皇子, 셋째
　　태자太子, 넷째 성지聖智, 다섯째 노리노시노 오호키미(법주왕法主王), 여섯째 가

미츠미上宮 태자, 일곱째 야츠미미八耳 황자, 여덟째 도요토 미미豊聰耳, 아홉째 도요토豊聰, 열째 노리노 오호키미法太王이다.

不覺有産。故曰廐戶王子也。
　太子撰集抄曰。太子本地者。大慈觀世音也。過去名正法明如來。未來名普光功德山王佛也。又天竺者。阿踰闍國之婆斯匿王之娘也。爲友稱王之夫人號勝鬘夫人。就中在衡州衡山南岳大師也。○太子凡有十號。一聖德太子。二廐戶皇子。三太子。四聖智。五法主王。六上宮太子。七八耳皇子。八豊聰耳。九豊聰。十法太王。

홀연히 적황색 빛이 서쪽에서 이르러 궁궐 안을 비췄다.
　요曜는 빛이 비추는 것이다.

忽有赤黃光。至于西方。照曜殿內。
　曜光照也。

천황이 이를 매우 기이하게 여겼다.
　천황은 비다츠 천황을 말한다.

天皇大奇焉。
　天皇謂敏達帝也。

2세 때에 동쪽을 향해 나무불南無佛을 칭념하였다.

『법화신주法華新註』[223]에서 "나무南無는 나모那謨라고도 하고 나마南摩라고도 하는데, 여기서는 귀명歸命이라 번역하고, 또 나를 건져준다라고도 한다."[224]라고 하였다. 『대품大品』에서 "부처님께서 '만약 어떤 한 사람이 나무불을 칭념하면 고통이 다하는 데 이르고 그 복이 다하지 않을 것이다.'라고 하였다."라고 하였다. (『법화경』) 「방편품方便品」에서 "어떤 사람이 산란한 마음으로 탑묘塔廟에 들어가 한 번이라도 나무불을 칭념하면 모두 이미 불도佛道를 이룬 것이다."라고 하였다.

二歲之時。向東方稱南無佛。

法華新註曰。南無或云那謨。或云南摩。此翻歸命。又云禮[225]或度我。大品曰。佛云。若有一人。稱南無佛。乃至畢苦。其福不盡。方便品曰。若人散亂心入於塔廟中。一稱南無佛。皆已成佛道矣。

손을 펴니 사리가 나왔는데

사리舍利는 여기서는 영골靈骨, 혹은 신골身骨이라 번역한다. ○ 태자는 태어난 이후 왼쪽 주먹을 편 적이 없었는데, 이때에 이르러 처음 편 것이다.

開手出舍利。

舍利此翻靈骨。或翻身骨。○太子從誕生以來。未曾開左拳。至於此初開。

---

223 元의 徐行善이 쓴 『法華經科註』를 가리킨다.
224 『法華經科註』卷1, "南無。或云那謨。或云南摩。此翻歸命。或翻度我。大品云。佛言若有一人 稱南無佛。乃至畢苦。其福不盡。"(『卍續藏經』31, 35c6~8)
225 '禮'는 『法華經科註』에는 없다.

지금의 나무불사리南無佛舍利가 이것이다.
　지금은 화주和州 법륭사法隆寺에 있다.

今南無佛舍利是也。
　今在和州法隆寺也。

5세 때에 처음 불경을 열람하였고, 성장하면서 불법을 융성하게 일으켰다.
　흥興은 일어나는 것이다. 륭隆은 음이 룡龍이니, 성대하다는 것이다.

五歲之時。始披覽佛經。隨成長而興隆佛法。
　興起也。隆音龍。盛也。

신도神道를 고쳐 보완하고 유학儒學을 바로잡았으니, 오직 태자의 지혜와 판단에 말미암은 것이다.
　규糾는 음이 구九이며 규糾와 같으니, 살핀다는 것이다.

改補神道。糾正儒學。唯由太子智辨。
　紏[226]音九。與糾同。察也。

이에 더하여 오헌법五憲法 75조條를 제정하였다.
　헌憲은 음이 헌獻이니, 법이다. ○『태자전』과 『원형석서』에서 "12년 여름 4월에 태자가 헌장 17조를 제정하니, 국인國人이 그것에 의지하였다."라고 하였

226　'紏'는 '糾'와 같은 글자이다.

다. 여기의 글과 다른데 무엇이 옳은지는 알 수 없다.

加之製五憲法七十五條。
　　憲音獻。法也。○太子傳及元亨釋書曰。十二年夏四月。太子製憲
　　章一十七條。國人賴之矣。與此文異。不知孰是。

오가五家를 위하여 계성誡를 밝혔으니 나라를 다스리고 백성을 이롭게 하는 맑은 거울로 삼기 위한 것이었다.
　　오가五家는 자세하지 않다. 계성誡는 계戒와 같다.

爲五家明誡。爲治國利民淸鑑矣。
　　五家未詳。誠與戒同。

12세 때에 백제의 현자賢者 일라日羅[227]가 왔다.
　　『일본서기日本書紀』 제20에서 "일라日羅는 백제국 화위북국조火韋北國造 아리사등阿利斯登의 아들이다."라고 하였다. 『원형석서』에서 "비다츠 12년(583)에 백제의 일라가 왔다. 처음에 일라가 백제에서 명성이 높자, 황제가 기노 오시카즈紀押勝를 보내 일라를 불렀다. 오시카즈押勝가 백제에서 돌아와 아뢰었다. '백제왕이 일라를 총애합니다.' 그리하여 다시 재차 기비노 하시마吉備羽島를 보내 (백제)왕에게 일라를 요구하였다. (백제)왕은 두려워 일라가 하시마羽

---

227 일라日羅 : ?~583. 아버지 대에 백제에 건너가 達率에까지 올라간 倭系 백제 관료이다. 비다츠 천황의 요청에 의해 583년에 일본으로 돌아와, 한반도에 대한 정책을 조정에 상주하였다. 그 내용이 백제에 불리한 내용이었기 때문에, 같은 해 12월에 백제인에게 암살당하였다.

島를 따라가게 하였다. 왕자가 몰래 일라를 꿰뚫어 보았는데, 일라가 왕자를 가리켜 '신인神人이다'라고 하였다."라고 하였다.

十二歲時。百濟賢者日羅來。
　日本書紀第二十曰。日羅。百濟國火韋北國造阿利斯登子也。元亨釋書曰。敏達十二年。百濟日羅來。初日羅名于國。帝遣紀押勝召羅。押勝自百濟歸奏曰。百濟王愛羅。於是乎復使吉備羽島。召羅于王。王懼以羅從羽島來。王子偸眼於羅。羅指王子曰神人也。

멀리서 태자를 보고는 무릎을 꿇고 합장하여 말하였다.
　『자휘』에서 "사물에 의지하여 앉는 것을 거궤踞跪라고 하니, 절하고 꿇어앉는 것이다."라고 하였다.

遙視太子。踞跪合掌白言。
　字彙曰。據物而坐曰踞跪。拜跪。

"구세관세음救世觀世音께 공경히 예배드립니다. (불법의) 등을 동방의 속산국粟散國에 전하기 위하여 서방에서부터 오셔서 태어나 묘법妙法을 연설하시고 중생을 제도하십니다【운운】."
　전등傳燈에 대해 『대반야경』 권408[228]에서 "여러 불제자가 말씀하신 법에 의거해 부지런히 수학하여 법의 실성實性을 증득하였다. 이로 말미암아 다른 사람을 위해 펼치신 말씀은 모두 법성法性과 서로 어긋날 수 없다. 그러므로 부

---

228 玄奘이 번역한 『大般若波羅蜜多經』으로, 『大正藏』에는 해당 구절이 권406에 나온다.

처가 말씀하신 바가 등불이 전해져 비추는 것과 같다."[229]라고 하였다. ○ 동방 속산국粟散國은 일본 지역을 이른다. 다른 본에는 속산왕粟散王이라고 되어 있는데, 의미상 둘 다 통한다. 속산왕에 대해 『인왕소仁王疏』에서는 "시왕十王이 매우 많아 조가 흩어져 있는 것 같다."라고 하고, 『인왕청룡소仁王青龍疏』에서는 "또 겁초劫初에 향기가 나는 벼(香稻)를 나누는 것이 조를 흩어 퍼뜨리는 것 같으므로 속산왕이라 한다."라고 하고, 『법화주法華注』에서는 "전륜성왕轉輪聖王 외에는 모두 속산왕이라 한다."라고 하였다.

敬禮救世觀世音。傳燈東方粟散國。從於西方來誕生。開演妙法度衆生【云云】。

傳燈者。大般若四百八曰。諸佛弟子依所說法。精勤修學證法實性。由是爲他有所宣說。皆與法性能不相違。故佛所言如燈傳照矣。○東方粟散國。謂日域也。一本作粟散王。羲[230]兩通也。粟散王者。仁王疏云。十王衆多。猶粟散。同青龍疏曰。又如劫初分香稻者。以粟散布。名粟散王也。法華注曰。轉輪聖王之外。咸名粟散王也。

일라가 크게 신광身光을 발하였다.

『원형석서』에서 태자가 "일라는 항상 태양에 예배를 드리기 때문에 몸에서 빛이 난다."라고 하였다.

---

229 『大般若波羅蜜多經』 卷406, 「善現品」, "諸佛弟子凡有所說。一切皆承佛威神力何以故。舍利子。如來爲他宣說法要。與諸法性常不相違。諸佛弟子依所說法。精勤修學證法實性。由是爲他有所宣說。皆與法性能不相違。故佛所言如燈傳照。" (『大正藏』 7, 29a6~11)

230 '羲'는 의미상 '義'인 것 같다.

日羅大放身光。

　　元亨釋書。太子曰。日羅常禮日天。故身體有光耀。

태자 역시 미간에서 빛을 발하며 좌우의 신하들에게 말하였다. "니치라는 성인이다.

　　좌우左右는 가까운 신하를 말한다.

太子亦眉間放光。謂左右曰。日羅聖人也。

　　左右者。謂近臣也。

내가 옛날에 한漢에 있을 때 그가 제자였다. 그러므로 나를 그리워하여 온 것이다.【운운】"

　　일라는 천태 지자天台智者 대사가 다시 태어난 자이고 태자는 남악 대사의 화신化身이니, 스승과 제자라는 의미를 알 수 있다. ○『육서정위六書正譌』에서 "어리고 약한 것을 아兒라 하고, 또 어린이의 이빨을 아兒라 한다."라고 하였다. ○『원형석서』에는 '한漢에 있었다'가 '진陳에 있었다'로 되어 있는데, 옳다.

兒昔在漢之時。彼爲弟子。故慕吾而來【云云】。

　　日羅。天台智者大師之再誕也。太子南岳大師之化身也。師弟之義可見。○六書正譌曰。幼弱曰兒。又稚齒曰兒也。○元享釋書。在漢作在陳是也。

이때는 비다츠 14년(585) 을사 3월이었다.

　　비다츠 천황은 긴메이欽明의 둘째 아들이다. 어머니는 이시히메石姬 황후로,

센카宣化 천황의 딸이다.

于時敏達十四年乙巳三月。
敏達皇帝者。欽明第二之子也。母石姬皇后。宣化天皇之女也。

모노노베노 모리야物部守屋[231]와 나카토미노 가츠미中臣勝海[232] 등이 아뢰었다.
"전염병이 여러 해 동안 끊이지 않습니다. 이는 오로지 태자와 소가蘇我 대신이 불법佛法을 흥행시켰기 때문입니다."
모리야守屋와 가츠미勝海는 두 신하의 이름이다. 소가 대신은 소가노 우마코蘇我馬子이다.

守屋勝海等奏曰。疫疾歷年不休。是偏太子並蘇我臣等。由興行佛法故。
守屋勝海。二臣之名。蘇我臣。蘇馬子也。

천황이 말하였다.
"확실하게 불법을 단절해야 한다."
작灼은 음이 작酌이다. 작연灼然은 태우는 것이다.

---

231 모노노베노 모리야物部守屋 : ?~587. 物部尾輿의 아들로, 불교 수용을 둘러싸고 蘇我馬子와 대립하였다.
232 나카토미노 가츠미中臣勝海 : ?~587. 中臣鎌子의 아들이다. 物部守屋이 불교 공인에 반대하며 거병했을 때, 이에 호응하였다가 패배하여 사망하였다. 中臣氏는 제사 업무를 담당하는 일족이었다.

天皇曰。灼然宜斷佛法。

灼音酌。灼然燒也。

태자가 아뢰었다.
"모리야 대신 등은 아직 인과因果의 이치를 알지 못합니다.
 인과란 5역逆 10악惡의 인因이 삼도三途(지옥도, 아귀도, 축생도)의 과果에 감응하고, 5계戒 10선도善의 인이 삼선도三善道(천도, 인도, 아수라도)의 과에 감응하고, 4제諦, 12인연, 6바라밀행의 인이 삼승三乘(성문승, 연각승, 보살승)의 과에 감응하는 것 등이다.

太子奏曰。守屋臣等。未識因果之理。
 因果者。五逆十惡因感三途果。五戒十善之因感三善道果。諦緣度行因感三乘之果等也。

선을 닦으면 복이 지극해지고 악을 행하면 화가 옵니다. 이것이 자연의 이치이고 여래의 가르침입니다.
 『역경易經』에서 "선을 쌓은 집에 남은 경사가 있고, 선을 쌓지 않은 집에 반드시 남은 재앙이 있다."라고 하였다.

修善福至行惡禍來。是自然之理。如來之敎也。
 易曰。積善之家有餘愛。[233] 不積善之家必有餘殃矣。

---

233 '愛'는 의미상 '慶'이 맞다.

전염병은 덕德으로 없앨 수 있는데, 어찌 불법佛法이 한 것이겠습니까? (모리야) 대신 등은 반드시 하늘의 화를 입을 것입니다."
　　덕행을 닦고 불승佛乘을 더욱 숭상한다면 재해가 없고 또 전염병도 제거된다고 말한 것이다.

疫疾以德可除。何佛法所²³⁴乎。臣等必蒙于天禍。
　　言修德行滋崇佛乘。則無災害又疫疾除。

모리야는 받아들이지 않고, 직접 절에 가서 불당과 탑을 부수고 불상을 훼손하고
　　예詣는 이르는 것이고 훼毁는 파손하는 것이다.『갈홍자원葛洪字苑』에서 "탑塔은 불당佛堂이다."라고 하였다.

守屋不聽。自詣於寺。斫例²³⁵堂塔。毁破佛像。
　　詣至也。毁破也。葛洪字苑。塔佛堂也。

불을 질러 그것을 불살랐다.
　　번燔은 음이 번煩이다.『시주詩注』에서 "불이 번지는 것을 번燔이라 한다."라고 하였다.

放火燔之。
　　燔音煩。詩注曰。傳火曰燔也。

---
234 '所' 다음에 글자가 있어야 할 것 같은데, 알 수 없다.
235 '例'은 의미상 '裂'이 맞는 것 같다.

사전류寺傳類……353

그런데 염부단금閻浮檀金²³⁶으로 만든 삼존三尊은 파괴되지 않았다. 『화엄음의華嚴音義』에서 "염부단금은 갖추어 말하면 염부나타染剖捺陀이다. 이것은 서역西域의 강 이름인데, 그 강이 염부나타 숲과 가깝기 때문이다. 금이 그 강에서 난다. 그러므로 강은 나무로 인하여 이름을 얻었고, 금은 강으로 인하여 이름을 얻었다."라고 하였다. 어떤 이는 "부과浮果의 과즙이 사물에 떨어져 금이 되었고, 강으로 흘러들어가 돌을 물들여 이 염부단금을 만든다. 색깔은 적황색에 자줏빛의 불꽃 기운을 함께 띤다."라고 하였다. 『입세론立世論』에서 "열매의 크기가 벽돌만하다. 그 열매가 익으면 감미롭기가 비교할 데 없으니, 희귀한 벌꿀의 맛이 달고 싫증나지 않는 것과 같다. 열매즙이 물들인 사물은 세간의 귀하고 붉은 전단즙栴檀汁에 물든 것과 같다."²³⁷라고 하였다. 다만 물들면 금이 된다고 말하지는 않았다.

雖然檀金三尊不損壞。

華嚴音義曰。閻浮檀金。具云染剖捺陀。此是西域河名。其河近閻浮捺陀樹。其金出彼河中。此則河因樹以立稱。金由河以得名。或曰 浮果果汁點物成金。因流入河。染石成此閻浮檀金。其色赤黄兼帶紫焰氣也。立世論曰。果大如甕。其果熟時。甘美無比。如細蜂密。味甜難厭。果汁染物。猶如世間貴赤栴檀汁所染汗。²³⁸ 但不言

---

236 염부단금閻浮檀金 : 閻浮檀은 산스크리트어 jambū-nada의 음사이다. jambū는 나무 이름이고 nada는 강을 뜻한다. 염부나무 숲 사이로 흐르는 강에서 나는 砂金으로, 적황색에 자줏빛의 윤이 난다고 한다.

237 해당 구절은 다음과 같다. 『佛說立世阿毘曇論』卷1, 南剡浮提品. "其菓熟時。甘美無比。如細蜂蜜。味甜難厭。菓味如是。菓大如盆。其核大小……爲菓所染。手臂皆赤。猶如世間貴赤栴檀汁所染汚。其菓香氣能染人心。是時比丘鼻嗅菓香。" (『大正藏』32, 175a6~23)

238 '汗'은 『입세론』에 의하면 '汚'가 맞다.

染則成金。

이 때문에 모리야는 더욱 화가 나서, 여래를 철로 된 모루[239] 위에 넘어뜨려 철 망치로 여래의 존용尊容을 두드려 깨뜨리게 하였더니【〈고〉 존용과 여래는 아마도 도치된 듯하다.】

익益은 더욱이다. 진嗔은 화내는 것이다. 추槌는 추錘와 같다.

此故守屋益嗔。令如來倒臥鐵鑕之上。以鐵槌雖打破尊容如來。【〈考〉尊容如來恐倒置】

益增也。嗔怒也。槌與錘同。

모루가 도리어 움푹 파였다. 또한 불구덩이에 던져 넣어 태워 녹이려 하자, 불상의 몸이 더욱 선명해졌다.

와窪는 음이 와哇이니, 깊다는 것이다. 용溶은 음이 용容이니, 물이 성대한 모양이다. 어떤 이는 (물이) 편안히 흐르는 것이라고 하는데, 의미가 둘 다 통하지 않는다. 아마도 필자筆者의 실수인 듯하다. 용溶은 녹일 용鎔으로 써야 한다. ○ 선鮮은 음이 선仙이니 색이 고운 것을 선鮮이라 하고, 또 훌륭하다는 것이다.

而鎚鑕却窪。亦投入炭火燒溶。佛體殊鮮。

窪音哇。深也。溶音容。水盛貌。一曰安流也。義兩不通。疑筆者謬。溶當作鎔。○鮮音仙。色艷曰鮮。又善也。

---

239 모루 : 대장간에서 불린 쇠를 올려놓고 두드릴 때 받침으로 쓰는 쇳덩이이다.

이 때문에 모리야가 어쩔 수 없어 담당 관리에게 받들어 나니와難波의 호리에堀江에 가라앉히도록 하였다. 태자가 말하였다.
"아아, 슬프구나. 모리야는 현보現報[240]의 화禍를 초래하는 것이 아니라 오히려 영겁永劫의 고통의 인因을 심는 것이다."

오희於戲는 감탄사이다.

斯故守屋無可奈何。命有司奉沈難波堀江。太子曰。於戲悲哉。守屋非招現報之禍。尙種永劫之苦因。

於戲嘆詞。

이날 큰 바람이 불고 큰비가 내렸다. 태자가 부황父皇에게 말하였다.
"재앙과 화가 여기에서 시작될 것입니다."

부황은 요메이 천황이다. 재災는 재灾와 같다.

是日大風大雨兮。太子謂父皇曰。災禍始於此。

父皇用明天皇也。災同灾。

명령을 받들어 (불상을) 버렸던 역부役夫, 담당관리, 노비(從屬) 등이 종기가 나서 고통에 괴로워하며 크게 절규하고 울부짖었다.

역부役夫는 『좌전주左傳註』[241]에서 두예가 "천한 자의 호칭이다."라고 하였다. 창瘡은 상처이다.

---

240 현보現報 : 현세에서 업을 지어, 그 결과 현세에서 받는 과보果報를 말한다.
241 『좌전주左傳註』: 『춘추좌씨경전집해春秋左氏經典集解』를 가리킨다.

而彼奉棄撤之役夫有司從屬等。發瘡苦痛逼迫。大叫啼曰。
　役夫。左傳註。杜預曰。賤者之稱也。瘡傷也。

"불에 타는 것 같고 부서지는 것 같도다."
　작斫은 부러뜨리는 것이다.

如燒如斫。
　斫摧也。

이는 오직 가람을 불태우고 불상을 부순 벌이었다.
　쇄碎는 부러뜨리는 것이다. 벌罰은 음이 벌伐이다. 『설문』에서 "벌罰은 죄 가운데 가벼운 것이다."라고 하였다.

是只燒伽藍碎佛像之罰也。
　碎斫也。罰音伐。說文曰。罰罪之小者也。

두 손을 부여잡고 비비면서
　문㭳은 음이 문門이고, 부여잡는 것이다. 모模는 음이 모莫[242]이고, 더듬는 것이다.

㭳模兩手。

242　莫는 없다는 뜻일 때는 '막', 저물다는 뜻일 때는 '모', 고요하다는 뜻일 때는 '맥'으로 읽는다. 여기서는 '모'로 보았다.

捫音門。撫持也。摸²⁴³音莫。捫𢱢也。

두 발을 끌며 긁었다.
　　접摺은 랍拉(끌어가다)과 같다. 소搔는 손으로 긁는 것이다.

摺搔兩足。
　　摺與拉同。搔手爬也。

죽은 자가 집집마다 가득 찼고, 근심이 나라나라에 미쳤다.
　　충充은 가득 찬 것이다.

死者充家家。患者及國國。
　　充滿也。

이는 또한 천황이 보잘것없는 신하의 모략을 받아들인 것이었으므로 책임이 한 사람에게 돌아갔다. 그리하여 이 해(585) 가을 8월에 (천황이) 어좌에서 돌아가셨다.【운운】
　　모언謀言에 대해 『설문』에서 "반란을 생각하는 것을 모謀라 한다."라고 하였다.

亦天皇納纖臣謀言故。責歸一人。而此年秋八月崩御坐。【云云】
　　謀言。說文曰。慮難曰謀也。

---

243 '摸'는 원문대로 '模'라고 써야 한다.

이때는 요메이 2년 가을 7월이었다.
　　요메이 천황은 긴메이의 넷째 아들(皇子)로, 쇼토쿠 태자의 아버지이다.

于時用明二年秋七月。
　　用明帝者。欽明第四皇子。聖德太子父也。

모리야守屋와 오오무라지大連는 태자와 소가蘇子 등이 불법을 일으키는 데 화가 났다.
　　책幘은 관冠이다. 아마도 베껴 쓸 때 실수가 있었던 듯하니, 분幘이라고 써야 한다. ○ 소가蘇子는 곧 우마코馬子이다. 우마코는 이나메稻目의 아들이다. 우마야도廐戶 황자와 함께 힘을 다해 불사佛事를 일으켰다.

守屋大連幘太子並蘇子等興佛法。
　　幘冠也。疑傳寫之誤。當作幘。[244] ○蘇子卽馬子也。馬子者。稻目之子也。與廐戶皇子 戮力興佛事。

그래서 기필코 천황을 저주하고 태자를 죽이려고 하였다.
　　적的은 마땅히이다. 주저呪詛에 대해 『묘법연화경현찬妙法蓮華經玄贊』[245]에서 "주呪는 부탁하는 것이니, 좋고 나쁜 말로 서로 부탁하는 것을 주呪라 한다. 저詛는 막는 것이니, 다른 사람에게 일을 시켜 말을 막는 것이다."라고 하였다.[246] 저咀를 어떤 곳에서는 저詛로 쓰기도 하는데, 옳다.

---

244 '幘'은 의미상 '憤'이 맞는 것 같다.
245 『묘법연화경현찬』: 慈恩 基가 찬술한 『법화경』 주석서이다.
246 『妙法蓮華經玄贊』 卷10, 觀世音普門品, "呪囑也。以善惡之辭相囑曰呪。詛阻而的呪咀天皇。擬殺太子。

  的當也。呪咀。玄賛曰。呪囑也。以善惡之辭相囑曰呪。詛阻也。使
  人行事阻限於言也。咀一作詛是也。

대군大軍을 내어 세상을 어지럽힐 것을 도모하였으나 일이 발각되어
버렸다.

  12,500명을 군軍이라 한다. 발각發覺은 드러나는 것을 말한다.

發大軍謀亂世。事旣發覺兮。

  萬二千五百人曰軍。發覺謂露顯也。

이로 인해 태자와 소가노 우마코蘇馬子, 도미노 이치이跡見赤檮, 하타
노 가와카츠秦川勝 등이 갑옷과 투구를 입고 활과 화살을 가지고 시키군
志紀郡[247]을 따라 시부가와澁河에 주둔하여 모리야를 토벌하려고 하였다.

  『원형석서』에서 "도미노 이치이跡見赤檮는 우마야도廐戶의 도네리舍人이다."
  라고 하였다. 『태자전찬집초』에서 "가와카츠(勝)는 진시황의 15대손이다."라
  고 하였다. ○ 토討는 치는 것이다.

因玆太子並蘇馬子。跡見赤檮。秦川勝等。帶甲冑挾弓矢。從志紀郡。
寄屯于澁河。擬討守屋。

  元享釋書曰。跡見赤檮廐戶之舍人也。太子傳。撰集抄曰。勝者秦
  始皇十五代之孫也。○討伐也。

  也。使人行事阻限於言。有作咀。咀嚼也。"(『大正藏』34, 849b19~20)
247 시키군志紀郡 : 옛날 河內國(현재의 오사카)에 있었던 郡이다.

모리야는 5만여 기병을 인솔하여 도촌성稻村城에 잠입하였다. 성 안에서 관군官軍과 서로 맞붙어 큰소리를 지르며 싸웠다.

  도촌성稻村城은 하노이河內에 있다. 호呼는 보普와 랑浪의 반절로, 성聲의 반대이다. 섬遅은 퇴退의 옛 글자이다.[248]

守屋引率五萬餘騎。楯籠稻村城。城內與官軍互入亂。呼叫攻戰。
  稻村城在河內。呼普浪切。反聲。遅古退字。

태자는 단지 기병 한 명을 데리고 몰래 나가 도망쳤다.

  『사기주史記註』에서 "여순如淳이 '간행間行은 미행微行이다.'라고 하였다."라고 하였다.

剩太子只一騎。間行而遁。
  史記註曰。如淳云。間行微行也。

이때 모리야가 급히 에워싸고, (태자의) 옥체를 해치려 하였다.

  뉵衂은 여女와 육六의 반절이고, 음이 흉胸이다. ○ 뉵衂은 칼로 다치게 하는 것이다.

時守屋急圍焉。將衂玉體。
  衂女六切。音胸。○衂刀傷也。

---

248 원문에 '遅'자가 나오지 않는다.

이때 태자가 아무런 방책이 없어 푸조나무(椋木)에 기대어 숨었는데, 푸조나무가 정情이 있어 나무 가운데를 좌우로 벌렸다.

> 량椋은 음이 량良으로, 나무 이름이다. 잎은 감나무처럼 두 장이 서로 맞대고 있다. 열매는 작은 원형으로 갈매나무(牛李) 열매와 같은데, 익지 않았을 때는 푸른색이고 익으면 검정색이다. 나무가 단단하고 무거우며, 끓인 즙은 붉은색이다. (푸조나무를) 즉래卽來라고도 한다.

此時太子無爲方。而寄於椋木陰。椋木有情。木腹左右裂。
> 椋音良。木名。葉似柿兩葉相當。子細圓如牛李子。生靑熟黑。其木堅重。煮汁赤色。一名卽來。

태자가 들어가자 본래대로 서로 합쳐 태자를 숨겼다. 이 때문에 군사들이 모두 돌아갔다. 푸조나무가 스스로 벌려 태자를 내주었다.

> 2,500명은 사師이다. ○ 함咸은 모두이다.

太子入。則如本相合陰太子。此故師咸還。椋木自開出太子。
> 二千五百人爲師。○咸皆也。

태자는 호랑이 입에 들어갈 위난에서 도망친 것이다.

> 호랑이 입은 피하기 어려운 것을 비유한 것이다.

太子遁虎口難。
> 虎口喩于難逃也。

말을 불러 타고 푸조나무를 향해 말하였다.

"옛날 진시황은 소나무에 의지하여 갑작스런 비를 견디었다.

『사기史記』「본기本紀」에서 "시황제가 태산泰山에 올라 돌을 세우고 사당(祠祀)에 봉선하였다. 비바람이 갑자기 닥쳐와서 나무 아래에서 쉬었는데, 이로 인해 그 나무를 봉하여 오대부五大夫라 하였다. 그러나 소나무라고 말한 적은 없는데 선사先師께서 반드시 본 바가 있을 것이다."라고 하였다. ○ 시황제는 장양왕莊襄王의 아들이다. 성은 조씨趙氏이며, 이름은 정政이다.

招駒乘而向椋木言。昔秦始皇。依松木凌急雨。
　史記本紀曰。始皇上泰山。立石封祠祀下。風雨暴至。休於樹下。因
　封其樹爲五大夫矣。然未曾言松木。先師必有見所。○始皇帝者。
　莊襄王子也。姓趙氏。名政。

지금 나는 푸조나무 덕분에 반드시 죽을 일에서 벗어났으니, 은혜에 무엇으로 사례해야 할까. 그대에게 대신大臣[249]이라는 시호를 주겠다. 훌륭하도다! 천운天運을 믿을 수 있겠도다!"

첩帖은 호怙라고 써야 한다.

今吾由椋木免必死。恩惠何謝。汝諡曰大臣兮。善哉。天運有帖。
　帖當作怙。

흉악한 무리를 대치함에 의심이 없었고, 기뻐함에 다함이 없었다. 궁

---

249 대신大臣 : 大和 정권의 姓 가운데 하나이다. 臣 가운데 유력자가 이 칭호를 받았다.

으로 돌아와 패한 군사들을 모아 말하였다.

"이번에 비록 수많은 적을 토벌하였지만, 저들이 용맹하고 세력이 커서 관군이 세 번이나 퇴각하였다. 서원이 아니면 승리를 얻지 못할 것이다."

흉凶은 나쁜 것이다. ○ 금반今般은 지금(今)이라 말하는 것과 같다. 파叵는 음이 파頗이니, 할 수 없다는 것이다. 할 수 있다(可)의 반대가 파叵이다.

匂[250]徒對治無疑。歡喜無窮。還宮集于敗軍士曰。今般雖討數多敵。彼勇猛大勢。而官軍三退。非願叵得勝利。

凶惡也。○今般猶言今也。叵音頗。不可也。反可爲叵也。

하타노 가와카츠秦川勝에게 흰 규목樛木[251]으로 사천왕상四天王像을 조각하여 군사의 칼 끝에 높이 세우게 하고, 앞장 서서 서원을 말하였다.

"우리가 적을 이기게 해 주시면 절과 탑을 세워서 영원토록 불법을 받들고 대장大將[252]을 호지하겠습니다."

규樛는 음이 구鳩이고, 『자휘』에서 "나뭇가지가 휘어져 드리워진 것이다."라고 하였다. ○ 사대천왕四大天王은 제석帝釋의 외신外臣으로, 무장武將과 같다. 수미산 중턱의 네 면에 있다. 동쪽은 제두뢰질提頭賴叱로, 여기서는 지국持國이라 하니 국토를 지키기 때문이다. 안민安民이라고도 하는데, 황금타黃金埵에 살면서 건달바乾達婆와 부단나富單那를 거느린다. 남쪽은 비류늑차毘留勒叉로, 여기서는 증장增長이라고 하니 자신과 남의 선근善根을 증장시키기 때문이다.

---

250 '匂'은 '凶'의 오각인 듯하다.
251 규목樛木 : 가지가 아래를 향해 굽은 나무를 말한다.
252 대장大將 : 여기서는 불상을 가리키는 듯하다.

유리타瑠璃埵에 살며 설려다薛荔多와 구반다鳩槃茶를 거느린다. 서쪽은 비류박차毘留博叉로, 여기서는 광목廣目이라 한다. 잡어雜語라고도 하는데, 갖가지 언어를 할 수 있기 때문이다. 백은타白銀埵에 살며 독룡毒龍과 비함사毘舍闍를 거느린다. 북쪽은 비사문毘沙聞으로, 여기서는 다문多聞이라 하니 복덕福德의 명성이 사방에 소문났기 때문이다. 수정타水精埵에 살며 나찰羅刹과 야차夜叉를 거느린다. 이 사천왕은 각각 두 귀신을 거느리며, 사람을 번뇌하게 하지 않으므로 호세護世라 부른다.

命秦川勝。以白樛木彫刻四天王像。擎立軍鉾。先而發願曰。使我勝敵。起立寺塔。永仰于佛法。護持大將。

樛音鳩。字彙曰。木枝曲垂也。○四大天王者。是帝釋外臣。如武將。居須彌山腹四面。東提頭賴叱。此云持國。護持國土故。亦云安民。居黃金埵。領乾達婆富單那。南毘留勒叉。此云增長。令自他善根增長故。居瑠璃埵。領薛荔多鳩槃茶。西毘留博叉。此云廣目。亦云雜語。能作種種語言故。居白銀埵領毒龍毘舍闍。北毘沙聞。此云多聞。福德之名聞四方故。居水精埵領羅刹夜叉。此四天王各領二鬼。不令惱人。故稱護世。

마찬가지로 소가노 우마코蘇馬子 등도 발원하기를 또한 이와 같이 하였다. 그 후 태자가 세 장군을 인솔하여 가목성榎木城에 몰려가서 군대를 진격해 공격하였다.

세 장군은 하타노 가와카츠秦川勝, 소가노 우마코蘇馬子, 도미노 이치이跡見赤檮이다.

同蘇馬子等發願。亦復如是。其後太子引率三將軍。押寄榎木城。進軍攻戰。

　　三將軍。秦川勝。蘇馬子。跡見赤檮也。

이때 모리야가 큰 오동나무 위에 올라가서 말하였다.

"부도명신府都明神의 화살이다."

화살을 쏘아 태자의 등자를 맞추어 떨어뜨렸다.

　　가榎는 가榎와 같다.[253] 음이 가賈이고 개오동나무(山楸)이다. 또 가지는 지팡이로 만들 수 있다. ○ 등鐙은 『광운廣韻』에서는 안장과 등자(鞍鐙)라고 하였다.

此時守屋登大榎上云。府都明神矢也。放矢當于太子鐙而落。

　　榎同榎。音賈。山楸也。又條可爲杖。○鐙廣韻鞍鐙也。

태자도 도미노 이치이에게 명하여 범천梵天에게 신통한 화살촉을 주어 답화살을 쏘게 하였다. 이치이가 활 순서를 정하였다. 은혜 받은 화살촉을 들어올리며 큰소리로 말하였다.

"사천왕의 화살이다."

쏜 화살이 빗나가지 않고 모리야의 가슴을 적중시켜 떨어뜨렸다.

　　번番은 음이 번翻으로, 차례이다. 전箭은 화살이다.

太子亦命跡見赤檮。賜於梵天。以神通鏑矢。令射答矢。赤檮定弓番。惠箭揚大音言四天王矢。放矢不誤。中守屋胸倒落。

253　현재는 앞(榎) 뒤(榎) 글자가 같은데, 원 판본에는 달랐을 것 같다.

番音翻。次也。箭矢也。

가와카츠川勝가 다가가서 머리를 베려고 하자 이때 모리야가 말하였다.
"내가 옛날에 서원한 것이 지금 만족되었다."²⁵⁴
　　이것은 『법화경』「방편품」의 문장이다.

川勝立寄。將斬頭。時守屋唱曰。如我昔所願。今者已滿足。
　　是法華方便品之文。

가와카츠가 곧장 (모리야의) 목을 가져가 태자에게 바치니, 태자가 보고 두 눈에 눈물을 흘리며 말을 꺼냈다.
"일체 중생을 교화하여 모두 불도佛道에 들게 하리라."²⁵⁵
　　이것도 「방편품」의 문장이다.

川勝則持頸捧太子。太子視焉。兩眼浮淚唱曰。化一切衆生。皆令入佛道。
　　是又方便品之文也。

그(모리야)의 목을 구조九條 가사로 감쌌다.
『대승법문경大乘法門經』²⁵⁶에서 "가사袈裟는 진晉에서는 거예去穢(더러움을 없애

---

254 『妙法蓮華經』卷1, "如我昔所願。今者已滿足."(『大正藏』9, 8b06)
255 『妙法蓮華經』卷1, "化一切衆生。皆令入佛道."(『大正藏』9, 8b07)
256 『대승법문경大乘法門經』: 『번역명의집』에서는 '大乘法門經'이 아니라 '大淨法門

는 것)라 한다."²⁵⁷라고 하였고, 또 『진제잡기眞諦雜記』에서 "가사는 외국 삼의 三衣²⁵⁸의 이름이다."²⁵⁹라고 하였다. ○ 과裹는 음이 과果로, 싼다는 것이다.

彼首裹²⁶⁰九條袈裟。
　大乘法門經曰。袈裟者。晉名去穢也。又眞諦雜記曰。袈裟是外國三衣之名也。○裹音果。包也。

후에 천왕사天王寺의 건주乾柱에 거두었다. 지금 세간에서 말하는 수옥주守屋柱가 이것이다. 태자가 마음속으로 모리야의 반역죄는 범부의 마음으로는 헤아리기 어렵다고 생각하였다.【운운】
　건乾은 건乾의 속자이다. 건주乾柱란 술해戌亥 방향의 기둥이다. 측測은 헤아리는 것이다.

後收于天王寺乾柱。今世謂守屋柱者是也。太子密意守屋逆罪。以凡情難測【云云】。
　乾俗乾字也。乾柱者。戌亥方柱也。測度也。

經'이라 하였는데, 竺法護가 번역한 『佛說大淨法門經』을 가리킨다.
257　『佛說大淨法門經』卷1, "菩薩不以自被袈裟。爲是出家也。袈裟名者。晉曰去穢。"(『大正藏』17, 821c27~28)
258　삼의三衣 : 인도 승단에게 개인에게 허용한 세 종류의 옷으로, 僧伽梨, 鬱多羅僧, 安陀會이다.
259　이 문장은 『翻譯名義集』 卷7에서 인용한 것이다. "大淨法門經云。袈裟者。晉名去穢。大集經。名離染服 賢愚。名出世服。眞諦雜記云。袈裟是外國三衣之名。"(『大正藏』54, 1170b25~27)
260　'裹'의 원문은 裏로 '裹(과)'와 같은 글자이다.

태자가 진격할 때, 처음에 다문多聞 천왕, 지국持國 천왕, 증장增長 천왕, 광목廣目 천왕이
> 사천왕의 일은 모두 앞에 나온다.

太子出陳。始多聞。持國。增長。廣目。
> 四天王之事悉見前。

천신天神과 지기地祇의 무리들에게 권발勸發하였다. 여러 천들이 각각 구름을 타고 찾아와서 처음으로 일본 지역(日域)의 대조大祖인 아마테라스 오오미카미天照大神를 받들었다. 팔백만신八百萬神이 모두 전장戰場에 나타나 태자의 군대를 수호하고 깃발을 더하였다.
> 시자尸子[261]가 말하기를 "천신天神을 영靈이라 하고, 지신地神을 기祇라 하고, 사람신(人神)을 귀鬼라 한다."라고 하였다. ○ 전旃은 음이 전饘으로, 굽은 깃대이다.

勸發天神地祇部類。諸天各乘雲來臨。奉始日域大祖天照大神。八百萬神咸來現戰場。守護太子軍兵。加旃。
> 尸子曰。天神曰靈。地神曰祇。人神曰鬼。○旃音饘。所曲柄也。

본사本師이신 아미타불이 태자의 정수리 위에 나타나 옹호하는 눈동자를 돌렸다.
> 옹擁은 안는 것이고 호護는 지키는 것이다.

---

261 시자尸子 : 春秋時代의 晉 사람인 尸佼이다. 그가 지은 책 20편 중 2권이 전하는데, 諸家의 설을 절충하고 있으나 儒家에 가깝다고 한다.

本師彌陀現于太子頂上。廻于擁護眸兮。

擁抱也。護守也。

이때 모리야의 흉적들은 신병神兵이 나타나 공중에서 말을 타고 활을 쏘는 것을 보고는 놀라서 허둥거리고 망연자실하여 나서는 자가 없었다. 모리야가 죽은 것을 직접 보고는 사방으로 도망갔다.【운운】

『법화주法華註』에서 일여一如 법사[262]가 "의식意識이 달려가고 쫓기는 데 처하는 것을 주장周章이라 한다."라고 하였다. 『법화경法華經』에는 '주장주장周障'[263]이라고 되어 있다. ○ 벽역辟易은 뜻을 잃은 모양이다. ○ 흉凶은 악한 것이고 적賊은 도적이고, 병兵은 병기이다.

지금 본 산에 있는 1촌寸 8푼分의 존영尊影은 태자가 모리야를 대치할 때에 군대 진영이 수호하던 존용이다. 옛날 석가여래가 『대집경大集經』을 설하셨을 때 사천왕에게 일러 시방의 신기神祇가 회장會場에 재빨리 달려오도록 하였으니, 말세에 불법의 뜻을 지킬 만하여 미리 부처가 명하신 것이다. 그러므로 알겠다. 우리 조정에 신명神明이 지키며 자리하고 있는(鎭坐) 것이 어찌 부처의 명령에서 나온 것이 아니겠는가.

此時守屋凶賊等。視神兵現空中于馬于弓。周章辟易無進者。面見守屋死亡。逃走四方。【云云】

---

262 일여一如 법사 : 1352~1425. 明의 승려. 자는 一庵, 호는 退翁. 『법화경』이 여래의 奧義를 담고 있는 경전이라고 보고, 이 경전의 내용을 쉽게 이해하도록 여러 설명들을 모아 『法華經科注』를 찬술하였다.

263 『妙法蓮華經』卷2, 「譬喩品」, "佛欲重宣此義。而說偈言。譬如長者。有一大宅。其宅久故。而復頓弊。堂舍高危。柱根摧朽。梁棟傾斜。基陛隤毀。牆壁圮坼。泥塗褫落。覆苫亂墜。椽梠差脫。周障屈曲。雜穢充遍。"(『大正藏』9, 13c18~23)

法華註一如法師云。意識處馳逐爲周章也。經作周障。○辟易失志
貌。○凶惡也。賊盜也。兵戎也。

今當山一寸八分之尊影者。太子對治守屋之時。軍陳守護之尊容
也。昔釋迦如來說大集經時。告四天王令十方神祇。驅赴會場。可
守末世佛法旨。預佛告勅。故知。吾朝鎭坐神明。豈洩于佛勅乎。

전쟁이 끝난 후에 태자가 세 장군에게 명하였다.

　　군과軍果는 전쟁이 끝난 것을 말한다. ○ 우마코, 가와카츠, 이치이 세 장군
이다.

軍果之後。太子命三將軍。

　　軍果謂軍終也。○馬子川勝赤檮爲之三將軍。

모리야의 자손들은 모두 절의 노비奴婢로 삼고

　　절은 사천왕사四天王寺를 말한다. 노奴는 『설문』에서 "남자 가운데 스스로 고
생하는 이를 노奴라고 한다."라고 하였다. 비婢에 대해 진晉의 두예가 "부인을
낮추어 부르는 이름이다."라고 하였다.

守屋子孫等。皆爲寺奴婢。

　　寺謂四天王寺也。奴說文曰。男有自辛曰奴。婢晉杜預曰。婦人之
　　卑稱也。

(모리야가) 소유하던 전원田園 18만 6,800여를 절의 재산으로 충당시
켰다.

『석명』에서 "과일나무를 심은 곳을 원園이라 한다."라고 하였다. ○ 대代는 자세하지 않은데, 아마 연문衍文[264]인 듯하다.

所領田園十八萬六千八百餘。代充于寺産。
　　釋名曰。植果曰園。○代字未詳。疑衍文乎。

나머지 1만 경頃의 전원은 이치이와 가와카츠 등에게 나누어 주었다.
　　항項은 경頃이라고 써야 한다. 6자(尺)가 보步가 되며, 100보步가 무畝가 되고, 100무畝가 경頃이 된다.

餘殘萬項[265]田園。宛行赤檮川勝等。
　　項當作頃。六尺爲步。步百爲畝。畝百爲頃。

이 해에 옥조玉造 언덕 위에 비로소 사천왕사四天王寺를 세우고 사천왕을 안치하여
　　천왕사天王寺가 건립된 것은 요메이 천황 2년(586) 겨울이다.

此年於玉造岸上。始建四天王寺。安置四天王。
　　天王寺建立。用明二年冬也。

불법을 받들고 본존本尊을 호지護持하였다. 후에 나니와難波의 강 언덕으로 옮겨 가람을 건립하였다.

264　연문衍文 : 글 가운데에 쓸데없이 들어간 군더더기 글귀를 말한다.
265　'項'은 의미상 '頃'이 맞는 것 같다.

다마츠쿠리玉造와 나니와의 강은 모두 셋슈攝州[266] 오사카현大坂縣에 있다. ○ 릉凌은 아마도 릉陵이라 써야 할 것이다.

崇奉佛法。護持本尊而已。于後移難波江凌。建立伽藍。
　玉造。難波江。皆在攝州大坂縣。○凌字恐可作陵。

태자는 직접 '석가여래전법륜소釋迦如來轉法輪所 당극락토동문중심當極樂土東門中心(석가여래가 법륜을 굴리신 곳, 극락정토 동쪽 문의 중심)'이라는 현판을 써서 누각 문에 걸었다.
　전법륜轉法輪이란 이 법도를 굴려 다른 이의 마음에 들어가 저들에게 깨달음을 얻고 62견見[267]을 깨뜨리게 하는 것이다. 그리하여 전법륜이라 한다. ○ 괘掛는 거는 것이다.
　『법화경』에서 "삼천대천세계三千大天世界를 보건대, 겨자씨 정도도 보살께서 신명身命을 버리지 않은 곳이 없다. 과거 오랜 겁 동안 석존의 설법과 교화가 이르지 않은 곳이 없었다."라고 하였다. 그러므로 알 수 있다. 우리 조정이 개벽한 이래로 제불諸佛께서 교화에 참여하지 않은 곳이 어디인가? 법륜을 굴리신 곳(轉法輪所)이라는 말은 이러한 까닭이 있다.

太子自書釋迦如來轉法輪所當極樂土東門中心之額。掛于樓門矣。
　轉法輪者。轉此法度。入他心令彼得悟。破六十二見。乃名轉法輪也。○掛懸也。
　法華經曰。觀三千大千世界。乃至無有如芥子許。非是菩薩捨身命

266　셋슈攝州 : 攝津國으로 현재의 기내 지역에 해당한다.
267　62견見 : 고대 인도의 外道들이 가졌던 62가지 그릇된 견해를 말한다.

處矣. 過去遠劫之間. 釋尊說法敎化無所不至. 是以得知. 吾朝開
闢已來. 諸佛何不預敎化耶. 轉法輪所之詞. 寔有由也.

태자가 나니와難波의 호리에堀江에 몰래 가서 향을 사르고 꽃을 뿌리며 본사이신 아미타불과 두 보살에게 귀의하였다. 궁궐로 청하여 대전 윗자리에 안치하고 공양을 구하였다.
　　잠潛은 사사로운 것이다. 요要는 구하는 것이다.

太子潛幸難波堀江。燒香散華。南無本師彌陀竝二菩薩。奉請禁中安
置殿上。鎭要供養。
　　潛私也。要求也。

이때 여래께서 물 밑에서 큰 광명光明을 발하며 존상을 나타내시고, 태자에게 말씀하였다. "훌륭하구나, 훌륭하구나. 너는 나의 교화를 돕고 중생을 이롭게 하기 위해 강한 흉적의 반란을 무찌르고 포악한 적도들을 벌주어 세상을 다스리고 백성들을 편안하게 하였으니
　　흉난凶難은 모리야의 반란을 말한다. 포폭暴은 사나운 것이다. 무릇 훔치고 도적질하고 겁박하고 죽이는 것을 모두 적賊이라고 한다.

于時如來從水底放大光明。現尊像。告太子曰。善哉善哉。汝爲補吾
行化利益衆生故。凌剛强凶難。罰暴惡賊徒。令治世安民。
　　凶難謂守屋之亂也。暴猛也。凡偸盜劫殺。皆曰賊也。

공훈이 매우 크도다.

오吳의 위소韋昭가 "왕의 공을 훈勳이라 하고, 나라의 공을 공功이라 한다."라고 하였다.

勳功甚大也。
吳韋昭曰。王功曰勳。國功曰功。

내가 거짓으로 탁한 강물에 빠져 있었지만,
여래가 나니와의 강에 가라앉아 있던 것이 16년이었다.

我假沒濁江。
如來沈難波池。[268] 旣十六年也。

실제로는 범천梵天에 머물며 청면금강靑面金剛[269]으로 드러내어 때때로 내려와 너희들을 수호하였다.
현顯은 드러나는 것이다.

實住梵天顯靑面金剛。時時降下。守護汝等。
顯露也。

---

268 '池'는 의미상 '江'이 맞다.
269 청면금강靑面金剛 : 제석천의 사자로, 靑面金剛明王이라고도 한다. 道敎思想에 연원을 둔 존격이다. 도교에서는 인간의 몸속에 '三尸'라고 하는 세 종류의 나쁜 벌레가 있어, 사람이 잠들면 그 사람이 한 나쁜 행동을 모두 天帝에게 보고한다고 보았다. 그래서 '삼시'가 활동한다고 여겨지는 庚申날 밤에 잠을 자지 않는다는 庚申信仰이 나타났다. 이 존격은 경신신앙 속에서 독자적으로 발전한 것으로, '삼시'를 제압하는 능력이 있다고 한다.

내가 세 나라로 옮겨 올 때, 시나노국信濃國[270]에서 뛰어난 시주자(檀) 한 사람이 태어났다.

  삼국은 천축, 백제, 일본이다. 뛰어난 시주자는 젠코善光이다. 이때 젠코는 이나군伊奈郡에 있었다. ○ 지혜가 만 사람보다 뛰어난 것을 영英이라 한다. 어떤 이는 덕이 남들보다 뛰어난 것을 영英이라 한다.

吾三國傳來。有一人英檀生。在信濃國。
  三國。天竺。百濟。日本也。英檀。善光也。此時善光在于伊奈郡。○智出萬人曰英。或云。德過于人曰英也。

나라에도 허망한 곳이 없었고, 나도 믿음을 근기로 여겼다. 이 때문에 그를 기다려 맞이해 와서 그대 나라에 옮겨 앉게 하였는데, 말세의 중생을 포괄하여 인도하기 위해서였다."
태자가 부처의 명령을 받고 감동하여 눈물을 흘리며 돌아갔다.

國亦無虛妄處也。吾亦以信爲機。斯故待于彼。迎來遷坐彼國。擇[271] 取引導末代之衆生而已。太子蒙佛勅。押感淚還去。

『선광사연기』 권제3 끝.

善光寺緣起 卷第三終[272]

---

270 시나노국信濃國 : 과거 일본의 지방행정 구역 가운데 하나. 東山道에 있다. 信州라고도 한다. 현재의 長野縣과 岐阜縣 中津川市 일부에 해당된다.
271 '擇'은 의미상 '攝'이 맞는 것 같다.
272 ㉠『大日本佛敎全書』제120책, pp.313하~326하.

『선광사연기』권제4【이 권은 젠코善光와 젠사善佐의 인연을 밝혔다.】

善光寺緣起 卷第四【當卷明善光善佐之因緣。】

석 지운慈運이 모으고 주석하다.

釋慈運集註。

아! 스이코推古는

『원형석서』에서 "스이코는 여왕으로, 태자인 도요토豊聰[273]에게 정사를 맡겼다."라고 하였다.

抑椎[274]古。

元亨釋書曰。椎古女主。委政太子豊聰。

11년 계해癸亥에 시나노信濃의 국사國司[275]가 되어 도읍(帝都)의 방어를 맡았다. 상경上京에서 용도가 있어서 사졸들을 재촉하고 인부들을 불러들였다.

경京은 경사京師를 말한다. 『공양전公羊傳』[276]에서 "경京은 크다는 것이고 사

---

273 도요토豊聰 : 쇼토쿠 태자의 별칭이다.
274 '椎'는 '推'라고 써야 한다. 이하 모두 같다.
275 국사國司 : 고대·중세 일본의 지방 행정 단위인 國의 행정관으로, 중앙에서 파견된 관리이다. 祭祀·行政·司法·軍事의 모든 일을 맡아 보았으며, 관내에서는 절대적인 권한을 가졌다. 임기는 6년(후에 4년으로 변경)이다.
276 『공양전公羊傳』: 『春秋公羊傳』을 가리킨다.

師는 많다는 것이다. 천자天子의 거처는 반드시 사람이 많고 크다는 의미에서 그렇게 말한 것이다."라고 하였다.

十一年癸亥。當信濃之國司。爲帝都守禦。有上京之用度。催于士卒。招于人夫兮。
　　京謂京師也。公羊傳曰。京大也。師衆也。天子之居。必以衆大之辭
　　言之也。

마침 시나노국의 이나군伊奈郡에 어떤 사내가 있었는데, 이름이 혼다 젠코本多善光였다. 집이 빈궁하여 아침밥으로 저장해 놓은 것도 없고 저녁에 먹을 것도 없었지만
　　저貯는 직直과 려呂의 반절로, 쌓는 것이다. 향餉은 음이 상商으로, 먹는 것이다. 『광운廣韻』에서 "집에서 들판으로 가는 것을 궤饋라 한다."[277]라고 하였다.

粤當國伊奈郡有夫婦[278]者。其名曰本多善光。其家窮貧。而無朝貯。無夕餉。
　　貯直呂切。積也。餉音商。饋也。廣韻云。自家之野曰饋。

마음은 지조가 있고 현명하고 선량하였으며, 우순虞舜의 발자취를 좇았다.
　　『사기』에서 "우순은 이름이 중화重華이고, 중화의 아버지는 고수瞽叟이다."라

277　음식을 집에서 들판으로 보내 준다는 의미이다.
278　'夫婦'는 의미상 '夫'가 되어야 할 것 같다. 本多善光에 대해 말하고 있는 부분이다.

고 하였다. 『색은索隱』²⁷⁹에서 "우虞는 나라 이름이고, 순舜은 시호이다."라고 하였다. 황보밀皇甫謐²⁸⁰이 "순舜은 자字가 부군部君이다."라고 하였다. 『주처풍토기周處風土記』²⁸¹에서 "순舜은 동이東夷 사람이다."라고 하였다.

而心操賢良。逐虞舜之跡。

史記曰。虞舜者。名曰重華。重華父曰瞽叟。索隱云。虞國名。舜諡²⁸²也。皇甫謐曰。舜字部君也。周處風土記曰。舜東夷之人也。

행동거지가 순박하였는데, 안연顔淵의 행실보다 누추하였다.

『공자가어孔子家語』²⁸³에서 "안회顔回는 노魯 사람이고, 자字가 자연子淵이다. 공자보다 서른 살 어렸는데, 29세에 백발이 되었고 31세에 일찍 죽었다. 공자가 '나에게 안회가 있은 뒤로 문인들이 날로 더 친해졌다.'라고 하였다. 안

---

279 『색은索隱』: 『史記索隱』으로, 唐 司馬貞이 쓴 『사기』 주석서로, '史記三家注' 가운데 하나이다. 모두 30권이다. 앞서 저술된 여러 책들을 인용해 音韻이나 地理, 人物을 고증한 것이 뛰어나다.

280 황보밀皇甫謐: 215~282. 字는 士安, 만년에 玄晏先生이라 自號하였다. 西晉 安定郡 朝那(현 甘肅省 靈台縣) 사람이다. 『帝王世紀』, 『陰陽曆術』, 『高士伝』, 『玄晏春秋』, 『黃帝三部針灸甲乙経』을 비롯해 많은 글을 저술하였다.

281 『주처풍토기周處風土記』: 周處(236~297)가 지은 지리서. 변경 지역의 지리를 담았을 것으로 추정된다. 주처는 삼국시대의 吳 및 西晉의 무장으로, 字는 子隱이다. 『고려사』 선종 신미 8년(1091) 기사에 의하면, 당시 북송에서 고려에 이 책을 보내 주도록 요청한 바가 있다.

282 '謠'는 의미상 '諡'가 맞는 것 같다.

283 『공자가어孔子家語』: 『論語』에 빠져 있는 孔子 일가의 설화를 모은 책이다. 현재 전하는 『공자가어』는 魏의 王肅이 주석을 더해 엮은 44편목으로 구성되어 있다. 왕숙이 禮制 문제를 둘러싸고 대립하던 鄭玄을 공격하기 위해 僞作한 것이라는 의견도 있지만, 이야기들을 散逸된 문헌에서 채록했을 가능성이 높아 위작이라 하더라도 가치가 있다고 평가 받는다.

회는 덕행德行으로 이름이 높았다."라고 하였다. 『사기』에서 "29세에 일찍 죽었다."라고 하였다. ○ 편褊은 누추하다는 것이다.

動止淳朴。褊顔淵之行。

孔子家語云。顔回魯人。字子淵。少孔子三十歲。年二十九而髮白。三十一早死。孔子曰。自吾有回。門人日益親。回以德行著名。史記曰。二十九 蚤[284]死。○褊陋也。

아내도 마음이 곧아서 어진 마음은 말리末利 부인[285]이 남의 불행을 가엾게 여기는 것과 나란하였고, 견고한 믿음은 위제희韋提希 부인의 깊은 신심信心과 같았다.

『관무량수경觀無量壽經』에서 "왕사대성王舍大城에 아사세阿闍世라는 태자가 있었는데, 조달調達[286]이라는 나쁜 친구의 교시에 따라 부왕인 빈바사라頻婆娑羅[287]를 잡아 가두었다. 일곱 겹의 방 안에 유폐시키고는 신하 한 사람도 가지 못하게 하였다. 국대國大 부인의 이름은 위제희韋提希였는데 대왕을 공경하여

---

284 '蚤'은 '蚤'의 이체자인 듯하다.
285 말리末利 부인 : Mālika. 舍衛國 파사닉왕의 부인이며, 勝鬘夫人의 어머니이다. 말리부인이라는 이름은 '末利華園'에서 유래하였다. 원래 화원에서 일하는 여인이었는데, 부처님이 탁발 오신 것을 보고 본인의 음식을 공양하였다. 그 후 파사닉왕이 사냥을 나왔다가 길을 잃고 지쳤을 때 정성껏 돌보아, 이에 감동한 왕이 그녀를 부인으로 맞이하였다.
286 조달調達 : Devadatta. 提婆達多, 提婆達兜, 調婆達多 등으로 쓰기도 한다. 斛飯王의 아들로 阿難의 형이며, 석가모니의 사촌동생이다. 출가하였지만 三逆罪를 범하여 살아서 지옥에 떨어졌다.
287 빈바사라頻婆娑羅 : Bimbisara. 부처님 재세 시에 마가다국의 왕이었다. 아들인 아사세태자가 반역을 일으켜 왕을 가두었으나, 佛光을 받고 阿那含果를 증득하였다.

깨끗하게 목욕하고 보릿가루를 연유와 벌꿀에 섞어 몸에 바르고 구슬들 속에 포도즙을 채워 몰래 왕에게 바쳤다."라고 하였다.【〈두〉『사교의집주四敎儀集註』에서 "말리 부인은 사위국 파사닉왕의 딸이다."라고 하였다.】

妻室亦貞心。仁精齊末利哀憐。堅信同韋提深信兮。

觀經云。王舍大城有一太字。[288] 名阿闍世。隨順調達惡友之敎。收執父王頻婆娑羅。幽閉置於七重室內。制諸群臣一不得往。國大夫人名韋提希。恭敬大王。澡浴淸淨。以酥蜜和麨。用塗其身。諸瓔珞中盛蒲桃漿。密以上王。【〈頭〉四敎儀集註曰。末利夫人者。舍衛國波斯匿王女也。】

이 때문에 아름다운 명성이 국國과 군군郡에 알려졌고, 국사國司에까지 소문이 도달하였다. 젠코善光는 인부를 거느리고 도읍에서 역역役에 힘쓰고 있었다.

빙憑은 의거한다는 것이다. 가嘉는 아름다운 것이다. 정呈은 드러난다는 것이다. 국사國司는 신슈信州의 제후이다.

凭玆嘉名漸呈于國郡。達國司聞。聞[289]善光領人夫。在京勤役。

凭依也。嘉善也。呈露也。國司者。信州之諸候也。

3년이 지나 (역을) 마쳐 국사國司가 고향에 돌아가려 하였다.

삼임三稔은 3년이다. 곡식이 익는 것을 임稔이라 한다. 옛 사람이 말하기를

---

288 '字'는 의미상 '子'가 맞는 것 같다.
289 '聞'은 연문인 듯하다.

"1년을 1임稔이라 하는데 곡식이 한 번 익는 데에서 취한 것이다."라고 하였다. ○ 흘訖은 마친다는 것이다.

經歷三稔訖。國司將歸故鄕。
　　三稔三年也。穀照[290]曰稔。古人謂。一年爲一稔。取穀一熟也。○訖終也。

이때 젠코善光가 낙중洛中을 한 번 보기 위해 남기를 청하였다. 국사가 허락하였으므로, 젠코는 제도帝都의 이름난 지역을 둘러보았다. 나니와難波의 호리에堀江에도 이르러 물 위를 바라보았다.
　　구嶇는 음이 구區이니, 울퉁불퉁하여 산길이 평평하지 않은 것이다. 아마도 구區라고 써야 하니, 구區는 경계(境)이다.

時善光爲洛中一見。請于殘止。國司則許。是故善光帝都名嶇周覽。亦至難波堀江。眺望水上。
　　嶇音區。岐嶇。山路不平也。疑當作區。區境也。

황송하게도 일광삼존과 미타여래가 환하게 빛을 내며 물 밑에서 나와 젠코의 어깨 위에 올라탔다.
　　혁혁赫奕은 빛이 비추는 모양이다. 혁奕은 혁赫과 같다.

忝一光三尊彌陀如來。光明赫奕。出於水底。乘著善光肩上。

---

[290] '照'는 의미상 '熟'일 것 같다.

赫奕光照貌也。奕與赫同。

젠코는 두려워 도망가려 하였다. 이때 여래가 말하였다.
"옛날 오천축에 있을 때 (너의) 이름이 월개月蓋였는데, 나를 따르며 항상 공경하였다.

　　오천축은 동천축, 남천축, 서천축, 북천축, 중천축이다. ○ 축逐도 따르는 것이다.

善光恐怖將遁焉。時如來告曰。昔在五竺名月蓋。隨逐於我常恭敬。
　　五竺者。東天竺。南天竺。西天竺。北天竺。中天竺也。○逐亦隨也。

다음으로 백제에 있을 때 이름이 숭찬崇讚이었는데, 내가 그 나라(백제)에 이르렀을 때도 공양하였다.

　　백제는 우리의 부용국附庸國이다.

次在百濟名崇讚。我到彼國亦供養。
　　百濟我附庸之國也。

지금 이 나라에서는 이름이 젠코이다. 삼세三世 동안 좋은 인연으로 한결같이 보시하였다. 내가 지금 여기에 와서 너를 만난 것은 숙세의 인연을 따른 것이다. 시중을 받았으니 세세생생토록 너를 호념護念해 주겠다. 마치 그림자가 형체를 따라 잠시도 떠나지 않는 것같이 할 것이다. 그러므로 너는 장차 동국東國(시나노국을 말함)에 가서 악세의 중생을 이롭게 해야 할 것이다."

『명의』 제44에서 "단나檀那는 진秦 말로 보시布施이다. 만약 안으로 신심信心이 있고 밖으로 복전福田이 있고, 재물財物이 있다면 세 가지(三事)[291]가 조화를 이루어 마음에 사법捨法이 생겨 인색함(慳)과 탐욕(貪)을 깨뜨릴 수 있을 것이니, 이것이 단나이다."라고 하였다.[292] ○ 치値는 음이 치治이고, 만난다는 것이다.

今在此國名善光。三世好緣同檀那。我今來此。值遇汝。宿緣所追。當給仕。生生世世護念汝。如影隨形不暫離。是故將汝往東國。應利益惡世衆生矣。

名義四十四云。檀那秦言布施。若內有信心。外有福田。有財物。三事和合。心生捨法。能破慳貪是爲檀那。○值音治。逢也。

여래가 이와 같이 알려 주시고 가르쳐 주셨다.

시示는 알리는 것이고, 회誨는 가르치는 것이다.

如來亦[293]誨如斯。

示告也。誨敎也。

이때 젠코는 세 나라의 인연이 다하였다.

일체 부처가 연기緣起의 일을 말씀하시는 것을 모두 인연因緣이라 한다. 또 말

---

291 三事(삼사)：能施(주는 자), 所施(받는 자), 施物(주고 받는 물건)을 가리킨다.
292 해당 내용은 다음과 같다. 『翻譯名義集』卷4, "檀那。法界次第云。秦言布施。若內有信心。外有福田。有財物。三事和合。心生捨法。能破慳貪。是爲檀那。"(『大正藏』54, 1115c5~7) 권수가 다르다.
293 '亦'은 내용상 '示'가 맞는 것 같다.

하기를, "과거에 선善을 심은 것이 인因이고, 지금 가르침을 받는 것이 연緣이다."라고 하였다. ○ 료了는 다하고 마쳤음을 가리킨다.

於時善光了三國因緣。
　一切佛語緣起事。皆名因緣也。又曰。昔種善爲因。今稟敎爲緣。○了者盡竟之謂也。

기뻐하며 믿고 받아들이자 홀연히 다른 생에 태어나자마자 잊어버리는(隔生卽忘)²⁹⁴ 것에 대한 의심이 사라졌다. 생을 받아 귀하고 천하며 가난하고 부유한 것은 모두 자기의 숙세의 서원에서 말미암은 것임을 헤아려 알게 되었다.
　억憶은 생각하는 것이다.

歡喜信受。忽晴隔生卽忘之疑。受生貴賤貧富。皆是憶知由自己宿誓。
　憶思也。

또한 과거에 태자가 이곳에 와서 비록 권청하였지만 내가 너를 기다리고 있었기 때문에 이미 광림한 것이나 다름없다.
　기旣는 이전이라는 것이다.

亦往年太子來至此所。雖勸請。以我待汝故。光臨旣止兮。

---

294 隔生卽忘(격생즉망) : 사람이 이 세상에 다시 태어날 때 전생의 일을 잊어버리는 것을 말한다.

旣上也。

또한 천황이 젠코의 숙세의 인연이 두터운 것에 감동하여 상을 내리게 하였고, 태자도 그렇게 하였다.【운운】

> 천황은 스이코 황제이다. ○ 천자가 지은 글을 칙勅이라 한다. 상賞은 음이 상商이니, 벌의 반대이다. 공이 있는 이에게 하사하는 것을 상이라고 한다.

亦天皇感善光宿緣厚敕賞。太子亦爾【云云】。

> 天皇椎古皇帝也。○天子制書謂之敕也。賞音商。罰之對也。賜有功謂之賞。

이 때문에 젠코는 여래를 받들어 업고 신요信陽로 갔다. 구릉과 산과 들이 험난하여 운반하며 걷기가 어렵고 수고스러웠다.

> 등에 업는 것을 부負라 하고, 어깨에 지는 것을 담擔이라고 한다. ○ 부赴는 나아가는 것이다.

斯故善光奉負如來赴信陽。凌[295]山野嶮難。運步艱勞。

> 背曰負。肩曰擔。○赴趣也。

이때 여래가 불쌍히 여겨 밤에는 (여래가) 젠코를 업었다. 며칠 되지 않아 이나군伊奈郡에 도착하였다.

> 무기無幾는 며칠 되지 않음을 말한다.

---

295 '凌'은 '陵'의 오각인 듯하다.

于時如來哀愍之故。夜負于善光。無幾來至伊奈郡。

無幾謂不數日也。

이때가 스이코 13년 을축(605) 4월 8일이다.【운운】

어떤 이가 말하기를 "스이코 천황 10년 임술(602) 여름 4월 8일에 젠코가 글을 써서 기록소記錄所에 상소하여 황제의 귀에 들어갔다. (황제는) 고세우 대부巨勢大夫에게 조서를 내려 명령하였다. '신요信陽의 혼다 젠코는 과거생부터 내생에 이르기까지 불제자가 되어 기이한 부처님의 명령을 받들었다. 참으로 탄식할 만하니 누가 막겠는가. 동국東國으로 내려가 (여래를) 안치하고 공경하며 예배드리게 하여라.'"라고 하였다. 본문에서는 13년 을축이라고 하니, 어느 것이 맞는지 모르겠다.

維時推古十三年乙丑四月八日【云云】。

或說云。推古天皇十年壬戌夏四月八日。善光以狀訴于記錄所。則達於睿聞。使巨勢大夫下詔命曰。信陽本多善光。從過去來生之昔。爲佛弟子。故承奇異之佛勅。信堪嘆。而誰遮焉耶。下向東國。可安置敬禮矣。本文謂十三年乙丑。孰不知是也。

그의 아내가 젠코의 어깨 위 광명을 보고, 매우 괴이하게 여기고 놀라며 남편에게 물었다. (젠코가) 답하였다. "이 분은 세 나라에서 두터운 인연을 지녔던 일광삼존여래이십니다. 나와 당신이 천축에서 월개月蓋 장자 부부였는데, 이 존상을 모셨습니다.

위의 남편은 젠코를 가리킨다. ○ 이儞는 당신이다.

茲妻女見善光肩上光明。大怪驚問夫。答曰。此是三國厚緣一光三尊如來也。吾與儞在天竺月蓋長者夫婦。持尊也。

　　上之夫指善光。○儞汝也。

오천축의 국왕이 되었을 때도 역시 그러하였고,

　　오천五竺은 오천축이다.

爲五竺國王時亦爾。

　　五竺五天竺也。

중고中古에는 백제국에서 숭찬왕이었는데 모두 나의 전신前身이었고, 당신은 또한 (나의) 아내였습니다. 이 나라에 태어나 부부가 된 것은 숙세의 인연이 없어지지 않았기 때문입니다."
이때 여래께서 광명을 발하셔서 부부가 세 나라에서 받은 과보를 모두 빛 속에 나타내어 아내가 전부 볼 수 있게 하셨다.

　　철徹은 두루 미치는 것이고, 밝은 것이고, 통달하는 것이다.

中古於百濟國。初崇讚王。皆是吾前身。仁亦妻室也。來生此國爲夫婦。宿緣不朽故也。于時如來放光明。夫婦三國感報。皆現于光中。令妻女徹見。

　　徹通也。明也。達也。

이 때문에 감격하여 눈물을 흘리며 마음에 새기고, (여래를) 깨끗한 곳에 안치하고자 하였다.

의擬는 도모하는 것이다.

此故感淚銘肝。擬安置淨處。
　擬謀也。

절구 외에는 깨끗한 것이 없어서, 절구 위에 안치하고 공경하며 공양하였다.
　구臼는 음이 구求이니, 찧는 통이다. 옛날엔 땅을 파서 절구로 삼았는데, 뒤에는 나무나 돌에 구멍을 뚫었다.

臼外無淸淨者。卽安置臼上。恭敬供養。
　臼音求。舂臼也。古者掘地爲臼。後穿木石。

이로 인해 이 절의 본존이 다른 존상들과 다르다. 대좌를 절구 형태로 한 것은 이것 때문이다. 그 뒤 젠코는 여래와 같은 집에 거처하는 것을 걱정하였다.
　궐厥은 음이 결決이고, '그'라는 뜻이다. 동同은 동同의 옛 글자이다.[296] 실室은 집이다.

因玆當寺本尊異餘尊。臺座用臼形者此謂也。厥後善光與如來。恐居同室。
　厥音決。其也。同古同字。室宅也。

296　현재의 앞(同) 뒤(同) 글자가 같은데, 원 판본은 달랐을 것이다.

한 채의 초당草堂을 장식하여 여래를 받들어 옮겼는데, 본래의 초가집으로 돌아오기를 세 번이나 하셨다.
　　우宇는 집이다.

飾一宇草堂。奉遷如來。歸于本蓬屋。及三度。
　　宇屋也。

이 때문에 쓸고 닦아 사택私宅 가운데로 받들어 옮겼다.
　　소掃는 음이 소騷이고, 더러운 것을 없앤다는 것이다. 사瀉는 음이 사寫이고, 도랑에 물을 붓는 것이다.

此故掃瀉。私宅中間奉遷。
　　掃音騷。除糞也。瀉音寫。以澮瀉水也。

또한 서쪽 협실로 돌아와 앉아 계시는 일이 세 번에 이르렀다.
　　상廂은 행랑이고, 또 동서쪽에 있는 방이다. 담覃은 미치는 것이고, 삼三은 세 번이다.

亦歸坐西廂間覃三。
　　廂廊也。又東西室也。覃及也。三三度也。

그때 젠코가 부처님 앞에 무릎 꿇고 앉아 말하였다.
　　"이처럼 부처님의 뜻을 헤아릴 수가 없으니 부디 분명하게 알려 주시기 바랍니다."

체諦는 음이 제帝이니, 분명하게 아는 것이다. 시示는 알리는 것이다.

其時善光踞佛前曰。如斯佛意叵計。願諦示。
諦音帝。審也。示告也。

이때 여래께서 다섯 글자로 된 게송으로 젠코에게 알려 주셨다.
『일체경음一切經音』[297]에서 "게偈는 기其와 절逝의 반절이니 범어이다. 범어대로 말하면 가타伽陀(gatha)이고, 이곳에서는 송頌에 해당한다."라고 하였다.[298] 어떤 이는 말하기를 "『섭대승론攝大乘論』에서 4언, 5언, 6언, 7언 등은 반드시 4구句가 하나의 게偈가 되니, 이것이 세상에 유포되어 있는 일상적인 법이다."라고 하였다.

爾時如來以五言偈告善光曰。
一切經音曰。偈其逝切。梵言也。正言伽陀。此方當頌。或曰。攝大論。四言五言六七言等。必以四句爲一偈。是世流布常法也。

그대가 비록 금은보배로 법당을 지어 주었지만
명호名號를 칭념하는 곳이 아니면 나는 기쁘지 않도다.
가령 내 옷과 집이 깨끗하지 않고 희론戲論이 오가는 곳이더라도
나의 명호를 칭념한다면 청정도량이 될 것이다.
서쪽으로 마음을 걸어 두게 하면, 가는 사이에 도리어 서쪽에서 머물게 된다.

---

297 일체경음一切經音 : 『一切經音義』를 가리킨다.
298 『一切經音義』권27, "梵云伽陀。此云頌。美歌也。"(『大正藏』54, 483c01)

너는 동쪽에서 나에게 의지하고, 나는 서쪽에서 너를 수호한다.

희론戱論에 대해 『기記』[299]에서 "예를 들면 『유마경(淨名)』에서 오히려 작은 증거로 희론한다고 하였다. 그러므로 만약 나는 고苦를 알고 집集을 끊고 멸滅을 증득하고 도道를 닦을 것이라고 말하면 이것은 희론이지 법을 구하는 것이 아니다. 따라서 실상實相 외에는 모두 희론이라 한다."라고 하였다.[300] ○ 극郄은 각卻이라 써야 한다. 빙憑은 의지하는 것이다.

汝以金銀寶 雖造立堂舍
不稱名號所 吾卽不歡喜
假令吾衣舍 不淨戱論處
稱念吾名號 爲淸淨道場
西爲令懸心 去中郄住西
汝在東憑我 我在西護汝

 戱論者。記云。如淨名中。尙以小證而爲戱論。故云。若言我當見苦斷集證滅修道。是則戱論。非求法也。故實相外皆名戱論。○郄當作卻。[301] 憑依也。

젠코가 부처님의 말씀을 듣고 흡족한 마음에 눈물을 흘렸다. 여래를 받들어 서쪽 협실에 편안히 앉히고 항상 따르며 시중을 들었다.

 감심甘心은 흡족한 마음이다.

---

299 『기記』: 『法華文句記』를 가리킨다.
300 『法華文句記』卷6, "如淨名中。尙以小證而爲戱論。故云。若言我當見苦斷集證滅修道。是則戱論。非求法也。故實相外。皆名戱論。"(『大正藏』34, 272c25~28)
301 '郄'은 의미상 '卻'이 맞는 것 같다.

善光聽佛說。甘心流淚。奉鎭坐西廂間。常隨給仕。

　　耳[302]心者。快意也。

그 후로 41년이 지나고, 고교쿠皇極 천황[303] 원년 임인(642)에 이르렀다.

　　고교쿠皇極 천황은 비다츠敏達 천황의 증손녀로 여왕이다.

其後經于四十一星霜。至于皇極天皇元壬寅歲。

　　皇極帝。敏達之曾孫。女主也。

여래께서 젠코에게 알리셨다.
"나를 이 나라의 미노치군水內郡[304] 이모이芋井鄕[305]로 옮겨라."

　　비俾는 시키는 것이다. 【〈두〉 여래가 미노치군으로 옮겨간 때는 아메토요타카라이카시히타라시히메天豊財重日足姬[306] 천황이 다스리던 임인년壬寅年이었다.】

如來告善光言。使[307]吾遷於當國水內郡芋井鄕。

302　'耳'는 본문대로 '甘'이 맞다.
303　고교쿠皇極 천황 : 594~661(재위 642~645). 일본의 제35대 천황. 推古天皇에 이어 두 번째로 즉위한 여왕이다. 645년 아들인 中大兄皇子가 정변을 일으키자 양위하였다. 그가 즉위하여 孝德天皇이 되지만, 655년에 제37대 齊明天皇(재위 655~661)으로 다시 즉위하였다.
304　미노치군水內郡 : 과거 信濃國 長野縣의 북쪽에 있었던 郡이다.
305　이모이芋井鄕 : 현재의 長野市이다.
306　아메토요타카라이카시히타라시히메天豊財重日足姬天皇 : 皇極天皇, 濟明天皇의 일본식 명호이다.
307　'使'는 집주에 의하면 '俾'가 되어야 할 듯하다.

婢使也。【〈頭〉如來遷于水內郡者。天豊重³⁰⁸日足姬天皇御宇壬寅年也。】

이 때문에 부처의 명령대로 미노치군으로 받들어 옮겼고, 한 채의 초당草堂을 지어 본선당本善堂이라 하였다.
　　당 뒤에는 히고 아사리肥後阿闍梨³⁰⁹가 다니던 맑은 시내가 있다.

是故如佛勅奉遷水內郡。建立一宇草堂。名本善堂。
　　堂後有肥後阿闍利之淸泉。

비록 여래를 옮겼으나 돌아와 다시 젠코의 집에 머물렀다. 이나군 때와 다르지 않았다. 마치 그림자가 형체를 따르는 이로움과 같았으니 젠코의 숙세 인연의 귀함이 오히려 남음이 있는 것이도다!

雖遷如來。還住善光宅。不異伊奈郡。如影隨形之利益。善光宿緣貴。尙有餘乎。

젠사善佐의 유래
善佐由來

아! 여래가 미노치군으로 옮기신 다음해에 젠코의 장남인 젠사善佐가

308　豊重 : 豊과 重 사이에 '財'가 누락되어 있다.
309　히고 아사리肥後阿闍梨 : 1074?~1169. 이름은 皇圓이고 平安 시대 후기의 천태종 승려이다. 『扶桑略記』의 저자이며, 淨土宗의 開宗祖인 法然의 스승이다.

중병에 걸려 18세로 요절하였다.

    조세夭世는 일찍 죽는 것을 말한다.

抑如來遷水內郡翌歲。善光一子善佐。受於重病。十八歲而早世。
    早世謂夭死也。

부모의 슬픔과 탄식이 도리에 벗어날 정도로 심하였다.

    태太는 심하다는 것이다.

父母悲歎太過理。
    太甚也。

바로 부처님 앞에 무릎 꿇고 아뢰었다.
"비록 노소老少가 일정하지 않은 것이 염부閻浮의 정해진 일이며, 먼저 죽고 뒤에 죽는 것 역시 인간 세상의 일상입니다만,

    염부에 대해 『명의집』에서 "염부 나무 때문에 염부주閻浮洲라 한다. 이 주는 500개의 작은 주로 둘러싸여 있는데, 통틀어서 염부제閻浮提라고 한다."라고 하였다. ○『서역기음西域記音』에서는 예수穢樹라고 번역하였다. 남섬부주南贍部洲는 북쪽이 넓고 남쪽이 좁으며 세 변이 똑같다. ○ 정掟은 정하는 것이다.

卽踞於佛前白言。雖老少不定閻浮之掟。先亡後滅。亦人中之常。
    閻浮。名義集曰。以閻浮樹故名爲閻浮洲。此洲有五百小洲圍繞。
    通名閻浮提。○西域記音中。翻爲穢樹。南瞻[310]部洲北廣南狹。三

---

310 '瞻'은 '贍'으로 고쳐야 할 것 같다.

邊量等。○掟定也。

원컨대 여래께서는 정해진 업을 바꾸는 은혜와 이익을 베풀어 주시어 제 아들이 다시 살아나게 해 주십시오."
(젠코가) 피눈물을 흘리며 근심하고 초조해하며 기도하였다.
홍루紅淚는 피눈물이다. 민悶은 괴로워하는 것이다.

願如來垂于定業轉之惠利。令我子蘇息。流于紅淚悶焦祈求。
紅淚血淚也。悶煩也。

이때 여래께서 황송하게도 청련青蓮 자비慈悲의 눈을 뜨시고 대좌를 떠나 염왕琰王의 궁宮에 도착하셨다.
섬부주 아래로 500유선나踰繕那를 지나면 염마왕燄魔王의 나라가 있는데, 가로 세로도 또한 그러하다(500유순이다).

于時如來忝開青蓮慈悲之眸。去於臺座。到琰王宮。
瞻郡[311]洲下過五百踰繕那。有燄魔王國。縱廣亦爾。

미간의 백호에서 빛을 발하여 8대 지옥을 비추시니
8대 지옥은 이러하다. 첫째 등활等活 지옥이니, 살생을 한 자가 여기에 떨어진다. 둘째는 흑승黑繩 지옥이니, 살생하고 도적질한 자가 여기에 떨어진다. 셋째는 중합지옥衆合地獄이니, 살생하고 도적질하고 사악하고 음란한 자가 여

---

311 '瞻郡'은 '瞻部'로 고쳐야 할 것 같다.

기에 떨어진다. 넷째는 규환叫喚 지옥이니, 살생하고 도적질하고 음행淫行하고 술 마신 자가 여기에 떨어진다. 다섯째는 대규환大叫喚 지옥이니, 살생하고 도적질하고 음행하고 술 마시고 거짓말한 자가 여기에 떨어진다. 여섯째는 초열焦熱 지옥이니, 살생하고 도적질하고 음행하고 술 마시고 거짓말하고 삿된 견해를 가진 자가 여기에 떨어진다. 일곱째는 대초열大焦熱 지옥이니, 살생하고 도적질하고 음행하고 거짓말하고 삿된 견해를 지니고 아울러 정계니淨戒尼를 범한 자는 여기에 떨어진다. 여덟째는 무간無間 지옥이니, 오역죄五逆罪[312]를 짓고 인과가 없다고 주장하고 대승大乘을 비방하고 4중금四重禁[313]을 범하고 보시 받은 것을 헛되게 먹는 자는 여기에 떨어진다.

放眉間毫光。照于八大地獄。

八大地獄者。一等活。殺生者墮此中。二黑繩。殺盜者。隨[314]此中。三衆合。殺盜邪婬者。墮此中。四叫喚。殺盜婬酒者。墮此中。五大叫喚。殺盜婬酒妄者。墮此中。六焦熱。殺盜婬酒妄邪見者。墮此中。七大焦熱。殺盜婬妄邪並犯淨戒尼者。墮此中。八無間。作五逆罪。撥無因果。誹謗大乘。犯四重。虛食信施者。墮此中。

---

312 오역죄五逆罪 : 불교에서 말하는 다섯 가지 죄. 소승의 오역죄와 대승의 오역죄가 있다. 소승의 오역죄는 ① 殺父 ② 殺母 ③ 殺阿羅漢 ④ 破和合僧 ⑤ 出佛身血이다. 대승의 오역죄는 ① 탑, 절, 경전, 불상을 파괴하고 三寶의 재물을 훔치는 것 ② 三乘法을 비방하고 부처님의 가르침을 가볍게 여기는 것 ③ 비구에게 욕하는 것 ④ 소승의 오역죄를 범하는 것 ⑤ 因果의 이치를 믿지 않고 10不善業을 짓는 것이다.
313 4중금四重禁 : 4바라이라고도 하는데, 이 계율을 범하면 교단에서 추방당하였다.
314 '隨'는 문맥상 '墮'가 맞다.

구생신俱生神³¹⁵이 붓을 버리고 합장하였고,
　구생신은 염라왕의 서기관을 맡고 있다.

俱生神捨筆合掌。
　俱生神典閻王之書記官也。

옥졸은 날카로운 지팡이를 던져 버리고 공경하였으며,
　옥졸은 우두牛頭 나찰, 마두馬頭 나찰, 아방阿防 나찰의 무리로 염왕의 사졸이
　었다. 사람을 괴롭히므로 옥졸이라 한다.

獄卒抛鐵杖恭敬。
　獄卒。牛頭。馬頭。阿防羅利之類。爲琰王之士卒。而惱人故名曰獄
　卒也。

고통 받던 죄인들은 모두 고통을 여의고 즐거움을 얻었다.
　『쌍권경雙卷經』에서 "만약 삼도(삼악도)의 고통스런 곳에서 이 광명을 본다면
　모두 휴식을 얻고 다시는 괴로움이 없을 것이다. 수명이 다한 후에는 모두 해
　탈을 얻을 것이다."라고 하였다. ○ 락樂은 음이 락洛이다.

受苦罪人。皆離苦得樂。

---

315 구생신俱生神 : Soha-deva. 사람의 양쪽 어깨 위에 있으면서 선악의 행위를 기록
　하여, 죽은 뒤에 염마왕에게 보고한다는 두 신. 왼쪽 어깨에서는 同名이라는 남자
　신이 착한 행위를 기록하고, 오른쪽 어깨에서는 同生이라는 여자 신이 악한 행위
　를 기록한다고 한다.

雙卷經曰。若在三途困苦之處。見此光明。皆得休息無復苦惱。壽
終之後。皆蒙解脫矣。○樂音洛。

염라대왕이 놀랍고 두려워 옥좌玉座에서 물러나 오체투지五體投地하
고, 예를 갖추어 합장하며 부처님께 말하였다.
"무슨 일이 있어서 깨끗하지 못한 곳에 오셨습니까?"
「귀신편鬼神篇」[316]에서 "염마琰魔는 혹은 염라琰羅라고도 한다. 여기서는 정식
靜息으로 번역하는데, 악한 자가 불선한 업을 짓는 것을 고요히 그치게 할 수
있기 때문이다. 혹은 차遮(막다)라고 번역하는데, 막아서 악을 짓지 못하게 하
는 것을 말한다. 세상 귀관鬼官을 총괄하는 관리를 또한 염라라고 하는데, 염
마에서 소리가 바뀐 것이다. 염마라사閻魔羅社라고도 하고, 여기서는 쌍왕雙王
(야마천)[317]이라고 한다. 형과 누이가 모두 지옥의 왕이 되어 형은 남자의 일을
다스리고 여동생은 여자의 일을 다스리기 때문에 쌍왕이라고 한다. 혹은 고
락병수苦樂竝受(고와 락을 모두 받는다)라고 번역하기 때문에 쌍雙이라 한다."라고
하였다.[318] 또 『유가론瑜珈論』에서 "염마왕은 손해를 입힐 수도 있고 이익을

---

316 「귀신편鬼神篇」: 『翻譯名義集』卷2, 鬼神篇을 이른다.
317 쌍왕雙王 : 夜摩天을 가리킨다. 야마천은 산스크리트 야마(Yama)를 음역한 것으
로, 야마는 형용사로 쓰이면 쌍을 뜻하므로 雙王이라고도 불린다. 『리그베다』에
따르면 야마는 최초의 인간이자 최초로 죽은 자이며, 冥界의 우두머리가 되었다.
고대 인도의 서사시에서는 지하세계를 주관하는 신으로 등장한다. 지하세계는 땅
밑 남쪽에 있으며, 우리나라에서 황천이라고 부르는 망각의 강 바이타라나강이
흐른다. 불교에서 쌍왕은 이름처럼 야마천에도 거주하고 지옥에도 머문다. 지하
세계의 야마는 흔히 閻魔로 표기하는데 뒤에 도교의 영향을 받아 죽은 이를 심판
하는 염라대왕이 되었다.
318 해당 구절은 다음과 같다. 『翻譯名義集』卷2, "琰(以冉)魔。或云琰羅。此翻靜息
以能靜息造惡者不善業故。或翻遮。謂遮令不造惡故。或閻磨羅。經音義應云。夜
磨盧迦。此云雙。世鬼官之總司也。亦云閻羅。焰魔聲之轉也。亦云閻魔羅社。此

줄 수도 있는데 어째서 법왕法王이라 하는가? 중생을 이익되게 하기 때문이다. 여러 중생들이 왕이 계신 곳에 도달하면 억념하게 하고, 마침내 (중생을 위해) 그 비슷한 몸을 드러내 말씀하시기를, '너희들은 스스로 행하여 그 과를 받아야 한다.'라고 한다. 나락가那落迦[319]에서 감응하였기 때문에 새로운 업을 다시는 쌓지 않을 것이다. 그러므로 업이 다하고서 나락가에서 벗어난다. 이 때문에 염마라고 하고, 여러 중생을 이익되게 할 수 있으므로 법왕이라 한다."라고 하였다.[320] ○『연명번장경延名番藏經』에서 "연명보살延命菩薩[321]은 때론 염마왕閻魔王의 몸으로 나타난다."라고 하였다.

琰羅大王驚怖。退於玉座。五體投地。作禮合掌。白佛言。有何故來臨不淨所耶。

鬼神篇曰。琰魔。或云琰羅。此翻靜息。以能靜息造惡者不善業故。或翻遮。謂遮令不造惡故。世鬼官之摠司也。亦云閻羅。云燄魔聲之轉也。亦云閻魔羅社。此云雙王。兄及妹。皆住番[322]獄主。兄治男

云雙王。兄及妹皆作地獄主。兄治男事。妹治女事。故曰雙王。或翻苦樂並受。故云雙也。"(『大正藏』54, 1,085c24~1,086a01)

319 나락가那落迦 : naraka. 지옥을 말한다.
320 해당 구절은 다음과 같다. 다음 구절을 축약하여 싣고 있다. 『瑜伽師地論』卷58, "問。何故焰摩名爲法王。爲能損害諸衆生故。爲能饒益諸衆生故。若由損害衆生名爲法王。不應道理。若由饒益衆生。今應當說云何饒益。答。由能饒益不由損害何以故。若諸衆生執到王所。令憶念故。遂爲現彼相似之身。告言。汝等自所作業當受其果。由是因緣彼諸衆生。各自了知自所作業還自受果。便於焰摩使者。衆生業力增上所生。猶如變化非衆生所。無反害心。無瞋恚心。不懷怨恨。乃由此故感那落迦。新業更不積集。故業盡已脫那落迦趣。是故焰摩由能饒益諸衆生故名爲法王。"(『大正藏』30, 621a01~621a13)
321 延命菩薩 : 普賢菩薩을 가리킨다.
322 住番 : 『飜譯名義集』「鬼神篇」원문에는 作地로 되어 있다.

400

事。妹治男事。³²³ 妹治女事。故曰雙王。或翻苦樂並受。故云雙也。
又瑜珈論。問。燄魔王爲能損害爲能饒益。胡爲名法王。答。由饒益
衆生故。若諸衆生執到王所。令憶念故。遂爲現彼相似之身告言。
汝等自作當受其果。由感那落迦。新業更不積集故。業盡已。脫那
落迦。是故曰燄魔。由能饒益諸衆生。故名法王。○延名番藏經曰。
延命菩薩。或現閻魔王身。

이때 여래께서 염왕炎王에게 말씀하셨다.
"남섬부제 세 나라의 단월檀那인 젠코의 장남 젠사善佐가 사바 세계에
서 떠나 이 관청의 마당에 왔다.

청廳은 음이 정汀이니, 집이다. 옛날에 관리가 있는 곳을 청사聽事라 하였다.
『모씨毛氏』에서 "청사는 일을 받고 말을 살피는 것을 말한다. 그리하여 한漢과
진晉에서는 모두 청聽이라 썼는데, 육조六朝 이래로 비로소 마摩가 더해졌다."
라고 하였다.³²⁴ ○ 정庭은 대문과 담의 안쪽이다.

爾時如來告炎王曰。南浮三國檀那善光之一子善佐。辭于裟婆。來此
廳庭。
廳音汀。屋也。古者治官處。謂之聽事。毛氏曰。聽事言受事察說。
於是漢晉皆作聽。六朝以來始加摩。○庭門屛之內也。

그는 원래 살생하고 도적질하고 음행하고 거짓말하고 삿된 견해를 가
진 전생의 업이 있다.

---

323 妹治男事 : 잘못 들어간 듯하다.
324 마摩가 더해졌다 : 聽에 广이 더해져 廳이 되었다는 의미이다.

인과因果가 없다고 주장하는 것을 삿된 견해(邪見)라고 한다. 업業은 나를 조작하는 것이다.

彼元來以有殺盜婬妄邪見之前業。
撥無因果曰邪見也。業造作我。

그러므로 비록 초열焦熱 지옥에 떨어져야 하지만, 그 부모가 심하게 통곡하고 정성껏 기원하여서 내버려 두기 어려워 이곳에 왔도다. 나에게는 정해진 업業을 바꾸겠다는 서원이 있으니, 빨리 그를 다시 살아나게 하여라."
지옥에 대해『보행輔行』에서 "의미에 따라 이름을 세우니, 지하에 있는 옥이어서 지옥이라 한다."라고 하였다.[325] 그러므로『바사婆娑』[326]에서 "섬부주 아래 500유선나를 지나야 그 옥이 있다."라고 하였다.[327]

故雖可墮在焦熱地獄。彼父母强慟哭悃祈之願。以難捨故。來至此處。
我有定業轉之誓。早令彼蘇生兮。
地獄者。輔行云。從義立名。謂地下之獄名爲地獄。故婆娑云。瞻部
州下。過五百踰繕那。乃有其獄也。

---

[325] 해당 구절은 다음과 같다.『止觀輔行傳弘決』卷22, "地獄從義立名。謂地下之獄名爲地獄。"(『大正藏』46, 95c11~12)
[326] 바사婆娑 :『阿毘達磨大毘婆娑論』을 말한다.
[327] 해당 구절은 다음과 같다.『阿毘達磨大毘婆娑論』권172, "答瞻部洲下五百踰繕那。有琰魔王界。"(『大正藏』27, 867b04~05) 전체 문장은『翻譯名義集』地獄篇에서 인용한 것이다.『翻譯名義集』권2 "輔行云地獄從義立名。謂地下之獄。名爲地獄。故婆沙云。瞻部洲下。過五百踰繕那。乃有其獄。"(『大正藏』54, 1091c9~11)

염왕이 허락하여 젠사에게 소생蘇生의 첩牒을 주었다.

    첩牒은 문서이다. 『광운廣韻』에서 "글을 쓴 판을 첩牒이라 한다."라고 하였다.
    또 관부의 이문移文[328]을 첩이라 하고, 소송하는 말도 첩이라 한다.

閻王許諾。授于善佐蘇生之牒。

    牒札也。廣韻。書版曰牒。又官府移文曰牒也。訟辭亦曰牒。

곧 젠사가 기뻐하며 여래를 따라 염부閻浮로 돌아오려고 하였다.

    염부閻浮는 남염부제南閻浮提이다.

則善佐喜悅。隨于如來。將還閻浮。

    閻浮則南閻浮提也。

도중에 새로 죽은 죄인인 아름다운 여성을 만났는데, 옥졸이 핍박하며 가고 있었다.

    구驅는 좇는 것이니, 구驅와 같다.

途中逢新死罪人美麗女性。獄卒駈行。

    駈[329]逐也。與驅同。

젠사가 여인의 성명을 물었다.

    성姓은 씨이다.

---

328 이문移文 : 옛날 문체의 하나로, 같은 소속이 아닌 관서 사이의 공문을 가리킨다.
329 '駈'는 문맥상 '駈'가 맞다.

善佐問其姓名。

姓氏也。

여성이 말하였다.

"나는 남섬부주 일본국의 주인인 고교쿠 천황이다."

염부제가 수미산 남쪽에 있으므로 남주南州라 한다. ○ 고교쿠 천황은 비다츠 천황의 증손이며 치누노 오키미茅渟王[330]의 딸이고 조메이舒明 천황[331]의 황후이다.

女性曰。我是南州日本國主皇極帝也矣。

閻浮提在于須彌山南。故云南州也。○皇極帝者。敏達之曾孫。第淳[332]王之女。舒明之后也。

젠사가 놀랍고 두려워 말하였다.

"저는 시나노국信濃國 미노치군水内郡 이모이향苧井郷에 사는 혼다 젠코本多善光의 아들인 젠사라고 합니다.

비부卑夫는 젠사가 스스로를 겸손하게 부른 말이다.

善佐驚畏曰。卑夫是信濃國水内郡苧井郷本多善光男曰善佐者也。

卑夫。善佐自稱謙之辭也。

---

330 오키미茅渟王 : 생몰년 미상. 敏達天皇의 손자로, 舒明天皇의 異母兄이다.
331 조메이舒明 천황 : 593?~641(재위 629~641). 일본의 제34대 천황.
332 '第淳'은 '茅渟'으로 고쳐야 할 것 같다.

걱정이 있으시면, 말씀을 도읍(帝都)에 전해 올리겠습니다."
    천자가 머무는 곳을 도都라 하고, 또 10개의 읍邑을 도都라고 한다. 『주례周禮』에서 "4개의 현縣이 도都가 된다."라고 하였고, 『좌전左傳』에서 "읍 가운데 선왕先王의 사당이 있는 곳을 도都라고 한다. 또 작은 것을 읍邑이라 하고 큰 것을 도都라 하기도 한다."라고 하였다.

若有叡慮。宣旨傳奏帝都。
    天子所居曰都。又十邑曰都。周禮曰。四縣爲都。左傳曰。邑有先君之廟曰都。又小曰邑。大曰都。

천황은 묵묵히 말이 없었고, 눈물만 주루룩 흘렸다.
    말이 없는 것을 묵默이라 한다. ○ 연련漣은 눈물이 흐르는 모습이다.

帝默無言。泣涕漣如。
    無言曰默。○漣如泣下貌。

그때 이상한 모습의 옥졸들이 와서 화를 내며 말하였다.
"죄업罪業이 무거운 자가 무슨 겨를이 있어 늑장을 부리는가!"
꾸짖어 책망하며, 날카로운 지팡이로 그녀를 쫓았다.
    완완緩緩은 느린 것이다.

其時異形獄卒輩來。嗔曰。重罪業人。有何暇而緩緩也。呵責以鐵杖追之。
    緩緩舒遲。

젠사가 그것을 보고, 눈이 깜깜해지고 의지가 사라졌다.

명冥은 어두운 것이다.

善佐視之。目冥意消。
冥暗也。

여래께 아뢰었다.
"아아! 슬픕니다! 황송하지만 천황께서는 온 천하의 성스러운 주인이십니다.

오호嗚呼는 탄식하는 말이다.

白如來言。嗚呼悲哉。忝天皇是一天聖主。
嗚呼者歎之詞。

그런데 공경公卿과 재신宰臣이 누구도 따르는 자가 없고, 관부官婦와 궁녀宮女가 한 사람도 모시는 자가 없습니다.

고孤는 한 사람이다. 책冊은 책冊과 같은데, 무슨 뜻인지 자세하지 않다.

而公卿宰臣。誰無隨者。官婦宮女。孤無冊者。
孤者一也。冊與冊同。未詳之。

단지 눈에 보이는 것은 마두 나찰, 우두 나찰의 화난 모습뿐이고, 들리는 것은 아방 나찰이 꾸짖어 책망하는 소리뿐입니다.

자姿는 모습이다. 나찰羅刹은 여기서는 속질귀速疾鬼(빠른 귀신)라고 한다. 또

가외可畏(두려워할 만함)라고도 하고, 포악暴惡이라고도 한다.

只目所視馬頭牛頭瞋姿耳。所聞阿防羅刹呵責聲而已矣。
　姿容也。羅刹此云速疾鬼。又曰可畏。亦曰暴惡。

저의 몸은 비천하고 불결한 족속이라
　설설屑은 깨끗하다는 것이다.

我身是卑賤。不屑族也。
　屑潔也。

가령 다시 태어나더라도 부모 외에 기뻐할 자가 누가 있겠습니까마는 천황은 정인正人 가운데 가장 존귀한 분입니다.
　설設은 가령이다.

設雖蘇生。父母之外誰有喜者。天皇正人中最尊也。
　設假令也。

우러러 바라건대 대비大悲하신 부처님의 힘으로 제가 천황의 고통을 대신하도록 해 주십시오. 저승길을 그치게 하시어 천황께서 염부로 돌아가게 해 주십시오."
　대비大悲에 대해 『기신론소起信論疏』³³³에서 "비悲는 지킨다는 뜻이니, 지켜

---

333 『기신론소起信論疏』: 慧遠의 『大乘起信論義疏』를 말한다.

서 악을 그치게 하는 것이다. 비悲는 고통을 없앨 수 있는 것이다."라고 하였다.[334] ○ 대代는 바꾸는 것이다.

仰願以大悲佛力。令我代天皇苦。止于冥途。使帝還于閻浮。
　　大悲者。起心[335]論疏云。悲者護義。護之止惡。悲能拔苦。○代更也。

이때 여래께서 젠사의 정수리를 어루만지며 말씀하셨다.
　　마摩는 어루만지는 것이다.

爾時如來摩善佐頂曰。
　　摩撫也。

"너는 자식을 사랑하는 부모의 슬픔을 생각하지 않는구나.
　　고顧는 음이 진震이니, 머리가 움직이는 모양이다.

汝不顧父母恩愛之悲。
　　顧音震。頭動貌。

자신의 심한 고통으로 인한 시름을 신경 쓰지 않고 황비皇妃의 고통을 대신하고자 하니, 충성의 공은 보살의 6바라밀행六波羅蜜行보다 수승하

---

334 『大乘起信論義疏』卷1, "言大悲者悲者護義。護之止惡。悲能拔苦。"(『大正藏』44, 176c12~13)
335 '心'은 '信'이 맞는 것 같다.

도다."

용庸은 쓰는 것이다. 자기의 마음을 따르고 (남에게) 미루어서 행하는 것을 충忠이라 한다. ○ 보살을 풀이하면 이러하다. 보菩는 위로 구하는 것이고 살薩은 아래로 교화하는 것이다. 6바라밀행을 닦아 위로 부처가 되기를 구하며 아래로 6도六道의 중생을 교화하여 이끄는 것이다. ○ 6도六度는 6바라밀이다. 첫째는 단나(檀)바라밀이다. 진秦 말로 보시布施이니, 신명身命과 재산을 베푸는 것이다. 예를 들면 시비왕尸毘王이 몸을 매에게 주어 비둘기의 목숨을 대신한 것 등이다. 둘째는 시라尸羅바라밀이다. 여기서는 계戒라 하고, 진秦 말로는 성선性善이다. 예를 들면 수다마왕須陀摩王이 실어계實語戒(거짓말을 하지 않는 계)를 수지하며 신명을 아끼지 않은 것 등이다. 셋째는 찬제羼提바라밀이다. 여기서는 안인安忍이라 하고, 진秦 말로 인욕忍辱이다. 예를 들면 찬제 비구가 가리왕迦利王에게 손과 발을 잘리면서도 마음으로 견디며 움직이지 않고 화내지 않은 것 등이다. 넷째는 비리야毘利耶바라밀로, 진秦 말로 정진精進이다. 예를 들면 대시태자大施太子가 일체중생을 위해 정진을 행하며 바닷물을 길은 것 등이다. 다섯째는 선禪바라밀이다. 여기서는 정려靜慮(고요히 생각함)라 하고, 진秦 말로는 사유수思惟修이다. 예를 들면 상사리尙闍梨 선인仙人이 좌선할 때에 호흡이 없어 나무나 돌과 같아 새가 머리카락 속에 새끼를 낳은 것 등이다. 여섯째는 반야般若바라밀이니, 진秦 말로는 지혜智慧이다. 예를 들면 구빈劬嬪 대신大臣이 염부제의 대지를 7등분하여 나라의 다툼을 종식시킨 것 등이다.

不庸自身重苦之愁。欲代皇妃之苦。忠功勝于菩薩六度之行。
　　庸用也。循己心意恕而行之爲忠。○菩薩。釋云。菩卽上求。薩卽下化矣。修六度行而上求佛。下化導六道之衆生也。○六度者。六波

羅蜜也。一檀波羅蜜。秦言布施。捨身命財也。如尸毘王以身施鷹
贖鳩命等也。二尸羅波羅蜜。此云戒。秦言性善。如須陀摩王持實
語戒。不惜身命等也。三羼提波羅蜜。此云安忍。秦言忍辱。如羼提
比丘。爲迦利王。截手足。心忍不動不瞋等也。四毘利耶波羅蜜。秦
言精進。如大施太子。爲一切衆生。行精進。汲海水等也。五禪波羅
蜜。此云靜慮。秦言思惟修。如尙闍利仙人坐禪之時。無出入息如
木石。鳥髮中生子等也。六般若波羅蜜。秦言智慧。如劜嬪大臣。分
閻浮大地爲七分。息國之執諍等也。

그리고는 관음보살에게 명하여 (젠사를) 염왕의 궁으로 보내어 천황을 소생시켜 줄 것을 부탁하게 하였다.

명命은 명령이다.

則命于觀音大士。遣于閻王宮。令天皇請蘇生。
命令也。

염왕炎王이 말하였다.
"저 여제는 오장五障[336]을 가져 부적절한 몸으로 부상扶桑[337]의 한 주를 다스려 정치를 바르게 하지 못하였다.

---

336 오장五障 : 불교에서는 여성에게 다섯 가지 장애가 있어 梵天王, 帝釋天, 轉輪聖王, 붓다 등이 될 수 없다고 한다. 오장이란 煩惱障, 所知障, 그리고 악업의 장애(業障), 전생의 업에 의해 나쁜 조건에서 태어나는 장애(生障), 전생의 인연에 의해서 선한 스승을 만나지 못하고 불법을 듣지 못하는 장애(法障)이다.
337 부상扶桑 : 해 뜨는 곳이라는 의미로, 부상의 한 주는 일본을 가리킨다.

「제바품提婆品」[338]에서 "여인의 몸에는 오장이 있다. 첫째는 범천왕梵天王이 될 수 없는 것이며, 둘째는 제석帝釋이 될 수 없는 것이며, 셋째는 마왕魔王이 될 수 없는 것이며, 넷째는 전륜성왕이 될 수 없는 것이며, 다섯째는 불신佛身이 될 수 없는 것이다. 그런데 어떻게 여인의 몸으로 재빨리 성불할 수 있겠는가?"라고 하였다.[339] ○ 비悲는 비非라고 쓰는 것이 좋을 듯하다. 비기非器란 그릇의 용도를 감당하지 못한다는 것이다. 또 『법화경法華經』에서 "여인의 몸은 더러워 법기法器가 아니다."라고 하였다. 부상扶桑은 해가 뜨는 곳이다. 그러므로 우리 조정을 일러 부상이라고 한다.

炎王曰。彼女帝。以五障悲[340]器身。領于扶桑一州。不正政道。
提婆品云。女人身猶有五障。一者不得作梵天出[341]。二者帝釋。三者魔王。四者轉輪聖王。五者佛身。云何女身速得成佛矣。○悲恐可作非。非器者。不任器用也。又法華曰。女身垢穢非是法器矣。扶桑日之所出也。故謂我朝曰扶紫[342]也。

만민萬民을 어루만지고 기르려는 생각이 없었고, 삼보三寶를 공경하려는 뜻이 없었다.

무撫는 어루만지는 것이고, 육育은 기르는 것이다. ○ 삼가기를 다하고 예를

---

338 「제바품提婆品」: 『妙法蓮華經』「提婆達多品」을 말한다.
339 『妙法蓮華經』 卷4, "女身垢穢非是法器。云何能得無上菩提。佛道懸曠經無量劫 勤苦積行具修諸度。然後乃成。又女人身猶有五障。一者不得作梵天王。二者帝釋。三者魔王。四者轉輪聖王。五者佛身。云何女身速得成佛。"(『大正藏』 9, 35c07~12)
340 '悲'는 의미상 '非'가 맞는 것 같다.
341 '出'은 『법화경』에 의하면 '王'이 맞다.
342 '紫'는 의미상 '桑'이 맞는 것 같다.

경건히 하는 것을 공경이라 한다. 삼보는 불보佛寶, 법보法寶, 승보僧寶를 말한다. 『기신론소起信論疏』[343]에서 "삼보三寶란 깨달아 비춤이 있는 것이 불佛이고, 본받아 지닐 만한 것이 법法이고, 만덕을 갖추고 화합하여 어긋나지 않는 것이 승僧이다."라고 하였다.[344]

無撫育萬民之思。無恭敬三寶之意。
　　撫摩也。育養也。○畢謹虔禮名恭敬。三寶謂佛寶法寶僧寶也。起
　　信論疏云。三寶者。有覺照爲佛。可軌持爲法。具萬德和合無違爲
　　僧也。

이 때문에 파리경頗梨鏡(파리로 만든 거울)에 비친 것과 첨찰鐵札에 기록된 것이 등활지옥의 죄인이라 결정하였다. 내가 어찌할 수 없다."
　　염왕의 성 팔방八方에 파리경이 걸려 있는데, 그 거울 면이 마치 바다와 같아서 죄인이 거울 면을 향하면 비록 먼지 하나 같은 업業도 드러나지 않는 것이 없다. ○ 첨찰은 구생신俱生神이 업보를 기록한 문서이다.

此故頗梨鏡所浮。鐵札所記。決定等活罪人也。吾無可奈何。
　　炎王城八方挂於頗梨鏡。其面恰如總海也。其罪人向鏡面。則雖一
　　微塵之業。無不顯。○鐵札。俱生神記于業報之札也。

관음보살이 말하였다.

---

343 『기신론소起信論疏』: 송 長水 子璿의 『起信論疏筆削記』를 말한다.
344 『起信論疏筆削記』 권4, "一心下謂有覺照爲佛。可軌持爲法。具萬德和合無違爲僧。"(『大正藏』 44, 315b10~11)

"여래께서 바로 젠사를 구제하려 하셨고, 젠사도 황비를 대신하려고 하였습니다. 그런데 (여래께서는) 다른 사람을 구제하고 스스로 받는(他化自受)³⁴⁵ 이치는 없기 때문에 구제할 수가 없습니다.

    비妃는 고교쿠 천황을 가리킨다. ○ 증拯은 절折과 같으니, 증拯은 돕는 것이다. 제濟는 구하는 것이다.

大士曰。如來正救善佐。善佐亦爲代妃。而以無他化自受之理。故不能拯濟。
    妃指皇極帝也。○拯同折。拯助也。濟救也。

그런데 저에게는 대비大悲로 고통을 대신 받겠다는 서원이 있습니다. 제가 비妃를 대신하여 업의 고통을 받겠습니다."
염왕이 대비大悲의 서원의 뜻을 듣고 찬탄하였다.
    찬讚은 찬讚의 속자이다. ○ 음이 찬贊이고, 아름다움을 드러내는 것이다.

我有大悲代受苦願。吾代妃受業苦兮。閻王聞大悲願旨。而讚曰。
    讚俗讚子。³⁴⁶ ○音贊。程美也。

"부처께서 젠사를 구하시고, 젠사가 비를 대신하려 하네 보살도 대신하려고 하니 내 어찌 들어주지 않겠는가."

---

345 澄觀이 사용한 표현이다.『大方廣佛華嚴經隨疏演義鈔』卷52,「十地品」, "疏。事理存泯非卽離故者。二約事理釋。然事理相望互爲自他。泯如不自化。存如他爲化。言非卽離者。自他旣別如事理非卽。他化自受如二非離。"(『大正藏』36, 406b2~5)

346 '子'는 '字'가 맞는 것 같다.

佛救善佐 善佐代妃
菩薩亦代 我何不聽

염왕이 곧바로 천황의 죄를 용서해 주고 염부로 돌려보냈다.
　　면免은 용서하는 것이다.

閻王則免于天皇罪。放還閻浮。
　　免宥也。

천황이 중유中有에서 젠사에게 말하였다.
"짐은 지금 너의 두터운 은혜 덕에 이미 다시 태어나 도읍(帝都)의 장소로 돌아가려 한다. 이 은혜와 충성은 설령 몸을 찢고 뼈를 부수어도 갚을 수가 없을 것이다. 바라는 것이 있다면 절대 어기지 않겠다. 짐의 약속은 엄중하도다."
　　할割은 음이 갈葛이니, 끊어지는 것이고 벗기는 것이다. 쇄碎는 부수는 것이다. 수酬는 갚는 것이다.

天皇中有告善佐曰。朕今由汝重恩。既得蘇生。將歸帝都場。此恩忠。設割身碎骨。叵可³⁴⁷酬。有所望必不違。勅約嚴重也。
　　割音葛。截也。剝也。碎摧也。酬報也。

천황은 왕궁에서 다시 살아났고, 젠사는 시나노信濃에서 다시 살아났

---

347 '可'는 없어도 될 것 같다.

다. 이 때문에 궁중에서는 비탄의 소리가 났다. 귀족과 신하들은 청량전淸凉殿에 모여 (황제의) 만년萬年 보산寶算을 축원하였고,
    축祝에 대해 서개徐鍇가 "무당이 신神을 기쁘게 하는 것이다."라고 하였다. 산算은 헤아리는 것이다.

天皇蘇生王宮。善佐蘇生信濃。是故禁裡翻悲歎聲。月卿雲客集于淸凉殿。祝于萬年寶算。
    祝。徐鍇云。巫所以悅神也矣。算計也。

내관과 궁녀들은 온명전溫明殿에 모여 (황제의) 천추千秋 경하慶賀를 노래하였다.
    『설문』에서 "행동을 경慶하고, 사람을 하賀한다."라고 하였다.

內官宮女群于溫明殿。唱于千秋慶賀。
    說文曰。慶行賀人也。

도읍과 시골, 먼 곳과 가까운 곳에서 태평가太平歌를 읊었다.
    비鄙는 변방 시골이다. 『주례周禮』에서 "다섯 고을이 비鄙이고, 비는 500가家이다."라고 하였다.

都鄙遠近詠於太平。
    鄙邊鄙也。周禮五鄼爲鄙。鄙五百家也。

그런데 천황은 3일 동안 말을 하지 않았다. 3일이 지난 후 군신들에게

말하였다.

 "짐은 불가사의한 도움으로 비록 저승길에서 다시 살아났지만 꾸짖는 소리가 몸을 핍박함이 이루 말할 수가 없다. 너희들은 마땅히 들어라.
　　천황이 다시 숨을 쉰 이후 3일 동안 말이 없다가 이때 이르러 비로소 말을 했다는 것을 말한다. ○ 우祐는 돕는 것이다.

然天皇三日不言。三日過後。語群臣曰。朕因不思議之祐。雖得蘇生冥途。呵責之聲迫身。不能言。汝等當聞焉。
　　言天皇蘇息以降。三日無言。至於此。始發言也。○祐助也。

 신슈 미노치군 이모이의 혼다 젠코의 장남인 젠사가 짐을 죄의 고통에서 구해 주어 다시 왕궁에 돌아올 수 있었다. 황천黃泉에서 죄를 판단하니 황제의 말을 귀담아 들어라."
　　공경대부公卿大夫들은 모두 가슴이 차가워지고 간장이 녹는 듯하였고 (황제의 말에) 슬퍼하고 (황제의 말을) 소중하게 여겼다.
　　황천은 지하이다. 윤언綸言은 왕의 말이다. 『예치의禮緇衣』에서 "왕의 말은 실과 같고 밖으로 뱉은 말은 낚싯줄(綸)과 같다."라고 하였다. ○ 용솔은 식息과 용勇의 반절이다. ○ 용솔은 놀라는 것이다.

信州水內郡芋井鄕。本多善光一子有善佐者。救於朕罪苦。再得歸王宮。黃泉斷罪。綸言聳聽。公卿大夫。皆冷胸消肝。悲之貴之。
　　黃泉地下也。綸言王言也。禮緇衣曰。王言如絲。其出如綸。○聳息勇反。○聳驚也。

또한 젠사가 시나노에서 다시 살아나자 부모가 감동하고 기뻐한 것은 어떤 일도 비유할 수가 없었다.

  물物은 일이다.

亦善佐蘇生信濃。父母感悅。取譬無物。
  物事也。

그런데 궁중에서 젠코와 젠사에게 급히 도읍으로 올라오라는 천황의 선지宣旨가 내려졌다.

  낙洛은 낙양洛陽이다.

然從禁裡。善光善佐。急可有上洛。由蒙宣旨。
  洛洛陽也。

아버지와 아들이 함께 도읍에 도착하여 남전南殿 마당에 웅크리고 앉았다. 공경대부들이 황천과 중유의 형세에 대해 한 사람씩 질문하였다.

  신訊은 음이 신信이다. ○ 신訊은 묻는 것이다.

父子共京著。踞于南殿庭上。公卿大夫。黃泉中有形勢。逐一有問訊也。
  訊音信。○訊問也。

젠사가 자세히 설명하였는데, 염왕이 죄의 가볍고 무거움을 판단하는 것, 옥졸의 꾸짖음과 고통에 대해 남김없이 이야기해 주었다.

이 때문에 섭정攝政(攝錄)³⁴⁸과 고관들이 혀를 내둘렀다. 천황에게 들은 말과 하나도 틀림없이 부합하였다. 각각 앞다투어 감동하며 눈물을 흘렸다.

  상詳은 음이 양庠으로, 자세하다는 것이다. ○ 단죄斷罪는 죄의 가볍고 무거움을 결단하는 것이다.

善作³⁴⁹詳。閻王斷罪輕重。獄率呵責苦患。無殘言上。此故攝錄公卿卷舌。符合綸言聞無一違。各催感淚。
  詳音庠。審也。○斷罪者。決斷罪輕重也。

이때 천황이 직접 휘장 안에서 보시고는 눈물을 흘리며 말하였다.
  범凡은 음이 기几이니, 옛 사람이 기대는 자리이고, 또 책상이다. 장帳은 휘장이다.

于時天皇自凡³⁵⁰帳裡有叡覽而流淚曰。
  凡³⁵¹音己。古人凭坐者。又案也。帳帷也。

"어찌하여 젠사 등을 마당에 웅크리고 앉게 하느냐? 하늘과 땅의 무리들이 볼까 두렵구나. 빨리 전殿에 오르도록 허락하라."
그리고는 젠코와 젠사에게 정오위正五位에 임명하여 공경들의 말석末

---

348 攝錄(섭록) : 攝政과 같은 말이다.
349 '作'은 '佐'의 오기이거나 그 앞에 佐가 누락된 듯하다.
350 '凡'은 '几'의 오기인 듯하다.
351 '凡'은 '几'의 오기인 듯하다.

席에 자리하도록 하였다.
　　오위五位 이상의 관리가 전殿에 오를 수 있고, 오위 이하의 사람은 전에 오를 수 없다. ○ 승昇은 오르는 것이다.

何故令善佐等蹲踞庭上耶。天衆地類照覽有其恐。早可免昇殿。則善光善佐被任正五位。令著公卿末席。
　　五位以上之官。得昇殿也。五位以下之人。不能昇殿。○昇登也。

자리가 정해진 후, 천황은 선지宣旨를 내려 말하였다.
"그대의 도움이 아니었다면 짐은 오래도록 악취惡趣에 떨어져 헤아릴 수 없는 고통을 받았을 것이다.
　　부扶도 돕는 것이다.

座定後。天皇下宣旨言。非汝扶助。朕久墮在惡趣。可受無量苦。
　　扶亦助也。

지금 활활 타오르는 맹렬한 불을 벗어났고,
　　형연烔燃은 불이 왕성한 모양이다.

今旣免烔烔燃猛火。
　　烔燃火盛貌也。

옥졸들의 꾸짖음에서 달아났으며 다시 10선十善의 제위帝位를 갖추었으니, 이는 오로지 삼존三尊의 자비와 아울러 그대의 두터운 은혜 덕분이다. 바라는 것이 있다면 마땅히 청을 들어 줄 것이다."

둔遁은 도망가는 것이다.

遁於獄率呵責。再備十善帝位。是偏三尊慈悲。併汝厚恩也。有所望。
宜依請兮。

遁逃也。

젠사가 조심스럽게 두려워하며 말하였다.

"바라는 것은 다른 것이 아니라 오직 금당金堂을 세워 여래를 모시고 향과 꽃과 등불을 갖추고 부지런히 수행하여 영원토록 염불을 끊어지지 않게 하는 것 오직 이 하나의 일뿐입니다."

천황이 깊이 감동하였고 가볍게 여기지 않았다.

"짐 또한 원하는 것이 이 일에 있다."

그리고는 가이노甲斐[352]와 시나노信濃를 젠코와 젠사에게 내려 주었고, 또 다른 진귀한 재물도 수레에 실어 하사하였다.

『설문』에서 "거車는 바퀴 달린 것의 총칭이다. 하후夏后[353] 때 해중奚仲이 만들었다."라고 하였다.

善佐謹畏曰。所望非他。唯願造立金堂置如來。備香華燈明。欲勤修
永世不斷念佛。唯此一事而已矣。天皇叡感不淺。朕亦所願有此事也。
則甲斐信濃賜于善光善佐。且其餘珍財。載車下賜。

---

352 가이노甲斐 : 甲斐國으로, 과거 일본의 지방행정구역 가운데 하나이다. 현재의 山梨縣에 해당된다. 甲州라고도 한다.

353 하후夏后 : 夏를 가리킨다.

說文曰。車輿輪之總名。夏后時。奚仲所造。

또한 공경대부, 천사千司, 백사百司도 금, 은, 진주, 옥을 산처럼 보냈다.【운운】

천사千司는 천관千官이다. 백사百司는 앞에 준해서 알 수 있다. ○ 송送은 증贈자로 써야 한다. ○ 물건을 보내는 것을 증贈이라 한다.

亦公卿大夫千司百司送于金銀珠玉恰如山【云云】。
千司千官也。百司準上可知。○送當作贈。○字.354 ○送物曰贈。

그때 젠코와 젠사는 금당金堂을 건립하려는 뜻이 있었는데, 조칙을 받고서
조詔는 음이 조照이니, 알리는 것이고, 윗사람이 명령하는 것이다.

其時善光善佐。可有金堂建立之旨。蒙于詔勅。
詔音照。告也。上命也。

부자가 모두 여러 관리(司)를 함께 통솔하였다. 건립을 처음 시작하려고 계획한 날에

『자휘』에서 "창創은 처음 만드는 것이다. (기㐰는) 음이 기器이다."라고 하였다.

父子諸共領於諸司。旣有草創造立企之日。

---

354 贈과 字 사이에 ○이 잘못 들어간 것으로 보인다.

사전류寺傳類······421

字彙云。創始造也。音[355]器。

일찍이 없었던 기이한 상서가 많았으니 말로 서술하기 어렵다.
　　서瑞는 상서이다.

未曾有奇瑞多端。難述言說。
　　瑞祥瑞也。

여러 천에 있는 선신善神들이 많은 수레를 몰고 모여들어
　　굉轟은 음이 몽夢이고, 여러 수레의 소리이다.

諸天善神轟影向車。
　　轟音夢。群車之聲也。

힘을 보탰다.
　　륙戮은 음이 육六이고, 함께 힘을 쓰는 것이다.

戮力。
　　戮音六。併力也。

자씨보살慈氏菩薩이 도솔천에서 강림하여 공장工匠들에게 나타나 일을 독려하였다.

---

355 문맥상 '音' 앞에 '㔁'가 있는 것 같다.

자씨는 곧 미륵보살이다. 도솔은 미륵의 정토이다. ○ 강降은 내려오는 것이다.

慈氏菩薩從兜卒[356]天降臨。現工匠而勵功。
　慈氏卽彌勒菩薩也。兜卒者。彌勒之淨土。○降下也。

건립이 끝나 (금당이) 두루 갖추어지고 신속하게 완성되었다. 이 때문에 금당 내에 미륵칸(彌勒間)이라 불리는 곳이 지금까지 있다. 진실로 탁세濁世에 기이하고 특별한 것이니, 말세에 있을 수 없는 것이다.【운운】
　필畢은 마치는 것이다.

造畢周備速成。此故金堂之內。號彌勒間在于今。寔是濁世奇特。末代叵有【云云】。
　畢終也。

생각해 보면, 옛날 천축의 수달타須達 장자長者[357]가 석가여래를 권청하기 위해 기원정사祇園精舍의 건립을 꾀한 일이 있었다.
　『육첩六帖』에서 "정사精舍는 불교 사원이다."라고 하였다.

夫惟昔天竺須達長者。爲勸請于釋迦如來。有于祇園精舍造立之企。
　六帖云。精舍佛寺也。

---

356 '卒'은 의미상 '率'이 맞다. 이하 모두 같다.
357 수달타須達 장자 : 석가모니를 위해 祇陀 太子에게 땅을 매입해 祇園精舍를 세운 인물이다.

땅의 형세를 평평하게 하였을 때, 일찍이 도솔천에 감응하여 자연스레 궁전에 나타났다.

이夷는 평평한 것이다.

而地形平夷之時。早感于都卒天。現自然宮殿兮。
夷平也。

우리 왕조의 고교쿠 천황은 아미타여래를 안치하기 위해 금당을 건립하겠다는 큰 서원을 일으켜서 극락에 왕생할 만한 좋은 싹을 심었는데, 일본 한 주州의 여러 중생들이 오래도록 이익을 얻는 의지처로 생각하였다.

『소무량수경小無量壽經』[358]에서 "저 땅을 무엇 때문에 극락이라 하는가? 그 나라의 중생은 여러 고통이 없고 다만 여러 즐거움만 받기 때문에 극락이라 한다."라고 하였다.[359]

我朝皇極天皇。爲安彌陀如來。興於金堂建立之大願。植往生極樂善苗。擬于日本一州諸群生永世利益之依處兮。
小無量壽經曰。彼土何故名爲極樂。其國衆生無有衆苦。但受諸樂故名極樂矣。

가람이란 생신生身의 여래가 편안히 앉아 계신 영험한 도량이고, 여기

---

358 『소무량수경小無量壽經』: 『佛說阿彌陀經』을 말한다.
359 『佛說阿彌陀經』, "彼土何故名爲極樂。其國衆生無有衆苦。但受諸樂故名極樂。"(『大正藏』12, 346c12~14)

에 가는 것이 멀지 않은(去此不遠)³⁶⁰ 보찰寶刹임을 알아야 한다.

    가람의 주석은 서序에 나온다.

應知當伽藍者。生身如來鎭坐靈場。去此不遠寶刹也。
    伽藍之注見于序。

한 번 참배한 무리는
    윤倫은 무리이다.

一度參拜之倫。
    倫輩也。

무시無始 이래의 죄업을 바꾸어 현세에서 비할 수 없는 즐거움을 받는 큰 이익을 입고, 두 번 이르러 믿고 좋아하는 무리는 끝없는 악한 인因을 고쳐 후세에 청정토淸淨土에 태어나는 큰 이익에 참여하는 것이 분명하다.

    거巨는 크다는 것이다. 예詣는 이르는 것이다.

轉于無始罪業。蒙于現受無比樂之巨益。
再詣信樂之輩。改于無終惡因。預于後生淸淨土之大利。必兮。
    巨大也。詣至也。

---

360 去此不遠(거차불원) : 극락은 매우 멀지만, 佛道를 깨달으면 멀지 않음을 이르는 말이다.

여래가 항상 등불 밝힌 일
如來常燈明之事

아! 본당이 낙성된 후에
> 낙경落慶은 성취成就라 말하는 것과 같다.

抑本堂落慶之後。
> 落慶猶言成就也。

젠코와 젠사가 향과 꽃과 등불을 편안히 갖추어 6시六時에 물러남이 없었고, 염불에 태만함이 없었다.
> 육시六時는 첫째 새벽, 둘째 이른 아침, 셋째 한낮, 넷째 황혼 무렵, 다섯째 초저녁, 여섯째 늦은 밤이다.

善光善佐。鎭備香華燈明。六時不退。念佛無怠。
> 六時者。一後夜。二晨朝。三日中。四黃昏。五初夜。六半夜也。

불보佛寶 앞에 항상 등이 켜져 있었는데, 기름등의 불이 꺼졌다. 젠코가 심지를 돋우고 불을 붙이려고 할 때, 여래께서 빛을 발하시어 등잔 세 개를 더듬으시니 영원히 꺼지지 않고 항상 켜져 있는 등이 되었다. 4구의 게송으로 말씀하셨다.
> 갈渴[361]은 다하는 것이다.

---

361 본문에 '渴'은 나오지 않는다.

而寶前常燈。油燈火滅。善光將挑燃時。如來放光。摸三燈器。永世不絶。成常燈明。說四句偈言。

渴盡也。

한 번 항상 켜져 있는 등을 보아도
영원히 삼악도三惡道를 떠난다네
더구나 향그런 기름을 지킴에야!
반드시 극락에 태어날 것이다.

一度見常燈 永離三惡道
何況持香油 決定生極樂

이는 바로 여래께서 지혜의 빛으로 항상 켜져 있는 등을 더듬어서 한 번 보거나 한 번 예배한 사람들을 삼악도에서 벗어나게 한 것이다.
삼악도는 첫째 지옥도, 둘째 아귀도, 셋째 축생도이다.

是則如來以智光摸常燈。令一見一禮人。離三惡道。
三惡道者。一地獄道。二餓鬼道。三畜生道。

향그런 기름을 한 번 받든 이들을 구품九品의 깨끗한 국토(淨刹)에 태어나게 하시니 공덕이 헤아리기 어렵다.
구품九品은 상품상생, 상품중생, 상품하생, 중품상생, 중품중생, 중품하생, 하품상생, 하품중생, 하품하생이다. ○『정명약소淨名略疏』[362]에서 "만 가지가 같

---

362 『정명약소淨名略疏』: 湛然의 『維摩經略疏』를 말한다.

지 않은 것을 찰利이라 한다."라고 하였고,363 『수유垂裕』364에서 "대개 장엄에 차별이 있는 것을 찰이라 한다."라고 하였다.365 이는 모두 공통적으로 국토를 가리켜 찰이라 한 것이다.

使捧一香油。倫生九品淨利。功德難量者哉。

九品者。上品上生。上品中生。上品下生。中品上生。中品中生。中品下生。下品上生。下品中生。下品下生也。○淨名略疏曰。萬不同名爲利。垂裕曰。蓋取莊嚴差別名之爲利。此乃通指國土名利也。

『비유경譬喩經』에서 말하였다.366

"아난阿難이 부처께 여쭈었다. '아나율阿那律은 숙세에 무슨 업이 있어 천안통(天眼)이 이와 같습니까?'

『명의』「십대제자편十大弟子篇」에서 "아나율阿那律은 여기서는 여의如意라 하고 혹은 무빈無貧이라 한다. 과거세에 일찍이 피(稗)로 밥을 지어 벽지불에게

---

363 『維摩經略疏』권1, "佛所居止萬境不同 亦名爲利"(『大正藏』38, 564a8~9)
364 『수유垂裕』: 宋 智圓의 『維摩經略疏垂裕記』를 말한다.
365 『維摩經略疏垂裕記』권1, "蓋取莊嚴不同。蓋取莊嚴差別名爲利也。"(『大正藏』38, 717b21~22)
366 이하의 내용은 『法苑珠林』에 보인다. 『法苑珠林』卷35, "又譬喩經云。昔佛在世時。諸弟子中。德各不同。如舍利弗智慧第一。大目連神通第一。如阿那律天眼第一。能見三千大千世界。乃至微細無幽不睹。阿難見已而白佛言。此阿那律。宿有何業。天眼乃爾。佛告阿難。乃往過去九十一劫。毘婆尸佛入涅槃後。此人爾時身行劫賊。入佛塔中。欲盜塔物。時佛塔中。佛前然燈。其燈欲滅。賊卽以箭正燈使明。見佛威光。[歘]然毛豎。卽自念言。他人尙能。捨物求福。我云何盜。便捨而去。緣正燈炷。福德因緣。從是以來九十一劫。常生善處。漸捨諸惡。福祐日增。今得值我出家修道。得阿羅漢。於衆人中。天眼徹視。最爲第一。何況有人。至心割捨。然燈佛前。所獲福德。難可稱量。"(『大正藏』53, 566c28~567a12)

보시하고 91겁 동안 천인天人 가운데에서 여의如意한 즐거움을 받았으므로 여의如意라 한다. 그 이후로 부족하거나 끊어진 일이 없었기 때문에 무빈無貧이라 한다. 부처님의 사촌동생이다."라고 하였다.[367]

譬喩經曰。阿難白佛言。阿那律宿有何業天眼乃爾。
　　名義十大弟子篇曰。阿那律。此云如意。或云無貧。過去世曾以稗飯施辟支佛。九十一劫天人之中。受如意樂。故名如意。爾來無所乏斷。故名無貧。佛之從弟也。

부처께서 아난에게 말씀하셨다. '과거 51겁 전에
　　겁劫은 세世라 말하는 것과 같다.

佛告阿難。乃往過去五十一劫。
　　劫猶言世。

비바시불毘婆尸佛께서 열반에 드신 후였다. 이 사람(아나율)은
　　비바시불毘婆尸佛은 유위維衛라고도 하고, 여기서는 승관勝觀이라 한다. 과거 7불 가운데 첫 번째이다.

毘婆尸佛入涅槃後。此人
　　毘婆尸佛。亦名維衛。此云勝觀。過去七佛之一也。

---

367 『翻譯名義集』卷1, "阿那律。……此云如意。或云無貧。過去餓世。曾以稗飯施辟支佛。九十一劫天人之中受如意樂。故名如意。爾來無所乏斷。故名無貧。佛之從弟。"(『大正藏』54, 1063b22~1063b28)

이 당시 희대의 도둑이었는데,
    적賊은 훔치는 것이다.

爾時身行劫賊。
    賊盜也。

불탑에 들어가 탑의 물건을 훔치려고 하였을 때였다. 불탑 안에서 불상 앞의 등불이 타고 있었는데, 그 등이 꺼지려 하자 도적이 즉시 화살촉으로 등(의 심지)를 바로잡아 밝게 하였다.
    도둑은 아나율阿那律이다. ○ 전箭은 화살과 같다.

入佛塔中。欲盜塔物時。佛塔中。佛前然燈。其燈欲滅。賊卽以箭正燈使明。
    賊阿那律也。○箭與矢同。

부처의 위광威光을 보고는 두려워서 털이 곤두섰다.
    훌欻은 음이 슬瑟이다. ○ 훌연欻然은 두려워하는 모습이다. ○ 수豎는 서는 것이다.

見佛威光。欻然毛豎。
    欻音瑟。○欻然恐懼之貌。○豎立也。

곧 스스로 생각하고는 말하였다.
"다른 사람들은 오히려 물건을 희사해 복을 구하는데 나는 어찌하여 훔치는가?"

바로 포기하고 떠났다. 등의 심지를 바로잡은 인연으로 인하여

  주炷는 음이 주主이고, 심지는 불이 붙는 부분이다.

卽自念言。他人尚能捨物求福。我云何盜。便捨而去。緣正燈炷因緣。
  炷音主。火炷³⁶⁸爐所着者也。

그때부터 91겁 동안 항상 좋은 곳에 태어났고 점차 여러 악을 버리고 복이 나날이 늘어갔다. 지금 나를 만나 출가하고 수도하여 아라한이 되어

  항恒은 항상이다. 아라한阿羅漢의 해석은 「천축편天竺篇」에 기록되어 있다.

從是以來九十一劫。恒生善處。漸捨諸惡。福祐日增。今得值我出家。
修道得阿羅漢。
  恒常也。阿羅漢之釋。記天竺篇。

여러 사람 가운데에서 천안天眼으로 꿰뚫어 보는 것은 제일이 되었다. 하물며 어떤 사람이 지극한 마음으로 출가하여(割捨)³⁶⁹ 부처 앞에 등을 켠다면 받는 복덕을 헤아리기 어려울 것이다.【운운】³⁷⁰

  철徹은 통달하는 것이다. 획獲은 얻는 것이다.

---

368 의미상 '炷'가 없거나, '火'와 '炷' 위치를 바꾸는 것이 맞는 것 같다.
369 할사割捨 : 출가하여 부모의 정을 떼는 것을 말한다.
370 여기까지 『법원주림』에서 인용한 문장이다.

於眾人中天眼徹視。最爲第一。何況有人。至心割捨。然燈佛前。所護[371]福德。難可稱量【云云】。

徹達也。獲得也。

그런데 아나율이 등불의 심지를 돋운 것은 흑업黑業의 유루심有漏心(번뇌 있는 마음)이었고

흑업黑業은 검고 깨끗하지 못함을 일컫는다. 업業은 만든다는 뜻이다.

而那律所挑燈明。以黑業有漏心也。

黑業者黑不潔之稱。業造作之義也。

불상이 목상이었는데도 오히려 이와 같이 좋은 이익이 있었다. 하물며 이 보배 등의 심지를 돋우어 밝힌 것도 깨끗하고 훌륭한데

더럽지 않은 것을 백白이라고 한다.

佛亦木像。尙如斯有好利益。況挑此寶燈明白善。

不染汙[372]爲白也。

번뇌 없는 생신여래生身如來의 백호에서 나온 빛임에야! 한 번 본 사람은 영원토록 악취에서 벗어나고, 한 번이라도 향그런 기름을 바친 사람은 빨리 정토에 왕생할 것이 결정된다. 성인의 약속이니 참으로 믿을 만하다.

루漏는 번뇌를 말한다. 새어 넘침이 끝이 없으므로 번뇌를 루漏라고 한다. 그

---

371 '護'는 『법원주림』에 의거하면 '獲'이 맞다.
372 '汗'은 의미상 '汚'가 맞는 것 같다.

러므로 『바사婆沙』에서 "루漏가 무슨 뜻인가? 머무르는 것이 루의 뜻이다. 중생을 욕계欲界, 색계色界, 무색계無色界에 머물게 하여 적시는 것이 루의 의미이다. 마치 술지게미 속에 씨앗을 담궈 적시면 바야흐로 곧 (싹이) 나는 것과 같다. 이와 같이 중생이 업業종자를 번뇌의 술지게미 속에 적시면 바로 미래의 유루有漏와 무루無漏가 생겨난다. 이 루에서 나오는 뜻은 마치 샘에서 물이 나오고 유방에서 젖이 나오는 것과 같다. 이와 같이 중생은 육입문六入門에서 여러 루가 유출된다."라고 하였다.[373] 무루無漏의 뜻은 이와 대비하여 알 수 있을 것이다.

無漏生身如來豪光也。一見之輩。永出惡趣。獻一香油人。速往生淨土決定。聖約信而可信者哉。

漏謂煩惱也。泄過無窮。煩惱名漏。古[374]婆沙云。漏是何義。答。留住是漏義。令衆生留住欲色無色。浸漬是漏義。如於糟中浸漬種子。其方便生。如是衆生。以業種子浸漬煩惱糟中。便生未來有無漏。出是漏義。如泉出水。乳房出乳。如是衆生。於六入門流出諸漏。無漏之義。對是可知焉。

『선광사연기』 권제4 끝.

善光寺緣起 卷第四終[375]

---

373 『阿毘達磨大毘婆沙論』 권47(『大正藏』 27, 244a29~b78) 참조.
374 '古'는 의미상 '故'인 듯하다.
375 ㉮『大日本佛敎全書』 제120책, pp.327상~338하. 이 뒤에 부기한 '如來遷座之次第'는 번역하지 않았다.

사전류 史傳類

◎
이종수

1. 『일본서기日本書紀』[1]

1) 권제19 긴메이欽明 천황

6년(545) 가을 9월, 이 달에 백제가 장육불상丈六佛像을 만들어 발원문을 지었는데 그 내용은 다음과 같다.

"듣자 하니, 장육불상을 만들면 공덕이 매우 크다고 합니다. 이제 공경히 불상을 조성하였습니다. 이 공덕으로 인해 천황은 매우 훌륭한 덕을 얻고 천황이 다스리는 미이거국彌移居國(가야 지역)이 모두 복 받기를 기원합니다. 또한 넓은 하늘 아래 일체중생이 모두 해탈하기를 기원하였으므로 불상을 조성하였습니다."

六年秋九月。是月。百濟造丈六佛像。製願文曰。蓋聞。造丈六佛。功德甚大。今敬造。以此功德。願天皇獲勝善之德。天皇所用彌移居國。俱蒙福祐。又願普天之下。一切衆生。皆蒙解脫。故造之矣。[2]

13년(552) 겨울 10월, 백제 성명왕聖明王(재위 523~554)이【고친 이름은 성왕聖王이다.】서부西部 희씨姬氏와 달솔達率 노리사치계怒唎斯致契 등을 보내

1　㉘ 日本記라고도 하는 本書는 전 30권으로 되어 있으며 養老 4년(720)에 완성된 것이다. 본 抄는 天理圖書館所藏 卜部兼右本을 底本으로 하고 있는 岩波書店 刊行 (1978年 第14刷發行)의 日本古典文學大系(68)『日本書紀』(下) 校注本에 依하였다.
2　㉘『日本書紀』下(岩波書店刊), p.93.

석가불금동상釋迦佛金銅像 1구와 번개幡蓋 약간과 경론 약간 권을 헌상하였다.³ 그리고 별도로 표表를 올려 부처님의 법을 유통시키고 예배하는 공덕을 찬탄하며 말하였다.

"이 법은 모든 법 가운데 가장 뛰어납니다. 이해하기 어렵고 깨닫기도 어려워 주공과 공자라도 제대로 알지 못할 것입니다. 이 법은 한량없고 끝없는 복덕과 과보를 생겨나게 할 수도 있으며, 더 나아가 위없는 보리를 이루게도 합니다. 비유하자면, 사람이 수의보隨意寶⁴를 품고 있으면 필요한 바에 따라 모두 뜻대로 되는 것과 같습니다. 이 오묘한 법보法寶 역시 그와 같아서 기원한 것이 뜻대로 되어 부족함이 없습니다. 또 멀리 천축으로부터 삼한三韓에 이르기까지 이 가르침을 따르고 받들어 공경하지 않는 곳이 없었습니다. 이에 백제왕 신臣 성명聖明은 삼가 배신陪臣인 노리사치계를 보내 황제의 나라에 전해드리니, 기내畿內에 유통시키어 부처님이 '나의 법이 동쪽으로 흘러갈 것이다.'라고 수기授記한 뜻을 이루소서."

이 날 천황은 표를 보고 뛸듯이 기뻐하며 사신에게 조칙을 내려 말하였다.

"짐은 예로부터 이와 같이 미묘한 법을 듣지 못하였다. 그러나 짐이 혼자 결정할 수 없다."

그리고 여러 신하들에게 두루 물었다.

"서쪽 번국이 헌상한 불상은 모습이 단아하고 엄숙함이 일찍이 전혀

---

3 『일본서기』에서는 긴메이 천황 13년(552)에 처음 불교가 일본에 전래된 것으로 기록하고 있으나, 『上宮聖德法王帝說』· 『元興寺緣起』에서는 538년에 처음 불교가 전래되었다고 하였다.
4 수의보隨意寶 : 원하는 대로 이루어 주는 여의주를 말한다.

없었던 것이니 예경해도 되지 않겠는가?"…(중략)…

十三年。冬十月。百濟聖明王【更名聖王。】。遣西部姬氏達率怒唎斯致契等。獻釋迦佛金銅像一軀·幡蓋若干·經論若干卷。別表讚流通禮拜功德云。是法。於諸法中。最爲殊勝。難解難入。周公·孔子。尙不能知。此法能生無量無邊福德果報。乃至成辦無上菩提。譬如人懷隨意寶。逐所須用。盡依情。此妙法寶。亦復然。祈願依情。無所乏。且夫遠自天竺。爰洎三韓。依敎奉持。無不尊敬。由是。百濟王臣明。謹遣陪臣怒唎斯致契。奉傳帝國。流通畿內。果佛所記我法東流。是日。天皇聞已。歡喜踊躍。詔使者云。朕從昔來。未曾[5]得聞如是微妙之法。然朕不自決。乃歷問群臣曰。西蕃獻佛相貌端嚴。全未曾有。可禮以不。[6]……

15년(554) 2월, 승려 담혜曇慧 등 9인이 승려 도심道深 등 7인을 대신하였다.[7]

十五年二月。僧曇慧等九人。代僧道深等七人。[8]

16년(555) 8월, 백제 여창餘昌이 여러 신하들에게 말하였다.
"나는 이제 돌아가신 부왕을 받들기 위하여 출가하여 수도하고자

---

5 ㉘『日本書紀』下, p.101.
6 ㉘『日本書紀』下, p.103.
7 『本朝高僧傳』에서는 백제 승려 담혜와 도심 등 9인이 일본에 건너가 일본 沙門의 시초가 되었다고 하였다.
8 ㉘『日本書紀』下, p.109.

한다."

여러 신하와 백성들이 말하였다.

"지금 임금께서 출가하여 수도하고자 하신다면 우선은 왕명을 받들겠습니다만, 아! 전날의 생각이 바르지 못하여 훗날 큰 근심을 가지게 된다면 누구의 잘못이겠습니까? 백제는 개국 이래 지금까지 고구려와 신라가 앞다투어 멸망시키고자 하는 나라입니다. 지금 이 나라의 종묘사직을 장차 어느 나라에게 넘겨 주려 하십니까? 모름지기 도리로는 분명히 왕명을 따라야겠지만 이 늙은이들의 말을 따르신다면 어찌 종묘사직을 다른 나라에 넘겨주는 데까지 이르겠습니까? 바라건대 지난날의 잘못은 뉘우치되 속세를 떠나는 수고로움은 하지 마십시오. 원하시는 것을 굳이 하고 싶으시다면 백성들을 출가시키는 것이 마땅합니다."

여창이 "좋다."라고 대답하고는 곧바로 신하들에게 그 일을 도모하도록 하였다.[9] 신하들은 마침내 상의하여 100명을 출가시키고 번개幡蓋를 많이 만들어 여러 가지 공덕을 행하였다고 한다.

十六年八月。百濟餘昌。[10] 謂諸臣等曰。少子今願奉爲考王出家修道。
諸臣百姓報言。今君王欲得出家修道者。且奉敎也。嗟夫前慮不定。
後有大患。誰之過歟。夫百濟國者。高麗·新羅之所爭欲滅。自始開國。

---

9 『삼국사기』와 『삼국유사』에서는 성왕이 관산성 전투에서 전사한 후 곧바로 여창이 왕위에 오른 것으로 되어 있는데, 『일본서기』에서는 긴메이 천황 18년(557)에 왕위에 오른 것으로 되어 있다. 『일본서기』의 기록으로 보면 여창이 출가하려고 하여 신하들이 이를 만류하는 데 시간이 걸려 3년의 '空位'가 있었던 것으로 되어 있지만, 「百濟花崗石製舍利嵌」의 명문에 의하면 "百濟昌王十三秊 太歲在丁亥", 즉 창왕 13년이 정해년(567년)이라고 하였으므로 창왕의 즉위년은 554년이 된다. 그러므로 『일본서기』의 기사는 사실로 보기 어렵다.
10 ㉮ 餘昌은 백제 성왕의 元子 틈이며 제27대 威德王이다.

迄于是歳。今此國宗。將授何國。要須道理分明應教。縱使能用耆老之言。豈至於此。請悛前過。無勞出俗。如欲果願。須度國民。餘昌對曰。諾。卽就圖於臣下。臣下遂用相議。爲度百人。多造幡蓋。種種功德。云云。[11]

2) 권제20 비다츠敏達 천황

6년(577) 겨울 11월 경오일(1일), 백제국왕이 사신 오오와케노 기미大別王 등의 귀국 일행에 부쳐서 경론 몇 권과 율사·선사·비구니·주금사·조불공造佛工·조사공造寺工 6인을 바쳤다. 마침내 나니와難波의 대별왕사大別王寺에 안치했다.

六年冬十一月。庚午朔。百濟國王。付還使大別王等。獻經論若干卷。幷律師·禪師·比丘尼·呪禁師·造佛工·造寺工。六人。遂安置於難波大別王寺。

8년(579) 겨울 10월, 신라가 지질정枳叱政 내말奈末을 파견하여 토산물을 진상하고 불상을 보내왔다.

八年冬十月。新羅遣枳叱政奈末。進調幷送佛像。[12]

12년(583) 가을 7월 정유일(1일), 조서를 내려 말하였다.

---

11 옌『日本書紀』下, p.117.
12 옌『日本書紀』下, p.141.

"나의 돌아가신 아버지 천황 시대에 신라가 내관가內官家의 나라를 멸망시켰다.【아메쿠니오시하라키히로니와天國排開廣庭 천황 23년에 임나任那가 신라에게 멸망당하였으므로 '신라가 우리 내관가를 멸망시켰다.'라고 말한 것이다.】[13] 아버지 천황이 임나를 회복하고자 하였으나 실행하지 못하고 붕어崩御하시어 그 뜻을 이루지 못했다. 이 때문에 짐朕이 신기한 꾀를 내어서 임나를 부흥시키고자 한다. 지금 백제 화위북국조火葦北國造 아리사등阿利斯登의 아들 달솔達率[14] 일라日羅가 어질고 용맹스럽다고 하므로 짐은 그 사람과 더불어 도모하고자 한다."

그리고 이에 기노쿠니노 미야츠코오시카츠紀國造押勝와 기비노 아마노 아타이하시마吉備海部直羽嶋를 백제에 보내 소환하였다.

十二年秋七月丁酉朔。詔曰。屬我先考天皇之世。新羅滅內官家之國【天國排開廣庭天皇廿三年。任那爲新羅所滅。故云新羅滅我內官家也。】。先考天皇。謨復任那。不果而崩。不成其志。是以。朕當奉助神謀。復興任那。今在百濟火葦北國造阿利斯登子達率日羅。賢而有勇。故朕欲與其人相計。乃遣紀國造押勝與吉備海部直羽嶋。喚於百濟。

겨울 10월, 기노쿠니노 미야츠코오시카츠 등이 백제로부터 돌아와 조정에서 복명하여 말하였다.

"백제국왕이 일라를 아껴서 주상의 명을 따르려 하지 않습니다."

---

13 이 기록은 4~6세기 한반도 남쪽을 일본이 점령하여 임나부를 설치했다가 신라에 의해 멸망당하였다는 임나일본부설의 근거가 되는 기록이다. 그러나 『일본서기』의 이러한 주장은 오늘날 역사학자들에 의해 부정되고 있다.
14 달솔達率 : 백제의 16관등 중 제2위의 품관이며 모두 30명이다.

이 해에 다시 기비노 아마노 아타이하시마를 백제에 보내 일라를 소환하였다. 하시마가 백제에 도착하여 먼저 개인적으로 일라를 보려고 혼자 가서 그 집 앞에 이르렀다. 얼마 후 집안에서 나온 한부韓婦가 한어韓語로 말하였다.

"그대의 근근根을 나의 근근根 안으로 들이시오."

그리고 즉시 집안으로 들어갔다. 하시마는 곧바로 그 뜻을 알아차리고 뒤따라 들어갔다. 이에 일라가 맞이하러 나와서 손을 잡고 자리에 앉게 하고 비밀리에 말하였다.

"제가 몰래 들으니 백제국왕은 저를 천조天朝에 보내면 천조에서 억류하여 돌려보내지 않을 것을 의심한다고 합니다. 그래서 보내는 것을 꺼려하고 있는 것입니다. 마땅히 칙령을 알릴 때 엄하고 맹렬한 기색으로 매우 급한 듯이 소환하십시오."

하시마가 그 계책에 따라 일라를 소환하였고, 이에 백제국왕은 천조를 두려워하여 감히 칙령을 거스르지 못하고, 일라와 은솔恩率[15]인 덕이德爾·여노余怒·기노지奇奴知·참관參官과 키잡이로서 덕솔德率[16]인 차간덕次干德과 수수水手 등 몇몇 사람을 보냈다.…(중략)…이에 일라는 상시촌桑市村으로부터 나니와 관難波館으로 옮겼다. 덕이德爾 등은 밤낮으로 서로 모의하여 죽이려고 하였는데 그때 일라의 몸에서 화염 같은 빛이 일어났기 때문에 두려워하여 죽이지 못하였다. 마침내 12월 그믐에 몸의 빛이 사라지기를 기다려 죽였다. 일라가 다시 살아나서 말하였다.

"이것은 내가 부리던 노예들이 한 짓이지 신라인들이 한 짓이 아니다."

---

15 은솔恩率 : 백제 16관등의 제3품관이다.
16 덕솔德率 : 백제 16관등의 제4품관이다.

그리고는 죽었다.{마침 이때에 신라 사신이 있었기 때문에 그렇게 말한 것이었다.} 천황이 니에코노오오무라지贄子大連와 누카데코노무라지糠手子連에게 명하여 오군小郡의 서쪽 언덕 앞에 장사 지내게 하고, 그 처자식과 수수水手 등은 이시카와石川에 살게 했다. 이때 오오토모大伴의 누카데코노무라지糠手子連가 의논하기를 "한 곳에 모여서 살면 변고가 생길까 염려됩니다."라고 하였으므로 곧 처자식들은 이시카와의 백제촌에서 살게 하고, 수수 등은 이시카와의 오오토모노 무라大伴村에서 살게 했다. 덕이 등을 포박하여 백제하百濟河 하류에 있는 마을에 두고 몇몇 대부를 보내어 그 일을 추문推問하였다. 덕이 등이 죄를 자백하여 진실을 말하였다.

"이 일은 은솔인 참관이 시켜서 한 것입니다. 저희들은 아랫사람이어서 감히 거스르지 못하였습니다."

그래서 그들을 옥에 가두고 조정에 알렸다. 이에 아시키타葦北[17]에 사신을 보내 일라의 권속을 모두 부르고 덕이 등을 하사하여 마음대로 죄에 대해 판결하도록 하였다. 이때 아시키타의 군주 등은 그들을 받아서 모두 죽여 미메시마彌賣嶋에 던져버렸다.{미메시마는 아마 히메시마姬嶋일 것이다.} 일라를 아시키타에 이장시켰다.

冬十月。紀國造押勝等。還自百濟。復命於朝曰。百濟國主。奉惜日羅。不肯聽上。是歲。復遣吉備海部直羽嶋。召日羅於百濟。羽嶋既之百濟。欲先私見日羅。獨自向家門底。俄而有家裏來韓婦。用韓語言。以汝之根。入我根內。即入家去。羽嶋便覺其意。隨後而入。於是。日羅迎來。把手使坐於座。密告之曰。僕竊聞之。百濟國主。奉疑天朝。奉

---

17 아시키타葦北 : 지금의 구마모토현에 있다.

遣臣後。留而弗還。所以。奉惜不肯奉進。宜宣勅時。現嚴猛色。催急召焉。羽嶋乃依其計。而召日羅。於是。百濟國主。怖畏天朝。不敢違勅。奉遣以日羅·恩率·德爾·余怒·奇奴知·參官·柁師德率次干德·水手等。若干人。……日羅自桑市村。遷難波館。德爾等晝夜相計。將欲殺。時日羅身光。有如火焰。由是。德爾等恐而不殺。遂於十二月晦。候失光殺。日羅更蘇生曰。此是我駈使奴等所爲。非新羅也。言畢而死【屬是時。有新羅使。故云爾也。】。天皇詔贄子大連·糠手子連。令收葬於小郡西畔丘前。以其妻子水手等。居于石川。於是。大伴糠手子連議曰。聚居一處。恐生其變。乃以妻子。居于石川百濟村。水手等居于石川大伴村。收縛德爾等。置於下百濟河田村。遣數大夫。推問其事。德爾等伏罪言信。是恩率參官。敎使爲也。僕等爲人之下。不敢違矣。由是。下獄。復命於朝庭。乃遣使於葦北。悉召日羅眷屬。賜德爾等。任情決罪。是時。葦北君等。受而皆殺。投彌賣嶋【彌賣嶋蓋姬嶋也。】。以日羅移葬於葦北。[18]

13년 가을 9월, 백제에서 온 가부카노오미鹿深臣【이름 빠짐】가 미륵 석상 한 구를 가지고 있었고 사에키노 무라지佐伯連【이름 빠짐】가 불상 한 구를 가지고 있었다. 이 해 소가씨蘇我氏 우마코노 스쿠네馬子宿禰가 그 불상 두 구를 청하고, 안부촌주鞍部村主 사마달등司馬達等과 이케베노 아타이 히타池邊直氷田를 사방에 보내 수행자를 찾게 했다. 이에 오직 하리마국播磨國에서 승려가 되었다가 환속한 자를 얻었는데 이름이 고려 혜변高麗惠

18 [원]『日本書紀』下, pp.143~147. 여기서의 日羅는 전혀 佛敎人으로 보이지 않으나 『元亨錫書』와『本朝高僧傳』 등에서는 百濟 僧으로 나와 있기 때문에 그 參考가 되게 하고자 그 일부를 옮겨 보았다.

便이었다. 대신은 그를 스승으로 삼고 사마달등司馬達等의 딸 시마嶋를 출가시켜 젠신니善信尼【나이 11세】[19]라고 불렀다. 또 젠신니의 제자 두 사람을 출가시켰는데, 그 한 사람은 아야히토노 야보漢人夜菩의 딸 도요메豊女로, 이름이 젠조니禪藏尼이고, 또 한 사람은 니시코리노 츠후錦織壺의 딸 이시메女로, 이름이 에젠니惠善尼【호壺는 일본 말로 츠후都符라고 한다.】이다. 우마코노 스쿠네는 홀로 불법에 의지하고 세 비구니를 공경하였다. 이에 세 비구니를 히타氷田와 달등達等에게 맡겨서 옷과 음식을 공급하도록 하였다. 집 동쪽에 불전佛殿을 짓고 미륵 석상을 안치하여 세 비구니를 청하여 재회齋會를 크게 개설하였다. 이때 달등達等은 재회의 음식에서 부처님 사리를 얻고서 곧바로 사리를 우마코노 스쿠네에게 바쳤다. 우마코노 스쿠네는 시험 삼아 사리를 철질鐵質[20]에 올려놓고 쇠망치로 후려쳤더니 철질과 쇠망치는 박살이 났지만 사리는 깨뜨리지 못하였다. 또 사리를 물에 던졌는데 마음이 원하는 바에 따라 물에 뜨기도 하고 가라앉기도 했다. 이로 말미암아 우마코노 스쿠네와 이케베노 히타와 사마달등은 불법을 깊이 믿고 수행을 게을리 하지 않았으며, 우마코노 스쿠네는 또한 이시카와에 있는 집에 법당을 지었으니, 불법이 이로부터 흥기하였다.[21]

十三年。秋九月。從百濟來鹿深臣【闕名字】。有彌勒石像一軀。佐伯連【闕名字】有佛像一軀。是歲蘇我馬子宿禰。請其佛像二軀。乃遣鞍部村主司馬達等・池邊直氷田。使於四方。訪覓修行者。於是。唯於播磨

---

19 젠신니善信尼 : 일본 최초의 비구니이다.
20 철질鐵質 : 죄인의 머리를 자르는 데 쓰이는 쇠로 된 모탕이다.
21 『元興寺緣起』에서는 이때의 일을 13년이 아니라 12년인 계묘년의 일로 기록하고 있다.

國。得僧還俗者。名高麗惠便。大臣乃以爲師。令度司馬達等女嶋。曰善信尼【年十一歲】。又度善信尼弟子二人。其一。漢人夜菩之女豊女。名曰禪藏尼。其二。錦織壺之女石女。名曰惠善尼【壺此云都符】。馬子獨依佛法。崇敬三尼。乃以三尼。付氷田直與達等。令供衣食。經營佛殿於宅東方。安置彌勒石像。屈請三尼。大會設齋。此時。達等得佛舍利於齋食上。卽以舍利。獻於馬子宿禰。馬子宿禰。試以舍利。置鐵質中。振鐵鎚打。其質與鎚。悉被摧壞。而舍利不可摧毁。又投舍利於水。舍利隨心所願。浮沈於水。由是。馬子宿禰·池邊氷田·司馬達等。深信佛法。修行不懈。馬子宿禰。亦於石川宅。修治佛殿。佛法之初。自茲而作。[22]

3) 권제21 스슌崇峻 천황

스슌 천황이 즉위하기 전, 요메이 천황 2년(587) 6월 갑자일(21일), 젠신노 아마善信阿尼 등이 대신에게 말하였다.

"출가의 길은 계를 근본으로 삼으니, 원컨대 백제에 가서 수계법을 배우고자 합니다."

이 달에 백제 조사調使[23]가 와서 알현하였다. 대신이 사신에게 말하였다.

"이 비구니들을 데리고 그대 나라에 가서 수계법을 배우게 하고 다 마치거든 보내 주시오."

22 [원]『日本書紀』下, p.149.

23 조사調使 : 調란 租庸調의 調를 의미하므로 調使는 '토산물을 바치러 온 사신'을 말한다. 여기서는 백제를 일본의 번국으로 보고 서술하였기 때문에 이러한 표현을 쓴 것이다.

사신이 답하였다.

"신 등이 백제에 돌아가서 먼저 국왕에게 아뢴 뒤에 저들을 보내도 늦지 않을 것입니다."

卽位前紀。六月。甲子。善信阿尼等。謂大臣曰。出家之途。以戒爲本。願向百濟。學受戒法。是月。百濟調使來朝。大臣謂使人曰。率此尼等。將渡汝國。令學戒法。了時發遣。使人答曰。臣等歸蕃。先遵國主。而後發遣。亦不遲也。[24]

원년(588), 이 해에 백제국에서 사신과 승려 혜총惠總·영근令斤·혜식惠寔 등을 보내 불사리佛舍利를 바쳤다. 백제국이 은솔恩率 수신首信·덕솔德率 개문蓋文·나솔那率 복부미신福富味身 등을 보내 토산물(調)을 진상하고, 아울러 불사리와 승려 영조聆照율사·혜위令威·혜중惠衆·혜숙惠宿·도엄道嚴·영개令開 등과 사공寺工 태량미태太良未太·문가고자文賈古子와 노반박사鑪盤博士 장덕將德 백매순白昧淳과 와박사瓦博士 마내문노麻奈文奴·양귀문陽貴文·능귀문㥄貴文·석마제미昔麻帝彌, 화공畫工 백가白加를 바쳤다. 소가씨 우마코노 스쿠네가 백제 승려들을 초청하여 수계법에 대해 묻고, 젠신니 등을 백제국 사신인 은솔 수신 등에게 부탁하여 백제에 보내 학문을 배우도록 하였다.[25] 아스카노 키누누이노 미야츠코飛鳥衣縫造의 선조 고노하樹葉의 집을 허물어 처음 법흥사法興寺를 지었다. 이곳은 아스카노 마가미하라飛鳥眞神原라고 부르기도 하고, 또한 아스카노 도마

---

24 ㉮『日本書紀』下, p.163.
25 젠신니 등이 백제에 유학하려고 하였던 가장 큰 목적은 수계법을 배우기 위한 것으로 보인다. 한 해 전인 587년에 젠신이 대신에게 백제에 가서 수계법을 배우고자 청하였던 데서 알 수 있다.

타飛鳥苫田라고도 일컫는다.

元年。是歲。百濟國遣使幷僧惠總·令斤·惠寔等。獻佛舍利。百濟國遣恩率首信·德率蓋文·那率福富味身等。進調幷獻佛舍利。僧聆照律師·令威·惠衆·惠宿·道嚴·令開等。寺工太良未太·文賈古子。鑪盤博士將德白昧淳。瓦博士麻奈文奴·陽貴文·㥄貴文·昔麻帝彌。畫工白加。蘇我馬子宿禰。請百濟僧等。問受戒之法。以善信尼等。付百濟國使恩率首信等。發遣學問。壞飛鳥衣縫造祖樹葉之家。始作法興寺。此地名飛鳥眞神原。亦名飛鳥苫田。

3년(590) 봄 3월, 유학 갔던 비구니 젠신 등이 백제로부터 돌아와 앵정사櫻井寺에 머물렀다.…(중략)…이 해에 출가한 비구니는 오오토모노 사데히코노무라지大伴狹手彦連의 딸 젠토코善德·오오토모노 코마大伴狛의 부인·신라 출신 여자 선묘善妙·백제 출신 여자 묘광妙光이다.

三年春三月。學問尼善信等。自百濟還。住櫻井寺。……是歲。度尼。大伴狹手彦連女善德·大伴狛夫人·新羅媛善妙·百濟媛妙光。[26]

4) 권제22 스이코推古 천황

원년(593),…(중략)…또한 고구려 승려 혜자慧慈[27]에게서 불교를 습득하

26 [원]『日本書紀』下, p.169.

27 혜자慧慈 : 595년에 일본에 건너가 쇼토쿠 태자의 스승이 되었으며 615년에 귀국하였다.

고…(중략)…그래서 그 이름을 칭송하여 우에노미야노 우마야도노 도요토미미上宮廐戶豐聰耳 태자太子라고 하였다.

元年。……且習內敎於高麗僧慧慈。故稱其名。謂上宮廐戶豐聰耳太子。

3년(595) 5월 정묘일(10일), 고구려 승려 혜자가 귀화하자 황태자인 쇼토쿠 태자[28]가 그를 스승으로 모셨다. 이 해에 백제 승려 혜총慧聰[29]이 왔다. 이 두 승려는 불교를 널리 포교하여 모두 삼보의 동량이 되었다.

三年五月戊午朔丁卯。高麗僧慧慈歸化。則皇太子師之。是歲。百濟僧慧聰來之。此兩僧。弘演佛敎。並爲三寶之棟梁。

4년(596) 겨울 11월, 법흥사法興寺 공사를 마치고, 대신 고젠토코노오미男善德臣를 사사寺司[30]로 삼았는데, 이 날 혜자와 혜총 두 승려가 처음 법흥사에 주석하였다.

四年冬十一月。法興寺造竟。則以大臣男善德臣拜寺司。是日慧慈·

---

28 쇼토쿠 태자 : 573~621. 요메이 천황의 둘째 아들로서 593년 스이코 천황이 즉위하자 황태자로 책봉되어 섭정하였다. 고구려와 백제로부터 승려를 초빙하고 사찰을 건립하여 불교 전파에 앞장섰다.
29 혜총慧聰 : 595년에 일본에 건너가 고구려 승려 혜자와 함께 쇼토쿠 태자의 스승이 되었으며 法興寺에 머물렀다.
30 사사寺司 : 사찰 운영 책임자로서『일본서기』大化 원년(645) 8월 8일 조에도 이러한 표현이 보인다.

慧聰。二僧。始住於法興寺。³¹

10년(602) 겨울 10월, 백제 승려 관륵觀勒³²이 왔다. 이에 역본曆本과 천문·지리서天文地理書 및 둔갑·방술서遁甲方術書를 바쳤다. 이때 서생書生 3~4명을 선발하여 관륵에게 배우도록 하였다. 야고노후비토陽胡史의 선조인 타마후루玉陳는 역법을 익혔고, 오오토모노 수구리大友村主 고소高聰는 천문·둔갑을 배웠으며, 야마시로노오미山背臣 히타치日立는 방술을 배웠는데, 모두 배워서 그 분야의 업業을 이루었다.

十年。冬十月。百濟僧觀勒來之。仍貢曆本及天文地理書。幷遁甲方術之書也。是時。選書生三四人。以俾學習於觀勒矣。陽胡史祖玉陳習曆法。大友村主高聰學天文遁甲。山背臣日立學方術。皆學以成業。

윤10월 기축일(15일), 고구려 승려 승륭僧隆·운총雲聰이 함께 내조하였다.

潤十月乙亥朔己丑。高麗僧僧隆。雲聰。共來歸。³³

13년(605) 여름 4월 신유일(1일), 천황이 조서를 내려 황태자와 대신 및

---

31 원『日本書紀』下, p.175.
32 관륵觀勒 : 602년에 책력과 천문지리서 및 방술 등에 관한 책을 가지고 일본에 건너가 전하였으며 삼론학의 대가로서 일본 초대 僧正이 되었다. 관륵이 일본에 전한 책력은 당시 백제가 사용하고 있던 남조 송의 元嘉曆이었던 것 같다.
33 원『日本書紀』下, p.179.

여러 왕과 여러 신하들이 함께 서원을 발하여 동銅·수繡의 장육불상丈六佛像 각 한 구를 조성하도록 하고, 곧 명하여 구라츠쿠리노토리鞍作鳥를 불상 조성의 공인으로 삼았다. 이때 고구려국 대흥왕大興王[34]은 일본국 천황이 불상을 조성한다는 말을 듣고 황금 300냥을 바쳤다.

十三年夏四月辛酉朔。天皇詔皇太子大臣及諸王諸臣。共同發誓願。以始造銅繡丈六佛像。各一軀。乃命鞍作鳥爲造佛之工。是時。高麗國大興王。聞日本國天皇造佛像。貢上黃金三百兩。

17년(609) 여름 4월 경자일(4일), 츠쿠시筑紫의 대재大宰가 아뢰었다.
"백제 승려 도흔道欣과 혜미惠彌를 비롯한 10명과 속인 75명이 히고국肥後國의 아시키타葦北 진津에 정박하였습니다."
이때 나니와難波의 기시도코마로吉士德摩呂와 후네노후비토다츠船史龍를 보내 물었다.
"어찌 왔는가?"
그러자 다음과 같이 대답했다.
"백제왕의 명으로 오나라에 갔는데, 그 나라에 난리가 나는 바람에 들어가지 못하고 다시 본국으로 돌아오다가 갑자기 폭풍을 만나 바다에 표류하였습니다. 그런데 다행히 성제聖帝의 변경에 정박하게 되어 기뻐하고 있습니다."

十七年夏四月丁酉朔庚子。筑紫大宰奏上言。百濟僧道欣·惠彌爲首

---

34 스이코 천황 13년(605)은 고구려 영양왕 16년이므로 여기서의 대흥왕은 영양왕을 지칭한 것으로 보인다.

一十人。俗七十五人。泊于肥後國葦北津。是時。遣難波吉士德摩呂·船史龍。以問之曰。何來也。對曰。百濟王命以遣於吳國。其國有亂不得入。更返於本鄕。忽逢暴風。漂蕩海中。然有大幸。而泊于聖帝之邊境。以歡喜。[35]

5월 임오일(16일), 도코마로德摩呂 등이 복명하였다. 도코마로와 후네노후비토다츠 두 사람을 다시 보내 백제인들을 돌보아 본국으로 보냈다. 그런데 츠시마對馬에 이르러 도인道人 등 열한 사람이 모두 머물기를 요청하였다. 이에 표를 올려 머물기를 청하니 원흥사元興寺에 거주하도록 하였다.

五月丁卯朔壬午。德摩呂等復奏之。則返德摩呂·龍。二人。而副百濟人等。送本國。至于對馬。以道人等十一。皆請之欲留。乃上表而留之。因令住元興寺。

18년(610) 봄 3월, 고구려왕이 승려 담징曇徵[36]과 법정法定을 바쳤다. 담징은 오경을 알았고, 또한 채색 및 종이와 먹을 잘 만들었으며, 게다가 연자방아를 만들었다. 아마 연자방아를 만드는 일이 이때 시작된 것 같다.

十八年春三月。高麗王貢上僧曇徵·法定。曇徵知五經。且能作彩色

---

35 [원]『日本書紀』下, p.193.

36 담징曇徵 : 579~631. 일본에 종이·먹·연자방아 등의 제작 방법을 전하였으며, 法隆寺 金堂 벽화를 그렸다고 전한다.

及紙墨。幷造碾磑。蓋造碾磑。始于是時歟。

20년(612), 이 해에 백제에서 내조한 사람이 있었는데, 그 얼굴과 몸에 온통 흰 반점이 있어서 문둥병자 같았다. 임금이 보통 사람과 다르게 생긴 것을 싫어하여 바다에 있는 섬에 버리려고 하였더니 그 사람이 말하였다.

"만일 저의 반점 피부가 싫다면 흰 반점이 있는 얼룩소나 얼룩말도 나라 안에서 길러서는 안 될 것입니다. 저 역시도 조그만 재주가 있어서 산악 모형을 잘 만드니 저를 머물게 하여 등용하신다면, 나라에 이로움이 있을 것입니다. 어찌 헛되이 바다에 있는 섬에 버리려 하십니까?"

그래서 그 말을 따라 버리지 않고 남쪽 정원에서 수미산 모형과 오교 吳橋[37]를 만들도록 하였다. 당시 사람들은 그 사람을 미치코노타쿠미路子工라고도 부르고, 또한 시키마로芝耆摩呂라고도 불렀다.

廿年。是歲。自百濟國有化來者。[38] 其面身皆斑白。若有白癩者乎。惡其異於人。欲棄海中嶋。然其人曰。若惡臣之斑皮者。白斑牛馬。不可畜於國中。亦臣有小才。能構山岳之形。其留臣而用。則爲國有利。何空之棄海嶋耶。於是。聽其辭以不棄。仍令構須彌山形及吳橋於南庭。時人號其人。曰路子工。亦名芝耆摩呂。[39]

23년(615) 11월 계묘일(15일), 고구려 승려 혜자慧慈가 본국으로 돌아

---

37 오교吳橋 : 중국풍의 돌다리를 말한다.
38 원『日本書紀』下, p.197.
39 원『日本書紀』下, p.199.

갔다.

廿三年。十一月。癸卯。高麗僧慧慈歸于國。

24년(616) 가을 7월, 신라가 내말奈末 죽세사竹世土를 파견하여 불상을 바쳤다.

廿四年。秋七月。新羅遣奈末竹世土。貢佛像。[40]

29년(621) 봄 2월, 이 달에 시나가노 미사자키磯長陵에서 우에노미야上宮 태자(쇼토쿠 태자)를 장사 지냈다. 이때에 고구려 승려 혜자는 쇼토쿠 태자가 훙서薨逝하였다는 소식을 듣고 크게 슬퍼하고, 황태자를 위하여 승려들을 모아 재회齋會를 개설하였다. 그리고 직접 경전을 강설하는 날에 서원하였다.

"일본국에 우에노미야노 도요토미미上宮豊聰耳 황자皇子라고 불리는 성인이 있으니, 그는 진실로 하늘이 낸 분이다. 현묘한 성인의 덕을 지니고 일본국에 태어나 삼통三統[41]을 두루 갖추어 옛 성인의 큰 계책을 이었으며, 불·법·승 삼보를 공경하여 백성의 재난을 구제하셨으니, 진실로 큰 성인이시다. 지금 태자께서 이미 훙서하였다. 내 비록 나라는 다르지만 쇠라도 자를 만큼 두터운 교분을 쌓아 왔는데 나 홀로 살아간들 무슨 이익이 있겠는가? 나는 내년 2월 5일에 반드시 죽을 것이다. 그래서 정토에서 쇼토쿠 태자를 만나 함께 중생을 교화할 것이다."

---

40 ㉿ 『日本書紀』下, p.201.
41 삼통三統 : 하나라 우왕과 은나라 탕왕과 주나라 문왕의 덕을 말한다.

그리고 혜자는 기약한 날이 되어 죽었다. 이 때문에 당시 사람들이 여기저기서 모두 말하였다. "쇼토쿠 태자만 성인이 아니라 혜자도 성인이셨다."

廿九年。春二月。是月。葬上宮太子於磯長陵。當于是時。高麗僧慧慈。聞上宮皇太子薨。以大悲之。爲皇太子。請僧而設齋。仍親說經之日。誓願曰。於日本國有聖人。曰上宮豐聰耳皇子。固天攸縱。以玄聖之德。生日本之國。苞貫三統。纂先聖之宏猷。恭敬三寶。救黎元之厄。是實大聖也。今太子旣薨之。我雖異國。心在斷金。其獨生之。何益矣。我以來年二月五日必死。因以遇上宮太子於淨土。以共化衆生。於是。慧慈當于期日而死之。是以。時人之彼此共言。其獨非上宮太子之聖。慧慈亦聖也。

31년(623) 가을 7월, 신라가 대사 내말大使奈末[42] 지세이智洗爾를 파견하고 임나任那가 달솔 내말達率奈末 지智를 파견하였는데 함께 와서 조회하고, 불상 1구, 금탑과 사리, 큰 관정번灌頂幡 1구와 작은 번幡 12조條를 바쳤다. 불상은 갈야진사葛野秦寺[43]에 두고, 그 나머지 사리와 금탑, 관정번 등은 모두 사천왕사四天王寺에 모셨다. 이때 당에서 유학하였던 승려 에사이惠齋와 에코惠光 및 의사 에니치惠日와 후쿠인福因 등이 모두 지세이 등을 따라왔다.

---

42 내말奈末 : 신라 17관등 중 11번째의 위계이다.
43 갈야진사葛野秦寺 : 일본 교토에 있는 광륭사廣隆寺의 옛 이름으로 신라의 반가사유상이 있는 곳이다.

卅一年。秋七月。新羅遣大使奈末智洗爾。任那遣達率奈末智。並來朝。仍貢佛像一具及金塔幷舍利。且大觀頂幡一具·小幡十二條。卽佛像居於葛野秦寺。以餘舍利金塔觀頂幡等。皆納于四天王寺。是時。大唐學問者僧惠齋·惠光·及醫惠日·福因等。並從智洗爾等來之。[44]

32년(624) 여름 4월 무신일(3일), 어떤 승려가 도끼를 가지고 친할아버지를 쳤는데, 당시 천황이 그 소식을 듣고 대신들을 불러들이고 조서를 내려 명하였다.

"출가한 자는 머리 숙여 삼보에 귀의하고 계율을 낱낱이 지켜야 하니, 어찌 뉘우치고 꺼리는 바 없이 경솔하게 악역죄를 범할 수 있겠는가? 지금 짐이 들으니 어떤 승려가 친할아버지를 쳤다고 한다. 그러므로 모든 절의 비구·비구니를 다 모아놓고 심문하여 만약 이러한 사실이 있다면 중죄로 다스리도록 하라."

이에 모든 승려들을 모아 심문하고 악역죄를 저지른 승려 및 여러 승려들을 모두 벌하려 하였다. 그때 백제의 승려 관륵觀勒이 표表를 올려 아뢰었다. "불법이 서쪽 나라로부터 한나라에 이르러 300년이 경과하고 백제에 전래되었습니다. 그리고 거의 100년이 되었을 무렵에 우리 임금(백제 성왕)께서 일본 천황(요메이 천황)이 현명하고 사리에 밝다는 말을 듣고 불상과 경전을 바쳤지만 100년이 못 되었습니다. 그래서 지금 승려들이 아직 불법의 계율을 잘 익히지 못하여 경솔히 악역죄를 범하였습니다. 이 때문에 모든 승려들이 황송하여 두려워하며 어찌할 바를 모르고 있습니다. 바라건대, 악역죄를 범한 자를 제외한 나머지 승려들을 모두

---

44 ㉞『日本書紀』下, p.205.

사면하여 벌하지 마소서. 큰 공덕이 될 것입니다."

천황이 이에 그 말을 따랐다. 무오일(13일), 조서를 내려 말하였다.

"도인이 오히려 법을 범한다면 무엇으로 속인을 가르치겠는가? 그러므로 지금부터 승정과 승도를 임명하여 승려들을 감독하도록 할 것이다."

임술일(17일), 관륵을 승정僧正[45]으로 삼고 안부덕적鞍部德積을 승도僧都로 삼았다. 이 날에 아즈미노 무라지阿曇連【이름 빠짐】를 법두法頭로 삼았다. 가을 9월 초하루, 사찰과 승려를 조사하여 사찰이 조성된 인연과 비구·비구니가 출가한 인연 및 득도得度한 해와 달과 날짜를 자세히 기록하였다. 이 당시에 사찰 36개소, 비구 816인, 비구니 569인 모두 1,385인이 있었다.[46]

卅二年。夏四月。丙午朔戊申。有一僧。執斧毆祖父。時天皇聞之。召大臣詔之曰。夫出家者。頓歸三寶。具懷戒法。何無懺忌。輒犯惡逆。今朕聞。有僧以毆祖父。故悉聚諸寺僧尼。以推問之。若事實者。重罪之。於是。集諸僧尼而推之。則惡逆僧及諸僧尼。並將罪。於是。百濟觀勒僧。表上以言。夫佛法。自西國至于漢。經三百歲。乃傳之至於百濟國。[47] 而僅一百年矣。然我王聞日本天皇之賢哲。而貢上佛像及內典。未滿百歲。故當今時。以僧尼未習法律。輒犯惡逆。是以。諸僧尼惶懼。以不知所如。仰願。其除惡逆者以外僧尼。悉赦而勿罪。是

---

45 관륵이 일본 최초의 僧正이 되었는데, 이로부터 일본에도 승관이 설치되었던 것 같다.
46 『부상약기』와 『제왕편년기』 스이코 천황 32년조에는 사찰 46곳이 있다고 하였다.
47 원 『日本書紀』 下, p.209.

大功德也。天皇乃聽之。戊午。詔曰夫道人尙犯法。何以誨俗人。故
自今已後。任僧正僧都仍應檢校僧尼。壬戌。以觀勒僧爲僧正。以
鞍部德積爲僧都。卽日。以阿曇連【闕名】爲法頭。秋九月甲戌朔丙
子。校寺及僧尼。具錄其寺所造之緣。亦僧尼入道之緣。及度之年
月日也。當是時。有寺卅六所。僧八百十六人。尼五百六十九人。幷
一千三百八十五人。

33년(625) 봄 정월 무인일(7일), 고구려왕이 승려 혜관惠灌[48]을 바쳤다.
이에 승정에 임명하였다.

卅三年春正月壬申朔戊寅。高麗王貢僧惠灌。仍任僧正。[49]

5) 권제24 고교쿠皇極 천황

4년(645) 여름 4월 무술일(1일), 고구려에서 유학하였던 승려들이 말하
였다.

"함께 공부했던 구라츠쿠리노도쿠시鞍作得志는 호랑이와 벗이 되어 그
술법을 배웠습니다. 때로는 메마른 산을 푸른 산으로 변화시키기도 하
고, 때로는 메마른 땅을 옥토로 변화시키기도 하는 등 갖가지 헤아릴 수
없이 많은 기이한 술법을 부렸습니다. 또 호랑이가 침針을 주며 '신중하

---

48 혜관惠灌 : 隋에 가서 吉藏(549~623)에게 삼론학을 배우고 귀국하였다가 625년(영
류왕 8)에 일본에 가서 삼론학을 전하여 일본 삼론종의 개조가 되었으며, 제2대 僧
正이 되었다.
49 ㉔『日本書紀』下, p.211.

고 신중히 간직하여 사람들이 알지 못하게 하라. 이것으로 치료하면 낫지 않는 병이 없다.'라고 말하였는데, 과연 말한 바와 같이 치료해서 낫지 않는 경우가 없었습니다. 도쿠시는 항상 그 침을 기둥 안에 숨겨 놓았는데, 나중에 호랑이가 그 기둥을 부러뜨리고 그 침을 가지고 달아나 버렸습니다. 고구려국은 도쿠시가 자기 나라로 돌아갈 마음이 있음을 알고 독약을 주어 죽였습니다."

四年。夏四月戊戌朔。高麗學問僧等言。同學鞍作得志。以虎爲友。學取其術。或使枯山變爲靑山。或使黃地變爲白水。種種奇術。不可殫究。又虎授其針曰。愼矣愼矣。勿令人知。以此治之。病無不愈。果如所言。治無不差。得志。恒以其針隱置柱中。於後。虎折其柱。取針走去。高麗國。知得志欲歸之意。與毒殺之。[50]

6) 권제25卷第二十五 고토쿠孝德 천황

다이카 원년(645) 8월 계묘일(8일), 사신을 대사大寺에 파견하여 승려들을 불러 모아놓고 조서를 내려 말하였다.

"시키시마노미야니 아메노시타시라시메시시磯城嶋宮御宇 천황天皇(긴메이 천황) 13년(552)에 백제의 성명왕이 우리 대왜大倭에 불법을 전했다. 이때 모든 신하들이 전해 받는 것을 원하지 않았으나 소가씨 이나메노 스쿠네稻目宿禰(505~570)가 홀로 불법을 믿었다. …(중략)…"

---

50 ㉓『日本書紀』下, p.261.

大化元年。八月。癸卯。遣使於大寺。喚聚僧尼。而詔曰。於磯城嶋宮御宇天皇十三年中。百濟明王。奉傳佛法於我大倭。是時。群臣俱不欲傳。而蘇我稻目宿禰。獨信其法。……[51]

하쿠치 원년(650) 2월,…(중략)…도토道登 법사[52]가 말하였다.

"옛날에 고구려가 가람을 짓기 위해 살펴보지 않은 땅이 없었는데, 어떤 곳에서 흰 사슴이 천천히 지나갔으므로 마침내 그곳에 절을 세워 백록원사白鹿薗寺라 이름 붙이고 불법이 안정되도록 하였습니다. 또 흰 참새가 어떤 절의 전장田莊에 나타나자 온 나라 사람들이 모두 좋은 징조라고 하였고, 또 당에 보냈던 사신이 죽은 삼족오를 가지고 오자 나라 사람들이 또 좋은 징조라고 하였습니다.…(중략)…"

白雉元年。二月。……道登法師曰。昔高麗欲營伽藍。無地不覽。便於一所。白鹿徐行。遂於此地。營造伽藍。名白鹿薗寺。住持佛法。又白雀見于一寺田莊。國人僉曰。休祥。又遣大唐使者。持死三足烏來。國人亦曰。休祥。……[53]

---

51 [원]『日本書紀』下, p.277.

52 『일본서기』에서는 宇治橋斷碑銘을 근거로 일본 승려로서 고구려에 유학한 승려로 설명한다(『일본서기』 2권(소학관), 123쪽. 주24). 또한 『일본영기기』 상권, 12화에서도 고구려에 유학한 승려로서 원흥사에 주석했다고 한다. 여기서는 근거가 더 명확한 것을 준용하여 일단은 일본 인명으로 표기하였다.

53 [원]『日本書紀』下, p.313.

7) 권제26 사이메이齊明 천황

6년(660) 가을 7월,…(중략)…고구려 승려 도현道顯[54]의『일본세기』에 이르기를,…(중략)…

六年。秋七月。……高麗沙門道顯。日本世記曰。……

9월 계묘일(5일), 백제가 달솔과 사미 각종覺從 등을 파견하였는데, 와서 아뢰기를,…(중략)…

九月己亥朔癸卯。百濟遣達率沙彌覺從等。來奏曰。……[55]

8) 권제27 덴치天智 천황

원년(662) 여름 4월, 쥐가 말 꼬리에서 새끼를 낳았다. 승려 도현道顯이 점을 치고 말하였다.
"북쪽 나라 사람들이 장차 남쪽 나라에 부속되는 것이니, 아마도 고구려가 망하여 일본에 부속되려는가 봅니다."

元年。夏四月。鼠産於馬尾。釋道顯占曰。北國之人。將附南國。蓋高麗破。而屬日本乎。[56]

---

54 도현 : 고구려 승려로, 일본에 건너가 불교를 전파하는 한편『日本世記』를 집필하였다.
55 ㉮『日本書紀』下, p.345.
56 ㉮『日本書紀』下, p.355. 釋道顯은 고구려 승.

7년(668), 이 해에 승려 도행道行이 초치검草薙劒[57]을 훔쳐 신라로 도망가다가 도중에 비바람으로 길을 잃고 돌아왔다.

七年。是歲。沙門道行。盜草薙劒。逃向新羅。而中路風雨。荒迷而歸。[58]

9) 권제29 덴무 천황天武天皇 하下

6년(678) 5월 무진일(7일), 신라인 아찬 박자파朴刺破와 그를 따르는 3인과 승려 3인이 표류하여 치카도血鹿嶋에 도착하였다.

六年。五月。戊辰。新羅人阿湌朴刺破·從人三口·僧三人。漂着於血鹿嶋。[59]

12년(684) 가을 7월, 이 달에 시작해서 8월까지 가물었다. 백제 승려 도장道藏[60]이 기우제를 지내자 비가 내렸다.

---

57 초치검草薙劒 : 일본 신화에 나오는 명검이다. 야마토 시대에 다케루노미코토가 동방 정벌 도중에 만난 도적에게 火攻을 당하였는데 칼로 풀을 베어 화를 모면했다 하여 草薙劒이라고 부르게 되었다고 한다. 또한 구름을 부르는 큰 뱀의 꼬리에서 나왔다 하여 天叢雲劒이라고도 부른다.

58 [원]『日本書紀』下, p.371.

59 [원]『日本書紀』下, p.429.

60『三國佛法傳通緣起』에 의하면 도장의 저술로『성실론소』16권이 있어서 이 책을 근거로 東大寺의 승려들이 삼론학을 배웠다고 한다.

十二年。秋七月。是月始至八月。旱之。百濟僧道藏。雩之得雨。[61]

13년(685) 5월 갑자일(14일), 귀화해 온 백제의 비구·비구니 및 속인 남녀 23인을 모두 무사시국武藏國에 안치하였다.

十三年。五月辛亥朔甲子。化來百濟僧尼及俗男女。幷廿三人。皆安置于武藏國。[62]

14년(686) 5월 신미일(26일), 고향조신高向朝臣 마로麻呂와 도노조신都努朝臣 우시카이牛飼 등이 신라로부터 돌아왔다. 이때 유학 갔던 승려 간죠觀常와 레이칸靈觀이 따라 왔다.

十四年。五月。辛未。高向朝臣麻呂·都努朝臣牛飼等。至自新羅。乃學問僧觀常·靈觀從至之。[63]

겨울 10월 병자일(4일), 백제 승려 상휘常輝에게 30호를 봉해 주었다. 이 승려는 나이가 100세였다.
경진일(8일), 백제 승려 법장法藏과 우바새 익전직益田直 김종金鍾을 미노美濃에 파견하여 백출白朮을 달이게 하였다. 이로 인해 시絁·면綿·포布를 하사하였다.

---

61 원『日本書紀』下, p.459.
62 원『日本書紀』下, p.463.
63 원『日本書紀』下, p.469.

冬十月癸酉朔丙子。百濟僧常輝封卅戶。是僧壽百歲。庚辰。遣百濟僧法藏·優婆塞益田直金鍾於美濃。令煎白朮。因以賜絁綿布。

11월 병인일(24일), 법장 법사와 김종이 백출을 달여 바쳤다. 이날 천황을 위해 초혼제를 지냈다.

十一月。丙寅。法藏法師·金鍾。獻白朮煎。是日。爲天皇招魂之。[64]

10) 권제30 지토持統 천황

(슈초朱鳥 원년(686)) 겨울 10월 기사일(2일), 황태자 오츠大津가 반역을 도모하다가 발각되었다. 황태자 오츠를 체포하고…(중략)…신라 승려 행심行心 및 휘장 내에 있던 도키노미치츠쿠리礪杵道作 등 30여 인을 체포했다.[65] 병신일(29일),…(중략)…또 조서를 내려 말하였다.

"신라 승려 행심이 황태자 오츠의 모반에 참여했으나, 짐이 차마 법을 적용하지 못하겠다. 히다국飛驒國의 가람으로 옮겨라."

(朱鳥元年。) 冬十月戊辰朔己巳。皇子大津。謀反發覺。逮捕皇子大津。……新羅沙門行心。及帳內礪杵道作等。卅餘人。丙申。……又詔

---

64 원『日本書紀』下, p.473.
65 제41대 지토 천황은 제39대 덴치 천황의 딸이며 제40대 덴무 천황의 두 번째 아내이며 이름은 우노노사라라鸕野讚良이다. 686년에 덴무 천황이 죽자 첫 번째 부인의 아들인 오츠大津가 황태자로서 황위에 오르기로 되어 있었지만 두 번째 부인이었던 鸕野讚良이 자신의 아들에게 황위를 물려주기 위해 자신이 먼저 천황이 되려고 오츠에게 역모의 혐의를 씌워 제거했던 사건이다.

曰。新羅沙門行心。與皇子大津謀反。朕不忍加法。徙飛驒國伽藍。

윤12월, 츠쿠시筑紫의 대재大宰가 고구려·백제·신라 3국의 남녀 백성과 비구·비구니 62명을 바쳤다.

閏十二月。筑紫大宰。獻三國高麗·百濟·新羅百姓男女。幷僧尼六十二人。[66]

(원년(687)) 여름 4월 계묘일(10일), 츠쿠시筑紫의 대재大宰가 귀화한 신라 비구·비구니와 남녀 백성 22명을 바쳤다. 그들을 무사시국武藏國에서 살게 하고 땅을 나누어 주고 곡식을 주어 생업에 편안히 종사하게 하였다.

夏四月甲午朔癸卯。筑紫大宰獻投化新羅僧尼及百姓男女廿二人。居于武藏國。賦田受稟。使安生業。[67]

9월 갑신일(23일),
신라가 왕자 김상림金霜林을 파견하였다.…(중략)…유학 갔던 승려 치류智隆가 따라왔다.[68]

---

66 원 『日本書紀』下, p.487.
67 원 『日本書紀』下, p.489.
68 신라 왕자 김상림은 687년(신문왕 7) 9월에 급찬 金薩慕·金仁述, 대사 蘇陽信, 승려 智隆 등과 함께 일본에 사신으로 갔다가 이듬해 2월에 돌아왔다.

九月。甲申。新羅遣王子金霜林。……學問僧智隆。附而至焉。……

2년(688) 2월 신묘일(2일), 대재가 신라의 공물인 금·은·비단·피륙·가죽·구리·철 등 10여 가지와 별도로 올리는 불상, 갖가지 색깔의 비단·새·말 등 10여 종과 김상림이 헌상한 금·은·채색, 여러 가지 진기한 물건 등 모두 80여 가지 물건을 바쳤다.

二年。二月庚寅朔辛卯。大宰獻新羅調賦。金銀絹布皮銅鐵之類十餘物。幷別所獻佛像。種種彩絹·鳥馬之類十餘種。及霜林所獻金銀彩色·種種珍異之物。幷八十餘物。[69]

가을 7월 병자일(20일), 백제 승려 도장道藏에게 명하여 기우제를 지내도록 했는데, 아침나절에 온 나라에 비가 내렸다.

秋七月。丙子。命百濟沙門道藏請雨。不崇朝。遍雨天下。[70]

3년(689) 여름 4월 임인일(20일), 신라가 급찬級湌 김도나金道那 등을 보내 덴무 천황의 죽음에 조문하였다. 아울러 유학하고 있던 승려 묘소明聰와 간치觀智 등을 돌려보냈으며, 별도로 금동아미타상·금동관세음보살상·대세지보살상 각 한 구와 채백綵帛·금금錦·릉綾을 바쳤다.[71]

---

69 ㉮『日本書紀』下, p.491.
70 ㉮『日本書紀』下, p.493.
71 덴무 천황은 686년에 죽었지만 신라의 조문사절이 689년에 온 것은 國喪을 알리는 일본 사신의 지위를 신라에서 문제 삼았기 때문이다. 이에 대해서는『일본서기』지토 천황 3년(689) 5월조에 신라 조문사절을 돌려보내며 내린 지토 천황의 詔勅에서

三年。夏四月。壬寅。新羅遣級湌金道那等。奉弔瀛眞人天皇喪。幷上送學問僧明聰・觀智等。別[72]獻金銅阿彌陀像・金銅觀世音菩薩像・大勢至菩薩像。各一軀。綵帛錦綾。[73]

6월 신축일(20일), 츠쿠시筑紫의 대재大宰 아와타노 마히토노 아소미粟田眞人朝臣 등에게 조서를 내려 신라에서 유학하였던 승려 묘소와 간치 등이 신라의 사우師友에게 보낼 비단 각 140근을 하사하였다.

六月。辛丑。詔筑紫大宰粟田眞人朝臣等。賜學問僧明聰・觀智等。爲送新羅師友綿各一百四十斤。[74]

4년(690) 2월 무오일(11일), 신라 승려 전길詮吉과 급찬 북조지北助知 등 50명이 내조하였다.

四年。二月。戊午。新羅沙門詮吉・級湌北助知等五十人歸化。[75]

6년(692) 2월 정미일(11일),……음양 박사 승려 법장法藏과 도기道基에게 은 20량을 하사하였다.

그러한 내용을 알 수 있다.
72 원『日本書紀』下, p.495.
73 원『日本書紀』下, p.497.
74 원『日本書紀』下, p.499.
75 원『日本書紀』下, p.501.

六年。二月丁酉朔丁未。……賜陰陽博士沙門法藏・道基。銀二十兩。[76]

겨울 10월 임신일(11일), 야마다노후비토미가타山田史御形에게 무광사務廣肆를 제수했는데, 그전에 승려가 되어 신라에서 학문을 배웠기 때문이다.

冬十月壬戌朔壬申。授山田史御形務廣肆。前爲沙門。學問新羅。[77]

7년(693) 3월 을사일(16일), 신라에 보내는 사신과…(중략)…유학 가는 승려 벤츠辨通와 신에이神叡 등에게 시絁・면綿・포布를 하사하였는데, 각각 차등이 있었다. 또 신라왕에게 부의물賻儀物을 하사하였다.

七年。三月。乙巳。賜擬遣新羅使。……及學問僧辨通・神叡等。絁綿布。各有差。又賜新羅王賻物。

6월 1일, 고구려 승려 복가福嘉[78]에게 조서를 내려 환속시켰다.

六月己未朔。詔高麗沙門福嘉還俗。[79]

---

76 ㉮『日本書紀』下, p.513. 法藏은 百濟沙門.
77 ㉮『日本書紀』下, p.519.
78 『부상약기』 지통 천황 7년조에는 福喜라고 하였다.
79 ㉮『日本書紀』下, p.521.

2. 『부상약기扶桑略記』[80]

1) 제3 긴메이欽明 천황

13년 임신년(552) 10월 13일 신유일, 백제국 성명왕이 처음으로 금동의 석가모니 불상 한 구와 경론, 번개 등을 헌상하고, 그 표문表文에서 다음과 같이 적었다.

“이 법은 모든 법 가운데에서 가장 수승하여 이해하기 어렵고 깨닫기 어려워서 주공과 공자도 제대로 알지 못하였습니다. 이 법은 한량없고 끝없는 복덕의 과보를 낼 수 있고, 더 나아가 위없는 보리菩提를 이룰 수 있습니다. 마치 어떤 사람이 수의보隨意寶를 품으면 필요한 것을 마음대로 얻는 것과 같습니다. 이 오묘한 법보 역시 그러해서 서원을 빌면 부족한 바 없이 이루어질 것입니다. 멀리 천축天竺으로부터 이곳 삼한【신라, 고구려, 백제를 삼한이라 한다.】에 이르기까지 모두 그 가르침에 따라 받들어 지녀서 존경하지 않는 곳이 없었습니다. 바다 건너 황제국에 전해져서 기내畿內에 유통된다면 과연 부처님이 ‘내 법이 동쪽에 전해질 것이다.’라고 하신 말씀이 실현될 것입니다.”

---

80 [원] 阿闍梨皇圓이 일본 古史 및 『僧傳緣起流記』 등을 편년체로 取詮撰輯한 이 『부상약기』는 본래 30권이었으나 이미 거의 半을 闕逸하여 제2~제6, 제20~제30의 16권만이 남아 있으며 그 밖에 抄本이 전해져 있다. 本 抄는 일본의 新訂增補 『國史大系』 제12권에 들어 있는 『부상약기』에 의하였다.

十三年壬申冬十月十三日辛酉。百濟國聖明王。始獻金銅釋迦像一體。幷經論幡盖等。其表云。是法於諸法中㝡爲殊勝。難解難入。周公孔子尙不能知。此法能生無量無邊福德果報。乃至成弁無上菩提。如人懷隨意寶。所須依情。此妙法寶亦然。祈願隨情。无所乏少。遠自天竺。爰泊三韓【新羅高麗百濟謂三韓也。】。依敎奉持。無不尊敬。渡傳帝國。流通畿內。果佛之所記我法東流矣。

천황이 듣고 나서 뛸 듯이 기뻐하며 사신에게 말하였다.
"짐은 예전에 이와 같이 미묘한 법을 들은 적이 없다. 그러나 짐이 혼자서 결정할 수 없다."
그리고 여러 신하들에게 일일이 물었다.
"서번西蕃[81]이 헌상한 불상의 모양이 단정하고 장엄하여 지금까지 전혀 본 적이 없는 것이니, 예경해야 하지 않겠는가?"
소가 대신 이나메노 스쿠네가 아뢰었다.
"서번西蕃의 여러 나라들이 하나같이 모두 저 불상을 예경하는데 풍추豊秋[82] 일본이 어찌 홀로 어기겠습니까?"
모노노베노 오오무라지노 오코시物部大連尾興와 나카토미노 가마코鎌子 등이 아뢰었다.
"우리나라가 천하의 왕 노릇 하는 것은 항상 하늘과 땅과 사직社稷의 180신神에게 춘하추동으로 제사를 지내고 있기 때문입니다. 그런데 지금 이를 고쳐서 번국의 신신(부처)에게 예경한다면 국신國神(토착신)의 노여움을 불러들일까 염려됩니다."

---

81 서번西蕃 : 일본의 서쪽 변방으로 여기서는 백제를 말한다.
82 풍추豊秋 : 일본의 미칭이다.

천황이 말하였다.

"마땅히 원하는 대로 이나메노 스쿠네에게 불상을 주어 시험 삼아 예배하도록 하라."

이나메노 스쿠네는 기쁘게 받아서 오하리다小治田의 집에 안치하고 부지런히 출세간出世間의 업을 닦았고, 이어서 무카이하라向原의 집을 희사하여 사찰로 삼았다.【유목원가榴木原家의 모구목牟久木이다.】 이때 역병이 성행하였다. 대련 벼슬의 모노노베노 오코시物部尾輿 등이 아뢰었다.

"신 등의 계책을 받아들이지 않아서 이러한 역병으로 백성들을 죽게 하였습니다."

그리고는 불을 놓아 절을 태웠다. 그때에 한 점의 바람과 구름이 없었는데도 대전大殿에 화재가 일어났다.[83]

天皇聞已。歡喜踊躍。詔使者云。朕從昔來。未曾得聞如是微妙之法。然朕不能自決。歷問群臣曰。西蕃獻佛。相貌端嚴。全未曾看。可礼以不。蘇我大臣稻目宿祢奏曰。西蕃諸國一皆礼之。豊秋日本。豈獨背哉。物部大連尾輿。中臣鎌子等奏曰。我國家之王天下者。恒以天地社稷百八十神。春夏秋冬。祭拜爲事。然而方今改拜蕃神。恐致國神之怒。天皇曰。宜隨情願。付稻目宿祢。試令礼拜。大臣悅受。安置小治田家。勤修出世之業。次捨向原家爲寺【榴木原家牟久木也。】。是時。疾疫盛興矣。物部尾輿大連等奏曰。不須臣等之計。致此病死。縱火燔寺。于時無風雲而火灾大殿。

---

83 저본에는 이어서 "同年 大連物部尾輿薨", 즉 모노노베노 오코시가 죽었다고 기록하고 있다.

다른 기록에 의하면, 같은 해인 임신년 10월에 백제의 성명왕이 아미타불상[길이 1척 5촌]과 관세음·대세지보살상[길이 1척]을 바치고 표문에 다음과 같이 적었다고 한다.

"신이 듣건대, 만법 가운데 불법이 가장 훌륭하고 세간의 도 가운데 불법이 가장 수승하다고 하니, 천황 폐하도 마땅히 수행해야 합니다. 그러므로 불상과 경전과 법사를 공경히 받들고 사신을 통해 공물을 바쳐서 신행해야 할 것입니다."[그 기록은 여기까지이다.]

一云。同年壬申。十月。百濟明王。獻阿弥陀佛像[長一尺五寸]觀音勢至像[長一尺]表云。臣聞。萬法之中。佛法寂善。世間之道。佛法寂上。天皇陛下亦應修行。故敬捧佛像。經敎法師。附使貢獻。宜信行者。[已上]

또 다른 기록에는 다음과 같이 적고 있다.
"시나노국信濃國 선광사善光寺 아미타불상이 바로 이 불상이다. 오와리다少治田 천황[스이코 천황] 당시인 임술년 4월 8일에 하타노 코세秦巨勢 대부에게 명하여 불상을 봉청奉請하여 시나노국信乃國에 보내도록 하였다. 운운"

或記云。信濃國善光寺阿弥陀佛像。則此佛也。少治田天皇[推古]御時。壬戌年四月八日。令秦巨勢大夫奉請送信乃國。云云。

『선광사연기善光寺緣記』에 다음과 같이 적고 있다.
"아메쿠니오시하라키히로니와天國排開廣庭 천황[긴메이 천황]이 다스리던 13년 임신 10월 13일에 백제국으로부터 아미타불 삼존이 풍랑에 떠밀려 일본국의 세츠국攝津國 나니와진難波津에 표착했다. 그 후 37년이 흘러 처음 불법佛法이 있음을 알았다. 그러므로 이 3구가 (일본에 전래된) 최초의 불상이다. 그래서 세속 사람들은 모두 3구의 불상을 '본사여래本師如來'라고 불렀다. 오하리다小墾田 스이코推古 천황 10년 임술년 4월 8일에 부처님의 탁선託宣(부처님이 꿈에 나타나서 알림)에 의거하여 갑자기 천황이 불상을 시나노국信乃國 미노치군水內郡으로 옮겨 봉안하라고 명을 내렸다. 이는 불상이 최초로 영험을 보인 것이었다. 이 불상은 원래 석가세존이 계실 때에 천축 비사리국의 월개月盖 장자가 만들었던 것이다. 월개 장자는 석존의 가르침에 따라 서방을 정면으로 향하여 멀리서 지극정성으로 절을 하고 아미타여래와 관세음보살과 대세지보살을 일심으로 지념持念하였다. 이때 삼존이 손바닥 반 정도의 크기로 몸을 작게 하여 월개 장자의 문지방에 나타나 머물렀다. 장자가 한 분의 부처님과 두 분의 보살을 대면하여 보더니 순식간에 금동을 주조하여 불상과 보살상을 모사模寫해 만들었다. 월개 장자가 죽은 후에 불상이 하늘로 날아올라 백제국에 이르렀고, 1천여 년이 지난 후에 일본 조정에 표류해 왔다. 지금 선광사 삼존이 바로 그 불상이다."【이상은 선광사연기의 글에서 인용한 것이다.】

善光寺緣記云。天國排開廣庭天皇【欽明】天皇治。十三年壬申。十月十三日。從百濟國。阿彌陀三尊浮浪來。着日本國攝津國難波津。其後經卅七箇年。始知有佛法。仍以此三躰。爲佛像之寂初。故俗人号之。悉曰本師如來。小墾田推古天皇十年壬戌四月八日。依佛之託宣。忽下綸言。奉移信乃國水內郡。佛像寂初。靈驗揭焉。件佛像者。元是釋尊在世之時。天竺毗沙離國月盖長者。隨釋尊敎。正向西方。遙致礼拜。一心持念弥陀如來。觀音。勢至。爾時三尊促身於一揉手半。現住月盖門閫。長者面見一佛二菩薩。忽以金銅所奉鑄寫之佛菩薩像也。月盖長者遷化之後。佛像騰空。飛到百濟國。已經一千餘年。其後浮來本朝。今善光寺三尊。是其佛像也。【已上出彼寺本緣起之文。】[84]

2) 비다츠敏達 천황

6년(577) 10월, 백제국에 오오와케노 기미大別王를 파견하여 경론을 가지고 오게 했다. 이때 율사律師, 선사禪師, 비구니, 주사呪師, 금사禁師, 불공佛工 등 여섯 명도 함께 와서 알현하였다. 그 율사와 불공 등을 나니와難波의 대별사大別寺에 머물게 했다. 미미토 황자耳聰皇子가 아뢰었다.

"저는 진실로 가지고 온 경론을 보고 싶습니다."

천황이 그 이유를 묻자, 미미토 황자가 대답하였다.

"저는 지난날 한漢나라 때에 형산봉衡山峰에서 수십 년[85] 동안 머물며 불도를 수행한 적이 있습니다. 부처님이 드리우신 가르침은 유有도 아니고 무無도 아니며, 모든 선은 받들어 행하고 모든 악은 짓지 말라는 것입니다.[86] 그래서 지금 백제국이 헌상한 불경과 보살의 여러 논서들을 보고자 하는 것입니다."

천황이 크게 기이하게 여기며 물었다.

84　㉺ 新訂增補『國史大系』제12권『扶桑略記』, pp.28~29.

85　저본에 '數十身'이라 기록되어 있지만 그 각주에서 "身原作年 今從眞本及太子傳曆"('身'은 원래 '年'이라 되어 있지만 여기서는 '진본'과 '태자전력'을 따랐다.)이라 하였으므로 번역에서는 '年'으로 해석하였다.

86　"모든 악을 짓지 않고, 모든 선을 행하며, 스스로 마음을 깨끗이 하는 것이 바로 부처님의 가르침이다.(諸惡莫作。諸善奉行。自淨其意。是諸佛敎。)"라는 문구는『증일아함경』「서품」(『大正藏』2, p.551a),『법구경』「述佛品」(『大正藏』4, p.567b) 등 많은 경전에 나오는 글이다.

"그대는 여섯 살부터 짐 앞에 있었는데 언제 한나라에 있었는가? 어찌 거짓된 말을 하느냐?"

황자가 아뢰었다.

"저는 전생에 대한 기억이 남아 있습니다."

천황이 박수를 치며 매우 기이하게 여겼고, 듣고 있던 군신들도 크게 혀를 차고 박수를 치면서 기이하게 여겼다. 「약항법화험기藥恒法花驗記」에서는 다음과 같이 말했다.

"비다츠 천황 6년 정유년에 백제국이 경론 200여 권을 바쳤다. 이 경론 가운데 『법화경』이 함께 왔다."

六年。十月。遣大別王於百濟國。經論持來。幷律師禪師比丘尼咒師禁師佛工等六人來朝。件律師佛工等。安置難波大別寺。耳聰皇子奏曰。兒情欲見將來經論。天皇問之何由。皇子奏曰。兒昔在漢。住衡山峰。歷數十身。修行佛道。佛之垂教。非有非無。諸善奉行。諸惡莫作。故今欲見百濟所獻佛經幷諸論。天皇大奇問云。汝年六歲。猶在朕前。何日在漢。何以詐言。皇子奏曰。兒之前身。意之所慮。天皇拍手太異。所聞群臣。亦太鳴舌拍手而奇。藥恒法花驗記云。敏達天皇六年丁酉。百濟國獻經論二百餘卷。此經論中。法華同來。

8년 기해년(579) 10월, 신라에서 석가불상을 헌상해 왔다. 우마야도 왕자【가미츠미야 태자이다.】가 아뢰었다.

"말세에 불상을 존숭하면 화를 없애고 복을 받을 수 있겠지만, 멸시한다면 재앙을 불러들이고 수명을 단축시킬 것입니다."

천황이 크게 기뻐하며 안치하고 공양하였다. 지금 흥복사 동금당에 있다.

八年己亥。十月。自新羅國獻送釋迦佛像。廐戶王子【上宮太子也】。奏曰。末世尊之則銷禍蒙福。蔑之則招災縮壽。天皇大悅。安置供養。今在興福寺東金堂

12년 계묘년(583) 7월, 백제국의 손님인 일라日羅가 와서 알현하였다. 그의 몸에 광명이 있어서 마치 불꽃이 일어나는 것같이 보였다. 우마야도廐戶 왕자[87]와 만나 청아한 담소를 나누었는데 일라가 합장하면서 말하였다.

"구세관음보살님께 예경하오니, 동방의 작은 나라에서 법등을 전하고 계십니다."[88]

일라는 마치 불길이 거세게 타오르는 것처럼 몸에서 광명을 크게 발하였고, 왕자 또한 마치 햇빛이 여러 갈래로 비추는 것처럼 미간으로부터 빛을 뿜어내다가 잠시 후 그쳤다. 우마야도 왕자가 좌우에 말하였다.

"내가 옛날 한나라에 있을 때에 저 사람은 나의 제자로서 항상 태양에게 절하였으므로 몸에서 광명을 발하는 것이다. 죽은 후에는 반드시 천상에 태어날 것이다."

十二年癸卯七月。百濟國客日羅來朝。身有光明。狀如火焰。廐戶王子相會淸談。日羅合掌言。敬礼救世觀世音。傳燈東方粟散國。日羅

---

87 우마야도 왕자 : 쇼토쿠 태자의 별칭이다.
88 『제왕편년기』비다츠 천황 12년조에는 "傳燈東方粟散王"이라고 하여 "동방의 작은 나라 임금에게 법등을 전하소서."라고 하였다.

大放身光。如火熾炎。王子亦自眉間放光。如日暉枝。須臾卽止。廐戶
王子語左右云。兒昔在漢。彼爲弟子。常拜日天。故身放光明。捨生之
後。必生天上。

13년 갑진년(584) 9월, 백제국에서 미륵 석상 한 구를 보내 왔다. 지금
원흥사元興寺 동당에 있다. 소가 대신 우마코노 스쿠네馬子宿禰가 그 불상
을 청하여 얻어 집의 동쪽에 불전佛殿을 세우고, 비구니 세 명을 정중히
모시고 크게 재회齋會를 설행하였다.

十三年甲辰九月。自百濟國。彌勒石像一軀送之。今在元興寺東堂。
蘇我大臣馬子宿祢請取件像。營佛殿於宅東。屈請三尼。大設齋會。[89]

3) 요메이用明 천황

2년 정미년(587) 4월,…(중략)…백제의 불공佛工인 안부다수내鞍部多須
奈가 천황을 모시기 위해서 출가하고 장육불상丈六佛像과 판전사坂田寺를
조성하였다.

二年丁未四月。……百濟佛工鞍部多須奈。奉爲天皇出家。造顯丈六
佛像幷坂田寺。[90]

---

89 ㉮『日本書紀』下, pp.32~34.
90 ㉮『日本書紀』下, p.36.

4) 스슌崇峻 천황

　원년 무신년(588) 3월, 백제국에서 부처님 사리를 헌상하였다. 그리고 사공寺工 2인, 노반사鑪盤師 1인, 조와사造瓦師 1인,[91] 화공畫工 1인이 함께 왔다. 그 표문의 내용은 다음과 같다.

　"폐하께서 임금의 자리를 계승하시어 처음 불도를 흥기시키셨으니, 한제漢帝가 (불교의) 중국 전래를 현몽現夢했던 것과 법왕法王이 서쪽에서 오신 뜻이 여기에서 징험된 것입니다. 엎드려 청하건대, 폐하께서는 약목若木[92]의 고을에 부처님의 광명이 비치도록 하시고 부상扶桑의 읍내에 자비의 구름이 드리워지도록 하십시오."

　元年戊申三月。自百濟國獻佛舍利。幷寺工二人。鑪盤師一人。造瓦師二人。畫工一人參來。表曰。陛下踐祚。肇興佛道。漢帝東流之夢。法王西來之猷。於今驗矣。伏請陛下照佛日於若木之鄕。掩慈雲於扶桑之邑。

　3년 경술년(590) 3월, 유학 갔던 비구니 젠신善信, 젠조禪藏, 에젠惠善 등이 백제로부터 돌아와 앵정사櫻井寺에 머물렀다.

91　저본에 '造瓦師二人'이라 기록되어 있지만 그 각주에서 "二人原作一人 今從眞本及太子傳曆 而書紀爲三人"('二人'은 원래 '一人'이라 되어 있지만 여기서는 '진본'과 '태자전력'을 따랐다. 그런데 『일본서기』에는 '三人'이라 되어 있다.)이라 하였으므로 번역에서는 '一人'으로 해석하였다.

92　약목若木 : 해가 지는 곳에 서 있었다고 전하는 나무로서 해가 지는 곳을 이르는 말이다.

三年庚戌三月。學問尼善信。禪藏。惠善尼等。自百濟還。住櫻井寺。[93]

5) 스이코推古 천황

원년(593) 4월,…(중략)…이 해에 사천왕사를 처음 나니와難波의 황릉荒陵 동쪽 아래로 옮겼는데, 그 연기緣起에서 말하였다.

"사천왕사…(중략)…금당에 금동으로 만든 구세관음보살상을 안치했다. 이것은 백제국왕이 내가 죽은 후에도 연모하고 추앙하려고 만든 보살상으로, 백제국에 있을 때 불상과 경율논의 법과 옷과 비구니 등을 바다 건너 일본에 보냈다."

元年。四月。……是歲。四天王寺。始移難波荒陵東下矣。緣起云。四天王寺。……金堂安置金銅救世觀音像。百濟國王。吾入滅後。戀慕渴仰所造之像也。在百濟國之時。佛像經律論法服尼等。渡越是朝。[94]

3년 을묘년(595) 봄, 토사국土左國 남쪽 바다에서 밤에 큰 빛과 함께 천둥 같은 소리가 울렸다. 30일이 지나 4월에 아와지시마淡路島[95] 남쪽 기슭에 가장 큰 둘레길이가 8척여 정도 되고 기이한 풀 향기가 나는 것이 표착하여 조정에 바쳤다. 섬사람들은 무엇인지 모르고 땔나무와 섞어서 태운 것이 많았다. 태자가 아뢰었다.

"이것은 침수향沈水香입니다. 이 나무 이름은 전단향목이고 남천축의

---

93 원『日本書紀』下, p.37.
94 원『日本書紀』下, pp.38~39.
95 아와지시마淡路島 : 兵庫縣의 남부에 있는 섬이다.

남쪽 해안에서 자랍니다.…(중략)…"

이에 곧 칙령을 내려 백제의 공인으로 하여금 그 나무를 조각하여 관세음보살상을 만들도록 하였는데 높이가 수 척尺이었다. 요시노吉野의 비소사比蘇寺에 안치하였는데 때때로 방광이 있었다.

三年乙卯春。土左南海。夜有大光。其聲如雷。經卅箇日。夏四月。着淡路嶋南岸。其大一圍。長八尺餘。其香異薰。貢獻朝庭。嶋人不知。交薪多燒。太子奏曰。是爲沈水香。此木名栴檀香木。生南天竺南海之岸。……卽有勅令百濟工。刻造檀像作觀世音菩薩。高數尺。安吉野比蘇寺。時時放光。

5월, 고구려 승려 혜자惠慈와 백제 승려 혜총惠聰 등이 와서 알현하였다. 이 두 승려는 불교를 홍포하여 함께 삼보의 동량이 되었다. 법흥사法興寺에 머물도록 하였고, 이로써 혜자는 태자의 스승이 되었다. 태자는 불도佛道에 대해 물었는데, 하나를 물으면 열을 알았고 열을 물으면 백을 알았다.

五月。高麗僧惠慈。百濟僧惠聰等來朝。此兩僧。弘演佛教。並爲三寶棟梁。令住法興寺。是以件惠慈爲太子師。太子問道。問一知十。問十知百。

4년 병진년(596) 5월, 태자가 혜자惠慈 법사에게 말하였다.
"법화경의 이 구절에 빠진 글자가 있습니다."
법사가 답하였다.

"다른 나라 법화경에도 다른 글자가 없습니다."

태자가 말하였다.

"이 구절 끝에 한 글자가 탈락되었습니다. 내가 예전에 가지고 있던 법화경에는 이 글자가 있었던 것 같습니다."

법사가 물었다.

"전하께서 가지고 있던 법화경은 어디에 있습니까?"

태자가 미소를 지으며 말하였다.

"수나라 형주 형산사衡山寺 반야대般若臺 위에 있습니다."

법사가 크게 기이하게 여기며 합장하고 절하였다.

四年丙辰五月。太子謂惠慈法師曰。法華經中。此句落字。法師答曰。他國之經。亦無有字。太子曰。於此句際。落一字耳。吾昔所持之經。思有此字。法師答。殿下所持之經。在何處哉。太子微咲云。在大隋衡州衡山寺般若臺上。法師太奇。合掌礼拜。[96]

5년 정사년(597) 4월, 백제왕이 왕자 아좌阿佐[97] 등을 보내 조공하였다.

"제가 듣기에 이 나라에 한 성인이 있다고 하는데 직접 뵐 수 있다면 마음이 만족스럽겠습니다."

태자가 그 말을 듣고 곧장 궁전 안으로 안내하였다. 아좌가 놀라 절하고 태자의 얼굴을 자세히 보고, 또 좌우의 손바닥과 발바닥을 살펴보고 나서 다시 일어나 양쪽에 두 번 절하고 물러나 뜰로 나가서 오른쪽 무릎

96 [원]『日本書紀』下, pp.39~40.

97 아좌阿佐 : 백제 위덕왕의 아들로 일본에 건너가 성덕태자의 초상화를 그렸다고 전한다.

을 땅에 대고 합장 공경하며 말하였다.

"큰 자비의 구세관음보살님께 예경하나이다. 미묘한 가르침을 동방의 일본에 유통시켜 49세까지 법등法燈을 전하고 설법을 펴시니 대자대비하신 보살님에게 예경하옵니다."

태자가 눈을 감고 있었는데 잠깐 사이에 미간眉間에서 길이가 3장丈이나 되는 한 줄기 밝은 빛을 발산하였다가 한참 후에 거두어들었다. 아좌는 다시 일어나 양쪽에 두 번 절하고 물러났다. 태자가 주변 사람에게 말하였다.

"이 사람은 전생에 나의 제자였기 때문에 지금 와서 인사하는 것일 뿐이다."

그때 사람들이 매우 기이하게 여겼다.

五年丁巳夏四月。百濟王。使王子阿佐等來朝貢。僕聞。此國有一聖人。僕自拜覲。情願足矣。太子聞之。直引殿內。阿佐驚拜。熟見太子之顏。復左右手掌。左右足掌。更起再拜兩段。退而出庭。右膝着地。合掌恭敬曰。敬礼救世大慈觀音。妙敎流通東方日國。四十九歲傳燈演說。大慈敬礼菩薩。太子合目。須臾眉間放一白光。長三丈計。良久縮入。阿佐更起。再拜兩段而出。太子語左右曰。是我昔身爲我弟子故。今來謝耳。時人太奇。[98]

10년 임술년(602) 11월, 백제국 승려 관륵觀勒이 와서 책력, 천문, 지리, 둔갑, 방술의 책을 바쳤다.

---

[98] 일 『日本書紀』下, p.40.

十年壬戌。十一月。百濟國僧觀勒來。貢曆本天文地理遁甲方術之
書。[99]

[여기서부터 제4 스이코推古 천황 계속]

13년 을축년(605) 4월 신유일(1일), 천황이 황태자와 대신 및 여러 신하들을 불러서 함께 발원하고 처음 장육(1장 6척)의 금동 석가불상과 협시보살상을 조성하였다. 불상을 만드는 공임은 동 23,200근, 황금 759냥을 썼다. 고구려 대흥왕大興王[100]은 멀리서 듣고 기뻐하고 황금 320냥을 바쳐 큰 복을 완성하도록 도왔으며 동심同心으로 인연을 맺었다.

十三年乙丑夏四月辛酉朔。天皇詔皇太子幷大臣諸臣。共同發願。始造金銅丈六尺迦佛像。挾侍菩薩像。作佛之工用銅二万三千二百斤。黃金七百五十九兩。高麗大興王遙聞隨喜。貢黃金三百廿兩。助成大福。同心結緣。[101]

23년 을해년(615) 11월, 고구려 혜자 법사가 본국으로 돌아갔다.

廿三年乙亥十一月。高麗惠慈法師歸于本國。

---

99 ㉟『日本書紀』下, p.41.
100 이 당시 고구려는 嬰陽王(재위기간, 590~617) 통치기이므로 대흥왕은 영양왕을 의미할 것이다.
101 ㉟『日本書紀』下, p.43.

24년 병자년(616) 7월, 신라왕이 높이 2척의 금불상을 바쳤는데 봉강사
蜂岡寺에 안치하였다. 이 불상은 빛을 발하고 때때로 기이함이 있었다.

廿四年丙子七月。新羅王貢金佛像。高二尺。置蜂岡寺。此像放光。時
時有異。[102]

31년 계미년(623) 7월, 신라와 임나의 사신 등이 함께 와서 알현하였
다. 불상과 금탑사리와 크고 작은 번幡 등을 바쳤다.

三一年癸未七月。新羅任那使等並來朝。貢佛像金塔舍利大小幡
等。[103]

32년 갑진년(624)[104] 4월 3일, 한 비구가 도끼를 가지고 조부를 쳐 죽였
다. 백성들이 탄식하여 말하였다.

"쇼토쿠 태자께서 계셨다면 어찌 이런 악역죄가 있었겠는가? 도인道人
도 이러한데 하물며 속인들이겠는가?"

이에 비구와 비구니를 감독하게 하였다.

卅二年甲辰四月三日戊申。一僧以斧打煞祖父。閭巷嘆曰。聖德太子
在世。豈有此逆罪哉。道人尙以如此。何況俗人哉。仍爲撿挍僧尼。

---

102 ㉙『日本書紀』下, p.45.
103 ㉙『日本書紀』下, p.46.
104 저본에는 甲辰年이라고 되어 있지만 甲申年의 오자인 것 같다. 스이코 천황 31년
   이 癸未年이고, 33년이 乙酉年이므로 甲申年이 되어야 한다. 그리고『제왕편년
   기』스이코 천황조에는 '三十二年甲申'이라고 되어 있다.

동월 18일 임술일, 처음 승정僧正을 설치하고 백제국 승려 관륵에게 그 직분을 맡겼다. 또 같은 날, 승도僧都를 보충함에 있어서 어른과 젊은이를 구분하지 않아 안부덕적鞍部德積이 처음 그 지위에 나아갔고 당일에 아즈미노 무라지阿曇連【이름 빠짐】를 법두法頭로 삼았다.[105] 이때 본조本朝의 46 사원에 비구 816명 비구니 569명이 있었다.[106] 승정 관륵이 말하였다.

"불법이 서역으로부터 한나라에 이른 지 300년이 지나 백제국에 전래되었고 거의 100년이 되어 일본에 전해졌습니다. 아직 100년이 되지 않아 72년이 되었습니다.【이상은 『일본서기』 권22에서 발췌한 기록이다.】"

同四月十八日壬戌。始置僧正。百濟國僧觀勒始任其職。又同日。補僧都。未分大少。鞍部德積初居其位。卽日以阿曇連【闕名】爲法頭。此時。本朝寺四十六院。僧八百十六人。尼五百六十九人。僧正觀勒云。佛法自西域至于漢土。歷三百歲。傳之至百濟國。僅一百年。此日本國。未滿百年。七十二年也。【已上日本紀卄二之抄記。】

33년 을유년(625), 전국에 가뭄이 심하였다. 그래서 고구려 승려 혜관惠灌에게 푸른 옷을 입고 삼론三論을 강독하게 하였더니 단비가 내렸다. 이에 상으로 승정에 임명하고 원흥사元興寺에 주석케 하여 삼론의 법문

---

105 일본 僧官制와 관련된 최초의 기록이다. 하지만 僧正이나 僧都의 명칭이 덴무 천황에 이르러 나타나고 있으므로 스이코 천황(재위 631~686) 때 승관제를 설치했다는 기사는 믿기 어렵다.
106 『부상약기』와 『제왕편년기』의 스이코 천황 32년조에는 사찰이 46곳 있다고 하였는데, 『일본서기』 스이코 천황 32년조에는 "有寺卅六所 僧八百十六人 尼五百六十九人 幷一千三百八十五人"이라고 하여 사찰 36곳, 비구 816인과 비구니 569인 등 모두 1,385인이 있었다고 하였다.

을 널리 펴도록 하였다. 정상사井上寺를 건립하였다.

卅三年乙酉。天下旱魃。以高麗僧惠灌。令着青衣講讀三論。甘雨已降。仍賞任僧正。住元興寺。流布三論法門。建井上寺。[107]

6) 조메이舒明 천황

11년 기해년(639) 정월, 처음으로 대궁大宮을 십시군에 조성했다. 백제하百濟河 옆에 좋은 땅을 골라 웅응정사熊凝精舍를 이전하고 백제대사百濟大寺[108]【지금의 대안사大安寺이다.】를 지었다.

十一年己亥正月。始造大宮十市郡。百濟河側。相擇勝地。移熊凝精舍。建百濟大寺【今大安寺是也。】。

11월, 백제대사에 9층탑을 건립하였다.

十一月。於百濟大寺。建九重塔。

대안사기大安寺記에서 말하였다.
"백제대사에 봉읍 300호와 양전良田 300정町과 여러 가지 재보財寶를

107 [원]『日本書紀』下, p.47.

108 백제대사百濟大寺 : 일본 奈良縣 葛城郡 廣陵町에 있던 사찰로, 이곳의 원래 지명이 백제촌이었다. 훗날 空海 대사(774~835)가 그 遺址에 사원을 세우고 3층탑을 건립했다고 한다.

보시하였다.…(중략)…"

大安寺記云。施入百濟大寺。封邑三百戶。良田三百町。幷種種財寶。……109

7) 고교쿠皇極 천황

원년 임인년(642) 9월, 조칙을 내려 백제사를 짓도록 하였는데 지금의 대안사이다.

元年壬寅。九月。詔令造百濟寺。今大安寺是也。110

4년 을사년(645), 고구려에서 유학하였던 승려들이 말하였다.
"함께 공부했던 구라츠쿠리鞍作의 신하[도쿠시得志]는 호랑이를 벗으로 삼아 그 술법을 배웠습니다. 혹은 마른 산을 변화시켜 푸른 산이 되도록 하고, 혹은 메마른 땅을 옥토로 변화시키는 여러 가지 기묘한 술수를 연구하여 익힌 것이 많았습니다. 또 호랑이는 침을 주면서 말하기를 '조심하고 조심하시오. 남들이 알게 해서는 안 되오. 이것으로 병을 치료하면 낫지 않는 병이 없소.'라고 하였는데 과연 그의 말과 같이 되었습니다. 도쿠시는 그 침을 기둥에 숨겨 두었지만 후에 호랑이가 그 기둥을 부러뜨리고 침을 취하여 달아나 버렸습니다. 고구려국은 도쿠시가 본국으로 돌아가고자 하는 것을 알고 독살하였습니다."

---

109 원『日本書紀』下, p.49.
110 원『日本書紀』下, p.50.

四年乙巳。高麗學問僧等言。同學鞍作臣【得志】。以虎爲友。學取其術。
或使枯山變爲靑山。或使黃地變爲白水。種種奇術。多以究習。又虎
授針曰。愼矣。愼矣。勿令人知。以此治病。无不差愈。果如所言。其針
隱置柱中。後時虎折其柱。取針走去。高麗國知其得志欲歸本國。與
毒殺之。[111]

8) 고토쿠孝德 천황

다이카 2년 병오년(646),…(중략)…도토道登라 불리는 승려는…(중략)…
본래 고구려 유학생으로서 원흥사 승려이다.

大化二年。丙午。……釋子名曰道登。……本是高麗學生。元興寺沙門
也。[112]

하쿠치 4년 계축년(653), 이 해에 원흥사 도쇼道昭 화상【가와치국河內國
사람이다.】이 사신을 따라 당나라에 들어갔으며 현장玄奘 삼장[113]을 만나
배우기를 청하여 가르침을 받았다.…(중략)…화상이 당나라에 있을 때 갑
자기 500 신선이 와서 몸을 굽혀 절하였다. 도쇼는 신선들의 마음을 이해
하고 마침내 간청을 받아들여 신라국 경계에 있는 어떤 산에 가서 『법화

---

111 ㉰『日本書紀』下, p.51.
112 ㉰『日本書紀』下, p.53.
113 玄奘(602~664)은 중국 당나라의 高僧으로 627년 인도로 유학을 떠났다가 645년
에 장안으로 돌아왔다. 인도에서 배운 유식학을 가르쳐 중국 법상종의 조사가 되
었으며, 『대반야경』, 『성유식론』, 『구사론』 등 75종 1,335권을 번역하였다. 또한 그
의 인도 여행기인 『大唐西域記』를 저술하였다.

경』을 강의하였다. 여러 신선들이 귀를 쫑긋 세우고 들었다. 신선들 중에 어떤 사람이 일본말로 질문하였다. 도쇼가 깜짝 놀라 돌아보았더니 한 우바새가 있어서 물었다.

"그대는 누구인가?"

이에 다음과 같이 대답하였다.

"일본인으로서 불도를 수행하는 우바새입니다."

자리에서 내려와 찾았지만 어느새 사라져 그 소재를 알 수 없었다.【나라경奈良京 약사사藥師寺 승려 게이카이景戒의 영이기靈異記에 수록되어 있다.】

白雉四年癸丑。件年。元興寺道昭和尙。隨使入唐【河內國人】。遇玄奘三藏。請益受業……和尙在大唐時。忽有五百群虎。來致延屈之礼。道昭解虎情。竟受請赴新羅國屆一山中。講法花經。群虎攢耳聽之。虎衆之中。時有一人。以倭語發問。道昭愕然顧視。有一優婆塞。問儞爲誰。對言。日本行者役優婆塞也。下座求之。忽失所在矣。【具如奈良京藥師寺僧景戒靈異記。】

또 위헌기爲憲記에서 말하였다.

"도쇼 화상이 당나라로 건너갔을 때 500 신선의 간청을 받아들여 신라의 산에 이르러 『법화경』을 강의하였는데, 그때 일본말로 질문하는 사람이 있었다. 도쇼 화상이 그에게 '누구인가?'라고 묻자, 답하기를 "나는 일본인으로서 불도를 수행하는 우바새입니다. 우리나라 신은 바르지 않고 사람들은 아첨하므로 이것이 싫어서 떠나왔지만, 자주 그리워할 뿐입니다."【이상은 위헌기爲憲記의 내용이다. 개인적인 생각을 말한다. 신은 바르지 않고 사람들은 아첨하므로 이 때문에 싫어서 떠났다는 것은 그 뜻이 분명하지 않다. 도쇼 화상이 당나라로 건너갔을 즈음에 저 수행자는 아직 유배를 가지 않았을 때이다. 그는 몬무文武 천황 3년 기해년 5월 정축일에 가츠라기葛城[114] 명신明神들의 참언으로 말미암아 이즈도 伊豆嶋로 유배 갔고, 대보大寶 원년 신축 5월에 칙령으로 소환하여 돌아오는 날에 비로소 '신은 바르지 않고 사람들은 아첨하는 나라'를 싫어한다며 급히 당나라로 갔던 것이다. 그런데 이 해는 도쇼 화상이 조정으로 돌아와 입멸한 이후이다. 이 내용이 아래의 제5권에 자세히 실려 있다. 고토쿠孝德 천황 하쿠치白雉 4년 계축년(653)부터 몬무 천황 대보 원년 신축년(701)까지 합하여 계산하면 45년의 격차가 있으니, 어찌 백치 연간에 도쇼 화상을 만날 수 있겠으며, 어떻게 사람과 신이 아첨하고 바르지 않다고 말할 수 있겠는가. 결정적으로 이것은 오류이다. 다만 신라의 산에서 수행하는 우바새가 도쇼 화상을 만난 일이 곳곳의 글에 실려 있을 뿐이다. 이것은 단지 수행자의 신통력이라고 할 수 있을지언정 그 선후를 논할 수는 없다. 이상은 사사로이 말한 것일 뿐이다.】

又爲憲記云。道昭和尙渡唐之時。受五百虎之請。至新羅山中。講法華經。時有以本朝之詞。擧疑之人。道和上問云。是誰人哉。答言。吾是日本行者役優婆塞也。我國神曲人諂。因是厭去。但時時往向。【已上爲憲記也。私云。神曲人諂。因此厭去者。其旨未明。道昭和尙度唐之比。彼役行者未坐配流。文武天皇三年己亥五月丁丑日。由葛城明神之讒奏。流伊豆嶋。大寶元年辛丑五月。有勅召反之日。始厭神曲人諂之國。飛去度唐也。尋件年者。道昭和尙歸朝入滅以後也。具在下第五卷。自孝德天皇白雉四年癸丑歲。至文武天皇大寶元年辛丑歲。合計相隔四十五年。豈白雉年遇道昭和尙。何云人神諂曲哉。定是誤也。但役優婆塞於新羅山。値道昭和尙之事。在處處文。是只可行者之通力矣。不可論其先後。已上私言而已。】[115]

---

114 가츠라기葛城 : 나라현의 중서부에 있던 도시이다.
115 ㉘『日本書紀』下, pp.54~55.

9) 사이메이齋明 천황

2년 병진년(656), 같은 해에 내신중신內臣中臣인 가마코무라지鎌子連가 병이 들어 눕자 천황이 근심하였다. 이에 백제의 비구니 법명法明이 아뢰었다.

"『유마힐경』은 병문안으로 인하여 가르침을 설하는 경전이니, 시험 삼아 병자를 위해 독송하고자 합니다."

천황이 크게 기뻐하였다. 법명法明이 처음 도착하여 이 경전을 독송할 때 게송의 구절이 끝나기도 전에 중신의 병이 독경소리에 감응하여 곧 나았다. 가마코무라지는 감복하고 다시 경전을 독송하도록 하였다.

二年丙辰。同年。內臣中臣鎌子連寢疾。天皇憂之。於是百濟禪尼法明奏云。維摩詰經。因問疾發教法。試爲病者誦之。天皇大悅。法明始到。誦此經時。偈句未終。中臣之疾。應聲洒痊。鎌子感伏。更令轉讀。[116]

7년 신유년(661) 여름,…(중략)…사이메이 천황 치세에 살았던 석의각釋義覺은 원래 백제국 사람이다. 그 나라가 망하자 우리 조정에 들어와 나니와難波의 백제사에 머물렀다. 법사의 키는 7척이고 널리 불교를 배웠으며『반야심경』을 염송하였다. 그 무렵 그 절에는 비구 에기惠義가 있었는데 홀로 한밤중에 나가 걷다가 의각의 방에서 광명이 밝게 비치는 것을 보고 괴이하게 여겼다. 몰래 창호지를 뚫고 엿보았더니 법사가 단정히

---

116 원『日本書紀』下, p.56.

앉아 경을 독송하는데 입으로부터 빛이 나오고 있어서 더욱 놀라 두려워하였다. 다음날 잘못을 뉘우치고 두루 대중에게 고하였다. 그때 의각 법사가 제자들에게 말하였다.

"나는 어느 날 밤에 『반야심경』을 백 번쯤 독송한 후에 눈을 떠 방 안[117]을 보았더니 사방 벽이 허공처럼 통하여 정원이 훤히 보였다. 이에 희유한 생각이 일어나 방에서 나와 사원을 둘러보고 다시 돌아와 방을 보았는데 벽과 문이 모두 닫혀 있었다. 곧바로 밖에 있는 평상에 앉아 다시 『반야심경』을 독송하였더니 전과 같이 눈이 열리고 사방이 훤히 보였다. 곧 이것이 『반야심경』의 부사의한 일이다."{이상은 이기異記의 내용.}

七年辛酉夏。……同御代。有釋義覺者。元是百濟國人也。其國破時。入我朝庭。住難波百濟寺。法師身長七尺。廣學佛敎。念誦般若心經。于時有同寺僧惠義。獨以夜半出行。因見其室中。光明照耀。惠義怪之。竊穿牖紙窺看。法師端坐誦經。光從口出。增以驚悚。明日悔過。周告大衆。時覺法師語弟子言。吾一夜誦心經百遍許。然後開目覓其室裡。四壁空通。庭中顯見。於是生希有想。從室而出。廻瞻院內。還來見室。壁戶皆閇。卽坐外床。復誦心經。開通如前。卽是般若經不思議也。{已上異記。}[118]

---

117 원문에 '實裡'라고 되어 있지만 '室裡'의 오자라고 생각되어 '방 안'이라고 번역하였다.
118 ㉝『日本書紀』下, p.57.

10) 제5 덴치天智 천황

7년 무진년(668), 같은 해에 신라 사문 도행道行이 초치검草薙劒을 훔쳐서 본국으로 가다가 거친 비바람에 길을 잃고서 결국 검을 가지고 돌아왔다.

七年戊辰。同年。新羅沙門道行。盜草薙之劒。向本國。時風雨荒迷而遂持歸。[119]

11) 덴무天武 천황

9년 경진년(680) 11월, 황후의 병으로 인하여 약사사藥師寺를 조성하였다.…(중략)…내전에 안치된 금동 반半장육(8척) 아미타불상, 그리고 관세음보살과 대세지보살 각 1구, 경루經樓 1구, 종루鐘樓 1우, 현홍종懸鴻鐘 1구는 백제국왕이 헌상한 것이다.

九年庚辰。十一月。依皇后病。造藥師寺。……內殿安置金銅半丈六阿弥陀佛像。幷觀音得大勢至菩薩各一體。經樓一口。鐘樓一宇。懸鴻鐘一口。百濟國王所獻也。[120]

---

119 원『日本書紀』下, p.61.
120 원『日本書紀』下, p.65.

12) 지토持統 천황

원년(687), 이 해에 신라 왕자가 와서 알현하고 금과 은의 진보珍寶와 불상 등을 바쳤다.[121]

元年。是年。新羅王子來朝。獻金銀珍寶等幷佛像等。

7년 계사년(693) 6월, 고구려 사문 복희福喜[122]에게 조칙을 내려 환속시켰다.

七年癸巳。六月。詔高麗沙門福喜還俗。[123]

같은 해 9월, 신라의 이름난 승려를 천하에 파견하였다.

同九月。遣新羅名僧于天下。[124]

5년【다이호 원년】 신축년(701),…(중략)…일본국의 구법견당부求法遣唐副 학생이었던 도쇼道昭 대덕이 500 현성의 청을 받아 신라산사新羅山寺에 머무르며 『법화경』을 강의하였는데 신선들이 매일 모여들었다.…(중략)…

五年【大寶元年】辛丑。……日本國求法遣唐副學生道昭大德。得五百賢

---

121 이때 사신으로 온 신라 왕자는 金霜林이다.
122 『일본서기』 지토 천황 7년조에는 福嘉라고 하였다.
123 ㉥『日本書紀』下, p.67.
124 ㉥『日本書紀』下, p.68.

聖請。住新羅山寺。講法花經。時神仙每日集會。……125

게이운 4년 정미년(707) 5월 을축【28】일, 유학 갔던 승려 기호義法, 기키義基, 소슈摠集, 지조慈定, 조다츠淨達가 신라에서 왔다.

慶雲四年丁未。五月。乙丑【廿八】日。學問僧義法。義基。摠集。慈定。淨達。自新羅來。126

13) 제6 겐메이元明 천황

게이운 4년 정미년(707) 10월, 담해공淡海公【후히토】이 구판사廐坂寺에서 신라 유학승 간치觀智를 초청하여 『유마경』 2권을 강의하도록 하였다.

慶雲四年丁未十月。淡海公【不比等】在廐坂寺。請新羅遊學僧觀智。講維摩詰兩本經。127

14) 겐쇼元正 천황

요로養老 2년 무오년(718) 9월,…(중략)…고구려 유학승 교젠行善이 일본에 왔다. 늙은 승려 교젠이 고구려에 있을 때 그 나라에 홍수가 났는데도 갑자기 강가로 갔다. 다리가 끊기고 배도 없어서 강을 건널 방법이 없었

---

125 ㉮『日本書紀』下, p.71.
126 ㉮『日本書紀』下, p.75.
127 ㉮『日本書紀』下, p.77.

는데 끊어진 다리 위에서 관세음보살을 마음속으로 염불하였다. 이때 어떤 늙은이가 배를 타고 맞이하러 와서 배에 올라타 함께 강을 건넜다. 강을 건넌 후 늙은이는 홀연히 사라졌고 그 배도 없어졌으므로 이내 그 늙은이가 관세음보살의 화신임을 알았다. 서원을 세워 보살상을 조성하고 밤낮으로 예경하니, 사람들이 그를 하변보살河邊菩薩이라고 불렀다. 이때에 마침내 일본에 와서 그 보살상을 흥복사興福寺에 안치하고 아침부터 저녁까지 공양하고 예경하였다. 그러나 그 사이 보살상이 갑자기 없어져 소재를 알지 못한다.

養老二年戊午九月。……高麗留學之僧行善歸朝。件老師行善。在于高麗之時。其國洪水。忽行河邊。橋壞无舡。過度无由。居絶橋上。心念觀音。卽時老翁乘船迎來。同載共度。度竟之後。老翁忽失。其舟亦亡。乃知觀音化身也。發誓造像。日夜歸敬。時人謂之河邊菩薩。至是。遂以歸朝。安置其像於興福寺。夙夜供敬。然間其像俄失。不知所在矣。[128]

요로 5년 신유년(721) 6월 무술[23]일, 조서를 내려 말하였다.

"사문 행선은 책상자를 짊어지고 유학 온 지 7년[해]이 지났다.…(중략)…또 백제 사문 도장道藏은 참으로 법문法門의 영수이고 불교의 동량으로서 나이 80이 넘어 기력이 쇠약하여 비단 묶음의 보시가 있지 않으면 어떻게 노인을 봉양하는 마음에 합당하겠는가. 마땅히 관할 관청은 사시四時로 명주 5필, 비단 10둔, 베 20단을 시주하고, 또 노사老師와 고

---

128 國『日本書紀』下, p.82.

향이 같은 친족들은 노사가 입적할 때까지 부역을 면제해 주도록 할 것이다."

養老五年辛酉。六月。戊戌【廿三】日。詔曰。沙門行善。負笈遊學。既經七代【歲】。…又百濟沙門道藏。寔惟法門袖領。釋道棟梁。年逾八十。氣力衰耄。非有束帛之施。豈稱養老之情哉。宜所司四時施物。絁五疋。綿十屯。布廿端。又老師所生。同籍親族。給復終僧身焉。[129]

15) 부상약기초扶桑略記抄 2, 간무桓武 천황

23년 갑신년(804) 7월, 연력사延曆寺 사이쵸最澄 화상[130]이…(중략)…다행히 태악泰岳 영엄산사靈嚴山寺 진국도량대덕鎭國道場大德 내공봉內供奉 사문 순효順曉를 만날 수 있었다. 순효는 사이쵸의 신심과 발원에 감격하여 관정灌頂해 주고 삼부三部, 삼매야三昧耶와 도상圖像, 계인契印, 법문法文의 도구 등을 주었다. 『순효사리부법서順曉闍梨付法書』에서 말하였다.

"당나라 개원 연간에 대大삼장이고 바라문국의 왕자이며 법호가 선무외善無畏[131]인 비구가 부처님이 태어나신 인도의 나란타사那蘭陀寺로부터 대법륜大法輪을 전해 받아 당나라에 이르러 전법 제자 비구 의림義林에게

---

129 [원]『日本書紀』下, p.84.

130 사이쵸最澄 : 766~822. 일본 천태종의 개조이며 시호는 傳敎 大師이다. 804년 구카이와 함께 당나라에 들어가 湛然 문하의 行滿에게서 천태교학을 배우고, 靈嚴寺 順曉로부터 밀교를 배웠다. 1년 후 귀국하여 比叡山에 延曆寺를 세우고 천태종을 개창하였다.

131 선무외善無畏 : 637~735. 인도 중부 또는 동부의 왕족 출신으로 나란타사에서 眞言密敎를 대성한 후 716년에 당나라로 건너가 포교와 譯經에 힘썼다. 그가 번역한 경전으로『大日經』,『蘇婆呼童子經』등이 있다.

부촉하셨다. 또한 의림은 국사이며 대아사리로서 103세인데 지금 신라국에서 법을 전하면서 대법륜을 굴리고 있고 또 당나라 제자인 나에게 부촉하셨다. 나(순효)는 진국도량鎭國道場의 아사리로서 또 일본국 공봉대덕供奉大德인 제자 사이쵸最澄에게 부촉하여 대법륜을 굴리도록 한다. 사이쵸는 네 번째로 부촉하여 전수받은 사람이다. 당나라 정원 21년 4월 19일에 쓰노니, 불법이 영원히 끊어지지 않도록 하라. 아사리 사문 순효는 기록하여 사이쵸에게 부촉한다."

廿三年甲申。秋七月。延曆寺寂澄和尙。……幸得値遇泰岳靈嚴山寺鎭國道場大德內供奉沙門順曉。曉感信心之願。灌頂傳授三部三昧耶圖樣契印法文道具等。順曉闍梨付法書云。大唐國開元朝。大三藏婆羅門國王子。法號善无畏。從佛國大那蘭陀寺。傳大法輪。至大唐國。付屬傳法弟子僧義林。亦是國師大阿闍梨一百三歲。今在新羅國傳法。轉大法輪。又付大唐弟子僧順曉。是鎭國道場之阿闍梨。又付日本國供奉大德弟子寂澄轉大法輪。僧寂澄是第四付屬傳授。唐貞元廿一年四月十九日書記。令佛法永永不絶。阿闍梨沙門順曉錄付寂澄。[132]

---

132 원『日本書紀』下, p.117.

3. 『제왕편년기帝王編年記』[133]

1) 권제7 긴메이欽明 천황

6년 을축년(545) 가을 9월, 백제왕이 장육불상과 번개와 경론 등을 헌상하였다. 세존 입멸로부터 1,492년이다.

六年乙丑。秋九月。百濟王獻丈六佛像幡盖經論等。自世尊滅後一千四百九十二年也。

13년 임신년(552) 10월, 백제국 성명왕聖明王이 석가금동상을 보내 왔다. 이것이 곧 일본국 불법의 최초이다.

十三年壬申。十月。百濟國聖明王渡釋迦金銅像。是則日本國佛法最初也。

같은 해, 또 성명왕이 아미타불상[길이 1척 5촌], 관세음보살상·대세지보살상[길이 1척]을 헌상하였다. 이 불상은 시나노국信濃國 선광사善光寺의

---

133 ㉰ 僧 永祐가 撰하였다는 이 『帝王編年記』는 『歷代編年集成』이라고도 하며, 또 『帝王編年集成·歷代編年記』·『扶桑編年錄』 등으로도 불리는데, 모두 27권으로 되어 있다. 本抄 역시 新訂增補 『國史大系』 제12권에 들어 있는 『제왕편년기』에 의하였다.

불상이다. 대신 오오무라지大連가 아뢰었다.

“일본국은 개벽 이래 신神을 종원宗源으로 삼아 왔습니다. 지금 이를 고쳐서 변방의 신에게 예경하시니, 국가의 신이 노할까 염려됩니다.”

그리고 곧장 불상을 나니와難波의 호리에堀江에 버리고 불을 놓아 절을 태웠다. 이때 하늘에서 구름도 없이 비가 내렸고, 갑자기 불덩이가 하늘에서 내려와 내전內殿을 태웠다.

同年。又同王獻阿弥陀佛像【長一尺五寸】觀音勢至像【長一尺】此像信濃國善光寺佛是也。大臣大連奏云。和國者開闢已來。以神爲宗。今改拜蕃神。臣恐國神之怒。卽以佛像流弃難波堀江。放火燒寺。於是天無雲雨降。忽火灾自天降燒內裏。[134]

2) 비다츠敏達 천황

6년 정유년(577) 11월, 백제왕이 경론과 율사, 선禪하는 비구와 비구니, 주사呪師, 금사禁師 및 불상을 만들고 사찰을 짓는 공인工人 등을 보내 왔다.

六年。丁酉。十一月。百濟王。獻經論幷律師禪僧尼咒師禁師。造佛造寺工等。

8년 기해년(579) 10월, 신라로부터 석가상이 왔다. 산과사山科寺 동금

134 [원] 新訂增補『國史大系』第12卷,『帝王編年記』, p.103.

당의 불상이 이것이다.

八年。己亥。十月。自新羅渡釋迦像。山科寺東金堂佛是也。[135]

12년 계묘년(583) 7월, 백제승 일라日羅가 와서 알현하였다. 당시 태자 나이 12살로 나니와 관難波舘에서 동자들과 어울려 놀고 있었는데 일라가 쇼토쿠 태자를 지목하고 멀리서 땅바닥에 무릎을 꿇고 합장하며 게송을 지어 말하였다.

“구세관음보살님께 예경하오니, 동방의 속산왕에게 법등을 전하소서. 서방정토로부터 오시어 이 나라에 태어나셨으니, 모든 오묘한 법을 연설하여 중생을 제도하소서.”[136]

이것이 최초로 일본국에 관음보살의 명호가 알려진 것이다.

十二年。癸卯。秋七月。百濟僧日羅來朝。于時太子十二歲。交於童子遊戲難波舘。日羅指太子。遙跪地合掌唱曰。敬礼救世觀世音。傳燈東方粟散王。從於西方來誕生。皆演妙法度衆生。是日本國聞觀音名号之始也。

13년 갑진년(584), 백제국에서 석미륵상을 보내왔다. 원흥사 불상이 이것이다. 젠신善信, 젠조禪藏, 에젠惠善 3명의 비구니가 와서 알현하였다. 소가 대신 우마코노 스쿠네馬子宿禰가 크게 재회齋會를 개설하였는데, 이

135 [원]『日本書紀』下, p.107.

136 『부상약기』 비다츠 천황 12년조에는 “傳燈東方粟散國”이라고 하여 “동방의 속산국에 법등을 전하소서.”라고 하였다.

때 재에 올리는 음식에서 부처님 사리를 얻었다. 시험 삼아 쇠모루 위에 사리를 놓고 쇠망치로 쳤지만 깨지지 않았다. 이에 우마코 대신이 불법을 깊이 믿었다. 불법이 이로부터 흥기하였다.

十三年。甲辰。自百濟國渡石像弥勒。元興寺佛是也。善信禪藏惠善三尼來朝。蘇我馬子大臣大會設齋。是時。得佛舍利於齋食之上。試以置鐵鑕上。以鐵鎚打之。不破。馬子大臣深信佛法。佛法初自此而興。

14년 을사년(585) 2월, 소가 대신이 오노오카大野岡 북쪽에 탑을 세우고 사리를 그 탑의 기둥머리에 안장하였다. 백제국에서 보내온 석미륵상이 있었는데 사람들은 그 석상에게 예경하여 수명 연장을 빌었다. 이때 역병이 돌아 죽는 백성이 많았다. 3월에 오오무라지노 모노노베노 모리야大連物部守屋와 가츠미노무라지勝海連가 아뢰었다.

"역병이 유행하여 백성들이 거의 다 죽을 지경입니다. 이것은 바로 소가 대신이 불법에 의지하여 행사를 일으켰기 때문이니 불법을 없애야 하는 이유입니다."

천황은 그 두 대신에게 조서를 내려 당사堂舍의 불상을 태우도록 하고 타다 남은 불상은 나니와難波의 호리에堀江에 버리도록 하였다. 이때 천황과 오오무라지가 갑자기 창병瘡病에 걸렸고, 온 천하 사람들이 병으로 괴로워하였으며 시신 유골들이 가득하였다. 병든 사람이 모두 말하였다.

"자르는 것 같고 태우는 것 같네."

노소老少가 말하였다.

"불상을 태운 죄로다."

6월에 소가 대신이 아뢰었다.

"저는 병든 지 오래되었으나 낫지 않고 있습니다. 원컨대 삼보를 숭상하고자 하옵니다."

천황은 조서를 내려 말하였다.

"그대 홀로 숭상하는 것은 가능하지만 다른 사람들은 안 된다."

소가 대신은 기뻐하며 새로 정사精舍를 짓고 세 비구니에게 공양하였다. 이에 불법이 비로소 흥기하였다.

十四年。乙巳。二月。蘇我大臣起塔於大野岡北。以舍利藏其塔柱頭。百濟國弥勒石像。礼拜石像乞延壽命。是時疫病。民死者衆。三月。大連物部守屋幷勝海連奏云。疾疫流行。人民已欲絶。是則蘇我大臣。依佛法興行事也。可斷佛法之由。宣下彼二臣。卽堂舍佛像。放火燒之。燒餘佛像。流弃難波堀江。于時天皇與大連卒患於瘡。凡天下病惱。屍骨盈滿。病人皆云。如斫如燒。老少語云。燒佛像罪歟。六月。蘇我大臣奏曰。臣病久不愈。願尙仰三宝。詔云。汝可獨行。但斷餘人。大臣欣悅。新營精舍。供養三尼。佛法始興。[137]

3) 권제8 스슌崇峻 천황

원년 무신년(588) 3월, 백제국이 부처님 사리와 사공寺工, 노반사鑪盤師, 와사瓦師, 화공畵工 등을 바쳤다.

---

[137] 원『日本書紀』下, p.108.

元年。戊申。三月。百濟國獻佛舍利幷寺工鑪盤師瓦師畵工等。[138]

4) 스이코推古 천황

3년 을묘년(595) 5월, 고구려의 혜자惠慈, 백제의 혜총惠聰이 귀화하였다. 쇼토쿠 태자가 그들을 스승으로 모시고 널리 불교를 홍포하여 모두 삼보의 동량이 되었다.

三年。乙卯。五月。高麗惠慈。百濟惠聰來化。太子師之。弘演佛敎。並爲三宝棟梁。

4년 병진년(596) 11월, 법흥사法興寺가 완성된 후 두 승려가 처음 이 절에 머물렀다.

四年。丙辰。十一月。法興寺造畢。兩僧始住此寺。[139]

10년 임술년(602) 10월 1일, 백제승 관륵觀勒이 와서 책력, 천문, 지리서를 바쳤다. 쇼토쿠 태자가 말하였다.
"형산衡山에 있었을 때 나의 제자였다."

十年。壬戌。十月。一日。百濟僧觀勒來貢曆本天文地理書。太子曰。在衡山之時弟子也。

---

138 ⓦ『日本書紀』下, p.113.
139 ⓦ『日本書紀』下, p.115.

16년 무진년(608) 8월, 쇼토쿠 태자 37세에 이카루가궁斑鳩宮에 있는 몽전夢展에 들어가서…(중략)…7일 낮 7일 밤 동안 있었다. 혜자惠慈 법사가 말하였다.

"삼매의 선정에 들어갔으니, 놀라지 마십시오.…(중략)…"

十六年。戊辰。八月。太子年三十七。在斑鳩宮。入夢展內。……七日七夜。惠慈法師曰。入三昧定。宜莫奉驚。……[140]

32년 갑신년(624), 처음으로 승정과 승도를 설치하였다. 승정은 관륵觀勒에게 처음 맡겨서 법무法務를 처리토록 한다. 그는 10년 전에 백제국으로부터 와서 책력, 천문, 지리서를 바친 승려이다. 지금부터 비구와 비구니를 감독하는 것이 마땅하다.[141] 이때 사찰은 46곳이 있었고, 비구 816인, 비구니 569인이 있었다.[142]

三十二年甲申。始置僧正僧都。僧正觀勒始任之爲法務。去十年自百濟國來貢曆本天文地理書僧也。自今以後。宜撿按僧尼。是時有寺四十六所。僧八百十六人。尼五百六十九人。[143]

---

140 ㉠『日本書紀』下, p.119.
141 "승정은 관륵에게 … 마땅하다."라는 글은 임금의 조서 내용인 것 같다.
142 『부상약기』와 『제왕편년기』의 스이코 천황 32년조에는 사찰이 46곳 있다고 하였는데, 『일본서기』에서는 사찰 36곳이 있다고 하였다.
143 ㉠『日本書紀』下, p.120.

5) 권제9 사이메이齊明 천황

2년 병진년(656), 내신內臣 가마코鎌子가 병으로 괴로워하였다. 천황이 걱정하고 병이 낫기를 기도하였다. 백제의 비구니 법명法明에게 청하여 『유마경』을 독송하게 하였는데 독송이 끝나기도 전에 병이 나았다. 천황은 크게 기뻐하였다.

二年。丙辰。內臣鎌子病惱。天皇憂之爲祈。請百濟尼法明。讚誦維摩經。未讚以前平愈。天皇大悅。[144]

6) 덴치天智 천황

7년 무진년(668), 신라 사문 도행道行이 초치검을 훔쳐 신라로 도망가다가 역풍을 만나 결국 가지고 돌아왔다. 신물神物의 영험함을 이로써 볼 수 있다.

七年。戊辰。新羅沙門道行盜草薙釼向本國。時遭逆風遂持歸。神物灵驗以此可觀。[145]

7) 권제11 쇼무聖武 천황

신귀 3년 병인년(726),…(중략)… 산계사山階寺의 경내에 동금당을 세웠

---

[144] 웹『日本書紀』下, p.131.
[145] 웹『日本書紀』下, p.133.

다. 구기舊記에서 말하였다.

"비다츠 천황 8년 기해년 10월에 신라국에서 석가상을 보내왔다. 산계사의 동금당 불상이 이것이다."

神龜三年。丙寅。……山階寺內建東金堂。舊記云。敏達天皇八年。己亥十月。自新羅國渡釋迦像。山階寺東金堂之佛像是也。[146]

---

146 원 『日本書紀』下, p.152.

부록附 : 『안으로 불법을 증득하고 서로 계승한 혈맥의 계보內證佛法相承血脈譜』[147]

『태장계와 금강계 양만다라의 사자상승혈맥보』 일수

胎藏金剛兩曼茶羅相承師師血脈譜一首[148]

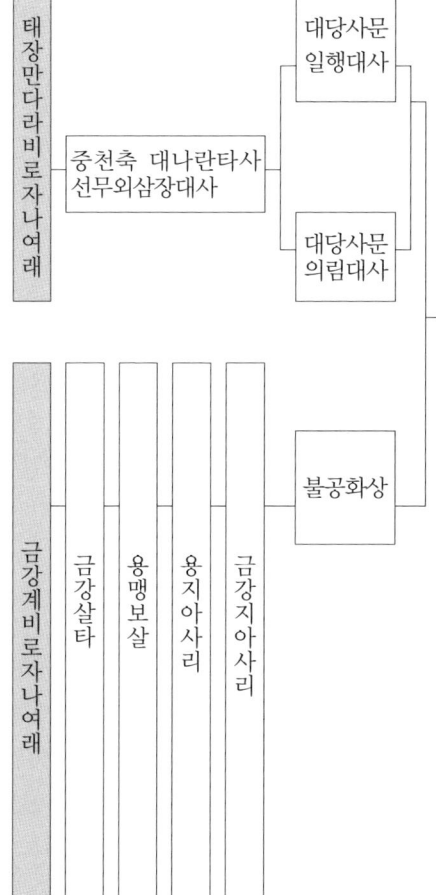

삼가 살펴보니, 순효화상부법기에서 말하였다.

"사문 의림아사리는 진국도량의 대덕아사리다. 선무외삼장을 스승으로 모셨고, 선무외삼장은 대비태장계만다라의 묘법을 사문 의림에게 부촉하였다. 의림아사리는 103세로 지금 신라국에서 대법륜을 굴리고 있는데 바로 일행선사의 법제法弟가 된다."

그래서 두 이름을 한 곳에 열거하였다.

대당 태악 영암사 사문 순효 아사리

삼가 살펴보니, 대당순효아사리부법문에서 말하였다.

"당나라 개원 연간에 대大삼장이고 바라문국의 왕자이며 법호가 선무외인 비구가 부처님이 태어나신 인도의 대大나란타사로부터 대법륜을 굴리기 위해 당나라에 이르러 전법 제자 비구 의림에게 부촉하였다. 또한 의림은 국사대아사리로서 103세인데 지금 신라국에서 법을 전하면서 대법륜을 굴리고 있고, 또 당나라 제자인 비구 순효에게 부촉하였다. 순효는 진국도량의 대덕아사리로서 또 일본국 제자 비구 사이쵸에게 부촉하여 대법륜을 굴리게 하였다. 사이쵸는 네 번째로 부촉하여 전수받은 사람이다. 당나라 정원 21년 (805) 4월 19일에 글을 쓰다."

불법이 영원히 끊어지지 않도록 아사리 사문 순효가 기록하여 사이쵸에게 부촉하였다.

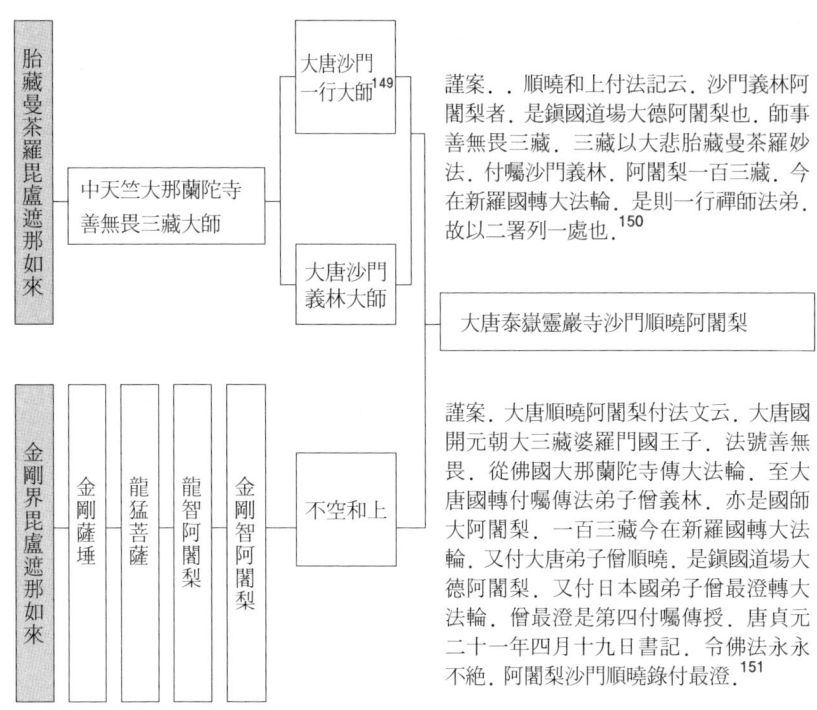

---

147 ㉱日本 最澄의 撰述인 본『血脈譜』는『日本大藏經』(天台宗顯敎章疏) 第1,『傳敎大師全集』第1(新)에 收錄되어 있으며, 本 抄는『日本大藏經』所收에 의하였다.

148 ㉱『日本大藏經』44 宗典部, pp.17~18.

149 ㉱『日本大藏經』44 宗典部, p.19하.

150 ㉱『日本大藏經』44 宗典部, p.20하.

보補

태현太賢

1) 『범망경고적기보망초梵網經古迹記補忘抄』 권1

정천定泉 찬撰

청구靑丘란, 『문선주文選注』에서 다음과 같이 말한다.
"복건服虔은 '청구국은 해동 300리에 있다.[……]'라고 하였고, 『동궁절운東宮切韻』에서는 '청구는 나라 이름이다.[……]'라고 하였다. 『백법소百法疏』에서는 '신라의 태현[……]'이라고 하였고, 『보살장아비달마장고적菩薩藏阿毗達磨藏古迹』에서는 '신라국의 청구 사문이다.[……]'라고 하였다. 그러므로 신라국의 별국으로 청구국이 있음을 알겠다. 가령 원효대사의 『지범요기持犯要記』에서는 '신라국'이라고 하였고, 『유심안락초遊心安樂抄』에서는 '청구'라고 하였으니, 이 예에서도 알 수 있을 것이다.……"

청구 태현은 조사의 휘諱이다. 휘는 사람들이 경외하여 부르지 않는 것이니, 이런 경우는 실명實名이 휘가 되는 것이다. 만약 그가 입멸하고 난 후에 시호를 받았더라면 남산南山 대사가 징조澄照 대사에 추증되었던 것처럼 시호를 사용했을 것이다. 휘와 시호의 쓰이는 바가 각각 다르므로 서로 착란해서는 안 된다. 그래서 태현을 때로는 '큰 현자'라고 훈독하거나 때로는 '현명함을 크게 함'이라고 훈독하였다. 이는 스님이 명예를 좋아하지 않고 덕행을 숨겼기 때문에 『고승전』 등에서는 보이지 않는다. 그러므로 이와 같이 훈독하였던 것이다.

靑丘。文選注云。服虔曰。靑丘國在海東三百里【文】。東宮切韻云。靑丘國名【文】。百法疏云。新羅太賢【文】。菩薩藏阿毗達磨藏古迹標新羅國靑丘沙門【文】。故知新羅國別國有靑丘國歟。如元曉大師持犯要記標新羅國。遊心安樂抄云靑丘也。相例可知【文】。靑丘太賢。祖師諱也。人畏不呼召。是則實名用諱字。若滅後贈號用謚字。如南山大師贈澄照大師。諱與謚所用各別。不可相亂。或訓太賢或太賢。此師不好名譽隱德行。故僧傳等不見。是故如是訓也。[151]

2) 『범망경하권고적기술적초梵網經下卷古迹記述迹抄』 권1 상

조원照遠 찬撰

청구 태현은 문집을 만든 자가 부록한 찬술자의 호칭에 대해 다른 이름으로 본 것과 같은 이름으로 본 것이 있으므로 간략히 적어 둔다.

靑丘太賢。集者付撰號。有名同名故簡以處。

청구에 대해 『문찬주』에서 다음과 같이 말한다.
"복건은 '청구국은 해동 300리에 있다.【……】'라고 하였고, 또 『동궁절운』에서는 '청구는 나라 이름이다.【……】'라고 하였다. 옥편은 '한수가 청구산에서 나왔다.【……】'라고 하였고, 『야마대주野馬臺注』에서는 '청구는 신라국을 말한다. 그 나라는 소나무가 무성하기 때문에 청구라고 한다.【……】'

---

151 ㉘『日本大藏經』19,『大乘律藏疏』2, 544a.『梵網古迹記補忘抄』는 일본의 堯戒定泉이 1273~1312년경에 記한 것이다.

라고 하였다. 『유심안락초』에서 '청구【……】'라고 하였고, 『아비달마고적』에서는 찬술자를 '신라국 청구사문【……】'이라고 하였다. 묻는다. '『백법륜고적』【태현이 지은 것이다.】에서는 신라 태현이라고 하였고 『백법론주』에서는 태현을 신라국인이라고 주석하였다. 어찌하여 청구라 하는가?' 답한다. '신라는 총국總國의 이름이고 청구는 그 가운데 있는 별산別山이다. 그 이유는 『대승론고적』에서 신라국 청구사문 태현집【그 글은 위에서 인용한 것과 같다.】이라고 하였기 때문이니, 정확히 총總과 별別 두 이름을 들었음을 알겠다. 이와 같이 총과 별의 두 곳은 상황에 따라 든 것이지 일정한 것은 없다.' 묻는다. '청구는 신라국 내의 작은 나라 이름인가? 다른 산 이름인가?' 답한다. '뜻이 있어서 산 이름이라고 하였다. 옥편에서는 물이 청구산에서 나온다고 한 것이 이것이다.' 묻는다. '만약 그렇다면 문선주에서 청구국이라고 한 것은 왜인가?' 답한다. '총인 국명을 취하고 별인 산명을 합하여 청구국이라고 하였다. 또 8첩의 초抄와 종요宗要, 2첩의 문집에서는 모두 '한토漢土에서 그 나라가 광대하다.'라고 하였으니, 만약 신라국 내에 별도의 소국이 있다면 그 이름이 청구국일 것이다. 따라서 두 뜻이 서로 어긋나지 않는 것 같다. 다만 앞의 뜻이 훌륭하다.'"

青丘者。文撰注云。服虔曰。青丘國在海東三百里【文】。又東宮切韻云。青丘國名【文】。玉篇曰。漢水出青丘山【文】。野馬臺注云。青丘謂新羅國也。彼國茂松故云青丘【文】。遊心安樂鈔云。青丘【云云】。阿毗達磨古迹撰號云。新羅國青丘沙門【文】。問。百法輪古迹【太賢作】云新羅太賢。百法論注太賢新羅國人注之。何云青丘哉。答。新羅總國名也。青丘其中別山也。其所以者。大乘論古迹云。新羅國青丘沙門太賢集【其文如上引之】。定知擧總別二名也。如此總別兩處隨擧無在。問。青丘新羅國內小國名歟。將別名山歟。答。有義云山名。玉篇云。水出靑丘山是也。問。若爾者。文選注云靑丘國也。如何。答。取總國名合別山名云靑丘國也。又八帖抄及宗要二帖文集並出。漢土其國廣大也。若新羅國之內爲別小國有。名靑丘之國歟。兩義共無相違歟。但前義勝也。

태현에 대해 어떤 사람이 말하기를 "현장의 3천 문도 가운데 70명이 뛰어났는데 그 중에서 한 명이 원측 법사이고, 그 문제門弟인 도증의 제자{문文에서는 요집要集이라고 하였다.}가 지금의 태현이다. 그는 처음에 화엄을 배우고 뒤에 법상을 배웠다. 태현은 사람들이 찾지 않는 곳에 거처하며 항상 거문고를 탔으며, 겉으로는 덕행을 숨겼지만 안으로는 찬란한 빛을 품고 있었다."라고 하였다. 즉 종요서宗要序에서 "효용을 감추고 빛을 숨기기 때문에 태현이라 하였다."라고 한 데서 알 수 있으니, 이것이 바로 태현의 의미이다.

太賢者。有人云。玄奘三千門徒七十人達者。隨一圓測法師。門弟道證之弟子{文云要集也}。今太賢也。今師初習華嚴。後入法相。卜跡幽閑。恒彈於琴。外隱德行。內懷光曜。則知宗要序云潛用韜光故云太賢也。云太賢義也。

부록된 찬술자의 호칭을 읽어도 된다는 의론과 읽어서는 안 된다는 의론이 있다.

付撰號有讀不讀異論。

하나의 의론은 읽어도 된다는 것이다. 『예기』에 이르기를 "다른 나라에 들어갈 때 금지해야 할 것을 묻고 다른 집에 들어갈 때는 함부로 부르지 말아야 할 이름을 묻지만, 글을 쓸 때나 묘중에서는 꺼리지 않는다.【……】"라고 하였다. 이 뜻은 글을 쓸 때 찬술자를 호칭하고, 묘중에서 제문을 읽을 때 죽은 자의 이름을 읽는 것은 허물이 아니라는 것이다. 그래서 『간정기』에서는 "강해講解가 서로 이어질 때 해석해야 되는 부분도 있고 해석하지 말아야 할 부분도 있다."라고 하였다. 속가의 예법으로는 꺼려야 하더라도 열어 둘 곳이 있는 것이니, 글을 쓸 때 꺼리지 않고 시서詩書에서 꺼리지 않으며 묘중에서 꺼리지 않는 것 등이다. 가령 내교內敎에서는 과거제불의 명호를 사람들이 칭념하도록 권했으므로 지금 그것을 본받아야 할 것이다.【……】

一義云。可讀也。禮記文云。入國問禁。入門問諱。臨文不諱。廟中不諱【文】。此義向文時撰號。廟中讀祭文等。亡者諱讀無過也。是以簡正記云。講解相承有釋不釋。若依俗禮諱之。然亦有開處。臨文不諱。詩書不諱。廟中不諱等。若准內敎。過去諸佛名字勸人稱念。今須效之【文】。

다른 하나의 의론은 읽어서는 안 된다는 것이다. 글을 쓸 때 꺼리지 않는다는 등의 문장은 찬술자의 호칭을 말한 것이 아니다. 문장에서 글자가 연속되는 가운데 있는 사람 이름은 꺼리지 않는다. 묘중의 제문에서도 이에 준거해서 이름을 부를 수 있다. 그러나 찬술자의 이름은 부르지 않는 것이 좋다. 천축국에서는 사람 이름 부르는 것을 좋게 여기므로 부처의 명호를 칭념한다. 하지만 중국에서는 사람 이름 부르는 것을 꺼리는 것이 예법이다. 그러므로 일본의 관가에서는 천신의 명호를 부르지 않는 것을 좋게 여기는 것이다.

一義云。不讀也。臨文不諱等文非撰號。凡文中連續文字中人名有不諱也。廟中祭文以可准同。正作者名不讀爲好。凡天竺召人名爲勝。故稱佛名等。唐土不召諱名爲禮。是以日本菅家等不召天神諱號爲好也。

묻는다. "범망경의 소기疏記가 이렇게 많은데 어째서 세간에서는 태현의 소기에 의거하는가?" 답한다. "이 소가 밝혀서 이끌고 교화하는 내용이 수승하여 남음이 있기 때문에 특별히 의거하게 되는 것이다." 묻는다. "같은 법상종에 있는 태현과 자은의 뜻이 완전히 같다고 할 수 있는가?" 답한다. "스승이 이르기를 '자은의 뜻과 같지 않으니, 태현이 지은 『유식학기』가 자은의 뜻을 깨뜨렸다.'라고 하였다. 이미 깨뜨린 바가 되었으므로 어찌 그 뜻이 같겠는가.【……】"

問。付梵網作疏記此多。何世間依用太賢疏記耶。答。此疏所明引導勸化偏勝餘。故殊要依用也。問。付同法相宗義太賢與慈恩義可全同耶。答。師云不同慈恩義。太賢作唯識學記破慈恩義。旣爲所破。豈同彼義哉【云云】。[152]

---

152 [원]『日本大藏經』卷20,『大乘律藏疏』第3 pp.232하~233하. 日本 照遠 1333年述.

3) 『범망경상권고적기강의梵網經上卷古迹記綱義』 제1 소제호지하疏題號之下
　 청산淸算 술述

　고적기는 태현 법사가 대승경론에 붙여서 찬술함에 해석한 뜻이 많아서 고적古迹이라고 하였다. 즉 제가에서 해석한 뜻 가운데 요점을 뽑아서 기록하여 계승하였기 때문이다. 그 경론의 고적에 대해 연사然師의 기록에서는 "먼저 대승경전을 나누자면, 범망경고적 2권, 종요 1권, 화엄경고적 5권[혹은 10권], 금강반야경고적 1권[이것은 구역舊譯이다.], 금강반야경고적 1권[이것은 당나라 삼장법사가 번역한 것이다.], 반야이취분고적 2권, 인왕경고적 1권, 반야심경고적 1권, 금광명경술기 4권, 금광명경료간 1권, 법화고적 4권, 열반경고적 8권[혹은 4권, 혹은 2권], 열반경고적료간 1권, 약사경고적 1권, 무량수경고적 1권, 관무량수경고적 1권, 소아미타경고적 1권, 칭찬정토경고적 1권, 미륵상생경고적 1권, 미륵하생경고적 1권, 미륵성불경고적 1권이다. 이상의 18부 가운데 17부는 고적이고 1부는 술기이다.

　古迹記者。此太賢師付大乘經論述釋義多號古迹。是則各依諸家所釋蹤躅取要錄之有依承故也。其經論古迹者。然師記云。先大乘經分。梵網經古迹二卷。宗要一卷。華嚴經古迹五卷【或十卷】。金剛般若經古迹一卷【此釋舊釋】。同經古迹一卷【釋唐三藏譯】。般若理趣分古迹二卷。仁王經古迹一卷。般若心經古迹一卷。金光明經述記四卷。同經料簡一卷。法華古迹四卷。涅槃經古迹八卷【或四卷或二卷】。同經料簡一卷。藥師經古迹一卷。無量壽經古迹一卷。觀無量壽經古迹一卷。小阿彌陀經古迹一卷。稱讚淨土經古迹一卷。彌勒上生經古迹一卷。彌勒下生經古迹一卷。彌勒成佛經古迹一卷。已上經十八部之內十七部古迹一部述記也。

다음으로 대승논서를 나누자면, 백법론고적 1권【오직 한 장이다.】, 잡집론고적 4권, 유식론학기 4권, 유가론고적 4권, 인명론고적 1권, 이문론고적 1권, 관소연연론고적 1권, 이십유식론고적 1권, 성업론고적 1권, 오온론고적 1권, 장진론고적 1권【혹은 2권】, 광백론고적 1권, 변중변론고적 1권, 현양론고적 1권, 불지론고적 1권, 무성섭론고적 1권, 세친섭론고적 1권이다. 이상 17부의 해석본 대부분은 각각 별도로 만들어진 것이다. 그 외 유가찬요 3권과 유식결택 1권과 기신론고적 1권은 위에서 언급한 제부의 경론에 나아가 해석한 것이다. 또 본모송 1권, 본모송석 3권(대승심로장이라고도 한다), 대승일미장 1권은 대승의 법의를 총괄적으로 밝힌 것이지 경론을 해석한 글은 아니다. 이상의 23부 가운데 17부는 고적이라는 명칭이고 6부는 다른 명칭이다. 이 제부諸部는 대부분 법상종에서 소의로 여기는 논장이다. 이 중에서 장진론은 청변 보살이 지은 공종의 논서이고 광백론 역시 공종의 논서이지만, 호법 보살이 해석하여 청변의 승의 공종과는 같지 않다.【……】

次大乘論分。百法論古迹一卷【唯有一紙】。雜集論古迹四卷。唯識論學記四卷。瑜伽論古迹四卷。因明論古迹一卷。理門論古迹一卷。觀所緣緣論古迹一卷。二十唯識論古迹一卷。成業論古迹一卷。五蘊論古迹一卷。掌珍論古迹一卷【或二卷】。廣百論古迹一卷。辨中邊論古迹一卷。顯揚論古迹一卷。佛地論古迹一卷。無性攝論古迹一卷。世親攝論古迹一卷。此十七部大部所釋各是別行。其外瑜伽纂要三卷。唯識決擇一卷。起信論古迹一卷。上來諸部竝就經論之文釋之。又本母頌一卷。同頌釋三卷亦名大乘心路章。大乘一味章一卷此等總明大乘法義非釋文。已上論二十三部內十七部古迹六部別名也。此諸部之內多分法相宗所依之論藏也。其內掌珍論淸辨菩薩所造空宗論也。廣百論亦是雖空宗論。護法菩薩釋。不同淸辨勝義空宗【云云】。

묻는다. "지금 이『범망경고적』은 어떤 스님의 해석에 의거한 것인가?" 답한다. "연사然師의 기록에서는『고적기』하권 대부분은 법장과 의적의 해석을 따랐다. 또한 병주의 뜻을 인용하고, 또한 승장의 뜻과 통하도록 하였다.『고적기』상권은 오로지 옛날 소만을 언급하였다.'라고 하였다. 혹자는 이르기를 '옛날 법사들은 이름을 분명하게 지시하지 않아 누군지 알기 어렵다. 다만 옛 것을 따르고 술이부작述而不作하기 때문에 고적이라 한다.'라고 하였다. 그 외에 잡집론은 자은과 현범 등의 해석을 따랐고, 성유식론 역시 자은과 서명과 도증 등의 해석을 따랐다. 비록 고적이라고 하지만 대도大道에 의거하여 다른 법사의 찬술을 깨뜨리고 자신의 뜻을 조목으로 나타냈다. 이러한 점은 대부분의 해석문에 보인다.[……]"

問。今此梵網經古迹者依何師之迹乎。答。然師記云。下卷古迹多分依法藏義寂之解釋。亦引幷州之義。亦通勝莊等之義。上卷古迹唯言舊疏。或云古師分明不指名難知誰人。唯據舊蹤述不作故號古迹也。其外如雜集論依慈恩玄範等之蹤。成唯識論亦依慈恩西明道證師等之蹤。但雖云古迹。依大途破他師述自義條。此多釋文見【云云】。

찬호지하撰號之下

찬술자가 청구라고 호칭한 것에 대해 연사然師의 기록에서는 "『아비달마고적』의 찬술자 명칭에서는 '신라국 청구'라고 하였다." 이것은 총總과 별別의 두 이름을 나타낸 것이다. 『문찬주』에서는 "복건이 이르기를, 청구국은 해동 300리에 있다.〔……〕"라고 하였고, 『동궁절운』에서는 "청구는 나라 이름이다.〔……〕"라고 하였다. 이상은 별에서 총의 명칭을 세운 것이다. 당나라는 신라국을 해동이라고 불렀다. 마치 원효를 해동법사라고 부른 것과 같다.〔……〕 다른 한편의 뜻으로 말하자면, '신라는 총이고 청구는 별이다.' 예를 들면, 일본국은 총이고 대화국은 별이다. 그렇다면 달마고적은 총에 의거하여 국명을 붙였고 『문찬주』는 별에 의거한 국명을 붙였으니, 이 뜻이 그렇다고 할 수 있을 것이다.

> 撰號靑丘者。然師記云。阿毗達摩古迹撰號云。新羅國靑丘云。此擧總別二名。文選注云。服虔曰。靑丘國在海東三百里【云云】。東宮切韻云。靑丘國名。【已上】此於別處立總稱。大唐彼新羅國名爲海東。如元曉名海東法師【云云】。一義云。新羅總國靑丘別國也。例如日本國總國大和國等別國。然者達摩古迹依總國。文選注依別國也。此義可然歟。

사문은 『정심계관법발진초淨心誡觀法發眞抄』의 상권에 이르기를 "사문은 출가자의 통칭이다. 범어로 사문나이고 중국어로 번역하면 근식勤息이니, 부지런히 고통을 쉬어서 번뇌를 끊는다."라고 하였다. 혹은 핍도로 번역하니, 좋은 밭이 되어서 중생의 궁핍을 능히 끊기 때문이고, 8정도를 수행하므로 일체의 사도邪道를 능히 끊기 때문이다. 그러므로 『열반경』에 이르기를 "사문沙門은 핍乏을 말하고, 나邪는 도道를 말한다. 이와 같은 길은 일체의 핍과 일체의 도를 끊는 것이다. 이러한 뜻이 있으므로 팔정도를 닦아서 사문나가 된다.{……}"라고 하였다. 곳곳에서 사문을 해석한 것을 보면 내도와 외도의 출가에 모두 통하지만 지금은 발진發眞이 해석한 내도의 명칭을 따랐다. 또 두 번째 번역한 것 가운데 핍도는 사邪와 정正의 두 가지 길에 통한다고 할 수 있을 것이다. 팔정도를 닦아서 사도를 끊기 때문이다.

沙門者。發眞抄上云。沙門者出家之通稱。梵語沙門那。此翻勤息。勤勞息苦斷煩惱故。或翻乏道。以爲良田故能斷衆生饉乏。以能修八正道故能斷一切邪道。故涅槃云。沙門名乏。邪者名道。如是道者斷一切乏斷一切道。以此義故修八正道爲沙門那【文】。勘處處釋沙門。通內外道之出家。今發眞之釋專名內道。又二翻名之中。乏道言通邪正之二道歟。修八正道斷邪道故。

태현은 소주疏主에서 꺼리는 이름이다. 다른 시대에는 율사, 선사, 법사라는 세 호칭을 사용하였지만 여기서는 법사라고 호칭한다. 『종요』 서문에서 태현 법사라고 호칭하였기 때문이다. 연사然師의 기록에서는 '태현은 신라국 사람이다. 오직 자국에서만 불법을 홍포하였기 때문에 고승전에는 이 사람의 이름이 없지만, 저 규문전虬文傳이 중국에 알려졌기 때문에 승전에서 신라 순경과 의상 등과 같이 그를 기려서 실었다.'라고 하였다. 그러나 당나라 대천복사 도봉 법사는 서문에서 태현 법사가 찬술한 여러 글의 요점을 써서 『보살계본종요』의 첫 머리에 두고, 또 법사의 행업을 찬탄하면서 말하였다. "500년 내에 걸출하게 일어난 자 누구인가. 동국의 태현 법사가 바로 그 사람이다. 하지만 자취를 숨겨 살면서 먼 미래를 기약하였기에 마침내 숨어 살면서 빛을 감추었던 것이다.[……]" 승전에 실리지 않은 것은 숨어 살면서 빛을 감추었기 때문이다.

> 太賢者。疏主諱名也。異朝立律師禪師法師三師號。此法師號也。宗要序號太賢法師故。然師記云。太賢是新羅國人。唯於自國宣通佛法。故高僧傳之中不著此人。但彼虬文傳通唐國。故僧傳烈之在之。如新羅順憬義湘等。然大唐大薦福寺道峯法師。製序總冠賢師所撰之諸文。而安菩薩戒本宗要之首。又遙歎法師行業云。然應五百而傑起其誰歟。卽東國太賢法師其人也。而跡幽期遠遂?用韜光等【云云】。不載僧傳。潛用韜光之故也。[153]

4) 『보살계본종요찬주 菩薩戒本宗要纂註』 권상[154]

종각 정직 宗覺 正直 편집 編輯

[태현법사의기서 太賢法師義記序]

태현은 『종요』를 찬술한 사람의 이름이다. 여러 『고승전』 가운데 그의 전기가 보이지 않으므로 그의 성씨가 어떠한지는 알지 못한다. 본조의 고덕들이 서로 전하여 말하였다.

---

153 ㉿『日本大藏經』卷20, pp.2상~3하. 日本 彦證 淸算이 1356~1361년 述.
154 본 번역은『日本大藏經』권21에 수록되어 있는 『보살계본종요찬주』를 저본으로 삼았다.

"현장 삼장에게 3천의 제자들이 있었는데 학식이 현묘한 관문에 통한 자가 70여 명이 있었다. 그 중에 한 명이 서명사의 원측圓測인데 원측의 문도 가운데 도증道證 법사가 있었다. 태현은 그 도증 법사의 빼어난 제자이다."

또 말하였다.

"처음에 화엄의 원융한 이치를 찾았고, 후에 법상의 심원한 뜻을 궁구하다가 빛을 감추어 자취를 감추고 악기를 타며 소요하였다.…(중략)…"

그러나 아직 그 근거들을 고찰할 수 없으니 우선 빼놓는 것이 낫다.…(중략)…그러나 500년 내에 걸출하게 일어난 자 누구인가. 동국의 태현 법사가 바로 그 사람이다.

太賢者。要主之名。諸僧史之中未見載傳記。以故不識姓氏何如。本朝古德相傳曰。玄奘三藏有三千徒。學通玄關七十餘人。其隨一有西明圓測。測之徒有道證法師。太賢也者證之高弟。又云。初搜華嚴之融致。後究法相之淵旨。韜光潛跡。撫琴逍遙云云。然未克考覈乎其所據則弗如闕如焉。[155]……然應五百而傑起其誰歟。卽東國太賢法師其人也。[156]

---

155 웹『日本大藏經』권21,「大乘律藏疏之餘」p.2. 日本 京師比丘 宗覺正眞이 1639~1719年 編輯.

156 웹『日本大藏經』권21, p.7하.

목록류 目錄類

◎
김기종

1. 『동역전등목록東域傳燈目錄』[1]

홍경록 1 弘經錄 一

화엄부華嚴部

화엄경소華嚴經疏 10권 : 원효사元曉師 찬撰[2]

해인삼매론海印三昧論 1권 : 명효사明晶師 찬撰

화엄공목기華嚴孔目記 6권 : 신라新羅 진숭사珍嵩師 찬撰

화엄일승법계도華嚴一乘法界圖 1권 : 법장法藏 찬撰. 사견으로는 당의 의상이 지은 것이다. (의상은) 부석 존자라고 하는데 신라인이다. 『원종문류』 제20권에는 법장이 의상에게 보낸 편지가 있다.(私云。唐義湘撰也。稱浮石尊者新羅人也。圓宗文類第二十卷。有法藏贈義湘書上。)[3]

반야부般若部

금강반야경소金剛般若經疏 2권 : 원효元曉 찬撰. 『서서록西瑞錄』에는 2권을 나누어 4권으로 삼고 있음.(西瑞錄云。二卷分爲四卷。)[4]

1　⑪ 興福寺 沙門 永超가 寛治 8년(1094) 81세 시에 集錄하고 自校正證하여 靑蓮院에 바쳤다는 본 목록은 弘經錄 1, 傳律錄 2, 講論錄 3, 雜述錄 4, 傳記錄 5로 되어 있다. 이 抄는 『大正藏』 55에 수록(No. 2183)된 것에 의하였는데, 그 원본은 鎌倉 초기의 高山寺 소장 寫本이며, 大谷大學 소장 사본을 참고본으로 하고 있다.

2　⑪ 『大正藏』 55, 1146b.

3　⑪ 『大正藏』 55, 1147a.

4　⑪ 『大正藏』 55, 1147b.

금강반야경약기金剛般若經略記 1권 : 둔륜遁倫 찬撰[5]

금강반야경찬金剛般若經贊 1권 : 의적義寂 찬撰

금강반야경소金剛般若經疏 1권 : 『금강경반야경기』라고도 함.(云記) 도증道證 찬撰[6]

대반야경강요大般若經綱要 1권 : 병서幷序 의적義寂 찬撰. 혹은 『대반야경료간』이라고 함.(或云。料簡。)

대반야경적목大般若經籍目 2권 : 외제外題에 '도증道證 집集'이라고 되어 있음.(外題云。道證集。)

대반야적목大般若籍目 1권 : 도증道證 찬撰

대혜도경종요大慧度經宗要 1권 : 원효元曉 찬撰. 『대품반야경』에 의함.(依大品般若)

대혜도경약기大慧度經略記 2권 : 둔륜遁倫 찬撰. 정확한 권수를 모름. 경문은 초품 등이 들어 있으나 몇 품이 있는지는 확실하지 않음.(不知卷數。經文品在初品等。猶未盡也。)[7]

대혜도경종요大惠度經宗要 1권 : 원효元曉 찬撰

인왕반야경소仁王般若經疏 3권 : 원측圓測 찬撰[8]

반야심경소般若心經疏 1권 : 원측圓測 찬撰[9]

---

5 원『大正藏』55, 1147c.
6 원 道證은 他書에 唐 道證으로 되어 있으나, 일찍이 入唐하여 신라 고승 圓測의 제자가 되었고, 孝昭王 원년(692) 8월에 귀국하여 天文圖를 왕에게 바쳤다는 그 신라의 도증이 아니었을까 한다.
7 원『大正藏』55, 1148a.
8 원『大正藏』55, 1148b.
9 원『大正藏』55, 1148c.

법화부法華部

법화경소法華經疏 8권 : 경흥憬興 찬撰

법화경료간法華經料簡 1권 : 의적義寂 찬撰[10]

법화경종요法華經宗要 1권 : 원효元曉 찬撰. 『법화경요약』과 대조해서 검토해야 함.(與要略可對檢之)

법화경험기法華經驗記 3권 : 의적義寂[11]

중경부衆經部

십륜경초十輪經抄 3권 : 대승방大乘昉 찬撰[12]

십륜경소十輪經疏 8권 : 대승방大乘昉 찬撰[13]

십륜경소十輪經疏 3권 : 대승방大乘昉 찬撰. 현행본에 의함. (依見行本)

십륜경음의十輪經音義 1권 : 대승방大乘昉 찬撰. 이상의 3부는 확실함. (已上。三部。可詳。)

반주삼매경략般舟三昧經略 1권 : 원효元曉[14]

무량수경종요無量壽經宗要 1권 : 원효元曉 찬撰

무량수경소無量壽經疏 3권: 의적義寂.『대부전목록』에는『관무량수경술기』3권과 (이 책의) 2부를 의적법사가 교감하여 회본을 만들었다고 함. (大夫殿目錄云。觀無量壽經述記。三卷。二部。寂法師可勘會之合□師。)

무량수경술찬無量壽經述贊 3권 : 경흥璟興.『무량수경술기』라고도 함.

---

10 ㉄『大正藏』55, 1149b.
11 ㉄『大正藏』55, 1150a.
12 ㉄ 大乘昉은 '新羅昉師'(도륜의『瑜伽師地論記』등), 즉 일찍이 入唐하여 玄奘 문하 上足 4인 중의 하나인 신라 神昉을 가리키는 것이다.
13 ㉄ 이 항목은 大谷大學 소장본에만 있음.
14 ㉄『大正藏』55, 1150b.

또는 『무량수경연의술문찬』이라고도 함. 혹은 2권이라고 함.(云述記。亦云。連義述文贊。或云。二卷。)

무량수경기無量壽經記 3권 : 현일玄一

무량수경의소無量壽經義疏 2권 : 법위사法位師 찬撰. 『대부전목록』에는 『무량수경소』 3권을 법위 스님이 교감하여 회본을 만들었다고 함.(大夫殿目錄云。同經疏三卷。法位師云云。可勘會之。)

무량수경소無量壽經疏 1권 : 인법사因法師[15]

의소義疏 2권 : 법위法位[16]

아미타경소阿彌陀經疏 1권 : 자장사慈藏師

아미타경소阿彌陀經疏 1권 : 원효元曉

아미타경소阿彌陀經疏 1권 : 원측圓測 찬撰. 구나발타라求那跋陀羅 번역翻譯

아미타경소阿彌陀經疏 1권 : 현일사玄一師

아미타경약기阿彌陀經略記 1권 : 경흥璟興 찬撰[17]

승만경소勝鬘經疏 2권 : 원효元曉[18]

유마경종요維摩經宗要 1권 : 원효元曉[19]

정반왕경소淨飯王經疏 1권 : 『정반왕경약술』이라고도 함.(略述云) 도륜道倫 술述

미륵성불경소彌勒成佛經疏 3권 : 경흥璟興. 『미륵성불경』·『미륵상생

---

15 ㉄ 이 因法師는 도륜의 『유가사지론기』 등에 보이는 '新羅 因法師', 즉 륫因(슁因)과 동일인으로 보인다.
16 ㉄ 『大正藏』 55, 1150c.
17 ㉄ 『大正藏』 55, 1151a.
18 ㉄ 『大正藏』 55, 1151b.
19 ㉄ 『大正藏』 55, 1151c.

경」·『미륵하생경』의 세 경전을 풀이한 것임.(釋三經)

삼미륵경료간三彌勒經料簡 1권 : 경흥璟興[20]

미륵성불경고적彌勒成佛經古迹 3권 : 경흥憬興. 혹은 태현太賢이라고도 함. 살펴보아야 함.(或云。太賢可尋。)

미륵성불경술찬彌勒成佛經述贊 3권 : 경흥璟興. 『미륵성불경』·『미륵상생경」·『미륵하생경』의 세 경전을 모두 찬한 것임.(三經共贊)

미륵성불경주彌勒成佛經註 3권 : 경흥憬興 소疏

미륵성불경종요彌勒成佛經宗要 1권 : 원효元曉. 동대사에는 병서 1권, 병소 3권이 있음.(幷序一卷。並疏三卷。東大寺。)

금강삼매경론金剛三昧經論 3권 : 원효元曉[21]

약사경소藥師經疏 1권 : 둔륜遁倫

약사경소藥師經疏 1권 : 백제百濟 의영사義榮師 술述

약사경고적藥師經古迹 1권 : 태현太賢 찬撰

관정경소灌頂經疏 2권 : 경흥璟興

본업영락경소本業瓔珞經疏 2권 : 원효元曉[22]

본업영락경소本業瓔珞經疏 2권 : 의적義寂

십이문다라니경소十二門陀羅尼經疏 1권 : 경흥璟興

십일면경소十一面經疏 1권 : 둔륜遁倫 찬撰

부증불감경소不增不減經疏 1권 : 원효元曉

대방등여래장경大方等如來藏經 1권 : 원광사圓光師[23]

---

20 ㊀ 이 행의 10자는 大谷大學 소장 사본에만 있음.
21 ㊀ 『大正藏』 55, 1152a.
22 ㊀ 『大正藏』 55, 1152b.
23 ㊀ 『大正藏』 55, 1152c. 여기에 보이는 圓光이 신라 고승 원광이라는 아무런 근거가 없다. 다만 참고로 옮겨 보는 것뿐이다.

입능가경소入楞伽經疏 7권 : 원효元曉 찬撰. 8권인 것 같음. 제7권에는 『입능가경』 권9 · 10이 없음.(疑八卷歟。見第七卷 經九 · 十未了。)

해심밀경소解深蜜經疏 10권 : 원측圓測

해심밀경소解深蜜經疏 11권(또는 12권) : 영인令因 찬撰. 어떤 목록에는 영인 스님의 소가 1부 7권으로 되어 있음. 살펴보아야 함.(或目錄。令印師疏。一部七卷。可尋之。)

해심밀경소解深蜜經疏 □권 : 경흥璟興

해심밀경소解深蜜經疏 3권 : 원효元曉 찬撰

무량의경소無量義經疏 3권 : 원측圓測. 어떤 본에는 서명사의 현측으로 되어 있음. 상고詳考해야 함.(或本。西明寺。玄測。可詳。)[24]

금고경소金鼓經疏 8권 : 원효元曉. 외제外題에는 '금광명경소', 내제內題에는 '금고경소'라고 되어 있음.(外題云。金光明經疏。內題云。金鼓經疏。)

최승왕경약찬最勝王經略贊 5권 : 경흥璟興. 경흥 스님은 이에 앞서 『금광명경술찬』을 지었음.(興師先撰。金光明經述贊。)[25]

최승왕경소最勝王經疏 8권 : 대천복사大薦福寺 승장사勝莊師 찬撰. 또 『최승왕경술기』라고도 함.(又云述記)[26]

대반열반경술찬大般涅槃經述贊 14권 : 경흥璟興. 본 · 말로 나누어 28권이 됨. 또 『대반열반경료간』 1권이 있음.(分本末。爲二十八卷。更料簡一卷。)

대반열반경의기大般涅槃經義記 5권 : 의적義寂

24 [원] 『大正藏』 55, 1153a.
25 [원] 『大正藏』 55, 1153b.
26 [원] 『大正藏』 55, 1153c.

대반열반경고적大般涅槃經古迹 2권 : 태현太賢[27]

대반열반경종요大般涅槃經宗要 1권 : 원효元曉

대반열반경집해大般涅槃經集解 72권 : 양梁 양도사문楊都沙門 석승랑釋僧朗[28] 봉칙주奉勅註[29]

전율록 2傳律錄 二

범망경소梵網經疏 2권 : 의적법사義寂法師

범망경소梵網經疏 2권 : 원효元曉

범망경술기梵網經述記 2권 : 숭의사崇義寺 승僧 승장勝莊 찬撰. 또는 『범망경소』라고도 함.(亦云疏)

범망경종요梵網經宗要 1권 : 원효元曉

범망경지범요기梵網經持犯要記 1권 : 원효元曉. 혹은 2권.(或云。二卷。)[30]

범망경고적梵網經古迹 2권 : 태현太賢 145장張

범망경소梵網經疏 3권 : 현일사玄一師[31]

사분율초기四分律抄記 10권 : 신라新羅 지인智仁. 또는 지인.(亦智忍)

사분율초기四分律抄記 10권 : 학전사學詮師. 학전이 지인의 『사분율초기』에 의거해 초출抄出했다고 함.(依智仁記。學詮抄出。云云)

사분율결문四分律決問 2권 : 도륜道倫[32]

---

27 원 이 행의 8자는 大谷大學 소장 사본에 있음.
28 원 이 釋僧朗이 梁武帝 때의 인물이므로 고구려의 僧朗과 동일인이 아닌가 싶다.
29 원 『大正藏』 55, 1154a.
30 원 『大正藏』 55, 1154c.
31 원 『大正藏』 55, 1155a.
32 원 『大正藏』 55, 1155b.

사분갈마소四分羯磨疏 4권 : 효효曉[33]

강론록 3講論錄 三

법화론술기法華論述記 2권 : 의적義寂 석釋 의일義一 찬撰
불지론소佛地論疏 4권 : 지인智仁[34]
섭대승론소攝大乘論疏 4권 : 원효元曉
유가론소중실瑜伽論疏中實 4권 : 원효元曉
유가론석론기瑜伽論釋論記 36권 : 경흥璟興. 이 글은 '경초景抄'라는 말이 있으므로 확실하지 않음.(此疏。 未尋得之。 只有景抄。)
유가론의림瑜伽論義林 5권 : 동대사본에는 6권. 사문 의영義榮 찬.『유가론초』6권이라고도 함.(東云。 六卷。 沙門義榮撰。 云抄六卷。)[35]
유가론기瑜伽論記 24권 : 도륜道倫. 동대사東大寺 자은원본慈恩院本
유가론찬요瑜伽論纂要 3권 : 태현太賢 술述
유가론료간瑜伽論料簡 1권 : 신라학문新羅學問 행달行達 찬撰
잡집론소雜集論疏 5권 : 지인智仁
잡집론소雜集論疏 5권 : 효사曉師
잡집론고적雜集論古迹 4권 : 태현太賢
잡집론소雜集論疏 12권 : 승장勝莊 술述.『잡집론술기』라고도 함.(云述記)[36]

---

33 ㉻『大正藏』55, 1155c. 이 曉는 元曉가 아닌가 싶다.
34 ㉻『大正藏』55, 1156b.
35 ㉻『大正藏』55, 1156c.
36 ㉻『大正藏』55, 1157a.

현양론소顯揚論疏 8권 : 경흥璟興

현양론소顯揚論疏 10권 : 지인智仁. 이 글의 내용을 보지는 못했으나 (지인이) 성유식론 학자인 것은 알 수 있음.(披此疏。似未見。成唯識論學者。可知。)

변중변론소辨中邊論疏 3권 : 도증道証[37]

중변분별론소中邊分別論疏 4권 : 원효元曉

관소연연론소觀所緣緣論疏 2권 : 원측圓測

백법론고적百法論古迹 1권 : 태현太賢

백법론소百法論疏 1권 : 원측圓測[38]

백법소百法疏 1권 : 원측圓測

이십유식론소二十唯識論疏 2권 : 원측圓測

성유식론료간成唯識論料簡 1권 : 순경順憬 술述

성유식론소成唯識論疏 10권 : 원측圓測

성유식론요집成唯識論要集 10권 : 신방神昉. 또는 『성유식론문의기』라고도 함.(又云。文義記。)[39]

성유식론요집成唯識論要集 14권 : 도증道證

성유식론폄량成唯識論貶量 25권 : 경흥璟興. 혹 30권.(或三十卷)

성유식론고적成唯識論古迹 1권 : 태현太賢

성유식론미상결成唯識論未詳決 3권 : 의적義寂[40]

성유식론결成唯識論決 3권 : 승장勝莊

---

37 ㉱ 道証이 道證인지는 미상이다.
38 ㉱ 『大正藏』 55, 1157b.
39 ㉱ 『大正藏』 55, 1157c.
40 ㉱ 『大正藏』 55, 1158a.

성유식기成唯識記 2권 : 경흥사璟興師

성유식기成唯識記 2권 : 경흥璟興

성유식론기成唯識論記 2권 : 인사印師[41]

성유식론기成唯識論記 1권 : 방방[42]

성유식론사기成唯識論私記 1권 : 현일玄壹. 자은 규기慈恩窺基의 본을 현일이 나중에 합하여 상·하 1권으로 만든 것임.(基本。壹末合。上下成一卷。)

보성론료간寶性論料簡 1권 : 『보성론과문』이라고도 함.(亦云。科文。) 원효元曉

석마하연론釋摩訶衍論 10권 : 석기신론釋起信論. 신라新羅 대공산중大空山中 사문沙門 월충月忠 찬撰. 흔히 용수가 지었다고 하나 잘못된 것임.(云云。龍樹造者僞也。)

기신론소起信論疏 2권 : 원효元曉

기신론별기起信論別記 1권 : 원효元曉

기신론사기起信論私記 1권 : 원효元曉. 교감해 봐야 함. 어떤 본에는 '한부寒部 찬撰'이라고 되어 있는데, 글의 내용은 원효의 『기신론별기』와 같음.(可勘。或本云。寒部撰而。文與曉別。)

기신론소起信論疏 1권 : 청구靑丘 대연사大衍師[43]

기신론고적기起信論古迹記 1권 : 태현太賢

기신론기起信論記 1권 : 대연大衍 집集

기신론동현장起信論同玄章 2권 : 신라新羅 견등見登

---

41 ㉮ 因師는 因法師, 즉 륫(令)因이 아닌가 한다.
42 ㉮ 『大正藏』 55, 1158b. 昉은 大乘昉, 즉 神昉이 아닌지 모르겠다.
43 ㉮ 『大正藏』 55, 1158c.

장진론고적掌珍論古迹 1권 : 태현太賢

장진론료간掌珍論料簡 1권 : 원효元曉 6장張[44]

광백론소廣百論疏 10권 : 원측圓測

광백론지귀廣百論旨歸 1권 : 원효元曉

광백론섭요廣百論攝要 1권 : 원효元曉

삼론종요三論宗要 1권 : 원효元曉[45]

인명론소因明論疏 2권 : 원측圓測

인명론술기因明論述記 2권 : 승장勝莊

인명론의초因明論義鈔 1卷 : 경흥璟興

인명론소因明論疏 2권 : 도증道證

인명론초因明論鈔 2권 : 도증道證[46]

인명입정리론소因明入正理論疏 2권 : 도증道證

인명입정리론초因明入正理論抄 1권 : 순경順憬[47]

인명입정리론기因明入正理論記 1권 : 원효元曉. 신태·정매·명각의 세 스님이 모두 소를 지었는데, 이들은 모두 원효와 동시대의 인물이라고 함.(神泰靖邁明覺三德造疏。皆三藏時也。云云)

인명입정리론고적因明入正理論古迹 1권 : 태현太賢. 『전법공록』에는 태현 스님이 지은 기기 1권과 학기學記 1권을 합하여 3권이 있다고 하니, 살펴볼 필요가 있음.(傳法供錄。更載同師所撰記一卷。幷學記一卷。合而有三卷。可審。)[48]

---

44 원『大正藏』55, 1159a.
45 원『大正藏』55, 1159b.
46 원『大正藏』55, 1159c.
47 원 이 행의 7자는 大谷大學 소장본에 있음.
48 원『大正藏』55, 1160a.

판비량론判比量論 1권 : 원효元曉[49]

성실론소成實論疏 10권 : 백제百濟 도장道藏

바사론소婆沙論疏 16권 : 신라新羅 정달법사淨達法師 찬撰. 여러 스님의 소疏를 합쳐 만든 것으로, 『대비바사론문의술기』라고도 함. 남도본에는 좌법사·경법사·흥법사·의빈법사·명표법사 등의 소疏를 모아 16권을 만들었다고 함.(糅諸師疏爲一部矣。云大毘婆沙論文義述記。南都本云。左法師·景法師·興法師·義斌法師·明表法師等疏。爲集十六卷。)[50]

구사론초俱舍論鈔 3권 : 영인슈印

순정리론술문기順正理論述文記 24권 : 신방사神昉師 찬撰

잡술록 4雜述錄 四

대승의장大乘義章 16권 : 연법사衍法師[51]

이장장二障章 1권 : 원효元曉[52]

일도장一道章 1권 : 또는 일도라고도 함.(亦云。一道識。) 원효元曉

십문화정론十門和淨論 1권 원효元曉

겁의劫義 1권 : 분황사芬皇寺 현륭방본玄隆房本[53]

법원의림기法苑義林記 4권 : 경흥璟興 찬撰

대승의림장大乘義林章 12권 : 의적義寂. 규기窺基의 글을 보조한 것임. 또 제1권에는 '의림찬회피옥'이라고 되어 있음.(補助基章。又第一卷云。

---

49 ㉜ 『大正藏』 55, 1160c.
50 ㉜ 『大正藏』 55, 1161a.
51 ㉜ 『大正藏』 55, 1161b. 이 衍法師가 靑丘 大衍師와 동일인인 것 같다.
52 ㉜ 이 행의 7자는 大谷大學 소장본에 있음.
53 ㉜ 『大正藏』 55, 1161c. 이 행의 7자는 大谷大學 소장본에 있음.

義林纂檜皮屋。)

종성차별집種性差別集 3권 : 신방神昉 찬撰[54]

육십이견장六十二見章 1권 : 원측圓測

성교약술장聖敎略述章 1권 : 도증道證

대승심로장大乘心露章 2권 : 태현太賢. 내제內題에는 '광석본모송 서동처실'이라고 되어 있음.(內題云。廣釋本母頌。西東妻室。)

신찬대승의장新撰大乘義章 5권 : 륜법사倫法師[55]

보살장아비달마고적합菩薩藏阿毘達磨古迹合 17권 : 청구사문靑丘沙門 태현太賢 집集. 『백법론』·『잡집론』·『성유식론』·『유가론』·『인명론』·『이문론』·『관소연연론』·『유식이십론』·『성업론』·『오온론』·『장진론』·『광백론』·『변중변론』·『현양론』·『불지론』·『무성섭론』·『세친섭론』. 이상 10석釋 17부部의 논論을 합하여 17권임. 각각의 권마다 '고적'이라고 하지 않았기 때문에 17권이라 한 것임. 그 뜻이 (태현의) 별록에 있음.(百法論·雜集論·成唯識論·瑜伽論·因明論·理門論·觀所緣緣論·唯識二十論·成業論·五蘊論·掌珍論·廣百論·辨中邊論·顯揚論·佛地論·無性攝論·世親攝論。已上十釋十七部論。合有十七卷也。非各有一卷古迹。故云。十七卷。其旨見別錄矣。)[56]

---

54 ㉮『大正藏』55, 1162c.
55 ㉮『大正藏』55, 1163a. 여기서의 倫法師가 道(遁)倫이 아닌가 싶다.
56 ㉮『大正藏』55, 1165b.

2. 『화엄종장소병인명록華嚴宗章疏幷因明錄』[57]

금강삼매론金剛三昧論 3권 : 신라新羅 원효元曉 술述

화엄소華嚴疏 10권 : 고경古經 원효元曉 술述[58]

화엄강목華嚴綱目 1권 : 원효元曉 술述[59]

화엄문의요결華嚴文義要決 5권 : 신라新羅 표원表員 술述[60]

화엄공목기華嚴孔目記 6권 : 신라新羅 진숭珍嵩 술述

능가경소楞伽經疏 7권 : 원효元曉 술述

승만경소勝鬘經疏 2권 : 원효元曉 술述

최승소最勝疏 8권 : 승장勝莊 술述

기신소起信疏 1권 : 대연大衍 술述

기신소起信疏 2권 : 원효元曉 술述

기신소起信疏 1권 : 청구靑丘 대연大衍 술述[61]

기신별기起信別記 1권 : 원효元曉 술述

기신사기起信私記 1권 : 원효元曉 술述

기신기起信記 1권 : 대연大衍 술述

---

57 ⑳ 東大寺 學僧 圓超가 延喜 14년(914)에 撰錄한 본서는 나중에 謙順(1740-1812)이 관정寬政 2년(1790)에 編刊한 『諸宗章疏錄』에 수록되었으며, 本抄는 『大正藏』 55에 의하였다.
58 ⑳ 『大正藏』 55, 1133a.
59 ⑳ 『大正藏』 55, 1133b.
60 ⑳ 『大正藏』 55, 1133c.
61 ⑳ 『大正藏』 55, 1134a.

중변분별론소中邊分別論疏 4권 : 원효元曉 술述

이장장二障章 1권 : 원효元曉 술述

일도장一道章 1권 : 원효元曉 술述

십문화정론十門和淨論 1권 : 원효元曉 술述

해인삼매론海印三昧論 1권 : 명효明晶 술述

법화종요法華宗要 1권 : 원효元曉 술述[62]

판비량론判比量論 1권 : 원효元曉 술述

이문론소理門論疏 2권 : 원측圓測 술述

이문고적理門古迹 1권 : 태현太賢 술述

정리소正理疏 2권 : 도증道證 술述

광백론촬요廣百論撮要 1권 : 원효元曉 술述[63]

---

62 원 『大正藏』 55, 1134b.
63 원 『大正藏』 55, 1134c.

3. 『삼론종장소三論宗章疏』[64]

논소論疏

삼론종요三論宗要 1권 : 원효元曉 술述[65]

광백론소廣百論疏 10권 : 원측圓測 술述

광백론지귀廣百論旨歸 1권 : 원효元曉 술述

광백론촬요廣百論撮要 1권 : 원효元曉 술述

장진론고적掌珍論古迹 1권 : 태현太賢 술述

장진론료간掌珍論料簡 1권 : 원효元曉 술述

기신론소起信論疏 2권 : 원효元曉 술述[66]

---

64 ㉮ 元興寺 安遠律師가 撰錄한 본서 역시 謙順 편간의 『제종장소록』에 수록되어 있으며, 本抄는 『大正藏』 55에 수록된 것을 대상으로 하였다.

65 ㉮ 『大正藏』 55, 1137c.

66 ㉮ 『大正藏』 55, 1138a.

4. 『법상종장소法相宗章疏』[67]

금강반야소金剛般若疏 3권 : 원효元曉 술述

인왕반야소仁王般若疏 3권 : 원측圓測 술述

반야이취분유찬般若理趣分幽贊 1권 : 의적義寂 술述

반야심경소般若心經疏 1권 : 원측圓測 술述

열반소涅槃疏 14권 : 경흥憬興 술述[68]

열반의기涅槃義記 5권 : 의적義寂 술述

해심밀소解深密疏 11권 : 영인令因 술述

해심밀소解深密疏 10권 : 원측圓測 술述

해심밀소解深密疏 3권 : 원효元曉 술述

최승왕경약찬最勝王經略贊 12권 : 경흥憬興 술述

최승왕경소最勝王經疏 8권 : 원효元曉 술述

승만경소勝鬘經疏 2권 : 원효元曉 술述

십이문다라니경소十二門陀羅尼經疏 1권 : 경흥憬興 술述

미륵상생경소彌勒上生經疏 2권 : 경흥憬興 술述

범망경소梵網經疏 2권 : 의적義寂 술述[69]

범망경고적梵網經古迹 2권 : 태현太賢 술述

---

[67] 웹 東大寺 平祚의 撰錄인 본서도 겸순의 『제종장소록』 속에 들어 있으며, 이 또한 『大正藏』 55 수록본을 抄錄하였다.

[68] 웹 『大正藏』 55, 1138b.

[69] 웹 『大正藏』 55, 1138c.

무량의경소無量義經疏 3권 : 원측圓測 술述

무량수경소無量壽經疏 3권 : 의적義寂 술述

대승십륜경초大乘十輪經鈔 2권 : 대승방大乘肪 술述

능가경소楞伽經疏 7권 : 원효元曉 술述

부증불감경소不增不減經疏 1권 : 원효元曉 술述

유가론중실瑜伽論中實 4권 : 원효元曉 술述

유가론기瑜伽論記 24권 : 둔륜遁倫 술述

백법론소百法論疏 1권 : 원측圓測 술述

현양론소顯揚論疏 8권 : 경흥憬興 술述

현양소顯揚疏 10권 : 지인智仁 술述[70]

중변분별론소中邊分別論疏 4권 : 원효元曉 술述

이십유식론소二十唯識論疏 2권 : 원측圓測 술述

유식소唯識疏 10권 : 원측圓測 술述

유식요집唯識要集 13권 : 방肪[71] 술述

유식요집唯識要集 14권 : 도증道證 술述

유식폄량唯識貶量 20권 : 경흥憬興 술述[72]

유식미상결唯識未詳決 2권 : 의적義寂 술述

관소연연론소觀所緣緣論疏 2권 : 원측圓測 술述

불지론소佛地論疏 4권 : 지인智仁 술述[73]

70　㉮『大正藏』55, 1139a.

71　㉮ 앞에 大乘肪이라고 보이는 것이 大乘昉, 즉 神昉이라면 여기서의 肪도 大乘昉과 동일인으로 보아 무방하지 않을까 한다.

72　㉮『大正藏』55, 1139b.

73　㉮『大正藏』55, 1139c.

바사론소婆沙論疏 14권 : 정달淨達 술述[74]

종성차별집種性差別集 3권 : 방肪 술述

대승의림장大乘義林章 12권 : 의적義寂 술述

육십이견장六十二見章 1권 : 원측圓測 술述

이장장二障章 1권 : 『동역전등목록』에는 원효로 되어 있음.(按東域云。元曉。)[75]

---

74 ㉯ 大谷大學 소장 사본에는, "『동역전등목록』에 신라의 정달 법사가 여러 스님들의 글을 합쳐 1부를 만든 것으로, 『대비바사론문의술기』라고도 한다.(東域云。新羅淨達法師囗諸師疏爲一部。云大毘婆沙論文義述記。)"라고 添記되어 있다.

75 ㉯ 『大正藏』 55, 1140a.

5.『주진법상종장소注進法相宗章疏』[76]

대반야경유찬大般若經幽贊 1권 : 의적義寂 찬撰

대반야경약기大般若經略記 □권 : 둔륜遁倫 찬撰[77]

인왕반야경소仁王般若經疏 3권 : 원측圓測

반야심경소般若心經疏 1권 : 원측圓測

반야이취분술찬般若理趣分述贊 3권 : 의적義寂

반야경소般若經疏 1권 : 둔륜遁倫 찬撰

금강경료간金剛經料簡 3권 : 경흥璟興 찬撰

약사경소藥師經疏 1권 : 둔륜遁倫 찬撰[78]

십일면경소十一面經疏 1권 : 둔륜遁倫

부증불감경소不增不減經疏 1권 : 원효元曉

십륜경초十輪經抄 3권 : 대승방大乘昉 찬撰

반주삼매경약기般舟三昧經略記 1권 : 원효元曉 찬撰

무량수경소無量壽經疏 3권 : 경흥璟興 찬撰

승만경소勝鬘經疏 3권 : 원효元曉 찬撰

삼미륵경찬三彌勒經贊 3권 : 경흥璟興 찬撰

해심밀경소解深密經疏 10권 : 원측圓測

---

76 [원] 藏俊 撰인 이『注進法相宗章疏』는 大谷大學 소장 사본 및『大日本佛敎全書』에 수록된 것이 있으나, 本抄는『大正藏』에 수록된 것에 의하였다.

77 [원]『大正藏』55, 1140c.

78 [원]『大正藏』55, 1141a.

해심밀경소解深密經疏 3권 : 원효元曉[79]

최승왕경약찬最勝王經略贊 5권 : 경흥憬興

열반경술찬涅槃經述贊 14권 : 경흥憬興

열반경고적기涅槃經古迹記 3권 : 태현太賢

범망경소梵網經疏 2권 : 의적義寂

범망경고적기梵網經古迹記 2권 : 태현太賢

법화경론술기法花經論述記 3권 : 의적義寂 석釋 의일義一 찬撰

불지론소佛地論疏 4권 : 지인智仁

현양론소顯揚論疏 8권 : 경흥憬興

현양론소顯揚論疏 10권 : 지인智仁[80]

백법론소百法論疏 1권 : 원측圓測 찬撰

잡집론소雜集論疏 12권 : 승장勝莊 술述

이십유식론소二十唯識論疏 2권 : 원측圓測

유가론초瑜伽論抄 36권 : 경법사景法師

유가론瑜伽論 36권 : 경흥璟興 찬撰

유가론기瑜伽論記 24권 : 둔륜遁倫 찬撰

기신론소起信論疏 2권 : 원효元曉

기신론별기起信論別記 1권 : 원효元曉[81]

성유식론료간成唯識論料簡 1권 : 순경順璟 술述

성유식론소成唯識論疏 10권 : 원측圓測 찬撰

성유식론문의기成唯識論文義記 10권 : 신방神昉

79 [원]『大正藏』 55, 1141b.

80 [원]『大正藏』 55, 1141c.

81 [원]『大正藏』 55, 1142a.

성유식론집成唯識論集 14권 : 도증道證

성유식론폄량成唯識論貶量 25권 : 경흥璟興

성유식론고적成唯識論古迹 5권 : 태현太賢

성유식론결택成唯識論決擇 1권 : 태현太賢

성유식론광석본모송成唯識論廣釋本母頌 3권 : 태현太賢

성유식론미상결成唯識論未詳決 3권 : 의적義寂[82]

성유식결成唯識決 3권 : 승장勝莊[83]

성유식기成唯識記 2권 : 경흥憬興

성유식기成唯識記 2권 : 인사印師[84]

성유식사기成唯識私記 1권 : 현일玄壹 집集

대인명론소大因明論疏 2권 : 원측圓測

대인명론의초大因明論義抄 1권 : 경흥憬興[85]

대인명론소大因明論疏 2권 : 도증道證

대인명론술기大因明論述記 2권 : 승장勝莊

대인명론초大因明論抄 2권 : 도증道證

인명입정리론소因明入正理論疏 2권 : 도증道證

인명입정리론초因明入正理論抄 1권 : 순경順憬

인명입정리론기因明入正理論記 1권 : 원효元曉

인명입정리론고적因明入正理論古迹 1권 : 태현太賢[86]

---

82 ㉠『大正藏』55, 1142b.
83 ㉠『大正藏』55, 1142c.
84 ㉠ 이 印師가 슝印(靈印)이 아닌가 싶다.
85 ㉠『大正藏』55, 1143a.
86 ㉠『大正藏』55, 1143b.

판비량론判比量論 1권 : 원효元曉[87]

대승법원의림장기大乘法苑義林章記 4권 : 경흥憬興

대승의림광장大乘義林廣章 12권 : 의적義寂[88]

---

87 ㉜『大正藏』55, 1144a.
88 ㉜『大正藏』55, 1144b.

6. 『율종장소律宗章疏』[89]

사분율육권초기四分律六卷鈔記 10권 : 신라新羅 지인智仁 술술述

범망소梵網疏 2권 : 적법사寂法師 술술述[90]

범망소梵網疏 2권 : 원효元曉 술述

범망고적기梵網古迹記 2권 : 청구靑丘 태현太賢 술述

범망지범요기梵網持犯要記 1권 : 원효元曉 술述[91]

---

89 ㉰ 藥師寺 榮穩이 撰錄한 것을 謙順이 『諸宗章疏錄』에 入錄하였는데, 本抄는 역시 『大正藏』 55에 의하였다.
90 ㉰ 新羅 義寂인지는 자세하지 않다.
91 ㉰ 『大正藏』 55, 1145b.

7. 『증보제종장소增補諸宗章疏』[92]

화엄종華嚴宗

화엄고적華嚴古迹 10권 : 태현太賢 술述

일승법계도장一乘法界圖章 1권 : 의상義湘 술述. 『동역전등목록』에서 법장이 찬술했다고 한 것은 오류인 것 같다. 왜냐하면 제록諸錄에서 모두 의상으로 기록하고 있기 때문이다.(按. 東域爲法藏[93]撰. 恐誤諸錄竝云義湘.)

일승법계도기一乘法界圖記 1권 : 진숭珍嵩 술述

일승성불묘의一乘成佛妙義 1권 : 견등見登 술述[94]

원종문류圓宗文類 22권 : 의천義天 술述

현수전賢首傳 1권 : 최치원崔致遠 술述

화엄기신관행법문華嚴起信觀行法門 1권 : 대안사大安寺 심상審祥 술述

법화종요法華宗要 1권 : 원효元曉 술述

---

[92] 원 智積院의 東武謙順이 寬政 2년(1790)에 기존의 五宗錄(圓超의 『華嚴宗章疏並因明錄』, 玄日의 『天台宗章疏』, 安遠의 『三論宗章疏』, 平祚의 『法相宗章疏』, 榮穩의 『律宗章疏』)을 訂正하여 『諸宗章疏錄』을 編刊하였는데, 거기에 五宗錄 이후의 것을 새로 추가 편찬한 것이 『增補諸宗章疏錄』이다. 이 『증보제종장소록』은 『제종장소록』 3권 속에 들어 있으며 모두가 『大日本佛敎全書』의 불교서적목록 제1에 수록되어 있는데, 앞의 오종록 부분은 『大正藏』에 入錄되어 있으므로 거기에 의해 초록하였으나, 본 『증보제종장소록』의 초는 『大日本佛敎全書』에 의하였다.

[93] 원 『大日本佛敎全書』 제1책, p.73중.

[94] 원 『大日本佛敎全書』 제1책, p.73하.

열반종요涅槃宗要 1권 : 원효元曉 술述

유마종요維摩宗要 1권 : 원효元曉 술述

무량의경종요無量義經宗要 1권 : 원효元曉 술述

미륵경소彌勒經疏 3권 : 원효元曉 술述

미륵경종요彌勒經宗要 1권 : 원효元曉 술述

본업영락경소本業瓔珞經疏 2권 : 원효元曉 술述

능가경종요楞伽經宗要 1권 : 원효元曉 술述[95]

보성론료간寶性論料簡 1권 : 원효元曉 술述

기신현의장起信玄義章 2권 : 견등見登 술述[96]

잡술부雜述部

태현법사행장太賢法師行狀 1권

법상종法相宗

경소부經疏部

법화소法華疏 8권 : 경흥憬興 술述[97]

대반야유찬大般若幽贊 1권 : 의적義寂 술述

대반야적목大般若籍目 2권 : 도증道證 술述

대반야강요大般若綱要 1권 : 병서幷序. 혹은 『대반야경료간』이라고 함.

(或云。料簡。) 의적義寂 술述

95 [원]『大日本佛敎全書』 제1책, p.74상.

96 [원]『大日本佛敎全書』 제1책, p.74중.

97 [원]『大日本佛敎全書』 제1책, p.75중.

대반야약기大般若略記 2권 : 둔륜遁倫 술述⁹⁸

대혜도종요大惠度宗要 1권 : 혹은 『마하반야바라밀종요』라고 함.(或云。摩訶般若波羅蜜。) 원효元曉 술述

이취분소理趣分疏 1권 : 도증道證 술述

이취분소理趣分疏 1권 : 둔륜遁倫 술述

금강반야료간金剛般若料簡 : 경흥憬興

금강반야약기金剛般若略記 1권 : 둔륜遁倫 술述⁹⁹

반주삼매약기般舟三昧略記 1권 : 원효元曉 술述

무량수고적無量壽古迹 1권 : 태현太賢 술述

무량수술찬無量壽述贊 3권 : 경흥憬興 술述

아미타소阿彌陀疏 1권 : 원측圓測 술述

아미타약기阿彌陀略記 1권 : 경흥憬興 술述

유마약찬維摩略贊 7권 : 대승기大乘基 술述. 장준의 『주진법상종장소』에서 나온 것이나 『주진법상종장소』의 한 본에는 원효라고 되어 있음. 교감을 기대함.(按出俊錄。然一本俊錄云。元曉。待勘。)

삼미륵료간三彌勒料簡 1권 : 경흥憬興 술述

약사소藥師疏 1권 : 둔륜遁倫 술述

약사고적藥師古迹 1권 : 태현太賢 술述

십일면소十一面疏 1권 : 둔륜遁倫 술述

최승왕경最勝王經 8권 : 또는 『최승왕경술기』라고 함.(亦云。述記。) 대천복사大薦福寺 승장勝莊 술述¹⁰⁰

---

98 원 『大日本佛敎全書』 제1책, p.76하.
99 원 『大日本佛敎全書』 제1책, p.77상.
100 원 『大日本佛敎全書』 제1책, p.77중.

심밀소深密疏 : 경흥憬興 술述

십륜초十輪鈔 3권 : 대승방大乘昉 술述

십륜소十輪疏 8권 : 대승방大乘昉 술述

십륜소十輪疏 3권 : 대승방大乘昉 술述. 현행본에 의하면 이상의 3부는 확실함.(依見行本。已上三部。可詳。)

정반왕소淨飯王疏 1권 : 둔륜遁倫 술述

관정소灌頂疏 2권 : 경흥憬興 술述

열반고적기涅槃古迹記 2권 : 태현太賢 술述

열반료간涅槃料簡 1권 : 경흥憬興 술述

열반강목涅槃綱目 1권 : 적사寂師 술述

논소부論疏部

법화론술기法華論述記 2권 : 의적義寂 석釋 의일義一 찬撰[101]

섭론소攝論疏 4권 : 원효元曉 술述

유가의림瑜伽義林 5권 : 의영義榮 술述

유가찬요瑜伽纂要 3권 : 태현太賢 술述

유가료간瑜伽料簡 1권 : 신라新羅 학문승學問僧 행달行達 술述

유가기瑜伽記 36권 : 경흥憬興

유가소瑜伽疏 12권 : 승장勝莊 술述

잡집소雜集疏 5권 : 지인智仁 술述

잡집소雜集疏 12권 : 또는 『잡집소술기』라고도 함.(亦云。述記。) 승장勝莊 술述

101 [원] 『大日本佛教全書』 제1책, p.77하.

잡집소雜集疏 5권 : 효사曉師 술述

잡집고적雜集古迹 3권 : 태현太賢 술述

중변소中邊疏 3권 : 도증道證 술述

중변분별론소中邊分別論疏 4권 : 원효元曉 술述

보성론료간寶性論料簡 1권 : 원효元曉 술述

기신고적起信古迹 1권 : 태현太賢 술述[102]

백법고적百法古迹 1권 : 태현太賢 술述

유식료간唯識料簡 1권 : 순경順憬 술述

유식고적唯識古迹 5권 : 태현太賢 술述

유식결택唯識決擇 1권 : 태현太賢 술述

광석유식본모송廣釋唯識本母頌 3권 : 태현太賢 술述. 한 본에는 극태라고 되어 있음.(一本云。極太。)

유식결唯識決 3권: 승장勝莊 술述[103]

추요기樞要記 2권 : 경흥憬興 술述

추요사기樞要私記 1권 : 현일玄壹 술述

추요기樞要記 2권 : 인사印師 술述

추요기樞要記 1권 : 방肪 술述

인명론소부因明論疏部

이문술기理門述記 2권 : 승장勝莊 술述

이문의초理門義鈔 1권 : 경흥憬興 술述

이문소理門疏 2권 : 도증道證 술述

---

102 원『大日本佛教全書』제1책, p.78상.
103 원『大日本佛教全書』제1책, p.78중.

목록류目錄類……555

이문초理門鈔 2권 : 도증道證 술述[104]

정리초正理鈔 1권 : 순경順憬 술述

정리기正理記 1권 : 원효元曉 술述

정리고적正理古迹 1권 : 태현太賢 술述

잡술부雜述部

법원기法苑記 4권 : 경흥憬興 술述[105]

겁의劫義 1권 : 분황사芬皇寺

성교약술장聖敎略述章 1권 : 도증道證 술述

신찬대승의장新撰大乘義章 5권 : 륜법사倫法師 술述

소승론소부小乘論疏部

성실소成實疏 16권 : 백제百濟 도장사道藏寺 오사五師 술述[106]

구사초俱舍鈔 3권 : 경흥憬興 술述

구사초俱舍鈔 3권 : 영인令印 술述

율종부律宗部

범망종요梵網宗要 1권 : 신라新羅 원효元曉 술述

범망술기梵網述記 2권 : 당唐 승장勝莊 술述[107]

---

104 ㉮『大日本佛敎全書』제1책, p.78하.
105 ㉮『大日本佛敎全書』제1책, p.79상.
106 ㉮『大日本佛敎全書』제1책, p.79중.
107 ㉮ 唐의 勝莊이라고 되어 있으나 실은『宋高僧傳』권4 慧沼傳에 '新羅 勝莊法師'라고 되어 있으며, 또「圓測法師舍利塔銘」등에도 唐의 大薦福寺 大德 勝莊 法師가 圓測의 제자임을 보이고 있어서 그가 新羅僧임을 의심할 수가 없다.

범망계본종요梵網戒本宗要 1권 : 태현太賢 술述[108]

제종장소록찬명총목諸宗章疏錄撰名總目 천태天台 의통義通 제관諦觀 의천義天[109]

천태종天台宗

보운寶雲 의통義通 (고려高麗) 통기統紀 제8
관경소기觀經疏記
광명현찬석光明玄贊釋
광명구비급초光明句備急鈔[110]

고려高麗 제관諦觀 통기統紀 제10
사교의四敎儀 1권 : 장안존자章安尊者 관정灌頂의 『팔교의八敎儀』에 의해 대의를 산보했다고 함.(依章安八敎。[111] 刪補大意。)

승통僧統 의천義天 통기統紀 제14
해동유본현행록海東有本現行錄 2권[112]

---

108 [원]『大日本佛敎全書』 제1책, p.79하.
109 [원]『大日本佛敎全書』 제1책, p.80하.
110 [원]『大日本佛敎全書』 제1책, p.81하.
111 [원]『大日本佛敎全書』 제1책, p.82하.
112 [원]『大日本佛敎全書』 제1책, p.83하.

8. 『불전소초목록佛典疏鈔目錄』[113]

권상卷上

불화엄경소초목록佛華嚴經疏鈔目錄

화엄경소華嚴經疏 10권 : 신라新羅 원효元曉 술술述

화엄경고적華嚴經古迹 10권 : 청구靑丘 태현太賢 술述[114]

유마경소초목록維摩經疏鈔目錄

종요宗要 1권 : 원효元曉 술述

요간料簡 1권 : 둔륜遁倫 술述[115]

범망경소초목록梵網經疏鈔目錄

약소略疏 1권 : 신라新羅 원효元曉 술述

술기述記 4권 : 숭의사崇義寺 승장勝莊 술述

의소義疏 2권 : 의적義寂 술述

고적기古迹記 2권 : 태현太賢 술述

종요宗要 1권 : 태현太賢 술述

---

113 ㉾ 日東沙門 寶巖興隆 集인 본 목록은 상하 2권으로 되어 있으며, 本抄는 『일본불교전서』제1 불교서적목록 제1에 수록된 것에 의하였다.

114 ㉾ 『大日本佛敎全書』제1책, p.109상.

115 ㉾ 『大日本佛敎全書』제1책, p.109 상.

기記 2권 : 단목端目 술述116

기記 1권 : 원승圓勝 술述117

지범持犯 1권 : 원효元曉 술述118

영락본업경소초목록瓔珞本業經疏鈔目錄

소疏 3권 : 원효元曉 술述

능가경소초목록楞伽經疏鈔目錄

능가종요楞伽宗要 1권 : 신라新羅 원효元曉 술述

종요宗要 1권 : 원효元曉 술述

금강경소초목록金剛經疏鈔目錄119

소疏 3권 : 원효元曉 술述

고적기古迹記 1권 : 태현사太賢師 술述

인왕경소목록仁王經疏目錄

소疏 3권 : 원측圓測 술述

고적기古迹記 1권 : 태현太賢 술述

---

116 ㉈ 신라 말의 「朗空大師白月栖雲塔碑」에 '金生 書 釋端目 集'이라 보이는 그 端目과 동일인인지에 대해서는 아무런 근거가 없으나, 다만 同名이므로 초록해 보았을 따름이다.

117 ㉈ 貞觀(627~649) 初年에 入唐하여 慈藏과 같이 귀국하고 律部를 開講하여 弘化하였던 신라의 淸愼僧인 그 圓勝이 아닌가 한다.

118 ㉈ 『大日本佛敎全書』제1책, p.109상.

119 ㉈ 『大日本佛敎全書』제1책, p.110상.

반주삼매경소초목록般舟三昧經疏鈔目錄

소疏 1권 : 원효元曉 술述[120]

반야심경소초목록般若心經疏鈔目錄

주注 2권 : 태현太賢 술述

고적기古迹記 2권 : 태현太賢 술述[121]

금강삼매경소초목록金剛三昧經疏鈔目錄

논論 6권 : 원효元曉 술述

승만경소초목록勝鬘經疏鈔目錄

소疏 2권 : 원효元曉 술述

소疏 2권 : 둔륜遁倫 술述

부증불감경소초목록不增不減經疏鈔目錄

소疏 1권 : 원효元曉 술述[122]

열반경소초목록涅槃經疏鈔目錄

소疏 14권 : 경흥憬興 술述

고적기古迹記 8권 : 태현太賢 술述

---

120 [원]『大日本佛敎全書』 제1책, p.110중.

121 [원]『大日本佛敎全書』 제1책, p.110하.

122 [원]『大日本佛敎全書』 제1책, p.111상.

해심밀경소초목록解深密經疏鈔目錄

소疏 3권 : 원효元曉 술述

소疏 7권 : 서명사西明寺 원측圓測 술述[123]

금광명경소초목록金光明經疏鈔目錄

소疏 8권 : 원효元曉 술述

술찬述讚 7권 : 경흥憬興 술述

약기略記 1권 : 둔륜遁倫 술述

술기述記 4권 : 태현太賢 술述

요간料簡 1권 : 태현太賢 술述

약사경소초목록藥師經疏鈔目錄

소疏 1권 : 둔륜遁倫 술述

소疏 1권 : 경흥憬興 술述

고적기古迹記 1권 : 태현太賢 술述[124]

방광경소기목록方廣經疏記目錄

소疏 1권 : 원효元曉 술述

미륵상생경소초목록彌勒上生經疏鈔目錄

종요宗要 1권 : 원효元曉 술述

요간料簡 1권 : 의적義寂 술述

---

123 원『大日本佛教全書』제1책, p.111하.
124 원『大日本佛教全書』제1책, p.113상.

고적기古迹記 1권 : 태현太賢 술述

미륵하생경소초목록彌勒下生經疏鈔目錄

고적기古迹記 1권 : 태현太賢 술述

미륵성불경소초목록彌勒成佛經疏鈔目錄

고적기古迹記 1권 : 태현太賢 술述

미륵경술찬彌勒經述贊 3권 : 경흥憬興 술述

축의술문逐義述文 4권 : 경흥憬興 술述[125]

사분율소초목록四分律疏鈔目錄

과科 3권 : 원효元曉 술述[126]

습비니요拾毘尼要 3권 : 남산南山 술述 혹은 경흥憬興 술述

갈마사기羯磨私記 1권 : 자장慈藏 술述

갈마기羯磨記 2권 : 원승圓勝 술述

갈마기羯磨記 1권 : 경흥憬興 술述[127]

행종기行宗記 8권 : 원효元曉 술述

제연기濟緣記 8권 : 원효元曉 술述

십송율소초목록十誦律疏鈔目錄

목차기木叉記 1권 : 자장慈藏 술述

---

125 [원]『大日本佛敎全書』 제1책, p.113중.

126 [원]『大日本佛敎全書』 제1책, p.113하.

127 [원]『大日本佛敎全書』 제1책, p.114상.

대승기신론소초목록大乘起信論疏鈔目錄

별기別記 2권 : 원효元曉 술述

소疏 2권 : 원효元曉 술述

고적기古迹記 1권 : 태현太賢 술述

종요宗要 1권 : 원효元曉 술述

대기大記 1권 : 원효元曉 술述

요간料簡 1권 : 원효元曉 술述[128]

문답問答 1권 : 경흥憬興 술述

주강珠綱 3권 : 연기緣起 술述

습번취묘拾繁取妙 1권 : 연기緣起 술述

성유식론소초목록成唯識論疏鈔目錄

소疏 20권 : 서명西明 원측圓測 술述[129]

강요綱要 13권 : 도증道證 술述

폄량貶量 25권 : 경흥憬興 술述

고적기古迹記 10권 : 태현太賢 술述

의원초義苑鈔 3권 : 오진悟眞 술述[130]

종요宗要 1권 : 원효元曉 술述

별장別章 3권 : 원측圓測 술述

요결要決 2권 : 둔륜遁倫 술述

---

128 [원]『大日本佛敎全書』 제1책, p.114중.

129 [원]『大日本佛敎全書』 제1책, p.114하.

130 [원] 이 悟眞도 新羅僧인지 확실치가 않다. 다만 유명한 義湘 門下 10大德의 1인인 悟眞과, 또 入唐求法하고 印度로 간 密敎僧 悟眞이 있어서 이들 신라승 중의 하나가 아닌가 하는 것뿐이다.

결택決擇 1권 : 태현太賢 술述[131]

유가론소기목록瑜伽論疏記目錄

개판기開板記 20권 : 둔륜遁倫 술述

소疏 17권 : 현일玄一 술述

소疏 10권 : 경흥憬興 술述

고적기古迹記 4권 : 태현太賢 술述

소疏 : 원측圓測 술述

광백론소초목록廣百論疏鈔目錄

종요宗要 1권 : 원효元曉 술述

고적기古迹記 1권 : 태현太賢 술述

삼론현소목록三論玄疏目錄

종요宗要 1권 : 원효元曉 술述[132]

대지도론소기목록大智度論疏記目錄

소疏 5권 : 연법사衍法師 술述

백법론소초목록百法論疏鈔目錄

강요약석綱要略釋 1권 : 지인智因 술述

소疏 1권 : 원측圓測 술述

---

131 ㉝『大日本佛敎全書』제1책, p.115상.
132 ㉝『大日本佛敎全書』제1책, p.115중.

총술總述 3권 : 의적義寂 술述

주注 1권 : 의적義寂 술述[133]

대법론소초목록對法論疏鈔目錄

고적기古迹記 4권 : 태현太賢

중변론소기목록中邊論疏記目錄

소疏 4권 : 원효元曉 술述

요간料簡 1권 : 현일玄一 술述

고적기古迹記 1권 : 태현太賢 술述

성업론소초목록成業論疏鈔目錄

고적기古迹記 1권 : 태현太賢 술述

장진론소기목록掌珍論疏記目錄

종요宗要 1권 : 원효元曉 술述

고적기古迹記 1권 : 태현太賢 술述

관소연소기목록觀所緣疏記目錄

고적기古迹記 1권 : 태현太賢 술述

---

133 @『大日本佛教全書』제1책, p.115하.

현양론소기목록顯揚論疏記目錄

술기述記 3권 : 규기窺基 술述. 혹 승장勝莊 술述

고적기古迹記 1권 : 태현太賢 술述

섭대승론소기목록攝大乘論疏記目錄

세친석론소世親釋論疏 16권 : 법상法常 술述. 혹은 '도증道證 술述'이라
    고도 하는데, 확실하지 않음.(或云。道證述。余按未詳。)

세친석론약기世親釋論略記 4권 : 신라국新羅國 원효元曉 술述

세친석론고적기世親釋論古迹記 1권 : 청구사문青丘沙門 태현太賢 술述

무성론고적기無性論古迹記 1권 : 청구사문青丘沙門 태현太賢 술述[134]

제종잡장목록諸宗雜章目錄

광석본모송廣釋本母頌 3권 : 태현太賢 술述

대승일미장大乘一味章 1권 : 태현太賢 술述

십문화쟁론十門和諍論 : 원효元曉 술述

이제장二諦章 1권 : 원효元曉 술述

초장初章 1권 : 원효元曉 술述

구도비유론求道譬喩論 1권 : 원효元曉 술述

조복아심론調伏我心論 1권 : 원효元曉 술述

안신사심론安身事心論 1권 : 원효元曉 술述

잡기雜記 9권 : 둔륜遁倫 술述[135]

---

134 ㉥『大日本佛敎全書』제1책, p.116상.

135 ㉥『大日本佛敎全書』제1책, p.116중.

법원의림장소기목록法苑義林章疏記目錄

집현초集玄鈔 3권 : 오진悟眞 술述

석명장釋名章 2권 : 태현太賢 술述

대승심로장大乘心路章 2권 : 태현太賢 술述[136]

권하卷下

무량수경소초목록無量壽經疏鈔目錄

종요宗要 1권 : 당唐 원효元曉 술述

술문찬述文贊 3권 : 당唐 신라新羅 경흥憬興 술述

술의기述義記 2권 : 당唐 의적義寂 술述

소疏 2권 : 당唐 법위 법사法位法師 술述

기記 2권 : 당唐 현일 법사玄一法師 술述[137]

관무량수경소초목록觀無量壽經疏鈔目錄

소疏 2권 : 당唐 경흥憬興 술述

소疏 1권 : 신라국新羅國 의적義寂 술述

고적古迹 1권 : 태현太賢 술述

기記 : 현일玄一 술述

소疏 1권 : 법위法位 술述

소기疏記 : 보운 의통寶雲義通 술述[138]

---

136 ⓦ『大日本佛敎全書』제1책, p.116하.
137 ⓦ『大日本佛敎全書』제1책, p.117중.
138 ⓦ『大日本佛敎全書』제1책, p.117하.

아미타경소초목록阿彌陀經疏鈔目錄

소疏 1권 : 당唐 서명사西明寺 원측圓測 술述

의소義疏 1권 : 당唐 신라新羅 원효元曉 술述.『정토론』에 의해 풀이한 것임.(依淨土論解之)

의기義記 1권 : 당唐 신라新羅 청림사靑林寺 자장慈藏 술述

기記 1권 : 현일 법사玄一法師 찬撰[139]

소疏 5권 : 송宋 고려高麗 원전元傳 술述

과科 1권 : 송宋 고려高麗 원전元傳 술述

고적古迹 1권 : 태현太賢 술述

칭찬정토경소초목록稱讚淨土經疏鈔目錄

고적기古迹記 1권 : 태현太賢 술述

정토총료간淨土總料簡 : 태현太賢 술述[140]

삼장성교목록三藏聖敎目錄

고려국신조대장교정별록高麗國新雕大藏校正別錄 30권 : 해동사문海東沙門 수기守其 술述[141]

대장집약목록大藏集略目錄

제종교장총록諸宗敎藏總錄 2권 : 고려高麗 의천義天 술述[142]

---

139 ㉮『大日本佛敎全書』제1책, p.118상.
140 ㉮『大日本佛敎全書』제1책, p.118중.
141 ㉮『大日本佛敎全書』제1책, p.119상.
142 ㉮『大日本佛敎全書』제1책, p.119하.

이취경소초목록理趣經疏鈔目錄

소疏 1권 : 도증道證 술述

유찬幽贊 1권 : 의적義寂 술述

주注 2권 : 태현太賢 술述

율문잡기목록律門雜記目錄

습비니요拾毘尼要 3권 : 경흥憬興 술述[143]

천태사교장소목록天台四教章疏目錄

천태사교의天台四教儀 1권 : 제관諦觀 술述[144]

천태잡장목록天台雜章目錄

보운진조집寶雲振祖集[145]

제예찬문목록諸禮讚文目錄

부석존자예찬문浮石尊者禮讚文 1권

구사론소초목록俱舍論疏鈔目錄

석송초釋頌鈔 3권 : 원측圓測 술述

---

143 [원]『大日本佛教全書』 제1책, p.121상.

144 [원]『大日本佛教全書』 제1책, p.121하.

145 [원]『大日本佛教全書』 제1책, p.122중. 여기에 密雲振祖集이라고 되어 있는 것은 寶雲振祖集의 誤植이며, 이 集은 고려인인 寶雲尊者 義通에 관한 諸記 讚文 등을 集錄한 것이다.

초鈔 3권 : 경흥憬興 술述¹⁴⁶

초鈔 2권 : 운雲(영靈)인因 술述

정리문론소기목록正理門論疏記目錄

고적기古迹記 1권 : 태현太賢 술述

소疏 : 원측圓測 술述¹⁴⁷

인명입정리론소초목록因明入正理論疏鈔目錄

비궐약초備闕略鈔 2권 : 오진悟眞 술述

소疏 1권 : 원효元曉 술述

판비량론判比量論 1권 : 원효元曉 술述

소疏 : 당唐 승장勝莊 술述

소疏 : 신라新羅 경흥憬興 술述

고적古迹 1권 : 태현太賢 술述¹⁴⁸

---

146 ㉔『大日本佛敎全書』제1책, p.123상.
147 ㉔『大日本佛敎全書』제1책, p.123중.
148 ㉔『大日本佛敎全書』제1책, p.123하.

9. 『화엄경론장소목록華嚴經論章疏目錄』[149]

일승법계도장一乘法界圖章 1권 : 의상 대사義想大師 술술述

화엄경소花嚴經疏 10권 : 원효 대사元曉大師 술述[150]

해인삼매론海印三昧論 1권 : 명효明晶 술述

일승법계도기一乘法界圖記 1권 : 진숭珍嵩 술述

일승성불묘의一乘成佛妙義 1권 : 견등見登 술述

화엄문의요결문답花嚴文義要決問答 4권 : 표원表員 집집集

화엄요의문답花嚴要義問答 3권 : 표원表員 집集

원종문류圓宗文類 22권 : 의천義天 집集[151]

범망경소梵網經疏 2권 : 원효 대사元曉大師 술述

지범요기持犯要記 1권

승만경소勝鬘經疏 2권

반주삼매경기般舟三昧經記 1권

유심안락도遊心安樂道 1권

상생경종요上生經宗要 1권

대반야경종요大般若經宗要 1권

법화경종요法花經宗要 1권 : 이상以上 원효 대사元曉大師 술述

---

149 ㉾ 凝然(1240~1321)이 撰한 본 목록은 『大日本佛敎全書』 제1책에 수록되어 있으며, 本抄도 이에 의하였다.

150 ㉾ 『大日本佛敎全書』 제1책, p.134중.

151 ㉾ 『大日本佛敎全書』 제1책, p.134하.

부증불감경소不增不減經疏 1권

기신론소起信論疏 2권

보성론료간寶性論料簡 1권

화쟁론和諍論 2권

금강삼매경론 3권

금강반야경소金剛般若經疏 3권

아미타경소阿彌陀經疏 1권

양권무량수경종요兩卷無量壽經宗要 1권

양권무량수경소兩卷無量壽經疏 1권

능가경종요楞伽經宗要 1권

열반경종요涅槃經宗要 1권

본업경소本業經疏 1권

본업경론별기本業經論別記 1권

중변분별론소中邊分別論疏 4권

판비량론判比量論 1권[152]

이장의二障義 1권

육근참회법六根懺悔法 1권

일도의一道義 1권 : 이상已上 원효 대사元曉大師 술술述[153]

현수국사전賢首國師傳 1권 : 최치원崔致遠 술술述

화엄기신관행법문花嚴起信觀行法門 1권 : 심상審祥

화엄잡문답花嚴雜問答 1권 : 원효의 소 가운데에서 초록한 것임. (於元

---

152 원『大日本佛敎全書』제1책, p.135상.
153 원『大日本佛敎全書』제1책, p.135중.

曉疏中鈔之)[154]

화엄경입법계품초기花嚴經入法界品鈔記 1권：의상 대사義想大師[155]

154　㉘『大日本佛敎全書』제1책, p.136상.
155　㉘『大日本佛敎全書』제1책, p.137상.

10. 『정토의빙경론장소목록淨土依憑經論章疏目錄』[156]

석경록釋經錄 제3

무량수경종요無量壽經宗要 1권 : 원효元曉 해동진단인海東晨旦人 화엄종華嚴宗

무량수경술의기無量壽經述義記 3권 : 의적義寂 법상종法相宗

무량수경연의술문찬無量壽經連義述文贊 3권 : 경흥憬興 법상종法相宗

무량수경기無量壽經記 2권 : 현일玄一

무량수경소無量壽經疏 2권 : 법위法位

무량수경사기無量壽經私記 1권 : 원효 법사元曉法師 작作[157]

아미타경소阿彌陀經疏 1권 : 원효元曉 혹은 원조라고도 함.(一作。照。)

아미타경통찬소초阿彌陀經通讚疏鈔 5권 : 원전元傳 술述 고려인高麗人

아미타경통찬과문阿彌陀經通讚科文 1권 : 원전元傳 술述 고려인高麗人

아미타경소阿彌陀經疏 1권 : 원측圓測 서명사西明寺 법상종法相宗 본경은 구나발다라의 번역임.(本經求那跋陀羅之譯)

아미타경기阿彌陀經記 2권 : 현일玄一

아미타경의기阿彌陀經義記 1권 : 자장慈藏 청림사靑林寺 신라인新羅人[158]

반주삼매경약기般舟三昧經略記 1권 : 원효元曉

---

156 ㉜ 欣淨沙門 長西(1184~1228) 編錄인 본 목록은 『大日本佛敎全書』 1에 수록되어 있는데, 本抄도 이에 의하였다.
157 ㉜ 『大日本佛敎全書』 제1책, p.144하.
158 ㉜ 『大日本佛敎全書』 제1책, p.146하.

집의록集義錄 제4[159]

유심안락도遊心安樂道 1권 : 원효元曉[160]

별출록別出錄 제5

마하지관보주摩訶止觀輔注 3권 : 종의從義 고려高麗 천태天台 영가사문永嘉沙門 종의從義[161]

찬송록讚頌錄 제7

서방극락요찬西方極樂要讚 1권 : 도증道證[162]

---

159 원『大日本佛敎全書』제1책, p.146중.
160 원『大日本佛敎全書』제1책, p.147하.
161 원『大日本佛敎全書』제1책, p.149하.
162 원『大日本佛敎全書』제1책, p.149상.

11.『연문유취경적록蓮門類聚經籍錄』[163]

권상卷上

대경소석류大經疏釋類

무량수경종요無量壽經宗要 1(2)권 : 신라新羅 원효元曉

무량수경술의기無量壽經述義記 3권 : 신라新羅 의적義寂

무량수경연의술문기無量壽經連義述文記 3권 : 신라新羅 경흥璟興[164]

무량수경의소無量壽經義疏 2 : 법위사法位師 찬撰

무량수경소無量壽經疏 1권 : 인법사因法師

의소義疏 2권 : 당唐 법위法位

고적기古迹記 1권 : 신라新羅 청구靑丘 태현太賢

기기記 2권(3권) : 당唐 현일玄一

소疏 3권 : 당唐 서명사西明寺 원측圓測[165]

경소석류經疏釋類

관무량수경기觀無量壽經記 1권 : 당唐 보운 의통寶雲義通[166]

---

163 ㉮ 京都 了蓮寺 文雄(1700~1763)이 輯錄하고 緣山南溪 徹定(1814~1891)이 增補한 本錄은 상하 2권으로 되어 있으며,『大日本佛敎全書』1에 入錄된 것을 여기에 抄하였다.

164 ㉮『大日本佛敎全書』제1책, p.156하.

165 ㉮『大日本佛敎全書』제1책, p.157상.

166 ㉮『大日本佛敎全書』제1책, p.158상. 여기서의 唐 寶雲은 실은 高麗人으로서

강요綱要 1권 : 신라新羅 의적義寂

고적기古迹記 3권 : 신라新羅 청구靑丘 태현太賢

기기記 1권 : 당唐 현일玄一

소疏 1권 : 당唐 법위法位

소疏 2권 : 신라新羅 경흥璟興[167]

경소석류經疏釋類

아미타경통찬소阿彌陀經通讚疏 2권 : 신라新羅 원효元曉

소疏 1권 : 신라新羅 원효元曉

통찬소초通讚疏鈔 5권 : 병과幷科 1권 원전元傳[168]

소疏 1권 : 당唐 서명사西明寺 원측圓測

소疏 2권 : 당唐 현일玄一

의기義記 1권 : 당唐 청림사靑林寺 자장慈藏

소疏 1권 : 둔륜遁倫

의기義記 1권 : 의상義想

고적기古迹記 1권 : 신라新羅 청구靑丘 태현太賢[169]

약기略記 1권 : 신라新羅 경흥璟興[170]

칭찬정토불섭수경고적기稱讚淨土佛攝受經古迹記 1권 : 신라新羅 청구靑丘 태현太賢

宋에서 생을 마친 천태종 제16조 寶雲尊者 義通을 가리킨 것이다.

167 ㉮『大日本佛敎全書』제1책, p.158중.
168 ㉮『大日本佛敎全書』제1책, p.160상.
169 ㉮『大日本佛敎全書』제1책, p.160중.
170 ㉮『大日本佛敎全書』제1책, p.160하.

소疏 1권 : 신라新羅 의적義寂[171]

방의경본류傍依經本類

반주삼매경般舟三昧經 3권 : 후한後漢 월지삼장月支三藏 지루가참支婁迦讖. 『관념법문기』 상권에는, 해동의 원효가 이 본(『반주삼매경』)에 의해 『약기』(『관념법문기』를 가리킴)를 지었다고 되어 있음. 장치長治 2년(1105) 5월에 고려의 의천이 일본에서 장소章疏를 보내왔을 때 답례로 이 경전을 보낸 것이라고 하는데, 대개 이 경은 고려대장경에 있는 것임. 엔보延寶 7년(1679)에 방본坊本으로 간행하였음.(觀念法門記。卷上云。海東元曉依此本。而作略記。長治二年乙酉五月。高麗義天。送進章疏於本邦之時。獻此經一本云。蓋此經有麗藏有。延寶七年己未坊本別行。)[172]

권하卷下

전계장소류傳戒章疏類

범망경경소梵網經經疏 2권 : 신라新羅 원효元曉
종요宗要 1권 : 송宋 청구靑丘 태현太賢
고적기古迹記 5권 : 청구靑丘 태현太賢[173]

---

171 ㉺ 『大日本佛敎全書』 제1책, p.161중.
172 ㉺ 『大日本佛敎全書』 제1책, p.161하.
173 ㉺ 『大日本佛敎全書』 제1책, p.170하.

12. 『부상장외현존목록扶桑藏外現存目錄』[174]

본업영락경소本業瓔珞經疏 2권 : 원효元曉[175]

능가경소楞伽經疏 7권 : 원효元曉

능가종요楞伽宗要 1권 : 원효元曉[176]

일승법계도장一乘法界圖章 1권 : 의상義想

해인삼매론海印三昧論 1권 : 명효明皛[177]

현수전賢首傳 1권 : 최치원崔致遠[178]

유심안락도遊心安樂道 1권 : 원효元曉[179]

인명고적因明古迹 1권 : 태현太賢

인명론소因明論疏 1권 : 원효元曉

인명판비량론因明判比量論 : 원효元曉

정리문론소正理門論疏 3권 : 서명西明 원측圓測[180]

인명비궐약초因明備闕略鈔 3권 : 오진悟眞

백법총술百法總述 3권 주注 1권 : 의적義寂

백법론소百法論疏 1권 : 원측圓測

---

174 웹 浪華 鳳潭僧濬(1654~1738) 編인 본 목록의 龍谷大學 소장 사본이 『昭和法寶總目錄』 제2권에 수록되어 있는데, 本抄는 여기에 의하였다.
175 웹 『昭和法寶總目錄』 제2권, p.561하.
176 웹 『昭和法寶總目錄』 제2권, p.562상.
177 웹 『昭和法寶總目錄』 제2권, p.563상.
178 웹 『昭和法寶總目錄』 제2권, p.563중.
179 웹 『昭和法寶總目錄』 제2권, p.563하.
180 웹 『昭和法寶總目錄』 제2권, p.565상.

유가소瑜伽疏 : 현일玄一

유가소瑜伽疏 : 원측圓測

유가소瑜伽疏 : 경흥憬興

유가고적瑜伽古迹 : 태현太賢[181]

기신론소起信論疏 2권 : 원효元曉

기신론별기起信論別記 2권 : 원효元曉[182]

삼론종요三論宗要 1권 : 원효元曉[183]

쌍관경연의술문찬雙觀經連義述文讚 3권 : 신라新羅 경흥璟興 술술述

무량수경종요無量壽經宗要 1권 : 신라新羅 원효元曉 술술述

쌍관경소雙觀經疏 1권 : 현일玄一

쌍관경술의기雙觀經述義記 3권 : 신라新羅 의적義寂 술술述

관경강요觀經綱要 1권 : 의적義寂 술술述[184]

범망경술기梵網經述記 3권 : 승장勝莊

범망경소梵網經疏 2권 : 의적義寂

범망경梵網經 상권上卷 고적기古迹記 2권 : 태현太賢

범망경梵網經 하권下卷 고적기古迹記 2권 : 태현太賢

유가계본종요瑜伽戒本宗要 1권 : 태현太賢[185]

습비니요拾毘尼要 3권 : 경흥憬興

지범요기持犯要記 1권 : 원효元曉[186]

---

181 원『昭和法寶總目錄』제2권, p.565중.
182 원『昭和法寶總目錄』제2권, p.565하.
183 원『昭和法寶總目錄』제2권, p.566상.
184 원『昭和法寶總目錄』제2권, p.566하.
185 원『昭和法寶總目錄』제2권, p.567중.
186 원『昭和法寶總目錄』제2권, p.567하.

13. 『고산사성교목록高山寺聖敎目錄』[187]

화엄경소華嚴經疏 10권 : 원효元曉 조造

일승법계도장一乘法界圖章 1권 : 의상義想 조造[188]

일승법계도기一乘法界圖記 1권 : 진숭珍嵩 조造

화엄경해인삼매론華嚴經海印三昧論 1권 : 명효明晶 조造

기신론소起信論疏 2권 : 원효元曉 조造

기신론별기起信論別記 1권 : 원효元曉 조造

십문화쟁론十門和諍論 2권 : 원효元曉 조造

대승육정참회大乘六情懺悔 1권 : 원효元曉 조造

능가경종요楞伽經宗要 1권 : 원효元曉

법화경종요法花經宗要 1권 : 원효元曉

보성론료간寶性論料簡 1권 : 원효元曉

상생경종요上生經宗要 1권 : 원효元曉[189]

일승성불묘의一乘成佛妙義 1권 : 신라新羅 등견登見

원종문류圓宗文類 22권 : 의천義天 조造[190]

금강경소金剛經疏 3권 : 원효元曉 [191]

---

187 ㉮ 高山寺藏本, 仁和寺藏本, 大谷大學藏本 등이 현존하는 본 목록은 『昭和法寶總目錄』 제3권에 수록되어 있는데, 本抄는 이에 의하였다.
188 ㉮ 『昭和法寶總目錄』 제3권, p.911중.
189 ㉮ 『昭和法寶總目錄』 제3권, p.911하.
190 ㉮ 『昭和法寶總目錄』 제3권, p.912상.
191 ㉮ 『昭和法寶總目錄』 제3권, p.912중.

유교론주법기遺敎論住法記 1권 : 원효元曉

향상대사전香象大師傳 2권 : 치원致遠[192] 1권 결缺

범망경소梵網經疏 2부部 4권 : 의적義寂

범망경고적梵網經古迹 1부 3권 : 대현大賢 1권 결缺

지범요기持犯要記 1본本 : 원효元曉

보살계종요菩薩戒宗要 1권 : 대현大賢[193]

---

192 ㉠『昭和法寶總目錄』제3권, p.912하.
193 ㉠『昭和法寶總目錄』제3권, p.913중.

14. 『제사제작목록諸師製作目錄』[194]

삼론종三論宗

원효元曉 신라국新羅國 흥륜사興輪寺 법장제자法藏弟子

판비량론判比量論 1권 승만경소勝鬘經疏 상하上下

광여촬요廣如撮要[195] 1권 능가경소楞加經疏

심밀경소深密經疏 기신론대기起信論大記 1권[196]

---

194 ㉜『大日本佛教全書』불교서적목록 제2책에 수록되어 있는 본 목록은 各宗諸師의 章疏를 저자별로 기재한 것인데, 여기에는 杜撰이 적지 않다. 원효가 三論宗에 編入되어 있는 것도 그러하지만 원효를 新羅國 興輪寺 法藏弟子라고 한 것은 더욱 그 杜撰의 한 예라 할 것이다.

195 이 '광여촬요'란 이름은 책의 제목으로는 적합하지 않고, 이러한 이름의 책은 다른 목록에서도 보이지 않는다. 『제사제작목록』 편자의 오기 내지 착오인 듯하다.

196 ㉜『大日本佛教全書』제2책, p.343상.

15.『석교제사제작목록釋敎諸師製作目錄』[197]

권지삼卷之三 화엄종華嚴宗

원효元曉 신라국新羅國 흥복사興福寺 법장제자法藏弟子

판비량론判比量論 1권

승만경소勝鬘經疏 상하上下[198]

광백론여촬요廣百論如撮要 1권

기신론별기起信論別記 1권

대승기신론사기大乘起信論私記 1권

화엄경소華嚴經疏 10권

화엄경입법계품초華嚴經入法界品抄 2권

화엄경강목華嚴經綱目

기신론소起信論疏 2권

금강삼매론金剛三昧論 3권

능가경소楞伽經疏 7권

능가경론강요楞伽經論綱要 2권

---

197 ㉮ 3권으로 되어 있는 본 목록도『大日本佛敎全書』불교서적목록 제2책에 수록되어 있는데, 여기에는『諸宗章疏錄』에 入錄되어 있는 圓超錄 등 5宗錄이 들어 있으며 또 중요 저자의 개인 목록이 부가되어 있다. 여기에도 원효를 법장의 제자로 하고 있는 등의 오류가 적지 않다. 본 목록은 원초록 등 5종록은 이미 앞에서 抄出하였으므로 여기에서는 그 밖의 해당 부분만을 抄하였다.

198 ㉮『大日本佛敎全書』제2책, p.374상.

중변분별론소中邊分別論疏 4권

법화종요法華宗要 1권

십문화쟁론十門和諍論 1권

삼론종요三論宗要 1권[199]

---

199 ㉔『大日本佛敎全書』 제2책, p.374하.

16. 『밀종서적목록密宗書籍目錄』[200]

공양법소供養法疏 : 또는 부사의소不思議疏라고도 함. 불가사의不可思議 찬撰 2권[201]

약사경고적藥師經古迹 : 태현太賢 술述 4권[202]

대승기신론해동소大乘起信論海東疏 : 원효元曉 찬撰 2권

대승기신론별기大乘起信論別記 : 원효元曉 술述 2권[203]

성교총록聖敎總錄 : 의천義天 술述[204]

---

200 ㉻ 享保 19년(1734)에 書肆 京都寺町 中野宗 左衛門이 開版 목록으로 간행한 본 목록도 『大日本佛敎全書』제2책에 수록되어 있다.
201 ㉒『大日本佛敎全書』제2책, p.404하.
202 ㉒『大日本佛敎全書』제2책, p.406상.
203 ㉒『大日本佛敎全書』제2책, p.410하.
204 ㉒『大日本佛敎全書』제2책, p.412하.

17. 『밀교부류총록密教部類總錄』 기타其他

제아사리진언밀교부류총록諸阿闍梨眞言密教部類總錄 권상卷上
원경사元慶寺 천태사문天台沙門 안넨安然 집集

대비로자나경공양법소大毘盧遮那經供養法疏 2권 : 불가사의不可思議 의 석義釋. 행인화상본에는 불공 삼장不空三藏이 오저나국에서 이 공양법을 지었다고 함. 이 소에는 공중에서 금색글자가 나타나서 사람들이 많이 의아하게 여겼다고 함.(行仁和尚本云。三藏於烏底那國。作此供養法。而此疏云。空中示現金色字。故人多疑。)²⁰⁵

석마하연론釋摩訶衍論 10권 : 인 화상이 남대사의 신라 진총 스님에게 물으니, 신라 중조산의 월충이 망녕되게 지은 것이라고 하였음.(仁和上問南大寺新羅僧珍聰云。新羅中朝山月忠妄造。)²⁰⁶

삼론종경론장소목록三論宗經論章疏目錄

삼론종요三論宗要 1권 : 원효元曉²⁰⁷

---

205 ㉮『大日本佛教全書』제2책, p.113상. 『大正藏』55, 1115a.
206 ㉮『大日本佛教全書』제2책, p.116상. 『大正藏』55, 1116b.
207 ㉮『大日本佛教全書』제1책, p.132하.

입당신구성교목록入唐新求聖教目錄

인명정리문록술기因明正理門錄述記 1권 : 사문沙門 승장勝莊 술述²⁰⁸

---

208 ㉛ 『大日本佛教全書』 제2책, p.69하.

18. 『나라조奈良朝 현재일체경소목록現在一切經疏目錄』[209]

	古文書에 있는 題名	同譯述者	卷	古文書 記載年	大日本 古文書 卷·頁	經目錄에 있는 題名	譯述者	卷	存否	旣成目錄 과의 對照
1828	華嚴經疏		8	天平15	8－169	華嚴經疏	新羅 元曉	8	存	寫 光明 覺品1卷 見在
1829	華嚴一乘 法界圖		1	天平19	10－278	華嚴一乘 法界圖	新羅 義湘	1	存	續2－8
1830	一乘 法界圖		1	天平19	9－37	同				
1831	大乘 法界圖		1	勝寶元	3－313	同[210]				
1882	海印 三昧論		1	天平12	7－491	華嚴海印 三昧論	新羅 明晶	1	存	續2－8
1883	華嚴文義 要決	表員	1	勝寶3	11－567	華嚴文義 要決問題	新羅 表員	4	存	續1－12
1888	兩卷無量 壽經宗旨		1	天平20	3－85	無量壽 經宗要	新羅 元曉	1	存	續1－32
1889	兩卷旡量 壽經宗旨		1	勝寶4	12－380	同				
1890	兩卷無量 壽經宗要	元曉	1	勝寶5	13－35	同				
1891	兩卷無量 壽經疏		5	天平20	3－85	旡量壽 經疏	新羅 義寂	3	未詳	東域 卷上
1892	兩卷無量 壽經疏	宿法師	3	勝寶4	12－380	同				

209 [원] 石田茂作 編인 본 목록은 그의 저서인『寫經より見たる奈良朝佛教の研究』의 부록인데, 1930년에 東洋文庫論叢 제11로 간행된 것이다. 목록 작성은 비록 최근에 속하지만 여기에 수록되어 있는 우리의 書目은 모두 신라(삼국)대의 옛 撰述들이다.

	古文書에 있는 題名	同譯述者	卷	古文書記載年	大日本古文書 卷·頁	經目錄에 있는 題名	譯述者	卷	存否	旣成目錄과의 對照
1893	無量壽經述記		1	勝寶4	12-395	同				大夫殿目錄考
1894	无量壽經義疏	法位師	2	景雲2	17-119	无量壽經義疏	法位師	2	未詳	東域 卷上
1895	兩卷無量壽經記		1	天平20	3-85	無量壽經記	新羅玄一集	七殘	存	續1-32
1896	兩卷無量壽經疏	新羅玄一師集	2	勝寶5	13-35	同²¹¹				
1897	无量壽經記	玄一	2	勝寶4	12-380	同				
1908	勝鬘經疏	元曉	2	勝寶3	12-9	勝鬘經疏	新羅元曉	2	未詳	義天 第1
1909	註勝鬘經疏	元曉	2分爲4卷	寶龜4	20-419	同²¹²				
1924	十輪經抄		2	天平19	9-592	大乘十輪經鈔	大乘坊	2	未詳	諸宗 第1
1925	般舟三昧經略記	元曉	2	天平20	3-86	般舟三昧經略義	新羅元曉	1	未詳	諸宗 第2
1926	般舟三昧經略義		1	勝寶5	12-362	同				
1927	般舟三昧經略疏	元曉	1	勝寶5	13-22	般舟三昧經疏	新羅元曉	1	未詳	義天 第1²¹³
1940	楞伽宗要論		1	天平16	8-513	楞伽宗要論	新羅元曉	1	未詳	東域 卷上
1941	楞伽經宗要		1	天平20	3-85	楞伽經宗要	新羅元曉	1	未詳	義天 第1
1942	入楞伽經疏	元曉	8	勝寶3	12-14	入楞伽經疏	新羅元曉	7	未詳	義天 第1
1943	楞伽經疏	元曉	13	勝寶4	12-380	同²¹⁴				
1968	維摩宗要		1	天平7	7-23	維摩宗要	新羅元曉	1	未詳	義天 第1

	古文書에 있는 題名	同譯述者	卷	古文書記載年	大日本古文書 卷·頁	經目錄에 있는 題名	譯述者	卷	存否	旣成目錄과의 對照
1969	維摩經疏	元曉	3	勝寶5	3-642	不明			未詳	
1970	无垢稱經疏	璟興	6	勝寶3	12-14	不明			未詳[215]	
1978	解深密經疏		10	天平12	7-490	解深密經疏	唐圓測	10	存	續1-34
1979	解深密經疏	圓測	10	天平18	2-510	同				
1982	深密經疏	元曉	3	勝寶3	12-10	解深密經疏	新羅 元曉	3	未詳	義天 第1
1983	深密經疏	璟興	5	勝寶3	12-10	深密經疏	新羅 憬興	不明	未詳	諸宗 第2
1984	解深密經疏	令因	1部	勝寶元	3-319	解深密經疏	令印	7	未詳	諸宗 第1
1987	八卷金光明經疏	元曉	8	天平15	8-371	八卷金光明經疏	新羅 元曉	8	未詳	義天 第1
1988	最勝王經疏	元曉	8	勝寶3	12-53	同				
1989	金鼓經疏	元曉	8	勝寶4	12-380	同[216]				
1997	最勝王經料顯		1	天平17	8-308	金光明經料簡	新羅 太賢		未詳	義天 第1
2000	最勝王經疏	惊興師	5	天平12	7-489	最勝王經略贊	新羅 憬興	5	未詳	東域 上
2001	金光明最勝王經略讚		5	天平18	9-365	同				
2002	金光明最勝王經疏	憬興	5	天平19	9-426	同				
2003	最勝王經疏	憬興	10	勝寶3	12-53	同				
2004	最勝王疏	勝莊	8	天平19	9-25	最勝王經疏	唐勝莊	8	未詳	諸宗 第2
2005	最勝王經述記		第4	天平19	9-401	同				

	古文書에 있는 題名	同譯述者	卷	古文書記載年	大日本古文書卷·頁	經目錄에 있는 題名	譯述者	卷	存否	既成目錄과의 對照
2006	金光明最勝王經疏	勝莊	8	天平19	9-426	同				
2012	如來藏經疏	衍法師	2	天平19	9-34	大方等如來藏經疏			未詳	
2013	大方等如來經疏	衍法師	2	神護3	17-78	同				
2014	大方等如來藏經疏		2	天平19	2-710	同[217]				
2016	如來藏經私記		3	天平20	3-85	大方等如來藏經私記	圓光		未詳	
2017	如來藏經私記	圓光	3	勝寶4	12-380	同				
2018	不增不減經疏	元曉	1	天平20	3-86	不增不減經疏	新羅元曉	1	未詳	諸宗第1
2019	不增不減經疏	元曉	1	勝寶3	11-565	同				
2023	大惠度經宗要		1	天平20	3-66	大惠度經宗要	新羅元曉	1	存	續第1-38
2024	般若宗要		1	勝寶元	11-70	同				
2025	大惠度經樞要		2	不詳	12-295	同				
2026	大般若經疏	道倫	1	勝寶元	3-353	大般若略記	唐道倫	1	未詳	東域 卷上
2027	大般若經綱要		1	天平20	3-86	大般若經綱要	新羅義寂	1	未詳	
2028	大般若經綱要	義寂	1	勝寶4	12-381	同				
2029	大般若籍目		1	天平12	7-489	大般若籍目	唐道證	1	未詳	東域 卷上
2030	大般若籍目	道證	1	天平16	8-534	同				
2031	大般若經籍目	道詮集	1	寶字7	16-403	同[218]				

	古文書에 있는 題名	同譯述者	卷	古文書 記載年	大日本 古文書 卷·頁	經目錄에 있는 題名	譯述者	卷	存否	旣成目錄 과의 對照
2040	理趣經幽讚	寂法師	1	寶字7	16-401	般若理趣分經幽讚	新羅義寂	1	未詳	義天 第1
2054	金剛般若經疏	元曉	3	不詳	11-535	金剛般若經疏	新羅元曉	3	未詳	義天 第1[219]
2063	仁王經疏	測法師	3	勝寶3	12-10	仁王經疏	唐圓測	6	存	續 1-40
2070	心經疏	圓測	2	天平12	7-488	般若心經讚	唐圓測	1	存	續 1-41
2071	多心經疏	圓測	1	天平19	9-384	同				
2072	般若心經疏	圓測	1	寶字7	16-401	同				
2073	摩訶般若波羅密心經疏	圓測	1	不詳	8-534	同[220]				
2085	無量義經疏	測法師	3	勝寶3	12-53	无量義經疏	唐圓測	3	未詳	東域 卷上[221]
2125	法華要略		1	天平20	3-85	法華要略	新羅元曉	1	未詳	
2126	法華要略	元曉		勝寶4	12-380	同				
2127	法花略述		1	天平20	3-85	法花略述	新羅元曉	1	未詳	
2128	法花略述	元曉		勝寶4	12-379	同				
2129	法華宗要		1	天平16	2-356	法華宗要	新羅元曉	1	存	大正大藏 1725
2130	法華經疏		4	天平5	7-7	法華經疏	新羅玄一	8	未詳	義天 第1
2131	法華疏	玄一	10	天平19	9-392	同				
2132	法華經疏	憬興	10	天平19	9-392	法華經疏（無本）	新羅憬興	8	未詳	義天 第1
2133	法華料簡		1	天平20	3-85	法華料簡	新羅義寂	1	未詳	東域 卷上
2134	法華料簡	義寂	1	勝寶4	3-380	同[222]				

	古文書에 있는 題名	同譯述者	卷	古文書記載年	大日本古文書 卷·頁	經目錄에 있는 題名	譯述者	卷	存否	旣成目錄과의 對照
2152	金剛三昧經論		中下	天平15	8-168	金剛三昧經論	新羅元曉	3	存	單刊行 大正大藏 1730
2153	金剛三昧論	元曉	3	不詳	11-566	同				
2154	金剛三昧經論疏	元曉師	3	寶字7	16-403	同				
2155	金剛三昧經論記		3	天平15	8-392	同[223]				
2165	涅槃經宗要	元曉	1	勝寶4	12-379	涅槃經宗要	新羅元曉	2	未詳	大正大藏 1769
2166	涅槃經疏	元曉	5	不詳	12-15	不明			未詳	
2167	涅槃經述讚		7	勝寶2	11-260	涅槃經述讚	新羅憬興	14	未詳	東域
2168	涅槃經述讚	憬興師	14	景雲2	17-81	同				
2169	涅槃經疏		14	勝寶3	12-10	涅槃經疏	新羅憬興	14	未詳	義天 第1
2170	涅槃經綱目	寂法師	2	天平20	3-84	涅槃經綱目	新羅義寂	2	未詳	義天 第1
2171	涅槃經綱目		1	寶字7	16-374	同				
2172	涅槃經義記	寂法師	5	不詳	12-541	涅槃經義記	新羅義寂	5	未詳	諸宗 第1
2173	涅槃經義記	寂法師	4	景雲2	17-82	同				
2174	涅槃經疏	寂法師	16	勝寶4	12-309	不明			未詳	
2175	云何偈		1	勝寶5	12-361	大般涅槃經云何偈	新羅寂法師	1	未詳[224]	
2215	彌勒經疏	憬興師	3	天平12	7-490	彌勒上生經疏·下生經疏·成佛經疏	新羅憬興	3	存	續1-35[225]

594

	古文書에 있는 題名	同譯述者	卷	古文書記載年	大日本古文書卷·頁	經目錄에 있는 題名	譯述者	卷	存否	既成目錄과의 對照
2216	彌勒經述贊		3	天平17	8-347	彌勒上生經述讚·彌勒下生經述讚		21	存	續1-91
2217	彌勒菩薩經述讚	憬興	3	天平15	8-535	同				
2222	十一面經疏	智仁	1	勝寶3	12-53					
2224	大灌頂經疏		2	景雲2	17-128	灌頂經疏	新羅憬興	2	未詳	東域 上
2225	隨願往生經記		1	天平20	3-85	讚頂經第十一隨願往生經記	新羅玄一	1	未詳	
2226	隨願往生經記	玄一	1	勝寶4	12-380	同				
2228	梵網經疏	元曉	2	勝寶3	12-50	梵網菩薩戒本私記	新羅元曉	上	存	續1-95
2229	梵網經私記		1	勝寶3	12-50	同				
2230	梵網經菩薩戒本私記	曉公造	上	不詳	12-536	同				
2231	梵網經菩薩戒本私記序		上	勝寶3	12-181	同				
2232	梵網經上卷疏	曉公	1	寶字7	16-403	同				
2233	梵網經疏	寂法師	2	天平18	9-383	梵網經菩薩戒本疏	新羅義寂	3	存	續1-60[226]
2234	梵網經文記	寂法師	2	景雲2	17-87	同				
2235	梵網經疏	勝庄師	2	勝寶3	12-50	梵網經菩薩戒本述記	唐勝莊	4	存	續1-60
2237	梵網經古迹		1	勝寶3	12-50	梵網經古迹記	新羅大賢	2	存	續1-60

	古文書에 있는 題名	同譯述者	卷	古文書記載年	大日本古文書卷·頁	經目錄에 있는 題名	譯述者	卷	存否	既成目錄과의 對照
2238	梵網經古迹記	青丘沙門大賢撰	1	寶字7	16-403	同				
2243	菩薩本持犯要記		1	天平20	3-87	菩薩戒本持犯要記	新羅元曉	1	存	續1-61
2244	菩薩本犯要記	元曉	1	勝寶4	12-362	同				
2245	菩薩戒本持犯要記	元曉	1	勝寶5	12-542	同				
2246	瓔珞經疏		2	天平20	3-86	瓔珞本業經疏	新羅元曉	下卷欠上	存	續1-61[227]
2269	四分律抄	智仁	10	勝寶4	10-327	六卷抄記	新羅智仁	10	未詳	諸宗 第1[228]
2293	瑜伽抄	元曉	5	勝寶3	12-9	不明			未詳	
2301	瑜伽聊簡		1	天平16	2-356	瑜伽料簡	新羅行達	1	未詳	東域卷下
2302	瑜伽義林	義營師	5	景雲2	17-106	瑜伽義林	沙門義榮	5	未詳	東域卷下[229]
2317	顯揚論疏		4	天平12	7-490	顯揚論疏	新羅憬興	4	未詳	諸宗 第1
2318	顯揚論述讚	憬興	10	天平18	9-23	顯揚論疏	新羅憬興	8	未詳	東域卷下
2319	顯揚論述讚		4	天平19	9-587	同				
2320	顯顯論述讚	憬興師撰	16	寶字7	16-404	同				
2321	顯揚論疏	智仁	10	勝寶3	12-54	顯揚論疏	新羅智仁	10	未詳	諸宗 第1[230]
2335	雜集論疏	元曉	5	景雲2	17-107	雜集論疏	新羅曉師	5	未詳	東域卷下
2343	中邊論疏		4	勝寶 元	11-98	中邊分別論疏	新羅元曉	3	存	續1-75

번호	古文書에 있는 題名	同譯述者	卷	古文書記載年	大日本古文書 卷·頁	經目錄에 있는 題名	譯述者	卷	存否	旣成目錄과의 對照
2344	中邊分別論疏	元曉	4	勝寶3	12-55	同				
2345	辨中邊論疏	元曉	4	勝寶4	12-381	同				
2347	攝大乘論抄	元曉	4	天平20	3-86	攝大乘論世親釋論略記	新羅元曉	4	未詳	義天 第3
2348	攝大乘論抄記		4	景雲2	17-118	同				
2349	世親攝論疏	元曉	4	勝寶6	3-654	同				
2350	梁攝論疏抄	元曉	4	勝寶5	3-618	攝論疏	新羅元曉	4	未詳	諸宗 第2[231]
2372	唯識論疏	測法師	20	天平8	7-26	唯識論疏	唐圓測	20	未詳	義天 第3
2373	成唯識論疏	測法師	10	寶字7	16-404	同				
2381	成唯識論貶量	憬興	20	勝寶3	11-503	成唯識論貶量	新羅憬興	25	未詳	義天 第3
2382	唯識樞要私記		2	勝寶4	12-33	唯識樞要私記	新羅玄一	1	未詳	諸宗 第2
2383	樞要私記		2	寶字7	16-404	同				
2384	唯識論私記		2	天平20	3-88	同				
2385	唯識集		14	天平17	8-590	唯識要集	唐道證	4	未詳	諸宗 第1
2386	唯識論集		14	寶字7	16-404	同				
2387	唯識論要集	道勝	10	勝寶3	3-510	同				
2388	唯識論疏	道證	10	勝寶3	12-8	同[232]				
2394	廿唯識疏	圓測師	2	勝寶3	12-55	廿唯識疏	唐圓測	2	未詳	義天 第3
2395	成業論疏		1	天平19	2-708	成業論疏	唐文備	1	未詳	諸宗 第2

	古文書에 있는 題名	同譯述者	卷	古文書記載年	大日本古文書卷·頁	經目錄에 있는 題名	譯述者	卷	存否	旣成目錄과의 對照
2396	成業論記		1	不詳	8-539	成業論古迹記	新羅 大賢	1	未詳	義天 第3
2399	因明論疏	測法師	2	天平12	7-489	因明正理門論疏	唐圓測	2	未詳	諸宗 第1
2400	理門論疏	測法師	2	勝寶3	12-55	同				
2401	因明正理門論疏	圓測	2	寶字7	16-404	同[233]				
2428	百法論疏	圓測	1	勝寶3	12-55	百法論疏	唐圓測	1	未詳	義天 第3[234]
2431	觀所緣緣論疏	圓測	2	勝寶3	12-55	觀所緣緣論疏	唐圓測	2	未詳	諸宗 第1
2438	起信論別記	元曉	1	天平15	8-169	起信論別記	新羅 元曉	2	存	續1-71
2439	起信論記	元曉師	1	寶字7	16-405	同				
2440	起信論一道章		1	天平20	3-86	一道章	新羅 元曉	1	未詳	諸宗 第1
2441	一道義		1	勝寶5	12-362	同				
2442	一道章	元曉	1	未詳	11-566	同				
2445	起信論二彰章		1	天平20	3-86	二障章	新羅 元曉	1	未詳	諸宗 第1
2446	二障章	元曉	1	勝寶3	11-566	同				
2447	起信論二障章	元曉	1	勝寶4	12-381	同				
2448	大乘二章義		1	天平19	2-709	同				
2449	大乘二障義	元曉	1	不詳	16-406	同[235]				
2450	二障義章	元曉	1	不詳	8-538	同				
2452	起信論疏	元曉	2	天平15	8-169	起信論疏	新羅 元曉	2	未詳	義天 第3
2456	起信論問答	勝莊	1	勝寶5	13-35	不明			未詳	

番号	古文書에 있는 題名	同譯述者	卷	古文書記載年	大日本古文書 卷·頁	經目錄에 있는 題名	譯述者	卷	存否	既成目錄과의 對照
2458	起信論疏	大行	1	勝寶4	12-387	起信論疏	大衍	1	未詳	諸宗 第1[236]
2478	廣百論撮要		1	天平20	3-88	廣百論宗要	新羅元曉	1	未詳	義天 第3
2479	廣百論撮要	元曉	1	勝寶5	12-383	同				
2486	三論宗要		1	勝寶2	11-304	三論宗要	新羅元曉	1	未詳	義天 第3
2487	三論宗要記		1	寶字7	16-404	同[237]				
2491	佛性論義		1	天平20	3-87	佛性論義	唐勝莊	1	未詳	
2492	佛性論義	勝莊	1	勝寶4	12-382	同				
2493	寶性論宗要	元曉	1	勝寶3	11-566	不明			未詳	
2494	寶性論料簡		1	寶字7	16-404	寶性論料簡	新羅元曉	1	未詳	諸宗 第2
2495	寶性論料簡		3	勝寶4	12-383	同				
2496	竟一乘寶生論料簡		1	景雲2	17-33	同				
2503	掌珍論料簡		1	天平20	3-87	掌珍論料簡	新羅元曉	1	未詳	諸宗 第1
2504	掌珍論料簡	元曉	1	勝寶4	12-382	同[238]				
2519	佛地論疏	智仁	4	勝寶3	12-55	佛地論疏	新羅智仁	4	未詳	諸宗 第1[239]
2550	法華論述記		1	寶字7	16-402	法華經論述記	新羅義寂	上	存	續1-95[240]
2552	馬鳴生論疏		1	天平20	3-86	馬鳴生論疏	新羅義寂	1	未詳	東域 卷下
2553	馬鳴論疏		1	勝寶5	12-362	同				
2554	馬鳴生論疏		4	不詳	17-406	同				

	古文書에 있는 題名	同譯述者	卷	古文書記載年	大日本古文書卷·頁	經目錄에 있는 題名	譯述者	卷	存否	既成目錄과의 對照
2559	大毗婆沙心論抄	順憬師	10	不詳	12-166	不明			未詳[241]	
2572	俱舍抄	璟興師	4	勝寶3	12-10	俱舍抄	新羅 璟興	3	未詳	義天 第3
2574	俱舍鈔	靈因師	6	不詳	12-161	俱舍鈔	令印	3	未詳	諸宗 第2[242]
2638	大乘觀行門		3	天平20	3-88	大乘觀行門	新羅 元曉		未詳	
2639	大乘觀行門	元曉	3	勝寶4	12-382	同[243]				
2651	判比量論		1	天平12	7-488	判比量論跋文	新羅 元曉	1	存	續1-96[244]
2700	十門和諍論	元曉	2	勝寶3	11-566	十門和諍論	新羅 元曉	2	未詳	義天 第3[245]
2712	十二章	寂法師	不明	天平12	7-491	十二卷章	新羅 義寂	12	未詳	
2713	十二卷章		12	天平19	9-366	同				
2714	十二卷章	寂法師	12	勝寶3	12-56	同[246]				
2746	六十一見章		1	勝寶3	11-309	六十二見章	唐圓測	1	未詳	諸宗 第1[247]
2747	六十二見章		1	勝寶5	12-361	同				
2748	六十二見義		2	天平20	3-87	同[248]				
2767	六現觀義發菩提心義淨義含		1	天平20	3-88	六現觀義發菩提心義淨義含	新羅 元曉	1	未詳	
2768	六現觀義發菩提心義淨義含	元曉	1	勝寶4	12-383	同[249]				
	日本撰述									
2893	審詳師經論		1	景雲2	17-116	不明			未詳[250]	

210 ㉮『東洋文庫論叢』제11집 부록, p.95.
211 ㉮『東洋文庫論叢』제11집 부록, p.98.
212 ㉮『東洋文庫論叢』제11집 부록, p.99.
213 ㉮『東洋文庫論叢』제11집 부록, p.100.
214 ㉮『東洋文庫論叢』제11집 부록, p.101.
215 ㉮『東洋文庫論叢』제11집 부록, p.102.
216 ㉮『東洋文庫論叢』제11집 부록, p.103.
217 ㉮『東洋文庫論叢』제11집 부록, p.104.
218 ㉮『東洋文庫論叢』제11집 부록, p.105.
219 ㉮『東洋文庫論叢』제11집 부록, p.106.
220 ㉮『東洋文庫論叢』제11집 부록, p.107.
221 ㉮『東洋文庫論叢』제11집 부록, p.108.
222 ㉮『東洋文庫論叢』제11집 부록, p.110.
223 ㉮『東洋文庫論叢』제11집 부록, p.111.
224 ㉮『東洋文庫論叢』제11집 부록, p.112.
225 ㉮『東洋文庫論叢』제11집 부록, p.114.
226 ㉮『東洋文庫論叢』제11집 부록, p.115.
227 ㉮『東洋文庫論叢』제11집 부록, p.116.
228 ㉮『東洋文庫論叢』제11집 부록, p.117.
229 ㉮『東洋文庫論叢』제11집 부록, p.119.
230 ㉮『東洋文庫論叢』제11집 부록, p.120.
231 ㉮『東洋文庫論叢』제11집 부록, p.121.
232 ㉮『東洋文庫論叢』제11집 부록, p.123.
233 ㉮『東洋文庫論叢』제11집 부록, p.124.
234 ㉮『東洋文庫論叢』제11집 부록, p.125.
235 ㉮『東洋文庫論叢』제11집 부록, p.126.
236 ㉮『東洋文庫論叢』제11집 부록, p.127.
237 ㉮『東洋文庫論叢』제11집 부록, p.128.
238 ㉮『東洋文庫論叢』제11집 부록, p.129.
239 ㉮『東洋文庫論叢』제11집 부록, p.130.
240 ㉮『東洋文庫論叢』제11집 부록, p.131.
241 ㉮『東洋文庫論叢』제11집 부록, p.132.
242 ㉮『東洋文庫論叢』제11집 부록, p.133.
243 ㉮『東洋文庫論叢』제11집 부록, p.136.

244 [원]『東洋文庫論叢』 제11집 부록, p.137.
245 [원]『東洋文庫論叢』 제11집 부록, p.139.
246 [원]『東洋文庫論叢』 제11집 부록, p.140.
247 [원]『東洋文庫論叢』 제11집 부록, p.141.
248 [원]『東洋文庫論叢』 제11집 부록, p.142.
249 [원]『東洋文庫論叢』 제11집 부록, p.143.
250 [원]『東洋文庫論叢』 제11집 부록, p.150.

참고문헌
찾아보기

참고문헌

김경남 역, 김지견 감수,『화엄연기 - 화엄종사회전』, 서울 : 법융사, 1996.
김문경 역주,『엔닌의 입당구법순례행기』, 서울 : 중심, 2002.
김성철 역주,『승랑』, 서울 : 지식산업사, 2011.
전용신 역,『(완역)일본서기』, 서울 : 일지사, 2010.
연민수 외 엮음,『(역주)일본서기 1~3』, 서울 : 동북아역사재단, 2013.
鹽入良道 校注 ,『입당구법순례행기』, 東京 : 平凡社, 1992.
정천구 역주,『원형석서 : 일본 최초의 불교 문화사(상·하)』, 서울 : 씨아이알, 2010.
伊藤隆壽,「三論宗學系史に關する傳統說の成立」,『駒澤大學佛敎學部硏究紀要』第36號, 昭和 53年 3月

찾아보기

【ㄱ】

가루 황자輕皇子 158
가마코 무라지鎌子連 52, 75, 492, 507
가마타리 후지鎌足藤 99, 105
가모군蒲生郡 76
가목성榎木城 365
가미츠미上宮 343
가바네도骨島 136
가부카노오미鹿深臣 445
가섭마등迦葉摩騰 45, 91
가스카베향春日部鄕 273
가시마鹿嶋 95, 96
가와치국河內國 95, 156, 161, 168, 273, 489
가이노甲斐 420
가이묘戒明 288
가츠라기葛城 491
가츠미노무라지勝海連 503
각종覺從 462
간가쿠願覺 134
간장干將 212, 223
간정기簡正記 515
간조觀常 77, 464
간치觀智 80, 131, 467, 468, 496
갈마기羯磨記 562

갈마사기羯磨私記 562
갈야진사葛野秦寺 71, 456
갈홍자원葛洪字苑 353
감진鑑眞 138
강신康信 258
강유綱維 217, 224, 234, 244
강주江州 134
개문蓋文 448
건달바乾達婆 364
검미산釼尾山 120
겁의劫義 538, 556
게이요慶耀 133
게이카이景戒 490
게이타이繼體 천황 316
겐보玄昉 20, 21, 30
겐쇼元正 천황 97, 286
겐주源重 137
견당사遣唐使 123
견등見登 536, 551, 552, 571
경릉왕敬陵王 142, 143
경법사景法師 538, 547
경흥璟(憬)興 529~532, 534~538, 543, 544, 546~549, 552~555, 560~564, 567, 569, 570, 574, 576, 577, 580
계궁원桂宮院 270
계리計吏 90

계문회稽文會 273
계수훈稽首勳 273
고교쿠皇極 천황 393, 404, 413, 424
고궁사高宮寺 134
고기古記 277
고노하樹葉 448
고려국신조대장교정별록高麗國新雕大藏校正別錄 568
고려사高麗寺 138
고묘護命 25
고묘光明 황후 283
고사기古事記 334
고소高聰 451
고수瞽叟 378
고승전高僧傳 511, 521, 522
고요皐陶 322
고적기古迹記 519
고젠토코노오미男善德臣 450
고토쿠孝德 천황 18, 49, 123, 155, 158, 491
곤치嚴智 23, 101
공양법소供養法疏 586
공양전公羊傳 377
공자孔子 318
공자가어孔子家語 379
관경강요觀經綱要 580
관경소기觀經疏記 557
관념법문기觀念法門記 578
관륵觀勒 18, 19, 26, 28, 42, 43, 45, 67, 72, 73, 92~94, 158, 162, 166, 167, 169, 451, 457, 458, 483, 486, 505, 506
관무량수경觀無量壽經 380
관무량수경고적觀無量壽經古迹 517

관무량수경기觀無量壽經記 576
관무량수경술기觀無量壽經述記 529
관소연연론觀所緣緣論 539
관소연연론고적觀所緣緣論古迹 518
관소연연론소觀所緣緣論疏 535, 544
관음보살觀音菩薩 48, 337
관음보살상觀音菩薩像 80, 278
관정灌頂 557
관정경소灌頂經疏 531
관정소灌頂疏 554
광륭사廣隆寺 270, 272
광명구비급초光明句備急鈔 557
광명사光明寺 86
광명현찬석光明玄贊釋 557
광백론廣百論 539
광백론고적廣百論古迹 518
광백론섭요廣百論攝要 537
광백론소廣百論疏 537, 542
광백론여촬廣百論如撮要 584
광백론지귀廣百論旨歸 537, 542
광백론촬요廣百論撮要 541, 542
광석光錫 151
광석본모송廣釋本母頌 566
광석유식본모송廣釋唯識本母頌 555
광운廣韻 366, 378, 403
교넨凝然 102
교닌鏡忍 23, 102
교젠行善 48, 82, 115, 116, 496
교키行基 20, 281
교타이教待 39, 54
구나발타라求那跋陀羅 530
구도비유론求道譬喩論 566
구라츠쿠리鞍作 488
구라츠쿠리노도쿠시鞍作得志 459, 460

구라츠쿠리노토리鞍作鳥 452
구마라집鳩摩羅什 90, 98, 140, 141, 151
구반다鳩槃茶 365
구사론俱舍論 25, 97, 193
구사론초俱舍論鈔 538
구사초俱舍鈔 556
구사카베草壁 49
구사카베노 시코후艸壁醜經 124
구즈가미葛上 134
구판사廐坂寺 496
국사國史 90, 98, 102, 169
국어國語 318, 334
굴주掘州 153
궤범軌範 242
규기窺基 538, 566
규문전虬文傳 521
규봉圭峯 192
균량均諒 202
균정均正 140
극오정極奧停 153
극태極太 555
근본사根本寺 95
금강경료간金剛經料簡 546
금강경반야경기金剛經般若經記 528
금강경소金剛經疏 581
금강계대비로자나여래金剛界大毘盧遮那如來 202
금강반야경金剛般若經 77
금강반야경고적金剛般若經古迹 517
금강반야경소金剛般若經疏 527, 528, 572
금강반야경약기金剛般若經略記 528
금강반야경찬金剛般若經贊 528
금강반야료간金剛般若料簡 553

금강반야소金剛般若疏 543
금강반야약기金剛般若略記 553
금강산金剛山 281
금강삼매경金剛三昧經 183
금강삼매경론金剛三昧經論 531, 572
금강삼매론金剛三昧論 182, 540, 584
금강지金剛智 202
금고경소金鼓經疏 532
금광명경金光明經 208, 309
금광명경료간金光明經料簡 517
금광명경소金光明經疏 532
금광명경술기金光明經述記 517
금광명경술찬金光明經述贊 532
금동여의륜관음존상金銅如意輪觀音尊像 272
금련원金蓮院 137
금산사金山寺 258
금정金政 242
금종도량金鐘道場 102
금판궁金判宮 160
기노 오시카츠紀押勝 61, 119, 347
기노지奇奴知 443
기노쿠니노미야츠코오시카츠紀國造押勝 442
기비노 아마노 아타이하시마吉備海部直 羽嶋 442, 443
기비노 아마노 하시마吉備海部羽島 119
기비노 하시마吉備羽島(嶋) 61, 347
기사紀寺 273
기세경起世經 340
기시도코마로吉士德摩呂 452
기신고적起信古迹 555
기신기起信記 540
기신론起信論 84

찾아보기……607

기신론고적起信論古迹 518
기신론고적기起信論古迹記 536
기신론기起信記 536
기신론대기起信論大記 583
기신론동현장起信論同玄章 536
기신론별기起信論別記 536, 547, 580, 581, 584
기신론사기起信論私記 536
기신론소起信論疏 407, 412, 536, 542, 547, 572, 580, 581, 584
기신별기起信別記 540
기신사기起信私記 540
기신소起信疏 540
기신현의장起信玄義章 552
기엔義淵 20, 47, 114, 164
기원정사祇園精舍 423
기키義基 82, 496
기호義法 82, 496
긴메이欽明 천황 20, 22, 27, 30, 50, 96, 155, 158, 315~317, 321, 328, 330, 337, 339, 350, 359
긴슈近州 76
길장吉藏 18, 29, 95, 99, 123, 150, 151, 159
김도나金道那 467
김상림金霜林 79, 466, 467
김영후金令候 258
김종金鍾 464, 465

【ㄴ】

나가야長屋 친왕親王 283
나니와難波 17, 34, 57, 59, 106, 333, 372~375, 382, 441, 452, 475, 480, 492, 501, 503
나니와관難波館 443, 502
나니와노 나가라노 토요사키궁難波長柄豊碕宮 158
나니와노 나가우라노 토요사키궁難波長浦豊前宮 155
나니와진難波津 136, 474
나라奈良 96, 124, 137
나라경奈良京 490
나라현諾樂縣 273
나란타사那蘭陀寺 31, 498
나이슈內州 29, 30, 159
나찰羅刹 365
나카토미노 가마코中臣鎌子 57, 85, 163, 471
나카토미노 가츠미中臣勝海 122, 351
낙경落慶 87, 95
낙양洛陽 273
남경南京 97, 134, 289
남산南山 511, 562
남악 혜사南岳惠思 337, 343, 350
내주萊州 222, 223
노리노시노 오호키미法主王 343
노리노 오호키미法太王 344
노리사치계怒唎斯致契 56, 317, 320, 437, 438
녹심鹿深 108
누나쿠라노후토타마시키渟中倉太珠敷 비다츠敏達 천황 17
누사漏師 148
누카데코노무라지糠手子連 444
능가경론강요楞伽經論綱要 584
능가경소楞伽經疏 540, 544, 579, 583,

584
능가경종요楞伽經宗要 552, 572, 581
능가종요楞伽宗要 559, 579
능귀문悛貴文 448
니시코리노 츠후錦織壺 51, 331, 446
니에코노오오무라지贄子大連 444
니치 350 → 일라日羅
닌켄仁賢 천황 316
닌토쿠仁德 천황 334

【ㄷ】

다마요리히메玉依姬 325
다마츠쿠리玉造 373
다상多常 107
다시라카手白香 황후 316
다카이치高市 77, 107
다케미카츠치노 미고토武雷命 96
단목端目 559
달마고적達摩古迹 520
달솔達率 56
담단譚亶 226
담제曇濟 153
담징曇徵(微) 44, 45, 69, 112, 453
담표曇表 242
담해湛海 182
담해공淡海公 53, 496
담혜曇慧(惠) 30, 40, 59, 90, 336, 439
당서唐書 338
대경大經 310
대관대사大官大寺 77
대나란타사大那蘭陀寺 104
대념大念 228

대당서역기大唐西域記 283
대당순효아사리부법문大唐順曉阿闍梨付法文 509
대랑大朗 146, 152
대마공록기對馬貢錄記 321
대반야강요大般若綱要 552
대반야경大般若經 348
대반야경강요大般若經綱要 528
대반야경료간大般若經料簡 528, 552
대반야경약기大般若經略記 546
대반야경유찬大般若經幽贊 546
대반야경적목大般若經籍目 528
대반야경종요大般若經宗要 571
대반야약기大般若略記 553
대반야유찬大般若幽贊 552
대반야음의大般若音義 325
대반야적목大般若籍目 528, 552
대반열반경고적大般涅槃經古迹 533
대반열반경료간大般涅槃經料簡 532
대반열반경술찬大般涅槃經述贊 532
대반열반경의기大般涅槃經義記 532
대반열반경종요大般涅槃經宗要 533
대반열반경집해大般涅槃經集解 533
대방등여래장경大方等如來藏經 531
대별사大別寺 59, 475
대별왕사大別王寺 17, 441
대부전목록大夫殿目錄 529, 530
대비로자나경공양법소大毘盧遮那經供養法疏 587
대비바사론문의술기大毘婆沙論文義述記 538
대비태장대일여래大悲胎藏大日如來 202
대사大寺 74
대세지보살상大勢至菩薩像 80

찾아보기……609

대승기大乘基 553
대승기신론별기大乘起信論別記 586
대승기신론사기大乘起信論私記 584
대승기신론해동소大乘起信論海東疏 586
대승론고적大乘論古迹 513
대승무소득론大乘無所得論 146
대승방大乘昉 529, 544, 546, 554
대승법문경大乘法門經 367
대승법원의림장기大乘法苑義林章記 549
대승심로장大乘心路章 539, 567
대승십륜경초大乘十輪經鈔 544
대승육정참회大乘六情懺悔 581
대승의림광장大乘義林廣章 549
대승의림장大乘義林章 538, 545
대승의장大乘義章 312, 538
대승일미장大乘一味章 518, 566
대승현론大乘玄論 151
대승화엄사자후경大乘華嚴獅子吼經 102
대아사리大阿闍梨 32
대안사大安寺 22~24, 77, 101, 102, 127, 487, 488, 551
대안사기大安寺記 487
대연大衍 536, 540
대열반경大涅槃經 146
대위덕다라니경大威德陀羅尼經 340
대인명론소大因明論疏 548
대인명론술기大因明論述記 548
대인명론의초大因明論義抄 548
대인명론초大因明論抄 548
대일여래大日如來 327
대자관세음大慈觀世音 343
대직관大織冠 169
대집경大集經 370
대천복사大薦福寺 532, 553

대품大品 345
대품반야경大品般若經 528
대현大賢 582
대혜도경약기大慧度經略記 528
대혜도경종요大慧度經宗要 528, 553
대화엄경大華嚴經 23
대흥왕大興王 67, 255, 261, 452, 484
덕윤德胤 86
덕이德爾 443
덕적德積 93, 94
덴무天武 천황 467
덴치天智 천황 273
도기道基 468
도네리친왕舍人親王 278
도녕道寧 35, 36, 77, 129, 130
도랑道朗 140~145, 147, 152
도륜道倫 530, 533, 534
도미노 이치이跡見赤檮 360, 365, 366
도봉道峯 521
도쇼道昭 20, 123, 126, 489~491, 495
도신道信 49, 131
도심道深 30, 40, 59, 90, 336, 439
도엄道嚴 448
도요메豊女 331, 446
도요 아시하라豊葦原 328
도요아키츠시마豊秋津島 56
도요토豊聰 42, 61, 92, 111, 344, 377
도요토 미미豊聰耳 344
도원가陶原家 99, 164
도이치군十市郡 74
도장道藏 26, 35, 36, 79, 82, 97, 98, 130, 463, 467, 497, 538
도장사道藏寺 556
도증道証 535

도증道證 519, 523, 528, 535, 537, 539, 541, 544, 548, 552, 553, 555, 556, 563, 566, 569, 575
도진道眞 242
도촌성稻村城 361
도코마로德摩呂 453
도쿠시得志 488
도키노미치츠쿠리礪杵道作 465
도토道登 123~126, 461, 489
도행道行 75, 76, 463, 494, 507
도현道玄 209, 212
도현道顯 127, 128, 462
도형道馨 53
도후조신道風朝臣 287
도흔道欣 44, 68, 112, 452
독룡毒龍 365
돈증頓證 234, 242
동궁절운東宮切韻 511, 512, 520
동금당東金堂 160, 161, 276
동대사東大寺 22, 23, 97, 101, 531
동대사본東大寺本 534
동선원東禪院 278, 283
동역전등목록東域傳燈目錄 545, 551
동주東州 151
두문지寶文至 216, 217
두예杜預 292, 297, 301, 305, 356, 371
둔륜遁倫 528, 531, 544, 546, 547, 553, 554, 558, 560, 561, 563, 564, 566, 577
등견登見 581
등주登州 222

【ㄹ】

레이칸靈觀 464
로벤良辨 22~24, 30, 31, 101, 102
료민良敏 30
류법사倫法師 539, 556

【ㅁ】

마내문노麻奈文奴 448
마로麻呂 464
마로萬侶 124, 125
마심신麻深臣 51, 62
마하반야경摩訶般若經 240
마하반야바라밀종요摩訶般若波羅蜜宗要 553
마하지관보주摩訶止觀輔注 575
막야도莫耶島 212, 223
말리末利 부인 380, 381
명각明覺 537
명신明神 32, 54, 55, 89, 131~133, 170, 242
명의名義 301, 313, 333, 384, 428
명의집名義集 304, 310, 395
명표明表 538
명효明晶 527, 541, 571, 579, 581
모노노베노 모리야物部守屋 122, 351~353, 355, 356, 359~361, 366, 368, 370, 371, 374
모노노베노 오오무라지노 오코시物部大連尾輿 85, 471, 472
목차기木叉記 562
몬무文武 천황 20, 491

묘광妙光　449
묘법연화경현찬妙法蓮華經玄贊　359
묘소明聰　80, 131, 467, 468
묘손明尊　133
묘젠明全　25
무량수경고적無量壽經古迹　517
무량수경기無量壽經記　530, 574
무량수경사기無量壽經私記　574
무량수경소無量壽經疏　529, 530, 544, 546, 574, 576
무량수경술기無量壽經述記　529
무량수경술의기無量壽經述義記　574, 576
무량수경술찬無量壽經述贊　529
무량수경연의술문기無量壽經連義述文記　576
무량수경연의술문찬無量壽經連義述文贊　530, 574
무량수경의소無量壽經義疏　530, 576
무량수경종요無量壽經宗要　529, 574, 576, 580
무량수고적無量壽古迹　553
무량수술찬無量壽述贊　553
무량의경소無量義經疏　532, 544
무량의경종요無量義經宗要　552
무사시국武藏國　464, 466
무성론고적기無性論古迹記　566
무성섭론無性攝論　539
무성섭론고적無性攝論古迹　518
무외無畏　30
무우왕無憂王　283
무의득사론無依得四論　141
무의무득사론無依無得四論　141
무주務州　87

무카이하라向原　50, 57, 85, 330, 472
문가고자文賈古子　448
문감文鑒　215
문등현文登縣　207, 223, 224, 245
문선주文選注　511
문수文殊　270
문찬주文撰注　512, 520
미나모토노 요시마사源義政　288
미노美濃　464
미노치군水内郡　393, 394, 404, 416, 474
미륵경소彌勒經疏　552
미륵경술찬彌勒經述贊　562
미륵경종요彌勒經宗要　552
미륵보살彌勒菩薩　39
미륵상생경彌勒上生經　530, 531
미륵상생경고적彌勒上生經古迹　517
미륵상생경소彌勒上生經疏　543
미륵성불경彌勒成佛經　530, 531
미륵성불경고적彌勒成佛經古迹　517, 531
미륵성불경소彌勒成佛經疏　530
미륵성불경술찬彌勒成佛經述贊　531
미륵성불경종요彌勒成佛經宗要　531
미륵성불경주彌勒成佛經註　531
미륵하생경彌勒下生經　531
미륵하생경고적彌勒下生經古迹　517
미마지味摩之　260
미메시마彌賣嶋　444
미미토耳聰　42
미이三井　33, 133, 134
미이거국彌移居國　437
미치코노타구미路子工　454
미카사三笠　96
미타니三谷　136

【ㅂ】

바사론소婆沙論疏 538, 545
박자파朴刺破 463
반슈播州 40, 109
반야般若 228, 230
반야경소般若經疏 546
반야대般若臺 482
반야심경般若心經 34, 106, 492, 493
반야심경고적般若心經古迹 517
반야심경소般若心經疏 528, 543, 546
반야이취분고적般若理趣分古迹 517
반야이취분술찬般若理趣分述贊 546
반야이취분유찬般若理趣分幽贊 543
반주삼매경般舟三昧經 578
반주삼매경기般舟三昧經記 571
반주삼매경략般舟三昧經略 529
반주삼매경약기般舟三昧經略記 546, 574
반주삼매약기般舟三昧略記 553
발마跋摩 90, 98
방산芳山 148
방제放濟 135
백가白加 448
백공百工 302
백광白光 266
백록원사白鹿園(薗)寺 124, 461
백매순白眛淳 448
백법고적百法古迹 555
백법론百法論 539
백법론고적百法論古迹 513, 518, 535
백법론소百法論疏 535, 544, 547, 579
백법론주百法論注 513
백법소百法疏 511, 535

백법총술百法總述 579
백제대사百濟大寺 74, 487
백제사百濟寺 34, 77, 106, 137, 164, 492
백제하百濟河 74, 444, 487
백좌인왕회百坐仁王會 173
백호통白虎通 293
백호통의白虎通義 316
범망梵網經 516, 580
범망경소梵網經經疏 578
범망경고적梵網經古迹 517, 519, 533, 543, 582
범망경고적기梵網經古迹記 547
범망경소梵網經疏 533, 543, 547, 571, 580, 582
범망경술기梵網經述記 533, 580
범망경종요梵網經宗要 533
범망경지범요기梵網經持犯要記 533
범망계본종요梵網戒本宗要 557
범망고적기梵網古迹記 550
범망소梵網疏 550
범망술기梵網述記 556
범망종요梵網宗要 556
범망지범요기梵網持犯要記 550
법공法空 213, 234
법기산사法器山寺 107
법랑法朗 96, 146, 148, 152
법륭사法隆寺 100, 158, 257, 346
법명法明 52, 53, 75, 163, 169, 275, 492, 507
법상法常 566
법왕法王 479
법원기法苑記 556
법원의림기法苑義林記 538
법위法位 530, 567, 574, 576, 577

찾아보기……613

법장法藏　30, 464, 465, 468, 519, 527
법정法定　44, 68, 453
법청法淸　220, 228, 229, 242, 253, 254
법행法行　242
법화경法華經　37, 117, 138, 208, 234,
　　242, 340, 345, 367, 370, 373, 411,
　　476, 481, 482, 489, 490, 495
법화경론술기法華經論述記　547
법화경료간法華經料簡　529
법화경소法華經疏　529
법화경요약法華經要略　529
법화경종요法華經宗要　529, 571, 581
법화경험기法華經驗記　529
법화고적法華古迹　517
법화론술기法華論述記　534, 554
법화소法華疏　295, 552
법화신주法華新註　345
법화원法花院　232
법화종요法華宗要　541, 551, 585
법화주法華注　349, 370
법흥사法興寺　42, 65, 111, 162, 448,
　　450, 481, 505
벤츠辨通　81, 469
변중변론辨中邊論　539
변중변론고적辨中邊論古迹　518
변중변론소辨中邊論疏　535
별전別傳　148
보광공덕산왕불普光功德山王佛　343
보살계본종요菩薩戒本宗要　521
보살계종요菩薩戒宗要　582
보살장아비달마고적합菩薩藏阿毘達磨古
　　迹合　539
보살장아비달마장고적菩薩藏阿毗達磨藏
　　古迹　511

보성론과문寶性論科文　536
보성론료간寶性論料簡　536, 552, 555,
　　572, 581
보운 의통寶雲義通　567
보운진조집寶雲振祖集　569
보행輔行　299, 402
복가福嘉　469
복건服虔　511, 512, 520
복량福亮　19, 99, 100, 105, 123, 155
복부미신福富味身　448
복양撲揚　20
복양濮陽　113
복희福喜　495
본모송本母頌　518
본모송석本母頌釋　518
본선당本善堂　394
본업경론별기本業經論別記　572
본업경소本業經疏　572
본업영락경소本業瓔珞經疏　531, 552,
　　579
본조고승전本朝高僧傳　130
봉강사蜂岡寺　70, 268, 269, 485
봉래산蓬萊山　215
부단나富單那　364
부상국扶桑國　45, 298
부상약기扶桑略記　160
부석존자예찬문浮石尊者禮讚文　569
부슈武州　83
부증불감경소不增不減經疏　531, 544,
　　546, 572
북조지北助知　468
분고국豊後國　122
분황사芬皇寺　538, 556
불가사의不可思議　202

불공不空 509, 587
불공견삭不空羂索 101
불공지不空智 202
불지론佛地論 539
불지론고적佛地論古迹 518
불지론소佛地論疏 534, 544, 547
비궐약초備闕略鈔 570
비다츠敏達 천황 61, 119, 342, 344, 347, 350, 393, 404, 508
비래천신飛來天神 270
비바시불毘婆尸佛 429
비사문왕毗沙門王 193
비사문왕毘娑門王 269
비소사比蘇寺 65, 481
비유경譬喩經 428
비젠備前 136
비증사比曾寺 257
비함사毘舍闍 365
빈바사라頻婆娑羅 380

【ㅅ】

사교의四教儀 557
사교의집주四教儀集註 381
사기史記 318, 363, 378, 380
사기주史記註 361
사대천왕四大天王 364
사론四論 153
사론현의四論玄義 140
사마달등司馬達等 40, 51, 62, 109, 331, 445, 446
사마씨司馬氏 109
사물기원事物紀原 302

사분갈마소四分羯磨疏 534
사분율결문四分律決問 533
사분율육권초기四分律六卷鈔記 550
사분율초기四分律抄記 533
사성司星 148
사에키노 무라지佐伯連 62, 445
사위국舍衛國 381
사이메이齊明 천황 20, 34, 492
사이쵸最澄 31, 32, 104, 202, 498, 499, 509
사종론四宗論 142
사천왕사四天王寺 71, 86, 371, 372, 456, 480
산계사山階寺 105, 507, 508
산과사山科寺 501
산관사山觀寺 144, 153
산동도山東道 222
산왕명신山王明神 132
산왕원山王院 132
산음현山陰縣 144
삼론三論 91
삼론종요三論宗要 537, 542, 580, 585, 587
삼미륵경료간三彌勒經料簡 531
삼미륵경찬三彌勒經贊 546
삼미륵료간三彌勒料簡 553
삼수산杉樹山 145
삼한三韓 319, 328
상궁왕원上宮王院 257
상락相樂 138
상묘上妙 308
상생경종요上生經宗要 571, 581
상서성尚書省 32, 54, 89, 132
상시촌桑市村 443

상적常寂 234, 249
상휘常輝 77, 78, 129, 130, 464
색은索隱 379
서개徐鎧 323
서명西明 519, 579
서명사西明寺 523, 532, 561, 568, 574, 577
서방극락요찬西方極樂要讚 575
서서록西瑞錄 527
서역기西域記 310
서역기음西域記音 395
서원사誓願寺 273
서하栖霞 145
서하사栖霞寺 140, 143, 148, 154
석기신론釋起信論 536
석마제미昔麻帝彌 448
석마하연론釋摩訶衍論 536, 587
석명釋名 293, 295, 335, 372
석명장釋名章 567
석서釋書 331
석송초釋頌鈔 569
석장경錫杖經 304
선광사善光寺 473, 474, 500
선광사연기善光寺緣記 291, 292, 315, 376, 377, 433, 473, 474
선림사禪林寺 87, 95
선묘善妙 184, 185, 189~193, 201, 266, 449
선묘명신善妙明神 267
선묘신善妙神 266
선무외善無畏 31, 104, 202, 498, 509
선범善範 242
설려다薛荔多 365
설문說文 295, 297, 301, 317, 321, 323, 357, 358, 371, 415, 420
섭대승론攝大乘論 290, 391
섭대승론소攝大乘論疏 534
섭론소攝論疏 554
섭산攝山 144, 148, 151
성교약술장聖敎略述章 539, 556
성교총록聖敎總錄 586
성덕태자전력聖德太子傳曆 256, 269
성림聖林(琳) 215, 216, 234, 242
성명왕聖明王 17, 56, 57, 85, 263, 291, 292, 297, 308, 313, 317, 437, 438, 460, 470, 500
성석聖石 279
성실론成實論 26, 91, 97, 98
성실론소成實論疏 26, 97, 98, 538
성실소成實疏 556
성업론成業論 539
성업론고적成業論古迹 518
성왕成王 302, 457
성유식결成唯識決 548
성유식기成唯識記 536, 548
성유식론成唯識論 539
성유식론결成唯識論決 535
성유식론결택成唯識論決擇 548
성유식론고적成唯識論古迹 535, 548
성유식론광석본모송成唯識論廣釋本母頌 548
성유식론기成唯識論記 536
성유식론료간成唯識論料簡 535, 547
성유식론문의기成唯識論文義記 535, 547
성유식론미상결成唯識論未詳決 535, 548
성유식론사기成唯識論私記 536

성유식론소成唯識論疏　535, 547
성유식론요집成唯識論要集　535
성유식론집成唯識論集　548
성유식론폄량成唯識論貶量　535, 548
성유식사기成唯識私記　548
성주城州　138
성지聖智　343
세이안淸安　74
세츠국攝津國　474
세친석론고적기世親釋論古迹記　566
세친석론소世親釋論疏　566
세친석론약기世親釋論略記　566
세친섭론世親攝論　539
세친섭론고적世親攝論古迹　518
센카宣化 천황　22, 316, 351
셋슈攝州　373
소가노 우마코蘇我馬子　40, 41, 51, 52, 62, 63, 108, 109, 122, 161, 331, 351, 360, 365
소가노 이나메蘇我稻目　50, 51, 56, 57, 85, 328
소가상嫐加像　255
소무량수경小無量壽經　424
소선小善　242
소슈聰(摠)集　82, 496
소아미타경고적小阿彌陀經古迹　517
소주蘇州　151
속산국粟散國　348, 349
속산왕粟散王　349
속장경續藏經　140
송곡난야宋谷蘭若　215
쇼토쿠聖德 태자　17, 26, 86, 116, 119, 122, 166, 259~264, 268~270, 343, 359, 450, 456, 485, 502, 505, 506

수광手筐　257
수기守其　568
수서隋書　309
수수水手　443, 444
수신首信　63, 448
수 양제隋煬帝　299
수유垂裕　428
수혜修惠　242
숙왕보살宿王菩薩　33
순경順憬(璟)　521, 535, 537, 547, 548, 555, 556
순정리론술문기順正理論述文記　538
순효順曉　31, 32, 104, 202, 498, 499, 509
순효사리부법서順曉闍梨付法書　498
순효화상부법기順曉和上付法記　509
숭독왕崇讀王　297
숭의사崇義寺　533, 558
숭찬왕崇讚王　291, 293, 294, 297, 383, 388
슈레宗禮　289
스사노오노 미코토素盞雄尊　324
스슌崇峻 천황　27, 447
스이코推古 천황　18, 19, 37, 94, 96, 123, 272, 377, 386
습번취묘拾繁取妙　563
습비니요拾毘尼要　562, 569, 580
승랑僧朗　147, 151, 533
승략僧䂮　93
승륭僧隆　43, 67, 111, 451
승만경소勝鬘經疏　530, 540, 543, 546, 571, 583, 584
승만부인勝鬘夫人　343
승미사勝尾寺　88

찾아보기……617

승장勝莊　532~535, 537, 540, 547, 548,
　　553~556, 558, 566, 570, 580, 588
승전僧詮　145, 148, 152, 153
승정僧正　155
승조僧肇　141
승천僧遷　93
시가군滋賀郡　54, 132
시나가노 미사자키磯長陵　455
시나노국信濃國　376~378, 404, 414,
　　417, 420, 473, 474, 500
시라기군新羅郡　83
시마嶋(島)　331, 446
시주詩注　353
시카도志賀島　160
시키군志紀郡　95, 157, 168
시키마로芝耆摩呂　454
시키시마노 가나사시궁磯城島金刺宮
　　155, 158
식규植槻　114
신라산사新羅山寺　495
신무왕神武王　211
신방神昉　535, 539, 547
신슈信州　416
신양주新揚州　151
신에이神睿(叡)　81, 469
신요信陽　386, 387
신찬대승의장新撰大乘義章　539, 556
신코神功 황후　45
신태神泰　537
신혜信惠　242
심밀경소深密經疏　583
심밀소深密疏　554
심상審祥　22~24, 31, 101, 102, 551, 572
십륜경소十輪經疏　529

십륜경음의十輪經音義　529
십륜경초十輪經抄　529, 546
십륜소十輪疏　554
십륜초十輪鈔　554
십문화쟁론十門和諍論　566, 581, 585
십문화정론十門和淨論　538, 541
십송十誦　304
십이문다라니경소十二門陀羅尼經疏
　　531, 543
십일면경소十一面經疏　531, 546
십일면관음상十一面觀音像　257
십일면소十一面疏　553
쌍관경소雙觀經疏　580
쌍관경술의기雙觀經述義記　580
쌍관경연의술문찬雙觀經連義述文讚　580
쌍권경雙卷經　398
쌍족적雙足跡　279

【ㅇ】

아나율阿那律　428~430, 432
아나호穴穗　122
아나호베穴太部　339
아난阿難　193, 428, 429
아라한阿羅漢　431
아리사등阿利斯登　442
아마테라스 오오미카미天照太神　324,
　　325, 369
아메노시타시라시메시시磯城嶋宮御宇
　　천황　460
아메요로즈토요히天萬豊日 천황　155,
　　158
아메쿠니오시하라키히로니와天國押(排)

開廣庭 천황　17, 155, 158, 442, 473
아메토요타카라이카시히타라시히메天
　豊財重日足姬 천황　393
아미타경기阿彌陀經記　574
아미타경소阿彌陀經疏　530, 572, 574
아미타경약기阿彌陀經略記　530
아미타경의기阿彌陀經義記　574
아미타경통찬과문阿彌陀經通讚科文　574
아미타경통찬소阿彌陀經通讚疏　577
아미타경통찬소초阿彌陀經通讚疏鈔　574
아미타소阿彌陀疏　553
아미타약기阿彌陀略記　553
아미타여래阿彌陀如來　311
아비달마고적阿毗達磨古迹　520
아사세阿闍世　380
아스카노 도마타飛鳥苫田　448
아스카노 마가미하라飛鳥眞神原　448
아스카노 키누누이노미야츠코飛鳥衣縫
　造　448
아시카가 요시마사足利義政　288
아시키타葦北　68, 111, 444, 452
아야히토노 야보漢人夜菩　331, 446
아에즈노 미코토葺不合尊　325
아와타粟田　209, 213
아와타노 이에츠구粟田家繼　214
아유사국阿踰闍國　343
아좌阿佐　38, 66, 117, 162, 262, 482
아즈미노 무라지阿曇連　167, 458, 486
안부다수내鞍部多須奈　478
안부덕적鞍部德積　166, 197, 458, 486
안신사심론安身事心論　566
안연顔淵　379
압아押衙　244~248
앵정사櫻井寺　52, 64, 449, 479

야마다상山田像　255
야마대주野馬畫注　512
야마시나山科　99
야마시나향山階鄉　164
야마시로국山城國　164
야마시로노오미山背臣　451
야마지리山尻　124
야선夜善　51
야차夜叉　365
야츠미미八耳　344
약사경고적藥師經古迹　517, 531, 586
약사경소藥師經疏　531, 546
약사고적藥師古迹　553
약사사藥師寺　164, 289, 490, 494
약사소藥師疏　553
양권무량수경소兩卷無量壽經疏　572
양권무량수경종요兩卷無量壽經宗要　572
양귀문陽貴文　448
양도陽都　146
양 무제梁武帝　144, 148, 152, 153
양인소揚仁紹　87
양주揚州　142~144, 147~149, 153, 154,
　245, 250
양현諒賢　223, 242
에기慧(惠)義　34, 106, 492
에니치慧(惠)日　71, 456
에린慧輪　19
에만慧滿　124
에묘慧妙　49, 137
에미시蝦夷　49, 80, 131
에사이慧(惠)濟　46, 71, 112, 113, 456
에센慧先　46, 71, 112, 113
에시慧師　19
에온慧隱　46, 74

찾아보기……619

에운慧雲 74, 123
에젠慧(惠)善 51, 109, 479, 502
에젠니慧(惠)善尼 331, 446
에코惠光 456
엔닌圓仁 215, 219, 220, 226, 227, 243, 244, 246, 247, 250~253
엔쇼圓證 23, 102
엔초圓超 22
엔친圓珍 32, 33, 39, 53, 54, 89, 131, 132
여노余怒 443
여보如寶 138
여창餘昌 439, 440
역경易經 352
역전사譯田寺 273
연기緣起 563
연력사延曆寺 498
연명번장경延名番藏經 400
연명보살延命菩薩 400
연법사衍法師 538, 564
연성사璉城寺 273
열반강목涅槃綱目 554
열반경涅槃經 215, 521
열반경고적涅槃經古迹 517
열반경고적기涅槃經古迹記 547
열반경고적료간涅槃經古迹料簡 517
열반경술찬涅槃經述贊 547
열반경종요涅槃經宗要 572
열반고적기涅槃古迹記 554
열반료간涅槃料簡 554
열반무명론涅槃無名論 141
열반소涅槃疏 543
열반의기涅槃義記 543
열반종요涅槃宗要 552

염마왕閻魔王 396, 400
염부제閻浮提 305
영개令開 448
영근令斤 448
영산靈山 215
영상榮常 138
영엄산사靈嚴山寺 498
영위令威 448
영이기靈異記 490
영인令印 532, 543, 556
영조聆照 448
영현詠賢 242, 248
예기禮記 515
예기왕제주소禮記王制註疏 303
예치의禮緇衣 416
오군小郡 444
오노노 이모코小野妹子 37, 261
오노오카大野岡 503
오대산五臺山 215, 216, 223, 230, 251
오등산사五等山寺 153
오사카현大坂縣 373
오산사五山寺 143
오오무라지노 모노노베노 모리야大連物部守屋 503
오오무라지노 모노노베노 오코시大連物部尾輿 57, 324
오오와케노 기미大別王 59, 259, 441, 475
오오츠노 미코大津皇子 78
오오토모노 무라大伴村 444
오오토모노 사데히코노무라지大伴狹手彦連 449
오오토모노 수구리大友村主 451
오오토모노 코마大伴狛 449

620

오온론五蘊論 539
오온론고적五蘊論古迹 518
오와리다少治田 천황 473
오우미곤近江權 214
오자진吳子陳 211
오진悟眞 202, 563, 567, 570, 579
오천축국五天竺國 291
오츠大津 465
오코시尾興 326, 331~333, 336
오토모씨大友氏 33
오하리다小墾(治)田 57, 85, 268, 472, 474
옥림초玉林抄 256, 257
와슈和州 87, 95, 107
와케和氣 213
왕사대성王舍大城 380
왕장문王長文 233
왕판관王判官 211
왕헌王憲 249
왕훈王訓 208
요동성遼東城 151
요메이用明 천황 339, 342, 356, 359, 372, 447, 457
요보로노 오마로丁雄萬 219, 230
요시노吉野 65, 481
요키야우餘慶 170
요흥姚興 93
용문사龍門寺 114
용수龍樹 270
용흥사龍興寺 215
우가야후키아에즈노 미코토鸕鶿草葺不合尊 325
우마야도廐戶 51, 160, 343, 359, 476, 477

우마코馬子 359, 371
우마코노 스쿠네馬子宿禰 27, 445, 446, 448, 478, 502, 503
우순虞舜 378
우시카이牛飼 464
우에노미야노 우마야도노 도요토미미上宮廐戶豊聰耳 45, 60, 450, 455
우지가와宇治川 123, 124
우지군宇治郡 164
우칭왕友稱王 343
운주鄆州 223
운총雲聰 43, 67, 111, 451
운칸雲觀 77
응응정사熊凝精舍 74, 487
원광圓光 531
원돈圓頓 102
원성사園城寺 39, 54, 132
원세圓勢 134
원승圓勝 559, 562
원씨약자권源氏若紫卷 259
원전元傳 568, 574, 577
원조元照 574
원종문류圓宗文類 527, 551, 571, 581
원측圓測 514, 523, 528, 530, 532, 535, 537, 539, 541~548, 553, 561, 563, 564, 568~570, 574, 577, 579, 580
원형석서元亨釋書 130, 160, 328, 330, 337, 343, 346, 347, 349, 350, 360, 377
원효元曉 171~175, 177, 181~183, 199, 200, 511, 520, 527~538, 540~556, 558~568, 570, 571, 574~582, 586, 587
원흥사元興寺 18, 19, 22, 29, 44, 65, 68,

92, 95, 99~101, 112, 114, 123, 126,
　　　155, 156, 158, 159, 161, 162, 168,
　　　453, 478, 486, 489, 502
월개月蓋 290, 291, 293~295, 338, 383,
　　　387, 474
월충月忠 536, 587
위덕왕威德王 119, 262
위부魏府 223
위상서韋尙書 239
위소韋昭 329, 375
위제희韋提希 380
위헌기爲憲記 490
유가계본종요瑜伽戒本宗要 580
유가고적瑜伽古迹 580
유가기瑜伽記 554
유가론瑜伽論 399, 539, 547
유가론고적瑜伽論古迹 518
유가론기瑜伽論記 534, 544, 547
유가론료간瑜伽論料簡 534
유가론석론기瑜伽論釋論記 534
유가론소중실瑜伽論疏中實 534
유가론의림瑜伽論義林 534
유가론중실瑜伽論中實 544
유가론찬요瑜伽論纂要 534
유가론초瑜伽論抄 534, 547
유가료간瑜伽料簡 554
유가소瑜伽疏 554, 580
유가의림瑜伽義林 554
유가찬요瑜伽纂要 518, 554
유교경遺敎經 300
유교론주법기遺敎論住法記 582
유나사維那師 236
유마경維摩經 20, 52, 53, 99, 169, 275,
　　　392, 496, 507

유마경종요維摩經宗要 530
유마약찬維摩略贊 553
유마종요維摩宗要 552
유마회維摩會 47, 99, 275
유마힐경維摩詰經 52, 75, 492
유산포乳山浦 250
유식결唯識決 555
유식결택唯識決擇 518, 555
유식고적唯識古迹 555
유식론본소唯識論本疏 342
유식론학기唯識論學記 518
유식료간唯識料簡 555
유식미상결唯識未詳決 544
유식소唯識疏 544
유식요집唯識要集 544
유식이십론唯識二十論 539
유식폄량唯識貶量 544
유식학기唯識學記 516
유심안락도遊心安樂道 571, 575, 579
유심안락초遊心安樂抄 511, 513
유엔融圓 289
유이교惟曉 208, 215, 219, 220, 222,
　　　230
유이쇼惟正 208, 214, 215, 219, 220,
　　　222, 230, 244, 247
육가陸賈 303
육국전六國傳 257
육근참회법六根懺悔法 572
육서정위六書正譌 350
육십이견장六十二見章 539, 545
육첩六帖 423
융락融洛 242
의각義覺 34, 36, 106, 107, 492, 493
의덕義德 81

의림義林　32, 104, 202, 499, 509
의빈義斌　538
의상義湘(想)　172, 179, 180, 184, 185, 189, 199, 200, 521, 527, 551, 571, 573, 577, 579, 581
의영義榮　531, 534, 554
의원초義苑鈔　563
의일義一　534, 547, 554
의적義寂　84, 519, 528, 529, 531~535, 538, 543~549, 552, 554, 558, 561, 565, 567, 569, 574, 576~580, 582
의지義持　186
의천義天　551, 557, 568, 571, 578, 581, 586
의통義通　576
이나군伊奈郡　376, 378, 386, 394
이나메稻目　330, 359
이나메노 스쿠네稻目宿禰　460, 472
이명재李明才　254
이문고적理門古迹　541
이문론理門論　539
이문론고적理門論古迹　518
이문론소理門論疏　541
이문소理門疏　555
이문술기理門述記　555
이문의초理門義鈔　555
이문초理門鈔　556
이시카와石川　40, 62, 108, 161, 444, 446
이시히메石姬　350
이십유식론고적二十唯識論古迹　518
이십유식론소二十唯識論疏　535, 544, 547
이아爾雅　301

이와레노샤쿠텐궁磐余釋田宮　160
이자나기노 미코토伊弉諾尊　324
이자나미노 미코토伊弉冊尊　324
이장의二障義　572
이장장二障章　538, 541, 545
이제장二諦章　566
이즈도伊豆嶋　491
이차가녀伊次加女　258
이취분소理趣分疏　553
이치이赤檮　371, 372
이카루가궁斑鳩宮　506
이카미井上　30
이케베노 아타이히타池邊直氷田　445, 446
인명고적因明古迹　579
인명론因明論　539
인명론고적因明論古迹　518
인명론소因明論疏　222, 537, 579
인명론술기因明論述記　537
인명론의초因明論義鈔　537
인명론초因明論鈔　537
인명비궐약초因明備闕略鈔　579
인명입정리론고적因明入正理論古迹　537, 548
인명입정리론기因明入正理論記　537, 548
인명입정리론소因明入正理論疏　537, 548
인명입정리론초因明入正理論抄　537, 548
인명정리문록술기因明正理門錄述記　588
인명판비량론因明判比量論　579
인미仁美　258
인법사因法師　530, 576

인사印師 536, 548, 555
인왕경고적仁王經古迹 517
인왕반야경소仁王般若經疏 528, 546
인왕반야소仁王般若疏 543
인왕소仁王疏 349
인왕청룡소仁王靑龍疏 349
인 화상仁和尙 587
일광삼존一光三尊 317, 382
일도의一道義 572
일도장一道章 538, 541
일라日羅 37, 38, 61, 119, 120, 160, 347, 349, 350, 442~444, 477, 502
일본기日本記 167, 268, 321, 331
일본서기日本書紀 130, 160, 347, 486
일본세기日本世記 127, 462
일승법계도기一乘法界圖記 551, 571, 581
일승법계도장一乘法界圖章 551, 571, 579, 581
일승성불묘의一乘成佛妙義 551, 571, 581
일여一如 370
일체경음一切經音 391
일행一行 509
임대사林大使 208
입능가경入楞伽經 532
입능가경소入楞伽經疏 532
입세론立世論 354

【ㅈ】

자득自得 131
자서字書 305

자씨보살慈氏菩薩 422
자은慈恩 20, 114, 287, 519, 536
자은원慈恩院 534
자장慈藏 530, 562, 568, 574, 577
자휘字彙 293, 301, 302, 307, 317, 336, 338, 348, 364, 421
잡집고적雜集古迹 555
잡집론雜集論 539
잡집론고적雜集論古迹 518, 534
잡집론소雜集論疏 534, 547
잡집론술기雜集論述記 534
잡집소雜集疏 554, 555
잡집소술기雜集疏述記 554
장대사張大使 250
장보고張寶高 207, 211
장안長安 140
장압아張押衙 250, 254
장양왕莊襄王 363
장엄莊嚴 145, 153
장영張詠 208, 244
장준藏俊 553
장진론掌珍論 539
장진론고적掌珍論古迹 518, 537, 542
장진론료간掌珍論料簡 537, 542
적법사寂法師 550
적사寂師 554
적산법화원赤山法花院 207, 242, 250, 252
적산사원赤山寺院 217, 224, 225
적산신라원赤山新羅院 253
적산원赤山院 213, 215, 220, 234, 235, 245, 254
적산촌赤山村 207, 223, 224
전길詮吉 81, 468
전륜성왕轉輪聖王 349

전법공록傳法供錄 537
정달淨達 538, 545
정리고적正理古迹 556
정리기正理記 556
정리문론소正理門論疏 579
정리소正理疏 541
정리초正理鈔 556
정매靖邁 537
정명경淨名經 99
정명소淨名疏 314
정명약소淨名略疏 427
정반왕경소淨飯王經疏 530
정반왕경약술淨飯王經略述 530
정반왕소淨飯王疏 554
정법명여래正法明如來 343
정법사頂法寺 86
정상사井上寺 29, 95, 159, 168, 487
정심계관법발진초淨心誡觀法發眞抄 520
정왕사井王寺 157
정원淨源 81
정토론淨土論 568
정토총료간淨土總料簡 568
제관諦觀 569
제바提婆 30, 90
제석帝釋 364
제연기濟緣記 562
제종교장총록諸宗敎藏總錄 568
제종장소록찬명총목諸宗章疏錄撰名總目 557
제주齊州 223
젠사善佐 394, 401, 403, 404, 406, 413, 414, 416~418, 420, 421, 426
젠신善信 51, 52, 62~64, 109, 449, 479, 502

젠신노아마善信阿尼 447
젠신니善信尼 331, 446, 448
젠조禪藏 27, 51, 109, 479, 502
젠조니禪藏尼 331, 446
젠코善光 376, 381~384, 386, 387, 389~394, 396, 401, 417, 418, 420, 421, 426
젠토코善德 65, 449
조다츠淨達 47, 82, 114, 496
조달調達 380
조메이舒明 천황 123, 404
조복아심론調伏我心論 566
조불사鳥佛師 261
조쇼常照 134
조슈常州 95
조초定朝 286
종성차별집種性差別集 539, 545
종아대신宗我大臣 161
종의從義 575
좌전左傳 405
좌전주左傳註 356
주공周公 302, 318
주례周禮 295, 303, 405, 415
주문덕周文德 87
주옹周顒 142~144, 152, 153
주진법상종장소注進法相宗章疏 553
주처풍토기周處風土記 379
주홍정周弘正 142
죽세사竹世士 455
중변분별론소中邊分別論疏 535, 541, 544, 555, 572, 585
중변소中邊疏 555
중산사中山寺 122
중화重華 378

증운增韻 302,303,319
지공志公 149
지관止觀 299
지다츠智達 20,100,164
지등주자사知登州刺史 239
지란智鸞 20
지루가참支婁迦讖 578
지륭智隆 79
지범持犯 559
지범요기持犯要記 511,571,580,582
지변智辨 146
지봉智鳳 20,21,47,105,113,114,164, 169
지비사祇毗寺 258
지사승知事僧 217
지상至相 184,186
지세이智洗爾 46,71,112,456
지운慈運 315,377
지웅智雄 20
지원志遠 215
지응智應 242
지인智忍 533
지인智仁 533~535,544,547,550,554
지인智因 564
지장智藏 100,158
지적知寂 150
지적智寂 152
지조慈定 82,496
지종智宗 81
지주智周 113
지진智眞 242
지질정枳叱政 60,441
지츠智通 20,100,164
지쿤慈訓 23,30,31,102

지토쿠自得 49
지평智平 26
지포知佈 150
지환智環 298
진공眞空 242
진구神功 329
진국도량鎭國道場 104,499,509
진무神武 천황 315,325
진선사進禪師 215
진숭珍嵩 527,540,551,571,581
진시황秦始皇 215,360,363
진장촌眞莊村 213
진제잡기眞諦雜記 368
진주鎭州 223
진총珍聰 587
진평陳平 302,303
집현초集玄鈔 567
징조澄照 511

【ㅊ】

차간덕次干德 443
참관參官 443
창힐편蒼頡篇 293
채옹蔡邕 322
천문원天門院 213
천왕사天王寺 368
천축天竺 319,470
천태사교의天台四敎儀 569
천태산天台山 216
천태 지자天台智者 350
천태현소天台玄素 215
청구靑丘 511,512,520

청녕향清寧鄕 207, 220, 223, 226
청림사靑林寺 568, 574, 577
청주靑州 222, 223, 245
청해진淸海鎭 251, 253
초당사草堂寺 143, 151, 153
초시마루調子丸 255
초제천세전기招提千歲傳記 138
초주楚州 215, 245
최부사崔副使 211
최승소最勝疏 540
최승왕경最勝王經 553
최승왕경소最勝王經疏 532, 543
최승왕경술기最勝王經述記 532, 553
최승왕경약찬最勝王經略贊 532, 543, 547
최압아崔押衙 250, 251
최치원崔致遠 551, 572, 579
추아이仲哀 천황 329
추요기樞要記 555
추요사기樞要私記 555
축도생竺道生 153
축법란竺法蘭 91, 45
축의술문逐義述文 562
춘산春山 23
춘일산春日山 102
춘추春秋 302
충신忠信 242
츠시마對馬 453
츠쿠시筑(築)紫 76, 452, 466, 468
츠쿠요미노 가미月神 324
치누노 오키미茅渟王 404
치란智鸞 113
치류智隆 466
치유智雄 113

치주淄州 222, 223
치카도血鹿嶋 463
치쿠젠筑前 253
칭찬정토경고적稱讚淨土經古迹 517
칭찬정토불섭수경고적기稱讚淨土佛攝受經古迹記 577

【ㅋ】

카이묘戒明 209, 213

【ㅌ】

타마후루玉陳 451
탄슈淡州 86
태량미태太良末太 448
태악泰岳 498
태자전太子傳 346
태자전찬집초太子傳撰集抄 343, 360
태재부太宰府 68, 80, 111
태정대신太政大臣 275
태주台州 87
태현太賢 511~514, 516, 517, 521, 523, 531, 533~537, 539, 541~543, 547, 548, 550, 551, 553~570, 576~580, 586
토사土佐 256
토사국土左國 480
통전通典 302
통찬소초通讚疏鈔 577

【ㅍ】

파사닉왕婆斯匿王 343, 381
판두板頭 217
판비량론判比量論 538, 541, 549, 570, 572, 583, 584
판전사坂田寺 63, 478
팔각당八角堂 270
팔교의八敎儀 557
팔백만신八百萬神 369
표원表員 540, 571
풍국豊國 121, 122

【ㅎ】

하리마국播磨國 445
하변보살河邊菩薩 48, 115
하세츠카베노 사다나丈部貞名 214
하타노 가와카츠秦川勝 268, 269, 272, 360, 364, 365, 367, 371, 372
하타노 코세秦巨勢 473
하휴何休 302
학전學詮 533
한자韓子 336
해릉왕海陵王 153
해심밀경소解深蜜經疏 532, 546, 547
해심밀소解深密疏 543
해인삼매론海印三昧論 527, 541, 571, 579
해주海州 245
행달行達 534, 554
행심行心 78, 465
행종기行宗記 562

향상香象 23, 101
향상대사전香象大師傳 582
향원사向原寺 330
헤이안성平安城 273
현륭방玄隆房 538
현범玄範 519
현수賢首 31, 101, 102
현수국사전賢首國師傳 572
현수전賢首傳 551, 579
현양론顯揚論 539
현양론고적顯揚論古迹 518
현양론소顯揚論疏 535, 544, 547
현양소顯揚疏 544
현오玄五 307
현일玄一 530, 533, 564, 565, 567, 568, 574, 576, 577, 580
현일玄壹 536, 548, 555
현장玄奘 20, 84, 100, 164, 169, 283, 489, 514, 523
현초玄超 202
현측玄測 532
형산衡山 166, 505
형산봉衡山峰 475
형산사衡山寺 37, 117, 482
혜각惠覺 150, 151, 242
혜거惠琚 258
혜과惠果 202
혜관慧(惠)灌(觀) 18, 19, 26, 28, 29, 73, 87, 95, 96, 99, 100, 155, 156, 159, 162, 168, 459, 486
혜기惠基 288
혜미慧(惠)彌 44, 68, 111, 112, 452
혜변慧(惠)便 40, 51, 108, 109, 331, 445
혜숙惠宿 448

혜식惠寔 448
혜용慧勇 146
혜일惠日 202
혜자慧(惠)慈 26, 36~38, 42, 45, 65, 70, 110, 111, 117, 118, 162, 261, 270, 449, 450, 454~456, 481, 484, 505, 506
혜중惠衆 448
혜총慧(惠)聰 26, 41, 42, 63, 65, 109, 111, 117, 162, 448, 450, 481, 505
혜형惠衡 150, 151
호군직胡君直 218, 224
호리에堀江 57, 333, 374, 382, 501, 503
호산胡山 215
호종浩鐘 278
혼다 젠코本多善光 378, 404, 416
화엄강목華嚴綱目 540
화엄경華嚴經 23, 24, 102, 147, 148
화엄경강목華嚴經綱目 584
화엄경고적華嚴經古迹 517, 558
화엄경소華嚴經疏 147, 527, 558, 571, 581, 584
화엄경입법계품초華嚴經入法界品抄 584
화엄경입법계품초기花嚴經入法界品鈔記 573
화엄경해인삼매론華嚴經海印三昧論 581
화엄고적華嚴古迹 551
화엄공목기華嚴孔目記 527, 540
화엄기신관행華嚴起信觀行 551
화엄기신관행법문華嚴起信觀行法門 572
화엄문의요결華嚴文義要決 540
화엄문의요결문답華嚴文義要決問答 571

화엄소華嚴疏 540
화엄요의문답花嚴要義問答 571
화엄음의華嚴音義 310, 354
화엄일승법계도華嚴一乘法界圖 527
화엄잡문답花嚴雜問答 572
화엄탐현기華嚴探玄記 24
화쟁론和諍論 572
환우寰宇 320
황룡대사黃龍大師 171
황릉荒陵 480
황보밀皇甫謐 379
회남淮南 251
회량懷亮 242
회우로입야궁檜隅蘆入野宮 22
후경侯景 146
후네노후비토다츠船史龍 452, 453
후지와라담해공藤談海公 114
후쿠인福因 71, 456
후히토不比等 47, 105, 114, 496
흥복사興福寺 21, 23, 30, 48, 53, 60, 116, 160, 476, 497
흥황興皇 149, 151
흥황사興皇寺 96, 148~150
히고肥後 68, 111
히고국肥後國 452
히고슈肥後州 44
히다飛驛 78
히다국飛驛國 465
히라오카平岡 266
히루코蛭子 324
히에이잔叡山 54
히타치日立 451

찾아보기······629

글로컬 한국불교 총서 4

동아시아 한국불교사료
일본문헌 편

2015년 6월 25일 초판 1쇄 인쇄
2015년 6월 30일 초판 1쇄 발행

엮은이 김영태
옮긴이 김영진 · 박인석 · 이자랑 · 정영식 · 박광연 · 이종수 · 김기종
펴낸이 한태식
펴낸곳 동국대학교출판부

출판등록 제2-163(1973. 6. 28)
주 소 100-715 서울시 중구 필동로 1길 30
전 화 02) 2260-3483~4
팩 스 02) 2268-7851
Home page http://www.dgpress.co.kr
E-mail book@dongguk.edu
인쇄처 (주) 타라티피에스

ISBN 978-89-7801-443-4 94220

값 30,000원

이 책의 무단 전재나 복제 행위는 저작권법 제98조에 따라 처벌받게 됩니다.